近代日本と「高等遊民」

——社会問題化する知識青年層——

町田祐一著

吉川弘文館

目次

第二部　「高等遊民」問題の再燃

凡例

史料の引用に際しては次の基準に基づいて行った。

一、旧字体の漢字は原則新字体に改めた。仮名遣いは、原則原文のままとした。

二、中略は〔中略〕で示した。

三、原文にない言葉を補った場合は、〔　〕で示した。原文の不自然な表現はルビで横に〔ママ〕を付した。

四、傍点やルビは原則削除した。

序章　近代教育制度と「高等遊民」の発生

一　本書の問題意識

本書は、近代日本における「高等遊民」問題の発生とその歴史的意味を、問題化の過程と政府世論の対応、そして実際の「高等遊民」の事例を検討することで明らかにしていくものである。

「高等遊民」の語源は、一定の職に就いていないことを示す「遊民」に、近代学校制度内での高学歴を示す「高等」がつけられたものとされる(1)。日露戦争前のメディアで登場した後(2)、昭和戦前期を通じて、高等の教育を受けながら一定の職にない人物のことを指した。明治末期には、中学卒業程度以上の「高等の教育を受けながら一定の職にない人物」と、中学卒業程度の人物から大学卒業の人物までが該当し(3)、大正末期から昭和初期には、「大学卒業、中学卒業のものが、職業を得ずして徒食してゐる者をいふ。就職難、生活難の叫ばれる時代の一産物(4)」として、中学卒業から大学卒業までがその範囲に含まれた。後述するように、大正期の学制改革により学校数が激増したため、定義は若干変わるが、いずれも、「高等遊民」とは、戦前の中学レベルの高等な教育を受けながらそれに相応しい官僚や大企業の会社員などといった、一定の職に就いていない人物のことである(5)。

「高等遊民」は日露戦前からその発生が確認されはじめ、国家への求心力が衰えた明治末期、大正末期から昭和初期の不況期に必ず社会問題化し、時の「危険思想」（主に社会主義・無政府主義・共産主義）への傾斜が懸念された。例えば、一九一一（明治四四）年九月、尾崎行雄東京市長は以下のように述べている。

　統計に徴すれば我国に於ては年々二十万人の中学卒業者を出し歳々五万人の高等教育を卒へる者ある由なるが是等卒業者の多くはもちろん社会の需要する所とならざる為め嗟声怨声は次第に凝結して終には何等かの新現象を見んとする傾向あり（中略）有らゆる方法を講じて此恐怖すべき傾向を抑制緩和すること経世家の責務たらんと信ず(6)

　このような懸念は、中等・高等教育機関への進学者が就学年齢の一割程度だった(7)当時の状況を考えると過大な表現と言えなくもない。しかし、同じ頃メディアで議論されたように、古今東西の歴史上、政治変革の時期において、その当時の高等な教育を受けながら一定の職に就かない「高等遊民」が、重要な役割を果たした事実を看過することは出来ない。

　例えば、日本では江戸時代の扶持を失った浪人由比正雪たちの反乱（慶安の変）、明治維新の志士たち、自由民権運動の壮士たち、東洋史における秦の始皇帝によって焚書坑儒の対象となった在野の学者、辛亥革命の革命家、西洋におけるフランス革命の担い手はその好例である(8)。戦前日本の著名な思想家の一人である木下尚江が述べたように、「高等遊民は何時の時代にもある。高等の教育を受けた奴は皆高等遊民なのだ。治乱興亡などゝ云ふ人騒がせをする役者は皆是れ高等遊民である。そして、何時でも高等遊民と云ふ奴は、其の時の社会に取つて危険分子なのだ（中略）西郷隆盛だつて、木戸孝允だつて、皆此の高等遊民であつた(9)」のである。

　明治維新後半世紀弱が経とうとしていた日本では、日露戦後の国家目標の衰退とともに、青年層の思想風紀退廃、大逆事件などが政治課題となっていた(10)。そのような近代日本社会において、「高等遊民」はこれら歴史上の変革を再現すると思わせるような知識青年層[11]として捉えられたのである。このことは、直接的に大規模な反乱に繋がる恐れはないにしても、近代化を推進し、国民国家の創出を企図した日本社会にとって深刻な社会問題だった。そしてそれは、大衆教育社会となった現代に発生しているニート、フリーター、高学歴ワーキング・プア問題[12]にも通じる社会矛盾であったと思われる。本書はそうした問いから出発するものである[13]。

二　問題の概要

では、近代の日本において「高等遊民」はいかなる問題だったのであろうか。

周知の通り、イギリス、フランスに端を発する近代国家の国々では、国民国家創出を企図し、その重要な機構の一つとして高等教育機関を設置した[14]。初等教育、中等教育、高等教育と分類された各教育機関のうち、中・高等教育機関は、帝国を支える最も重要な社会機構である官公庁、企業、学校などへの人材養成を目的とし、生徒に専門知識と国家意識を持たせ、安定した社会階層を供給することで、支配体制の構築を担ったのである。しかし、中等・高等教育機関が特権化する中で、その卒業生が旧来の学歴に応じた職種に就けずに社会問題化する事態が日本より早く、少なくともドイツでは顕著に起きていた。

ドイツでは七年制のギムナジウムが中等教育機関として増設され、人文主義的教育を施し、卒業生は大学進学を経て社会で特権的位置を占めるようになった。しかし、旧来の進学層だった上流階級の子弟に加え、下流階級からも進学者が増加しはじめ、一八七〇年代半ばから九〇年代半ばの大不況期に「高等遊民」と同義である「アカデミック・プロレタリアート」の前途に対する不安が表明され、教育機関の権威に保守的な論者からは、人員過剰による収容人員の削減、学費給与の減額などが提言された[15]。そしてその社会的位置づけを巡り、フランス革命におけるロベスピエールのような革命児を生むことを危惧する「高等遊民」問題も発生したのである[16]。

結局、西欧では観念的なマルクス主義信者を大勢出したほか、特にドイツにおいてはファシズムの形成に一役買う人物も多く輩出されるなど、歴史的に少なくない役割を果たした[17]。イギリス、アメリカ、ロシアでは事例を確認できないが、中等教育機関の増設に伴い先鋭化する事例は、ドイツのように急速な学校制度の拡大を行った近代国民国家において顕著に現れたことが窺える。

ドイツ同様、後発の近代国家であった日本の場合、明治維新後に教育制度が構築され、近世の封建的身分制である「士農工商」に代わって、一九世紀西欧と同様の階層社会が誕生した（貴族階層、資本家階層、新中間階層、地主階層、農民階層、都市旧中間階層、労働者階層、都市下層階層の八つ）。その中で、原則「四民平等」の世となり、能力ある者に「立身出世」のチャンスが平等に開かれ、高等教育機関への進学が社会的上昇を裏付ける「学歴社会」が形成されていったことで、国民の上昇志向を捉え、しばしば社会移動を伴った。大学及びその準備機関となった高等学校は出身身分と無関係に学力によって学生を選抜したため、明治時代初期には薩長土肥や特権階級の華族、そして旧幕府層の士族の子弟を中心に、地方名望家、成功した商工業者の子弟のうち財産分与に関与できない次男、三男を中心とした上流に位置する社会階層の子弟が高等教育機関への初期進学層となって、上述の社会体制を担う存在となっていた。法科を中心に発達した高等教育機関を経て、政治家や学者、官吏となり、それらの需要が払底してくると産業界の担い手となった。そして教育機関の発展を背景に、一九二〇年代には、中流以上の社会階層の子弟が中等高等教育機関へ遊学する状態になり、それを受け容れる私企業組織の発展も進み、管理職に昇進するキャリア層が新中間層として形成されるようになった[18]。

しかし、国民の上昇志向に触発された「立身出世」は、高等教育機関の発達を促す一因となったが、逆に学歴による社会的地位の固定化に伴い「学歴社会」が形成されると、進学に関する激しい競争による多くの問題が生じた。

ここで近代日本の教育制度を俯瞰しておこう。[19] 本書で対象とする学制は、一九〇八年と一九一九年のものである。教育制度の入り口は、一八八六年森有礼文相の学校令にはじまり、一九〇七年に六年制となって就学年齢児童の九七％が修学する尋常小学校である。ここから、中学校、高等女学校、高等小学校、甲種実業学校予科、乙種実業学校、実業補習学校、徒弟学校へ進学する経路が生じる。

注目すべきは、高等教育機関へ唯一繋がる中学校である。中学卒業生は男子普通高等教育機関の終極点として、就職者（中級官吏や実業界）、進学者を輩出し、例え半途退学者であっても、大正期までは企業のキャリア層を形成する高学歴者であった。[20] 中でも、高等教育機関への進学者は更に社会的に上位の地位に就くことを意味した。戦前を通じて、中学卒業生には高等学校（大学予科）から帝国大学（以下帝大）、専門学校、高等師範学校の三つの進路があった。

第一の高等学校から帝大への進路は、高級官僚や学者、一流企業への入社を約束されたエリートコースである。高等学校は一八九四年の「高等学校令」で就職準備と大学への入学準備機能の二つが設けられ、後者の機能が発展した。一九一八年以前には全国で八校しかなく、その後漸次増加し、外国語教育と幅広い教養を与える授業となり、全寮制を採用し、その後大学、社会人後も続く人脈を形成する特殊な機関となった。ただし、エリートコースであるがゆえに入学は大変困難で、中学校進学者が増加するに伴って「入学難」が問題化してきた。また、学資不足や家事の都合などによる「半途退学」者も卒業生を上回る規模で毎年輩出された。

高等学校の卒業生の大半は、その後帝国大学へ進学した。帝大は法・医・工・文・理の五学部（一九一八年まで各分科大学で呼称）にわかれ、一八九〇年に農科、一九一九年に経済学部が増設された。技術的専門教育を受けたほか、法学部は官僚養成所として行政官志望者は一八九四年まで、司法官志望者は一九二三年まで高等文官試験を免除される法的特権を有し、官界を中心に実業界を含めて優先的に採用された。しかし、人材を吸収する余地が少なくなる不況期には、学生数の多い法科などで「就職難」を免れ得なかった。

第二の専門学校への進路は、官立であれば医学、歯科、林業、農業、工学などの専門技術者養成教育を受け、実業界を中心に採用された高級技術者コースである。他方で私立専門学校は洋学専門学校から発達した慶應、法律学校を基礎に発達した早稲田、法政、中央、明治、日本など、そして宗教系大学の三種類があった。特に法律学校から発達した私学は一九一八年まで法律上大学とは認められず、官立学校の落第者をはじめ志願者を大量に受け入れたため入学は容易で、大正期においても早稲田、慶應など一部を除いてこの傾向が続いた。主に慶應は私企業に卒業生を送り込み、早稲田はジャーナリズムへ、その他法律系私学は中級官吏や実業界に卒業生を送り込んだが、地方名望家子弟の中には学歴と捉えずに教養として捉える者も多く、卒業後は実家を継承する者も多くいた。帝大に比して採用において格差をつけられることが多く、大正期にはしばしば特権廃止運動の震源地となった。また、第三の進路である高等師範学校は国家が保証した純然たる教員養成学校であり、昭和恐慌期を除き、卒業生はほぼ全て学校教員に採用されることとなった(21)。

いずれも、国家の上流から中流を支配する社会層として期待されたが、学歴に応じた「立身出世」は必ずしも順調ではなかった。とりわけ、中学校と事実上大学へ進学する予備教育機関となった高等学校、高級技術者を養成する官立専門学校との間に生じた「入学難」や、卒業後「立身出世」が約束されていたはずの法科を筆頭とする高学歴者に生じた「就職難」、そして学資不足などの理由から生じた「半途退学」者が日露戦争前から顕著に発生したためである。

「高等遊民」は、このような事情を持つ教育機関の回路から発生し、前述のように不平不満から反社会性を有することを危惧された。そしてその社会への位置づけを巡っては、本来国家の中心的担い手たる新中間層に吸収されるべき存在と目された。[22]

もちろん、戦前の高等教育の規模は第二次世界大戦後の現代と比較すれば微々たる規模であることはいうまでもない。しかし、むしろそれゆえに、エリートたる高学歴者の社会的動向は、国家社会に大きな影響を与えるものであった。その心象風景や思想的意味合いにおける「高等遊民」は、小説家夏目漱石が代表作「それから」や「彼岸過迄」に描いた知識人のように、近世以前の社会を特徴付けていた村落共同体や身分制社会から解放され、自我に目覚めた近代社会の個人主義者の問題でもあった。[23]

三　規模・類型・対象

では、「高等遊民」は戦前日本においていかなる規模で発生し、特にいかなる人物が問題とされたのか。

最初に、「高等遊民」の規模であるが、これを直接示す統計は戦前において存在しない。最も有効な統計としては、明治期から昭和期の教育統計である、文部大臣官房文書課編『日本帝国文部省年報』(以下本書では共通して『文部省年報』)の各学校学生生徒卒業者中「職業未定又ハ不詳」(各学校で表記が異なるが統一した)、「半途退学」、加えて昭和期では文部省専門学務局による『大学専門学校卒業者状況調』の数値がある。調査月日や総数の不統一などの不備はあるが、これ以外に有効な史料はない。したがって、これらをもとに、中学、高等学校、専門学校、大学の四種類の学校機関から「高等遊民」の概算を見積もることとしたい。

まず、明治末期は、一九〇八年の『文部省年報』から、中学卒業程度以上の非就職者数を検討した『東洋経済新報』主幹植松考昭の試算があるため、これを採用する。植松は、就業人口を提示し、「文筆職業」（官公吏・会社員など）のうち官吏等級に換算した職業の補充要員と、各職種に応じた官公私立学校卒業生（一九〇八年度『文部省年報』数値）を比較し、上級職から下級職への繰り下げを換算しながら学校卒業後の非就職者を試算している。こちらを明治末期において年間の「高等遊民」発生数と仮定する。

それによれば、「高等官と同格」の職業（第一級）では、官立高等諸学校と私立高等諸学校の卒業生六九一七人に対し、四六六七人が過剰となり、続く「七級俸以上の判任官と同格」の職業（第二級）では、これに実業学校と師範学校卒業生四万六六九六二人を加えた五万一六二九人に対し、四万四八七九人が過剰となる。その結果、「七級俸以下の下級官吏と同格」の職業（第三級）においては、これと中学校卒業生で高等学校への入学試験落第者八三七四人との合計五万三七二一人に対し、一万七二五三名の求職希望者が過剰になるという。[24]この他、「半途退学」者が中学で一万八八二七人、その他官公私立学校の「職業未定又ハ不詳」者、大学院や大学予科に籍だけ置いている人物も第一部第三章で見る安倍能成のようにしばしば対象の範囲となっている。[25]これらのうち後述する中学半途退学者のうち「学費未納」者の数値のみを加算すると、総計約二万人が実質的に「高等遊民」となっていたことがわかる。これはあくまでも最小数値の目安といえる。

次に昭和初期であるが、こちらは二〇年後の一九二八（昭和三）年における『大学専門学校卒業者状況調』中の大学、専門学校、『文部省年報』中の高等学校、中学校卒業生の「職業未定又ハ不詳」者数をもって該時期における「高等遊民」数と仮定する。この時期は新卒の「就職難」が主体であり、高等教育機関の中退者はそもそも問題として扱われなかったため、ここでは割愛する。その結果、それぞれ、四〇六〇、四三九八、二〇〇〇、一万五七七九で、二万四四三七人が「高等遊民」になっていたことがわかる。

以上の数値を、学校教育機関の就学人口中に占める割合から見ると、一九〇八年において生徒数は中学校が一一万五〇三八人、高等学校が五四三五人、専門学校が三万三五五二人、大学が七五一七人の合計一六万一五四二人である。このうち「高等遊民」の割合は一二・三八％である。また、一九二八年において生徒数は中学校が三四万三七〇九人、高等学校が一万九六三二人、専門学校が八万四七五一人、大学が六万一五〇二人の合計五〇万九五九四人である。このうち「高等遊民」の占める割合は四・九％に該当する。これを全教育機関の在学人口数に分類すると、〇八年全在学者数六六二万七一一〇人に比して〇・三％、二八年の九九二八万七九五〇人に比して〇・〇二五％を占めることになる。(26)

このように、「高等遊民」の数は、全体の就学人口に比べればそれほど多くない。とりわけ、明治末期にあり昭和初期にない中学校の「半途退学」者の数値が統計に大きな影響を与えていることはいうまでもない。しかし、試算に過ぎないとはいえ、高等教育機関在学者の割合の五分から一割強を占める毎年二万人単位の発生は、到底無視できる規模ではなかった。ことにそれは、学校や官公庁など、日本の中枢機構が集中する東京に顕著に確認されていたこと、(27)数値的にも一九一〇年に当局が作成した「特別要視察人」の社会主義者が五五四人の記載しかなかった(28)ことを考えると、質的、量的な部位において「高等遊民」が警戒されるべき十分な層として存在していたことがわかる。

次に、「高等遊民」の類型であるが、これは以下の四種類である。

「Ⅰ」資力あり、国家志向

「Ⅱ」資力あり、非国家、反国家志向

「Ⅲ」資力なし、国家志向

「Ⅳ」資力なし、非国家、反国家志向

このもととなる分類は、第二次桂太郎内閣文相小松原英太郎と、元海軍軍人で反戦を唱えたジャーナリスト水野広徳の分類である。特に小松原は第二章で後述するように「高等遊民」問題への抜本的な対策を企図した人物である。両者に接点はなく、もととなる論文の初出も時期が違うが、同様の類型を指摘している。管見の限りではこれらを越える分類はなく、「高等遊民」は事実上この類型以外存在しない。(29)

各類型を説明すると、「Ⅰ」は、小松原によれば上流社会の子弟・戸主で「各種の研究に従事するの徒」であり、水野によれば「生活に窮せざる者」で「更に高等の研究に志す者」である（以下両者の見解を順に置く）。「Ⅱ」は、相当の資産を有する上流社会の子弟・戸主だが、職業に就かず研究もしない「不生産なる遊民」であり、「生活に窮せざる者」で「家庭に帰り又は下宿に転つて浪々遊惰の生活を送くる者」である。これらは、何もしていない状態の「遊民」だが、小松原によって「自然と父祖の業に親しみ」「遂には国家社会の為に貢献すべき者を出す」、あるいは「其の資産名望を以て一致人民を指導し地方の改良に貢献」も期待できるとされた。これら「Ⅰ」「Ⅱ」は資力のある「高等遊民」とくくることが出来る（以下同）。

他方、「Ⅲ」は、貧窮・資力なしで学校を出た後は「職業に就くに必要に迫られ而も職業を求めて得る能はざるもの」であり、「不平と不満とを忍びつゝパンの為めに自己の能力以下の職業に就く者」である。ここで職業の有無が相違点としてあるが、これは双方ともに「自己の能力」に応じた職に就けず、「能力以下の職業」すなわち非常勤の教員（教員免許が不要の場合も多い）や職工や日雇の労働など非一定の職業に就いている人物を指す。

そして「Ⅳ」は、問題の中心で、「最高の教育ある者にして一朝不平を抱き遂に社会を呪はんとする」懸念のある者であり、「之〔「Ⅲ」〕」すらも為し得ずして社会を呪ひつゝ自暴自棄に陥ゐる者」である。すなわち、貧困から反社会的活動をする者である。これら「Ⅲ」「Ⅳ」は資力のない「高等遊民」とくくることが出来る〔以下同〕。

注目すべきは、資力のない「高等遊民」が特に危惧されている点である。「Ⅲ」については、「資力に乏しからざるとき」は「第二の高等遊民〔「Ⅱ」のこと〕」になるに終るべきも然らざるものは忽ち生活問題の為に窮迫せらるべし」、「将来に於ける成功の望みなきを怨み」、あるいは「彼等の殆んど総ては血気横溢の青年」であるため、「浪浪の間に社会の悪風に染つて酒色に身を持崩す〔中略〕罪悪を犯す」こと、「Ⅳ」については、「往々社会に対し不平を懐き動もすれば其の方向を誤らんとす」ること、「斯て知識遊民が社会の一隅に充満する政府者の恐るゝ思想問題は此処にも発生する」というのである。ここから、「危険思想」をより抱きやすいとされた資力のない「高等遊民」の存在とその増加が、問題の争点だったことがわかる。

もっとも、資力のない「高等遊民」がどの程度の規模で存在していたかについては、これを明らかにしうる史料はない。また、反社会的傾向を持つのが資力のない人物だけとは限らない。そもそも「高等遊民」は実家が高学歴を授けられる程度に裕福でなければ発生せず、当時の高い学費[30]を考えると、ジャーナリストである長谷川如是閑が昭和期に座談会で述べたように、「日本の家族制度は既に個人経済社会の上に移つてゐるのに、戸主が昔の封建社会の家族制度の場合と同じやうに失業家族を支へてゐる[31]」状況、すなわち家族制度による救済が存在し、実際には資力のない「高等遊民」への転落者はそれほど大多数でなかったことも想定される。

ただし、唯一「高等遊民」の実態に迫ったと思われる京都市庶務部社会課編刊『京都市に於ける知識階級失業者の状況』（一九三四〈昭和九〉年）からは「高等遊民」の生活状況の一部を垣間見ることができる。当時、京都市庶務部では社会事業を強く意識した最新の統計調査を行っており、この史料はその一環として発行されたもの[32]である。該調査は一九三三年八月一〇日より同年一〇月末日まで、京都市中央職業紹介所の来所者九二七人〔男子六二六、女子三〇一）のうち「中等程度以上の学歴」がある人物を対象に行われている。もっとも、女性は家事手伝い、嫁入り前という意味から戦前の旧民法下の価値観を反映して史料中「高等遊民」としては扱われていないため検討外としなければならない。

それによれば、京都市の未就職者男二六四人の回答のうち、「Ⅰ」「Ⅱ」を示すと推測される「勉強」「遊んで居る」の人物はそれぞれ三六人で全体の一三・七％、一一人で四・二％と僅かである。他方、「Ⅲ」を示す「就職運動」の者に関しては、一二八人で四八・五％と半数を占めている。(33) 統計値はこれを上回っており、複数の回答が得られたことが想定される。しかし、ここから、「Ⅰ」「Ⅱ」に該当する「高等遊民」も二割程度存在する一方で、約半数は資力のない「高等遊民」と思われる人物であったことがわかる。つまり「高等遊民」の約半数が就職活動中だった、生活を立てる必要のある、資力のない「高等遊民」だったことがここから窺えるのである。

そして、この「Ⅳ」の発生回路として小松原が指摘したのは、前述の「就職難」「入学難」「半途退学」である。小松原は、資力のない「高等遊民」について、第一に高等学校、高等専門学校への「入学難」による「失敗者」で「其の生活費を贏ち得べき地位職業を得ること能はざる」者、第二に学資が続かず「半途退学」を余儀なくされ、「志徒に高く本来身分相応なる職をも賤し」いとする者、第三に「専門の職業教育を受けたるものにして就職することを得ざる」(34)者と分類している。そして、「入学難」の人物が「資力に乏しからざるとき」は「第二の高等遊民になるに終るべきも然らざるものは忽ち生活問題の為に窮迫せらるべし」、「半途退学」の人物が「将来に於ける成功の望みなきを怨み」、「就職難」の人物には学資のない人物が多いため卒業後は「悶死」する状況となり、かくして「最高の教育ある者にして一朝不平を抱き遂に社会を呪はんとするが如き行動に出」ることが懸念されるというのである。(35)「半途退学」は、大正末期から昭和初期にかけて全体の高学歴化が進み卒業生が増加したため該当しなくなるが、これらは広く共有された論点であった。

これは社会問題化の過程で言及されたもので、小松原のみの見解ではない。同時にそれは教育機関において何年も問題視された課題でもあった。すなわち、これらの諸問題は、「高等遊民」の発生に直結する教育上の課題でもあったのである。

以上検討してきた、資力のない「高等遊民」を問題視する見解が戦前の日本で一般的だったことは、明治末期にこの問題の形成過程をまとめた文芸雑誌『早稲田文学』が、「最近の所謂高等遊民問題の対象」を「高等の智識を有して財産なく職業なき遊民の年々増加して行く社会的傾向に対する憂慮と之れが防御策の攻究に存する」[36]と述べ、昭和初期にこの問題を取り上げた経済雑誌『エコノミスト』も、「金持の子供はよからうが、田舎の百姓が食ふや食はずで仕送りをして、やつと金のなる木を育て上げたら金どころか無駄花一つ咲かないといふんだから、気の毒だね。気の毒といふよりさうしてルンペン＝インテリが発生する。そんな手合が何をやり出すかわからん。国家の重大問題」[37]と述べているように明らかである。すなわち、「高等遊民」問題は、資力のない「高等遊民」の増加に対する政府世論の恐怖が大きな背景となっていたのである。同時に、その歴史的背景として、日本の高等教育（特に帝大）が国家主義を基調としながらも、欧米列強の学問吸収という国家目標から、外国語を必須とし、天皇制を否定する進化論や社会主義を媒介していたこと、中学卒業程度以上の知識青年層には西洋思想を享受できる語学・知識力を持つ者がいたことも重要な要素である[38]。とりわけ昭和初期においては、学校機関で獲得した知の低下、教育投資の失敗、資本主義のもとで没落する社会階層への帰属意識がインテリ層に生まれ、同時に資本主義社会の成果を享受する行動とその社会そのものへの懐疑、批判に同調する心性が共存し、それらは容易に反国家的傾向へ転化する要素を含んでいた[39]。

このことを考えると、資力のない「高等遊民」を中心に、高等な知識を持つ「高等遊民」全体が反国家的思想の媒介者となり、社会を混乱に陥れようとする危険性はありえないことではなかった。すなわち、近代日本社会の重要な安定基盤となりうる高等教育機関の中退・卒業者からは、その教育制度の弊害や社会状況の変化により、二〇世紀において、毎年二万人以上もの「高等遊民」が発生していた。そしてそれは自由民権運動が終息した後、近代日本社会にとって新たな反体制的勢力のリーダーにもなりかねない知識青年層と認識され、国家社会経済上の問題とされたのである。本書の命題は、この社会問題の対象となった「Ⅲ」「Ⅳ」の、資力のない「高等遊民」の実態と、それを巡る議論を踏まえた、諸問題の歴史的位置づけを解明することにある。

四　本書の構成と内容

では、近代日本における「高等遊民」問題は、従来いかに研究されてきたのであろうか。

先行研究として、まずあげられるのが、明治末期から昭和初期の「高等遊民」あるいは「知識階級」の失業者を、新旧中間層に位置づけられない社会的存在と認知し、社会とのかかわりに言及した歴史学の研究である。[40] これらは、「高等遊民」が明治末期及び昭和初期に存在したこと、それらが政府世論の警戒と反響を呼んだことに言及しており、「高等遊民」問題の社会的影響に初めて言及したものとして注目される。しかし、いずれも知識人論や経済史、大学史などの一環として言及された程度で、「高等遊民」問題を直接取り上げたものではない。また、近接する政治学からは、その問題が社会的に孤立した知識人特有の問題で、昭和初期には特に「就職難」の悪化から「危険思想」を危惧されたとする見解が出されているが、こちらも同様にそれ自体を扱ったわけではなく、実証性に乏しい。[41]

もう一つは、「高等遊民」問題を、「教育過剰」や「立身出世」の挫折と捉え、近代日本の教育と社会の構造的な問題として論じた教育社会学による研究である。[42]これらは、明治末期と昭和初期の「就職難」が「立身出世」の一側面として存在し、しかもこの問題が政府世論にも影響を与える問題だったことをメディア史料から捉えようとした。多くの新史料を発掘し、「高等遊民」問題の背景となる教育史的視点から、教育制度の変遷、就業状態の変化を踏まえて初めて同問題を論じた点は評価しうる。ただし、「教育過剰」という視点は、学校増設に反対する論者がこれを用いたものであり、問題の一側面に過ぎない。また、「立身出世」の挫折という観点は前述の筆者の問題意識と同様であるが、「高等遊民」を定義して論じたものではなく、その実態には踏み込んでいない。更に、社会問題化の過程と社会への影響がごく一部の史料による紹介に終始しており、それらが生じた背景や影響など、「高等遊民」問題の歴史的位置づけは課題として残されたままである。すなわち、教育史の一環で「高等遊民」を扱っているため、歴史的位置づけには成功していないのである。

これ以外に、夏目漱石の小説を手がかりに、社会問題の様相にも言及した国文学研究とそれに関する事例研究もある。[43]メディア史料を初めて開拓し、文壇における「高等遊民」の存在を示した点は意義深いが、小説の背景として紹介されている各事象や個別の事例が歴史的に位置づけられていない。

以上の先行研究の成果と課題をまとめると、その成果としては、「高等遊民」が明治末期及び昭和初期に「就職難」を主要因に発生して社会問題化し、政府世論の警戒と反響を呼び、多様な解決策が模索された事実の概略を明らかにしたこと、課題としては、前提となる「高等遊民」類型の規定、社会問題化に関する実証的且つ包括的な検討が看過されたために、これを歴史的に十分に説明付けられていなかったことが指摘できる。歴史学の観点から見た場合、いかなる歴史背景のもとで「高等遊民」がいかに発生、問題化し、とりわけ資力のない「高等遊民」が近代日本においていかに政治・社会的、文化的影響を及ぼしたのか、そしてこの問題が歴史的にいかに位置づけられるのか、という点が検討されなければ、「高等遊民」問題の歴史的意義は明らかにならないのである。

以上の点を踏まえて、本書は次のような手法で検討を進めていく。

第一に、「高等遊民」問題の成立過程について、「高等遊民」の発生状況、それを社会化させた歴史状況を踏まえて、当時の政府や世論の言説をメディア史料や関係者の回想などを用いて明らかにする。

第二に、問題の広がりと社会問題化への対応の実態について、当時の社会的状況と各分野の先行研究を踏まえて、教育制度、社会政策、実業従事や帰農といった解決方法の有効性を、メディア史料などを用いて明らかにする。

第三に、「高等遊民」の存在について、当時の政治思想状況を踏まえて、実在の人物や社会集団における実態とその社会的影響を、自伝、官憲史料などから明らかにする。(44)

本書は、以上の手続を踏まえることで、「高等遊民」問題の全容を明らかにし、実際にいかなる人物が存在し、それが近代日本の政治社会にいかなる影響を与えたのか、どのようにこの問題が解消されたのかについて明らかにするものである。

最後に、本書の具体的な章立てを示そう。各章は、明治末期の問題の発生を扱った第一部「『高等遊民』問題の発生」と、昭和初期にかけての問題の再燃を扱った第二部「『高等遊民』問題の再燃」に大別して収録してある。

第一部第一章では、「明治末期における『高等遊民』問題の成立」として、明治末期に「高等遊民」問題がいかに社会問題化したのかを、メディア史料や政府関係者の史料などから明らかにする。ここでは、既に問題が日露戦争以前から存在し、一部で指摘されていたことを踏まえ、それらの懸念を背景に、明治末期の社会問題化に至る過程とその意義を論じる。

第一部第二章では、「明治末期における『高等遊民』問題への対応と解決策」として、それへの解決策が、現実の政治、社会的状況の中でいかに説かれ、有効性を持ったのかを、メディア史料や政府関係者の史料などから明らかにする。ここでは、第二次桂内閣期の政府の対応と、同時期の世論の解決策を網羅し、「高等遊民」問題への対応の意義を論じる。

第一部第三章では、「明治末期における資力のない『高等遊民』の事例」として、自身を資力のない「高等遊民」と称した小論を記し、その反社会性の拡大を予期した安倍能成、同じく資力のない「高等遊民」としての自身をモデルにした小説「遊民」を描いた近松秋江（本書では本名の徳田浩司で統一してある）の実態を、著作や周辺人物の史料から明らかにする。ここでは、「就職難」などの社会情勢と彼らの生活の実態及び活動の意義を論じる。

第二部第一章では、「大正中期までの『高等遊民』問題を巡る変化」として、明治末期以降「高等遊民」問題がいかに変化したのか、そしてなぜ昭和初期に再度問題化したのかについてその理由をメディア史料や文政関係の史料から明らかにする。大正期には、明治以降最後となる高等教育機関の学制改革が行われており、その変化と第一次世界大戦後の社会状況の変化が重要な背景となった。その量的発展の効果と問題点を踏まえて、「高等遊民」問題が再燃する要因を論じる。

第二部第二章では、「昭和初期における『高等遊民』問題の成立」として、昭和初期に「高等遊民」問題がいかに社会問題化したのかを、メディア史料や政府関係者の史料などから明らかにする。ここでは、既に問題が大正中期に発生し、一部で指摘されていたことを踏まえ、それらの懸念を背景に、昭和初期の社会問題化に至る過程とその意義を論じる。

第二部第三章では、「昭和初期における『高等遊民』問題への対応と解決策」として、昭和初期に問題化した「高等遊民」に対する解決策が、現実の政治、社会的状況の中でいかに説かれたか、有効性を持ったのかを、メディア史料や政府関係者の史料から明らかにする。ここでは、昭和初期の各種政策や自助努力の具体策を検証し、「高等遊民」問題に対する解決策の効果を論じ、この問題がいかに解消されたのかについても触れておく。

第二部第四章では、「昭和初期にかけての『高等遊民』と思想運動」として、政府世論に懸念された社会運動に「高等遊民」がいかに参画したかを、「左傾」の事例として無政府主義者、「左傾」学生、日本共産党を、「右傾」の事例として国家主義団体員、「不穏事件」起訴者を検討する。ここでは、第二部第二章、第三章の議論を踏まえ、思想問題に参加した「高等遊民」の位置づけを論じる。

終章においては、以上の検討を踏まえて、戦前期日本における「高等遊民」問題をまとめ、「高等遊民」の発生、そして社会問題の歴史的位置づけを行い、あわせて他国との比較も視野に入れながら、近代日本社会の問い直しも行う。

注

(1)「教学界」(『早稲田文学』第七三号、一九一一年一二月)五六頁。「遊民」自体は中世から存在し、江戸時代には遊芸人や火消し、江戸の無職者を指す歴史用語でもあり、その反体制的、社会不安層としての要素が幕府要人に警戒され、政策対象となっていた(守本順一郎『徳川時代の遊民論』未来社、一九八五年)。明治に入ってもしばらくは同じ用語として僧侶や遊芸人が「遊民」と目されていた。例えば、「世の称して遊民といひ穀潰しといひ不生産的の人といふもの余輩僧侶と宣教師に於て之を見る〔後略〕」(『読売新聞』〈以下『読売』〉一八八八年五月一七日付朝刊一面、錦城生「僧侶と宣教師」)など。近代化とともに教育機関が整備される中で、本稿で扱う定義が登場した。

(2)管見の限りで初出は、『読売』一九〇三年九月二五日付朝刊二面(「官吏学校を増設すべし」)。

(3)前掲「教学界」五六頁。

(4)服部嘉香・植原路郎『新らしい言葉の字引』(大増補版、実業之日本社、一九二五年)二三五―二三六頁。なお、昭和初期における「高等遊民」について、教育社会学者の竹内洋氏は、明治末期の事例と区別して「新高等遊民」と呼称しているが、当時の史料にはそうした呼称はなく、本稿では同様に「高等遊民」と表記した（竹内洋『立身出世主義―近代日本のロマンと欲望―』世界思想社、二〇〇五年増補版。一九九七年初出、第九章）。

（5）この言葉の浸透は今日我々が想定するよりも一般に膾炙していた。例えば、作家の石川淳（一八九九―一九八七年）は、「わたしの幼少のころ、それは聞きなれないことばではなかった」とし、「高等といふことばがいやにはやって、高等下宿、高等淫売とかぞへて、高等遊民といふのすらあった。これは大学校を出てもなすところのないぶらぶらものを嘲笑もしくは羨望していったことばだらう」（石川淳「遊民」『新潮』第七四巻第四号、一九七七年四月、一八六頁）としている。

（6）『日本』一九一一年九月九日付朝刊五面（尾崎行雄談「高等遊民問題」）。

（7）文部省編『日本の教育統計　明治―昭和』（一九七一年）一―二頁、板倉聖宣による試算（『朝日百科／日本の歴史10・近代』朝日新聞社、一九八九年、一一二―一一三頁）より。

（8）『横浜貿易新報』一九一二年四月一四日付日曜附録一面（山崎紫江「高等遊民の権威」）。「時事寓感　今の政治家と高等遊民」（『教育時論』第九四九号、一九一一年八月二五日、四六頁）、岡田良平「近世教育と道徳経済の調和」（『斯民』第七巻第六号、一九一二年八月一日、三三―三四頁）。もっとも、フランス革命では高等教育機関の大学生などは何の役割も果たしていないようである（ベネディクト・アンダーソン著、白石隆・白石さや訳『定本　想像の共同体―ナショナリズムの起源と流行―』書籍工房早山、二〇〇六年。原著初版一九九一年、一三九頁）。

（9）木下尚江「文明の讃美者は悉く高等遊民　特集所謂高等遊民問題」（『新潮』第一六巻第一号、一九一二年二月）三二頁。

（10）岡義武「日露戦争後における新しい世代の成長」（『岡義武著作集』第三巻、岩波書店、一九九二年所収。『思想』一九六七年二、三月初出）参照。

（11）本書では「高等遊民」を知識青年層と捉えるが、これを学問的に社会階層と捉えられるかどうかは今後の研究を待たなければならない。近年問題化している若年層失業者についてこれを階層と見なすかどうかといった議論が存在しており、これはそれと共通する議論となるためである（太郎丸博「社会階層論と若年非正規雇用」直井優・藤田英典編『講座社会学13　階層』東京大学出版会、二〇〇八年所収、第六章参照）。

（12）例えば、雨宮処凜『プレカリアート―デジタル日雇い世代の不安な生き方―』（洋泉社、二〇〇七年）、水月昭道『高学歴ワーキング・プア―「フリーター生産工場」としての大学院―』（光文社新書、二〇〇七年）など多数。

(13) 昭和恐慌の際も、「高等遊民」に該当する古代から近世にかけての「浪人」について、歴史的役割の問い直しが行われている。『日本浪人史』(西田書店、一九八〇年。一九三一年初出)を書いた専修大学卒業(卒業年次不明。一九〇〇年生まれ)の石川恒太郎は、「現在職を大阪毎日新聞社に奉じているが、本書は著者が新聞社に入社する以前に於いて自ら味った痛烈な失業苦が執筆の動機となった」としている(自序五頁)。本書も、同様の問題意識を持つ一つの歴史書であるともいえる(本書「あとがき」も参照)。

(14) 西川長夫『国民国家論の射程』(柏書房、一九九八年)、牧原憲夫『客分と国民のあいだ―近代民衆の政治意識―』(吉川弘文館、一九九八年)など参照。

(15) 日本の新聞報道では、『読売』一九一一年九月三日付朝刊一面、一二月一〇日付同五面、一二月一一日付同一面。一二月一二日付同五面(冷泉生「独逸の高等遊民問題」)、一九一二年一月七日付、同月八日付同一面(同「独逸の高等遊民予防策」)など。教育学研究の潮木守一「一九世紀末ドイツにおける教育過剰論争」(『名古屋大学教育学部紀要(教育学科)』第三二巻、一九八六年)も参照。フランスでは、一九世紀初頭に無職の高学歴者が国家に対峙する、前衛としての「知識人」として登場しているが、社会問題になったことは確認できない(クリストフ・シャルル著、白鳥義彦訳『「知識人」の誕生」1880-1900』藤原書店、二〇〇六年)。また、イギリス、アメリカ、ロシアにおいてはこうした問題は確認できない。それは、これらの国の教育機関がナショナリズムにさほど寄与しなかったためであろう(前掲アンダーソン書『想像の共同体』一三八頁)。別に、イギリスのジェントリは裕福な「高等遊民」の事例で、これらはしばしば近代日本でも「高等遊民」の典型とされた。例えば、夏目漱石は「英国には高等遊民が多い、ダアキンなどは偉大なる高等遊民であつた。高等遊民が多くなければ国は進歩しない」といったとされる(徳田秋江「慌たゞしき生活の悲哀」『近松秋江全集』第一〇巻、八木書店、一九九三年所収。『新潮』第一六巻第一号一九一二年一月初出、七頁)。ここには理想的な「知識人」願望もあったと思われるが、その内容は今後の課題である。

(16) フリッツ・リンガー著、筒井清忠ら訳『知の歴史社会学―フランスとドイツにおける教養 1890-1920―』(名古屋大学出版会、一九九九年。原著初版一九三七年)三三頁。コンラート・ヤーラオッシュ著、望田幸男ら訳『高等教育の変貌 1860-1930―拡張・多様化・機会開放・専門職化―』(昭和堂、二〇〇〇年。原著初出一九八二年)第二章など。

(17) ドイツでは、一九三二年までに四万五〇〇〇人の大学卒業者が失業しており、三年後までに一〇万五〇〇〇人に達すること、「貧困化し、絶望的な気持にかられた中間階級」が政治活動を開始し、共産主義か、労働者階級の暴力的抑圧に役立つ仕事(ファシスト義勇軍、上級警察官、ファシスト官僚）になる道しかないと指摘されている（R・P・ダッド著、岡部良夫訳『ファシズムと社会主義革命』ミネルヴァ書房、一九七四年。原著初版一九三五年、一一五―一一六頁）。これらは教育機関にも大きな影響を与えた（望月幸男『ドイツ・エリート養成の社会史―ギムナジウムとアビトゥーアの世界―』ミネルヴァ書房、一九九八年、第五章第三節）。実際に、博士号を持つ無職のゲッペルスのような学歴エリートがナチスの重要な担い手になっており、日本との共通性が確認できる（山口定『ナチ・エリート』中公新書、一九七六年、一四―二三頁）。その国際比較は研究の進展を待たなければならない。

(18) 富永健一『日本の近代化と社会変動　テュービンゲン講義』（講談社学術文庫、一九九〇年）三四九―三五七頁。菊地城司『近代日本の教育機会と社会階層』（東京大学出版会、二〇〇三年）第一章参照。引用に際して、流動性を考慮して「階級」でなく「階層」とした。なお、いわゆる自作農や中小・零細経営層が旧中間層に、俸給生活者、サラリーマンなどが新中間層に分類される。大正期はこれら新旧中間層が政治的影響力を集団で持ちえた時代であった。これについては、神島二郎『近代日本の精神構造』（岩波書店、一九六一年）、竹山護夫『大正期の政治思想と大杉栄』（名著刊行会、二〇〇六年所収。一九七八年初出）参照。南博＋社会心理研究所『大正文化―1905〜1927―』（勁草書房、一九八七年新装版。一九六五年初出）は新中間階級の学歴を中等教育以上と定義しており、前述の筆者の問題意識と一致する（一八六頁）。

その他、同問題については大河内一男『日本的中産階級』（文藝春秋新社、一九六〇年）、浜口晴彦『日本の知識人と社会運動』（時潮社、一九七七年）も詳しい。また、本書では、新中間層、新中等社会もほぼ同義と捉え、広く新中間層とし、旧中間層を含む場合は中間層と表記した。

(19) 教育制度については以下の文献を参照。天野郁夫『近代日本高等教育研究』（玉川大学出版部、一九九九年）。国立教育研究所編刊『日本近代教育百年史』（第四、五巻、一九七四年）。H・スミス著、松尾尊兊・森史子訳『新人会の研究―日本学生運動の源流―』（東京大学出版会、一九七八年。原著初版一九七七年）第一章。

(20) 広田照幸・吉田文編『職業と選抜の社会史―国鉄と社会諸階層―』（世織書房、二〇〇四年）第五章、第八章参照。分析からは中学の半途退学者でも国鉄内のキャリアコースへ進出していることがわかる（二八〇頁）。

(21) 高等師範学校でさえも「『安全地帯』も崩さる」という状況となる（『読売』一九二九年四月四日付朝刊七面「凄じい就職難「安全地帯」も崩さる／教員養成所と師範出二万人に／文部省悲鳴を挙ぐ」）。

(22) 例えば、資産なく高級の教育を受ける者の割合が多く、教育ある者を使用するだけ経済が発達していないため、「生産力の強大な大企業の発達を促進せしめ新中等社会の人民をつとめて採用するやうにし、所謂高等遊民の発生を防ぐことが肝要である」という見解などがある。(法学博士戸田海市「民の声　日本の生活問題（一）」『国民雑誌』第二巻第八号、一九一一年八月、九頁)。これらが困難なために、本書で見る代替案として旧中間層への移動を求める論が出てくるのである。

(23) 例えば、「三十になって遊民として、のらくらしている」という「それから」の代助は、父親の仕送りで暮らし、職業のために働くことを軽蔑する「高等遊民」で、その典型とされてきた(夏目漱石『それから』新潮文庫改版、一九八五年。一九〇九年初出、三四頁)。しかし、本書で批判、検討していくように、「高等遊民」を全てこのように捉えるのは間違いである。残念なことに、歴史学における「高等遊民」も大抵漱石作品の事例がその典型として記され、社会への影響力も否定されてきた(坂野潤治『大系日本の歴史⑬　近代日本の出発』小学館ライブラリー、一九九三年、三九二―三九三頁)など。

(24) 植松考昭「経済上より見たる我教育（五）」(『東洋経済新報』第五三〇号、一九一〇年七月二五日)一〇―一一頁。

(25) 例えば、一九二三年に大学院へ進学した東京帝国大学法学部卒業の松本重治(のち同盟通信社編集局長)は「当時の大学院学生生活は、すこぶる自由闊達で、穂積さん〔法学部教授の穂積重遠のこと。形式上、松本の指導教授〕に、とくに直接指導をお願いしたこともなく、大学院学生時代には一ぺんも会ったことがなかった」としている(松本重治『上海時代（上）』中公新書、一九七四年、五頁)。

(26) 前掲『学制百年史』資料編四三六―四三八頁。なお、一九二八年の統計では〇八年の統計にない青年訓練所生徒は合計数に入れていない。

(27) 例えば、詩人の石川啄木は一九一〇年にその様子を捉え、「毎年何百という官私大学卒業生が、その半分は職を得かねて下宿屋にごろごろしている」、「日本には今『遊民』という不思議な階級が漸次その数を増やしつつある。今やどんな僻村へ行っても三人か五人の中学卒業者がいる。そして彼らの事業は、実に、父兄の財産を食い潰す事と無駄話をする事だけである」としている(石川啄木「時代閉塞の現状」『時代閉塞の現状・食うべき詩』岩波文庫、一九七八年所収。一九一〇年八月初出。一一六―一一七頁)。啄木自身も中学を「半途退学」した「高等遊民」であった(田口道明「石川啄木論―『明日』という時間―」上田博編『明治文学館Ｖ　明治から大正へ』嵯峨野書院、二〇〇五年所収、参照)。

(28) 松尾尊兊「解説」(松尾尊兊編・解説『続・現代史資料1　社会主義沿革1』みすず書房、一九八四年所収)三一頁。

(29)『東京日日新聞』(以下『東日』)一九一三年五月一四日付二面(小松原英太郎「高等遊民問題(一)」)。水野広徳「行政整理の犠牲者と新卒業生の就職難問題」(『中央公論』第四〇年一号、一九二五年一月一日)一五五頁。なお、これ以外に、安部磯雄が「高等遊民論」と称して、裕福な事例、裕福でない事例に大別して後者を「高等失業者」としているが、第二部第二章「はじめに」でも述べるようにこの表現は当時一般的ではなく、分類も両者の見解を超えるものではない(安部磯雄「高等遊民論」『新小説』第二一巻第一〇号、一九一六年一〇月一日、三四頁)。

(30)森永卓郎編『物価の文化史事典』(展望社、二〇〇七年)によれば、年額の学費は、一九一二年東京帝大は五〇円、慶應が四八円。早稲田五〇円。一九二九年に東京帝大が一二〇円、早慶が一四〇円である。なお、高等官の月給が五五円、七五円で小学校教員がその五分の一であるため、小学校教員程度の月収では進学後家計が困難になる可能性があったといえる。各章で言及したように、近代日本においては、教育機会の拡大に伴い、家計の負担をかえりみず、学費を出し進学させる家庭も増え、資力のない「高等遊民」発生の原因にもなった。

(31)「座談会　失業・合理化・無産党合同問題　昭和五年四月十二日夜」(『批判』第一巻第一号、一九三〇年五月一日)九一頁における長谷川万次郎(如是閑)の発言。同史料は古川江里子氏の御教示による。

(32)小倉襄二「『京都市社会課調査報告』について」(『京都市社会課調査報告』第一〇冊、文京出版復刻版、一九七八年所収)。

(33)京都市庶務部社会課編刊『京都市に於ける知識階級失業者の生活状態調査』(同右第六冊。一九三四年初出)四四—四五頁。

(34)前掲小松原英太郎「高等遊民問題(一)」。

(35)『東日』一九一三年五月一五日付朝刊三面(小松原英太郎「高等遊民問題(二)」)。

(36)前掲「教学界」五七頁。

(37)「経済学陣/大学の貧困(下)—学士さまなら娘も呉れぬ—」(『エコノミスト』第八巻第二号、一九三〇年一月一五日)五〇頁。

(38)久野収「日本の超国家主義—昭和維新の思想—」(久野収・鶴見俊輔『現代日本の思想—その五つの渦—』岩波新書、一九五六年所収)一三二—一三三頁。

(39)寺出道雄『知の前衛たち—近代日本におけるマルクス主義の衝撃—』(ミネルヴァ書房、二〇〇八年)一三—一四頁。

(40)バッシンは、「教育を受けた人間にとって、経済的な事由から、やむをえず火急な仕事につくくらい大きな悲劇はなかった」とし、「一九二〇年代から三〇年代にかけて、体制からの疎外が、知識人のあいだで急激に増大したのも、このことと無縁ではないであろう」としている（ハーバート・パッシン著、国弘正雄訳『日本近代化と教育』サイマル出版会、一九六九年。原著初版一九六五年、一五一―一五二頁）。しかしその実証はなされていない。隅谷三喜男「恐慌と国民諸階級」（隅谷三喜男『隅谷三喜男著作集』岩波書店、二〇〇三年所収。一九七四年初出）三六七―三七〇頁。早稲田大学史編纂所編『早稲田大学百年史』（第三巻、早稲田大学出版部、一九八七年）三六一―三六七頁。就職機会の変遷を点描した尾崎盛光『日本就職史』（文藝春秋、一九六九年）もある。

(41) 丸山真男「個人析出のさまざまなパターン」（『丸山眞男集』第九巻、岩波書店、二〇〇〇年所収。一九六八年初出）、同「近代日本の知識人」（『丸山眞男集』第一〇巻、同上、一九九六年所収。一九七七年初出）二二二頁。

(42) 伊藤彰浩「日露戦後の教育過剰問題―『高等遊民』論を中心に―」（『名古屋大学教育学部紀要』第三三号、一九八六年）、同『戦間期の高等教育』（玉川大学出版部、一九九九年）。東京都立教育研究所編刊『東京都教育史』（通史編二、一九九五年）七九九―八〇三頁、清水康幸執筆分、E・H・キンモンス著・広田照幸ら訳『立身出世の社会史―サムライからサラリーマンへ―』（玉川大学出版部、一九九五年。原典初出一九八一年）。前掲竹内書。

(43) テクスト分析の論稿は割愛したが、メディア史料を初めて複数例紹介した熊坂敦子「『高等遊民』の成立」（『夏目漱石の研究』桜楓社、一九七三年所収。一九六八年初出）、長島裕子「『高等遊民』をめぐって―『彼岸過迄』の松本恒三―」（石原千秋編『日本文学研究資料新集一四　夏目漱石・反転するテクスト』有精堂出版、一九九〇年所収）、これを歴史的に位置づけようとした、伊豆利彦「夏目漱石『彼岸過迄』の『高等遊民』」（『横浜市立大学論叢』人文科学系列第四一巻、一九九〇年三月）が注目される。また、漱石作品中における「高等遊民」については、高木文雄『漱石の道程』（審美社、一九六六年）が詳しい。ただし、高木書における「高等遊民」の定義は曖昧であり、当時の定義とは必ずしも一致しない。

なお、個別事例では、近藤富江氏が『本郷菊富士ホテル』（中公文庫、一九九八年）で、同ホテルに常宿していた広津和郎などの作家や周辺の文学青年を、文化人類学の山口昌男氏が『内田魯庵山脈』（晶文社、二〇〇一年）で、旧制高等学校中退後、生涯を骨董や民俗学にかけた在野の学者林若樹を、国文学者の紅野敏郎氏が『遺稿集連鎖』（雄松堂、二〇〇二年）で、同人誌『奇蹟』のメンバーで『白樺』周辺人物の舟木重雄を、作家の黒川鍾信氏が『高等遊民天明愛吉―藤村を師と仰ぎ御舟を友として―』（筑摩書房、二〇〇四年）で、作家島崎藤村や画家速水御舟と交流のあった天明愛吉を紹介している。その他文学作品上の「高等遊民」については、川本三郎『大正の幻影』（岩波現代文庫版、二〇〇八年。一九九〇年初出）、松山巌『乱歩と東京』（ちくま学芸文庫版、一九九四年。一九八四年初出）に詳しい。

（44）　なお、各々の史料批判は各章で行う。

第一部　「高等遊民」問題の発生

第一章　明治末期における「高等遊民」問題の成立

はじめに

近代日本において初めて「高等遊民」が社会問題となったのは、一九一一（明治四四）年である。この年には、それ以前からいわれていた「高等遊民」が単なる「就職難」問題としてではなく、政治課題として広く認識されるとともに、多くの事例が発見され、その解決策が論じられた。このことを示すように、翌年『東洋時論』記者の石橋湛山は、「昨年の思想界において取り扱われた最も活気ありまた中心であった問題(1)」の一つとして、国民問題、家族問題とともに、「高等遊民問題」を指摘しているのである。この問題が国家社会の根底にかかわる問題と目されていたことが窺える。

従来、該時期の問題については、同時代の小説家夏目漱石の作品を検討した国文学研究や、「高等遊民」問題を「教育過剰」問題とする教育社会学研究においてその概略が指摘されてきた(2)。しかし、実際に「高等遊民」がいかに発生し、いかに問題化したのか、それはいかなる近代日本社会の問題を明らかにしていたのか、という点は具体的に解明されていない。該問題の歴史的位置づけを明らかにするためには、「高等遊民」発生の構造、該問題の成立過程における第二次桂太郎内閣の小松原英太郎文相ら閣僚の影響、そして政府世論が問題視した資力のない「高等遊民」

の実態といった重要な論点を具体的に検討しなければならない。そこで本章は、以下の三点を検討し、この問いに答える。

第一に、「高等遊民」発生の構造を教育機関の発展を踏まえて検討する。序章で述べたように、明治末期の「高等遊民」は「入学難」「就職難」「半途退学」という構造的問題を背景として、中学卒業程度以上の学歴から発生した。教育機関の発達に伴う問題点の発生過程、文部省統計や経済雑誌の試算による「高等遊民」の規模、そして各学校機関における事例を点描しながら、「高等遊民」発生の状況を明らかにしていく。

第二に、明治末期における社会問題化の過程を政治社会の動向と関連付けて検討する。ここでは、唯一問題化の過程を論じた一九一一年一二月の『早稲田文学』記事を手掛かりに、当時のメディア史料を包括的に検討し、論点の推移を明らかにしていく。

第三に、そこで特に問題視された「高等遊民」として、資力のない「高等遊民」がどの程度指摘されたのか、実際に彼らがいかなる生活状況にあったのかを検討する。こちらも、問題化の年におけるメディア史料を包括的に検討し、同時に関係史料を幅広く用いて、その実態を明らかにしていく。以上の検討をふまえて、明治末期における「高等遊民」問題成立の歴史的位置づけを行う。

一　発生の状況

維新後、欧米列強を目標に「富国強兵」「殖産興業」を推進した近代日本社会は、対外進出を巡る争いから未曾有の国費を消耗した日露戦争後に急速な近代化による代償としての社会矛盾を抱えることとなった。二度にわたる非常特別税をはじめとする相次ぐ増税は農村社会に負担を強い、伝統的町村制度を動揺させ、東京や大阪など大都市部への移動を喚起し、都市部では資本主義発達の陰で伝統的徒弟制度が解体されはじめ、貧困層が都市下層を更に広く形成した。そして巨額の外債募集、国債発行によるインフレが物価高を招き、そうした不満はポーツマス条約に伴う一九〇五年九月の日比谷焼打ち事件によって爆発することとなった。(3)

こうした世相の中で、将来の「国家中堅」たる学生青年層からは、「立身出世」の行詰まりから「煩悶青年」や「堕落青年」、「成功青年」といった表現で呼ばれた個人主義的傾向が顕著に表れはじめていた。(4) これに対して政府は、一九〇六年に第一次西園寺公望内閣の牧野伸顕文相が文部省訓令第一号を発し、「風紀退廃セル傾向」「小成ニ安シ奢多ニ流レ或ハ空想ニ煩悶」、「社会主義ヲ鼓吹スルモノ往々各所ニ出没」する状況を批判、〇八年七月に組閣された第二次桂内閣が、各種政策の基本理念となった〇八年の「戊申詔書」で「実業ニ服シ勤倹産ヲ治メ惟レ信惟レ義醇厚俗ヲ成シ華ヲ去リ実ニ就キ荒怠相戒メ自彊息マザルベシ」と実業従事を説き、国家秩序への位置づけを強化しようとした。(5)

注目すべきは、第二次桂内閣がその「政治綱領」において、「教育に因り、国民の道義を養ふは、言を待たす。其の産業を助て恒心を維持し、職業を与て浮浪を防き〔中略〕予め禍源を防くと同時に、社会主義に係る、出版集会等を抑制して、其の蔓延を防くへき也」(6)と述べた点である。同内閣は対外的には帝国主義、植民地支配を掲げ、対内的には緊縮財政による日露戦後経営を促進し、国家秩序を再構築する地方改良運動、感化救済事業の展開とともに社会主義者を徹底的に弾圧した国家統制を強めていく方針であった。内閣は公債の借替えに失敗し、財政難をおして韓国併合を強行、大逆事件や南北朝正閏問題といった社会不安も醸成したものの、それまで以上に国民統合を企図していた。後述するように、日露戦前より一部の論者は、「高等遊民」の発生を指摘していたが、この歴史状況において

「高等遊民」という存在は、国家社会的位置づけを問われる存在と目されることとなったといえる。

では、「高等遊民」はいかに発生していたのであろうか。

まず、該時期までに、日本の教育機関は、帝国大学を頂点とする大学、中学、小学の教育体系が定まり、一八九四年の「高等学校令」によって、中学校は大学予科である高等学校と、男子普通教育機関である尋常中学校に分離されていた。一八九九年の「中学校令」において中学校は男子普通教育機関として「一国ノ中心トナッテ健全ナル与論ヲ作ル」人物を輩出することが期待され、日清戦争後の巨額の賠償金をもとに各地方に増設された。一九〇三年には「専門学校令」が定まり、高学歴が「立身出世」の条件となる「学歴社会」が確立されていった。(7)

「高等遊民」が社会問題化した一九一一年の教育統計によれば、中学校の生徒数は、一二万五三〇四人、高等学校、専門学校の生徒数はそれぞれ六六六五人、三万四四五一人、大学は五八八一人である。これは日清戦争時の一八九四年と比較して、それぞれ五・六倍、一・四倍、三・八倍、五・四倍、日露戦争当時の一九〇四年と比較して同じく一・二倍、一・三倍、一・二倍、一・四倍である。校数別で見ると、一八九六年に中学校一二一校、専門学校(実業専門学校含む)五〇校、高等学校六校、帝国大学一校が、一九〇四年に中学校二六七校、専門学校五九校、高等学校八校、帝国大学二校、一一年に中学校三一四校、専門学校八五校、高等学校八校、帝国大学四校であり、(8)特に中学校は約四倍に激増している。

このうち、一九〇五年から一二(大正元)年度までの八年間の中学校・高等教育機関の『文部省年報』における「職業未定又ハ不詳」者数と「半途退学」者中「授業料不納等」による人数を「高等遊民」と仮定して検討する。ただし、中学校に関しては全国の本科のみを、大学・実業専門高等教育機関については受験者及び卒業生の大半が東京に集まったことから、東京に所在地を持つ官立機関のみを対象とした。なお、私立専門学校については各年度統計がなく、高等学校・東京美術学校は記載がないため除外した。

まず、全体の「職業未定又ハ不詳」者数の傾向を見ると、日露戦後の一九〇五年に三〇〇〇人程度であった総数が一九一一年には六〇〇〇人を超えている。このうち東京高等師範学校は「高等遊民」とはほぼ無縁であり、官立医学専門学校、東京外国語学校（以下東京外語）、東京音楽学校、東京高等工業学校（以下東京高工）は学校生徒数の増加に比例して増加する時期があるものの明治末期にかけては減少傾向にあり、実数、割合ともに高くない。他方で中学校、東京高等商業学校（以下東京高商）、東京帝国大学（以下東京帝大）は毎年ほぼ増加傾向にあり、実数も多く、これらが「高等遊民」の大きな担い手となっていたことがわかる。

このうち、資力のない「高等遊民」の発生として危惧されたのは、増設される中学校を背景に高まる「立身出世」熱を背景に生じた「入学難」「半途退学」、そして学校機関の増設に反し募集難の官界、産業界の事情により生じた「就職難」であった。以下、各学校における「職業未定又ハ不詳」者、「半途退学」者の実態を検討する。

まず、中学校は卒業生の三割以上が「高等遊民」となっており、その実数は一九〇四年の二七三一人から一二年の六五〇〇人へと、二・四倍になっている。この原因の第一が、官立高等教育機関への「入学難」である。〇七年と一一年の合格率を比較すると、官立高等学校（全国八校）の場合、三〇・八％から二七・二％に減少、最も低率だった〇八年では二〇・五％である。官立実業専門学校のうち東京高商の予科は一六・四％から一九・三％と、(9) いずれも高倍率の競争となっている。新聞投書欄に「現学制では、大学や専門学校へ入るには六箇敷試験があつて優等生の外は仲々入れません、所謂高等遊民は此の辺からの産物です(10)」と指摘されていた重要な要因の一つであった。そして実際、落第者のうち東京外語や東京高工、その他専門学校や私立学校へ鞍替えする者を除いては、全て「入学難」による「高等遊民」となり、ここからは「四年も五年も入学試験を受くる為の勉強をのみして居て、尚思ふところに首尾好く入れない人」[11]が多数発生したのである。

第二が、卒業生の「就職難」である。日露戦後の義務教育六年制定着による小学校教員募集の増加や戦後の逓信事業拡大に伴う官吏の増加があったが、判任官の募集は殆どなく、教員や会社への就職は専門知識と資格を持つ師範学校卒業者、実業学校卒業者に比して不利な状況だったためである。しかも、「進学熱」「都会熱」に煽られた地方子弟の中には、家業を嫌う者も多く、ここからは「卒業生にして、学資のない為に高等の学校に入ることも出来ず、かと云つて父祖の業に従事するでもなく、たゞ安閑として日を送る者」[12]が発生したのである。

例えば、安田財閥の中心機関である安田保善社が公募した「練習生制度」(中学卒業の青年を一八〜三五人採用して社会教育を施し、将来の幹部社員へ養成する)に対して、一五〜三〇倍に達する中等学校卒以上の応募があり、[13]一九〇八年一一月に実施された関東都督府附巡査四〇人の採用試験に対し、応募者が一四六三人に上り、そのうち「判任官以上の資格を有する者一五〇名、中学程度の官私立の学校を卒業せるもの非常に多」い状況[14]であった。

第三に、「半途退学」者のうち「授業料不納等」者は、一九〇四年から〇九年にかけて平均約二〇〇〇人程度が毎年輩出され、ここからは、「中学の三、四年あたりで退学した者の実際を見ると、さながら一種のゴロツキの様な者となつて、父兄の為にも、その地方の為にも、殆どもてあまされる輩が少なくはない」[15]と言われた。例えば、自作農の子弟である葭原信太郎は、親の意向で中学に入学したが、農繁期の手伝いに駆り出されるなど勉学がままならず、最終的に「自宅にあつても、真面目に農業にも従事せないで、たゞ何するとはなく、うろうろとして暮すと云ふ有様で、何等世間のためにも働かない遊民となつてしまつた」[16]というのである。このように、中学校は「入学難」「就職難」「半途退学」により毎年八〇〇〇人以上が「高等遊民」となり、資力のない「高等遊民」が多数輩出されていたのである。

他方、高等教育機関の場合、中学校に比して「半途退学」はそれほど多数ではなく、卒業後の「職業未定又ハ不詳」者数が中心となっている。例外的に高等学校では毎年三〇人ほど資力のない人物が入学後に学資不足で退学していたが、史料がなく分析が難しい。したがって、以下では、各高等教育機関の卒業後の「就職難」の特徴のみを分析していくこととする。

まず、東京高商は、一九〇四年の一七人から一二年の九八人と実数で最大五・八倍、卒業生中の割合は毎年三割から四割を「高等遊民」として輩出した。従来は会社企業を中心に就職口が多く、〇五年卒業の足立正（のち日本商工会議所会頭）がいうように、「自分の気ままに会社をよりどり見どりしたうえで、わけなく入社できた」ばかりか「卒業間近になるとあっちからもこっちからも勧誘を受ける」[17]状況だったという。しかし、日露戦後に有名私立大学にも商科が増設され競争が激しくなり、戦後の不況期には、当時の校長沢柳政太郎がいうように、「これまでは、高等商業学校卒業という看板は世の中を渡って往くのに十分であったけれども、今後はその看板は余り当てにならぬ」[18]という状況になったためである。ここからは、「昨年学校を出て、今に良い口が見つからぬので遊んで居ります」[19]と創立直後の会社事務所に訪れるような資力のない「高等遊民」が発生した。

次に、東京帝大は、八年間で実数、割合ともに毎年増加し、全分科大学の実数で一九〇四年の五五人から一二年の二三三人と四・二倍になり、大正初期には割合で約三割が「高等遊民」となり、特に法科、文科、工科に顕著であった。

まず、法科の「職業未定又ハ不詳」者数は八年間で卒業生二五二五人中八四九人（三三・六％）である。実数は四〇人から二一〇人へ五・三倍となっている。

法科はもともと、国家官僚の養成機関であり、高等文官試験、弁護士、判検事試験を経て就職するのが一般的で、成績優秀者であれば、一九一〇年卒業の富安風生（のち歌人）のように「逓信省からは大学の教務へ、十人限り採用の連絡があった（中略）その中へわたしも入れてもらった」[20]こともあった。ただし、翌年同省入省の石坂泰三（のち経団連会長）は「前年に大規模な人員整理があって、各官庁とも大幅に定員を減らされていた」[21]と回想しており、明治末期にかけて厳しい情勢となっていた。『東京大学百年史』によれば、一八九〇年代後半より卒業生が供給過剰状態となり、「先輩と同程度の良い就職口を得るためにじっくりと待機したり、より低い条件の職域の選択を余儀なくさせられることが多くなった」[22]。法科は私学も含め学生数が多く、ここからは「私立の大学はもちろん、官立の帝国大学を卒業しながら、二年三年も就職口を求めて、然も思ふ様なる口を得ず、止むなく心にもなき又随つて得意にもあらざる業務に従ふものもあり、甚だしきは其れすらなきもの」や、「大学を卒業し、高等文官試験にも合格し、而して就くに職なく、徒らに権門の間に奔走して、口を求むるもの」[23]が発生した。

そして文科の「職業未定又ハ不詳」者数は卒業生八五〇人中一四二人（一六・七％）である。実数は六人から二五人へ四・二倍となっている。

文科はもともと、「官庁や民間で実務に就く者は極めて少なく、大学院に進学したり学校の教職員となって学校体系の内部に留まる者が大部分」[24]であり、慢性的な「就職難」状態であった。例えば、『時事新報』記者で就職難問題をルポした北浦夕村は、西洋史学科卒業の知人の例を紹介し、「母や妹が夢想して居た如き勤め口」はなく「最早や選択するの余裕がない」ところまで追い詰められ、「立身出世」を諦め「八方運動した結果、昨年の末漸く某地の中学校へ周旋したが実に卒業後四年目、而して俸給は僅に三五円」[25]だったという。また、一九一一年にやはり史学科を卒業した後、中学教員になった栗田淳一（のち日石社長）は、「そのころすでに就職難なるものがあって、大学は出たけれど、というほどでもなかったが、学友の多くが就職のために東奔西走している」中で、「月給取りとして、涼しい顔をしていたのだから、当面は必ずしも悪くなかった[26]」と回想している。こうした中から、作家の夏目漱石が知人を指して言ったように、「一年以上も下宿に立て籠つて、いまだに下宿料を一文も払わないで茫然としている男[27]」のような資力のない「高等遊民」が発生していた。

ただし、工科の「職業未定又ハ不詳」者数は卒業生一四九九人中一五九人（一〇・六％）である。実数は四人から一六人へ四倍となっている。

工科のうち、土木工学科や機械工学科では内務省の土木部門や政府、民間の鉄道敷設関係、電気工学科では逓信省の通信、電気検査部門や電灯会社、応用化学科では農商務省やガス、セメント会社への進路が主なものであり、採鉱及冶金学科や造家（建築）学科、あるいは造船学科等は、より特定された分野に工学士を送り込んでいた[28]。このうち、優秀な生徒が集まった造船学科が「（明治）四二年の大不景気のため」に「二番以下すべてが造船界からの新規採用をことわられ[29]」た状況であった。しかしその後は回復しており、工科の場合は日露戦後の影響による一時的なものであった。この他、毎年一〇〇人以上の学資不足の「半途退学」者と私立学校の事例を加えた場合、その数値が更に倍加されることは明らかである。

このように、「高等遊民」は主に中学校の「入学難」「就職難」「半途退学」を最大とし、大学、専門学校の法科、文科、商科といった文科系の「就職難」によって毎年約二万人発生していたのである。

二　問題の発生

では、こうして発生した「高等遊民」は、いかに社会問題化したのであろうか。その過程を示すのが、従来の研究で必ず言及されてきた、前出の『早稲田文学』による以下の記述である。

年々高等の専門学校に於て多数の卒業生を送り出す頃となると、きまつて世の言論界はそれ等卒業生の就職難と云ふ事を問題とするのが、最近数年間に於ける常例となつて居た如き、曾て枢密院が学制案の通過を沮止するに主としてその就職難を理由としたと云ふ如き、又は学政当局者が常にその方面に向つて多大の警戒をなしつゝあつた如き、凡て今日の此の問題の攻究と連関した攻究の階段に外ならない〔中略〕偶々伝へられた当局者の方策の一端が、端なくも世人をして先づ高等遊民と称するものゝ存在を明らかに意識せしめ、実に痛切に該問題攻究の必要を自覚せしめるに至つた(30)

ここから、「就職難」報道、「学制案」、「当局者の方策の一端」の三つにより、社会が資力のない「高等遊民」の存在を認識し、問題にしたことが窺える。しかし、従来、これらの議論がいかに資力のない「高等遊民」を捉えて「攻究の階段」とし、「攻究の必要を自覚」するに至ったかは全く明らかにされていない。以下、この三点について、当時のメディア史料を用いて、問題化の過程と「攻究」の状況を分析していく。

前述のように、「就職難」報道に関する「高等遊民」への言及は、日露戦前に始まる。そこでは特に法科卒業生が問題視されたが、特定の学科に言及せず、資力のない「高等遊民」を懸念する声も出されていた。例えば、『国民新聞』（以下『国民』）主筆の徳富蘇峰は著書『日曜講壇』（一九〇四年）において、高等教育機関からの無職者の増加を憂慮し、「高等の教育を享けたる者」で「富なき者は、他人の富を羨んで、詭激なる議論を吐き、無教育者を煽動」し、「良民を悩まし」めること、「此儘にして経過せば、社会は高等遊民を以つて、充塞せらるゝに到」ることを懸念しているのである(31)。

蘇峰の議論の背景には、既に当時「詭激なる議論を吐」いていた社会主義者の活動が指摘できる。社会主義者は一八九八年に社会主義研究会、一九〇三年一一月に平民社を結成し、「平民主義」「社会主義」「平和主義」を掲げ反政府運動、反戦運動を展開していた。

実際、社会主義者の機関紙では、既に後に世論が指摘する「高等遊民」が社会主義を正当化する理由として指摘されていたことがわかる。最も早いところでは、一九〇三年八月社会主義協会の機関紙『社会主義』において西川光二郎が、「今の教育は又之れ資本家主義の一産物」であることを批判し、「既に学校卒業生の数其の需要は余りある」ことから、「生活の道を得んが為めに学問せるものは、多く失望せざるべからざるの時来たり」(32)と事実上「高等遊民」の発生を指摘し、教育制度批判をしている。

また、翌年一月の同誌には堺利彦が、「帝国大学を卒業した立派な学士サンで、三年も五年もブラ〳〵して飯を食ふに困つて居る人」や「折角の肩書きを持つて居ながら到底も社会で一人立ちの出来ぬ者」(33)を指摘、一九〇五年一一月の『光』では、哲学館卒業者でおでん屋を開業して一日二〇銭の生活をする者、明治大学や日本大学の卒業生にして弁護士判検事試験に失敗した者で月給七円程度の広告取次所に雇われた者、国学院の卒業生で寄席の木戸番をする者、早稲田大学卒業生で電車の車掌や人力車夫に志願した者などが紹介されている。(34)これらは前出した教育機関の問題を指摘するとともに、資力のない「高等遊民」が輩出されていた事実を示すものであった。

これらの記述は、キリスト教社会主義を唱える『新紀元』、唯物論派の『光』、社会主義協会の機関紙『社会主義』と主義の立場を超えて、問題が認識されていたことを示すものである。他方で蘇峰は、一九〇一年の第一次桂内閣成立に伴い主筆を務める『国民』を政府の御用新聞とし、日露開戦に伴い国論統一と対外的な戦争正当化に尽力していた。したがって、蘇峰は反戦を唱える社会主義者やそれに同調する青年層に批判的な見解を有し、国家統合に反する勢力の増加を憂慮していたのである。(35)

とはいえ、こうした懸念はまだごく一部のものであり、より具体的な議論の登場は日露戦後を待たなければならなかった。日露戦後、前述したように日比谷焼打ち事件や、一九〇六年に結成された日本社会党による市電値上げ反対騒動、足尾銅山争議などが起こり、「家」制度や社会道徳への批判を攻撃する自然主義文学の隆盛など、国家権威が衰退する歴史状況が現出した。これに対し、第一節で述べたように、第二次桂内閣は国家秩序を再構築する地方改良運動、感化救済事業の展開とともに社会主義者を徹底的に弾圧して国家統制を強めていくこととなるのである。

この状況下で、以下のような懸念が多数言及されることとなった。例えば、尾崎行雄東京市長は、著書『学問と教育』（一九〇九年）において「就職難」を分析、「教育ある遊民、教育ある不平家、教育ある無職業者は、年々増加するのみにて、狂狷乱を好む人物の勢力は、其数と共に増加せんこと疑ひを容れない。其結果は、今の政府が、大いに嫌悪する所の社会党の如きも漸次勢力を得るに至り、而も正当なる社会党が出来ずして、名を社会党若くは社会主義に藉つて、単に現在の状態を攪乱しようとする人物が、益々増加するに違ひない(36)」と資力のない「高等遊民」の「危険思想」化を懸念した。

また、同年の『東洋経済新報』も、「社会に不健全なる思想を鼓吹し、詐欺、悖徳、堕落、自殺、甚しきは無政府主義等、所謂最も忌むべき社会上政治上の悪徳は、其根源の大部を是に基けり(37)」と強い懸念を示している。つまり、多くの論者が「就職難」を通じて、資力のない「高等遊民」の増加を憂慮し、これを問題視するようになったのである。

象徴的なのは、社会主義者が、戦後増加する「高等失業者」としてこれを報じ、労働者などの「下等失業者」とともに、「革命の導火線」として肯定的に捉えていた点である。『東京社会新聞』によれば、「高等失業者の群に落ち込むや、漸やく国家の教育制度を呪詛する不平漢と為り、更に進んでは社会組織の根本に疑を挟む一種の革命児と為るに到らん」[38]というのである。すなわち、社会主義者は「高等遊民」の惨状を為政者の責任とし、その対策を求めるだけでなく、むしろ自分たちの勢力に取り込むことを意図していたのである。ここにおいて、事実上資力のない「高等遊民」が革命の担い手となることを社会主義者から期待され、蘇峰ら論者の懸念が現実のものになりつつあったことが窺える。

実際、社会主義者には、一八八五年に通学していた中学校が廃校となり、その後「病弱と家計困難とに勉学の志を妨げられがち」であったが、上京し自由党の名士に世話を受けて一八九三年に国民英学会を卒業した後社会主義者となった幸徳秋水[39]、「無資産ニシテ目下〔明治〕四四年二月中）ノ収入生計ノ状況不詳」で「苦学ノ目的ヲ以テ上京シ明治法律学校ヘ入学セシモ中途退学シ」、失意の内に「壮士ノ群ニ入リ東京地方ニテ大道演説等ヲ為シ徘徊」して清国・韓国へ渡った伊藤友治郎[40]、「資産ナシ」で一九〇七年以降知り合いに「就職ノ依頼」をしていたが、「生活難」から社会主義を鼓吹するようになり、増税反対国民大会で社会主義の印刷物を配布して罰金刑を受けるなどした後、「寄食」しながら活版印刷業等を転々としていた、明治法律学校及び立教大学卒業の関谷龍十郎[41]など、資力のない「高等遊民」の社会主義者たちが存在していた。これらは管見の限り確認できた事例で量的にはわずかであるが、世論の懸念は、全く裏づけのないことではなかったのである[42]。

三 問題の展開

この情勢の中、「高等遊民」問題を広く知らしめたのが、これを政治課題として取り上げ、対応しようとした該内閣の文相小松原英太郎の「学制案」（「高等中学校令」、一九一一年七月三一日公布）を巡る議論であった。

小松原が大正年間に口述筆記させた「自序経歴一般」によれば、問題意識は「従来全国の学生が高等学校に入学せんが為に競て都門に来集し其入学し得ざる者は不健全なる下宿屋に在て不完全なる私立学校に通学し、風紀思想益々頽廃して遂に所謂る高等遊民と成り了るの状況(43)」にあったという。すなわち「入学難」によって発生する資力のない「高等遊民」の防止が問題意識の出発点であった。

詳細は次章で論じるが、そこで小松原は「学制案」において上述の教育機関の矛盾を解決するために高等学校を高等中学校として再編し、地方にも増設すること、将来的な大学・専門学校の増設などでこれに対応しようとした。小松原は、内閣の方針に沿い、「高等遊民」を国家秩序に再編し、安定した国家基盤の創出を企図したのである。

だが、この案は従来にない大規模な増設を目指す改革であったため、一九一〇年四月の審議開始当初から以下の反論を受けた。第一は、高等教育会議委員の穂積陳重（貴族院勅撰議員・東京帝大教授・法学部長）が述べたように、「公立高等中学校を許可せば、其結果同学生の増加するは自然の勢也、従て当局の予期する高等普通教育を以て満足せず、大学入学を希望する者の数増加すべし〔中略〕過剰学生は高等遊民となり大なる社会問題を惹起すべし(44)」と、将来的な卒業生の「入学難」及び「就職難」を懸念されたことである。

第二は、枢密院関係者が述べたように、「彼の忌むべき大逆事件の如き発生を見るとせば必ずや是等の遊民の頭脳より醸生せらるべきにより高等遊民の増加は返す〳〵も之を恐れざるべからず(45)」という更なる「危険思想」化の懸念であった。次章で論じるように同年の大逆事件の発生もあって以上の反対論は、「高等遊民」の「危険思想」化を増長するものとして、「高等遊民を生ずるを憂ふ念は一般識者間に多きを加へ(46)」ざるをえない状況となったのである。

更に、こうした懸念に対し、一九一一年八月七日に亀井英三郎警視総監が『東京朝日新聞』（以下『東朝』）と『報知新聞』（以下『報知』）に発表した「当局者の方策の一端」が世論に大きな影響を与えるものとなった。ここで亀井は、「所謂高等遊民の近似著るしく増加し来れるは自然の趨勢なれども此高等遊民は社会の公安に影響する所最も大なる」とし、「遊民の害を未然に防圧するは現下の急務(47)」としたのである。ここでの「政府に反抗」し、「天下の愚民を煽動」する者は社会主義勢力を指し、「遊民の害を未然に防圧する」ことは警察権力の弾圧方針を示す。亀井は、「高等遊民」に対する一方的な弾圧を示したのである。

注目すべきは、この発言に対して、メディアから強い批判が現れた点である。

例えば、『読売新聞』（以下『読売』）は当局の懸念に一定の理解を示しつつも、「酷法を以て之に臨むは果して策の得たるものか」と疑義を呈し、「高等遊民」問題を社会構造の問題と捉え、「彼等を生産的方向に導く方策を講ずるは事の一層緊急にして且つ不可欠(48)」と述べた。また、『東京日日新聞』（以下『東日』）は、「当局者の方策」を批判する論拠として「高等遊民」を財産の有無で二種類に分類し、そのうち「問題なるは主として第二類の人々」であること、「一概に之を危険視して排斥するの愚を廃し、自から又別途の覚悟を以て之に対すること」を述べ、「高等遊民なる名の下に窮追苛察を敢てせんか、却て恐るべき害毒を助長するに至るべし(49)」と当局の姿勢を厳しく批判したのである。

すなわち、両紙は当局の非現実的な一方的な弾圧政策を批判し、「高等遊民」を発生させた社会構造の矛盾を指摘して、それへの対策を求めたのである。そしてそれは問題の対象としての資力のない「高等遊民」への対応の必要性を説いたものだった。ここにおいて「高等遊民」問題は、「就職難」問題の「攻究の階段」を終えて、「痛切に該問題攻究の必要を自覚せしめるに至つた」のである。

四　問題の成立

では、「高等遊民」を「意識」したメディアでは、いかに社会構造の矛盾を「攻究」したのであろうか。前出の『早稲田文学』によれば、この後「各種の新聞雑誌が挙つてさま〴〵の言説を成し、何等かの点に於いて此の問題に触れやうとし」、資力のない「高等遊民」の「年々増加して行く社会的傾向に対する憂慮と之れが防御策の攻究」(50)に向かったとしている。とはいえ、ここでいう「各種の新聞雑誌」がどの程度資力のない「高等遊民」の実態を認識し、いつ頃その防御策を「攻究」していったかは定かではない。

一九一一年から一二年にかけて管見の限り確認しえた「高等遊民」と表題の付く論説は、東京府下における著名な新聞、雑誌を中心に三五タイトルある。(51)その掲載媒体は一般紙から教育専門紙、文芸誌まで幅広い。これ以外にも文中でのみ言及した論説や著書が多数あり、「学制案」公布後の八月以降、「高等遊民」問題が特に論じられたことが明らかである。その論調は政府関係者の論説を除いて整理すると、以下の四点に分けられる。

①「学制案」の評価を機軸に「高等遊民」問題の危険性を述べたもの（『教育時論』〈一九一一年一月一五日〉、『中央』〈一一年八月一日、八月九日〉、『万』〈一一年一一月二一日〉、『雄弁』〈一一年九月一日〉など）

②「高等遊民」問題の争点をまとめたもの（『読売』〈一九一一年八月一五日〉、『東日』〈一一年八月二四日〉、『日本』〈一一年一〇月一日〉、『早稲田文学』〈一一年一二月一日〉、『新潮』〈一二年一月一日〉など）

③「高等遊民」の実態を論じたもの（『都新聞』〈一九一一年八月二四日。以下『都』〉、『日本』〈一一年八月二五日、九月四日〉、『東朝』〈一一年八月三〇、三一日〉、『横浜貿易新報』〈一二年四月一四日〉など）

④「高等遊民」の解決策を提示したもの（『成功』〈一九一一年九月一日〉、『中央公論』〈一二年七月一日〉など）

①は前述の通りであり、ここでは繰り返さない。③④についての発表時期を見ると、③が八月に多数論じられた後、翌月以降②と④の解決策が提示されていったことがわかる。すなわち、『早稲田文学』のいうように、多くのメディ

アが資力のない「高等遊民」の実態に言及した後、問題の収束や解決策が論じられはじめたのである。④は次章で詳細に検討することとし、ここでは③につきその他の議論も交え、資力のない「高等遊民」の実態とそれを論じた一連の議論の社会的影響を検討していく。

③につき、第一に指摘されたのは、文壇の「高等遊民」であった。それは、「高等遊民」を安易に肯定視した京都帝国大学教授桑木厳翼の評論「高等遊民」に対する反論から発生した。

桑木は、「学問が聊にても人の品性修養の一端となる」効果があることから世論の懸念を「杞憂」とし、「高等遊民の多い社会は知識の水平線が高い社会である」とした。そして、西欧では「是等の人々が学術の保護者となり、好事者となり、其他一般文化の重鎮となつて居る」ことから、「世間の論者が高等遊民を非難するのは質の一面シカも僅に其の一角」であり「理に闇き議論」[52]としたのである。

しかし、これに対して、資力のない「高等遊民」と自らを目した夏目漱石門下生の安倍能成は、同月末に「文壇の高等遊民（上）」を記し、思想文芸の方面には、「生活に困らない方の高等遊民が少なくて生活に困る方の高等遊民が多い」、「自分達もその困る方の高等遊民の一人であらうと思ふ」[53]としたのである。

ここでいう「自分達」とは、作家夏目漱石が主宰していた東京朝日文芸欄で論陣を張っていた安倍を含む漱石門下生のことである。教職を辞して東京朝日新聞に入社した夏目漱石の活躍は若い世代を惹きつけ、その自宅には多数の「高等遊民」が集まっていた。

この「漱石の弟子達」での「高等遊民」は、管見の限り安倍のほか、森田草平、小宮豊隆、阿部次郎が該当する。安倍をはじめ本人の最終学歴を見ると、いずれも東京帝大文科卒のエリートである[54]。しかし前出のように文科卒業生の就職率は低く、森田草平と小宮豊隆は卒業後「高等遊民」になったため、漱石に学校の講師を紹介されてこれを脱出している。資力のある事例は小宮と阿部で、森田と安倍は実家が没落しており資力のない事例である。仕送りを受けていた阿部は、一九〇四年卒業後、大学院に籍を置いて哲学書を友人達と読み、「朝日文芸欄」に執筆する以外殆ど仕事をせず、「呑気なやうな、忙しい様な、不得要領の生活」「節度のない生活」(55)をしていた。安倍は「大学を出て、籍を大学院に置きはしたが、哲学に集中して勉強することはなく、まあ暗中模索の姿で様々な享楽を求め」(56)、第一部第三章で見るように、歌舞伎や謡の稽古、西洋音楽の演奏会や哲学の研究会に参加し、私立中学で非常勤の講師をして生計を立てていた。彼らは漱石により文壇活動ができたが、定職になかった。

更に安倍は、「文壇の高等遊民(下)」で裕福な方の事例を検討し、桑木博士の期待に添う「高等遊民」に『白樺』の同人をあげて「芸術の保護者としての任務」を期待する一方、「今の文壇の士は余りにさもしい」、「原稿料を儲ける為めにばかり読んだり書いたり」していることを批判した。(57)『白樺』は一九一〇年に学習院出身の武者小路実篤、志賀直哉らによって創刊され、メンバーには、親の遺産で定職に就かずに芸術活動を行う人物が多かった。例えば、銀行員の家に生まれ、東京帝大文科中退の志賀直哉は、後に当時を振り返って「食うためのことはあんまり考えなかったし、考えずにすんだ」(58)としており、高級官吏の子弟で、東京帝大文科中退の里見弴は「五万円足らずの財産がある由を聞かされて、ここに肇めて、文学をやろうという決心をつけた」(59)と回想している。彼らは資力のある「高等遊民」で、安倍の理想とする芸術家として注目された事例だった。この頃、安倍ら漱石門下生は、徹底した現実描写、無理想無解決を唱える自然主義文学を批判し、理想主義的、個人主義的な傾向を持つ『白樺』同人を高く評価しており、この議論はその観点から特徴づけられたものであった。

他方、安倍らが批判した「自然主義文学」者の経歴は多様だが、特に東京専門学校(早稲田大学)出身者が多かったため、文壇では「文科出身の遊民諸君は新聞雑誌にその羽翼を伸ばした。今日の新聞雑誌文学は都の乾の方(西北の意〕から起つた」[60]といわれることもあった。例えば第一部第三章で検討する、地方の富裕な家庭に生まれた徳田浩司（近松秋江）は、一九〇一年七月に東京専門学校文学部卒業後、博文館、東京専門学校出版部、中央公論社記者、『早稲田文学』編集部などを転々とし、主として評論や翻訳で糊口を凌いでいたが、放蕩による生活難から「文学者は、生計不安なるものが故に、身を固むるには他に職を求めねばならぬ」[61]として就職活動を試み、失敗していた。徳田は資力のない「高等遊民」であったといえる。他方、旧家に生まれ、東京専門学校文学部卒業の正宗忠夫（白鳥）は実家の資産を譲渡された上、新聞社勤務の給料を加えて「気楽に文学をやる」[62]状態であり、資力のある「高等遊民」であった。自然主義作家の生活状況は多様であったが、徳田のように「原稿料を儲ける」必要がある人物が多く、資力のない「高等遊民」が多い。正宗によれば、彼らの周辺にはこの他に「目ぼしいもの何一つ書けずに、若死にするか老い朽ちるかした文学志望者」[63]も多かったという。このように、安易な肯定論に対しては実際の「高等遊民」からの批判が出され、文壇における資力のない「高等遊民」の実態が明らかにされた。

とはいえ、安倍の評論はさしたる反響もなく、評論家の山崎紫江がいうように「方今の社会では、これらのものを遊民としては待遇してゐない様子」であり、「社会の一隅に存在する権威を認め」[64]られただけであった。

第二に、メディアで注目されたのは、都市下層の「高等遊民」であった。これは、『都』が一九一一年八月下旬に「下級労働者のみの伴侶たりし無料宿泊所職業紹介所が相当教育ある高等遊民にも及ばざるを得ざるに至りしは社会政策上大に注意を要する現象」[65]として注目して後多数確認され、大きな反響を呼んだ。この背景には、該時期の社会政策、中でも職業紹介事業の推進が指摘できる。日本の職業紹介事業は、江戸時代から続く桂庵、口入屋といった手数料を取る有料の民間の営利職業紹介所が主体であり、原則手数料を取らない公益職業紹介所は、宗教団体による慈善事業として日露戦前に無料宿泊所がはじめた後、一九〇七年に全国で私立四件、一一年にようやく公立二件、私立

一六件を数えるだけであった。(66)

第二次桂内閣期に貧窮者を救済対象とした感化救済事業が一九〇八年以降展開されると、政府は基督教救世軍や無料宿泊所といった公益職業紹介所に補助金を交付し、一〇年以降初の公設の施設となる公設東京市職業紹介所（以下市紹介所）の設置を検討していた。これらは世論の注目も集め、その中で資力のない「高等遊民」が以下の三ヶ所の公益職業紹介所において注目された。

第一は無料宿泊所である。これは、一九〇一年本所区若宮町三八番地、一〇年深川区西町四一番地に浅草本願寺輪番大草慧実、東京市養育院幹事安達憲忠により設置された第一・第二無料宿泊所の二ヶ所のことである。事業内容は無料宿泊、職業紹介、飲食物実費給与、慰安教化、廃疾者救護手続、貯金奨励による自立支援、僧の説法による慰安教化であった。『日本』新聞によれば、無料宿泊所には宮城県出身の二八歳男性で「早稲田実業学校初期卒業だが転々して今は深川某大会社で日給三五銭の職工」をしている者、牛込区若宮町の二八歳男性で中学卒業の身だが「道路工夫」をしている者などがいるが、これはごく一例であり、「高等遊民の驚く可き増加の事実は社会に取つて頗る危険な事」(67)とされた。詳細な来所者の統計資料がないため分析は出来ないが、資力のない「高等遊民」が宿泊し、肉体労働をしていたことが窺える。

第二は東京模範紹介所である。一九一一年八月一日、板垣退助の晩年の社会事業の一環として京橋区畳町二番地に設置されたもので、事業内容は主に自由労働（官公吏、店員など）の職業紹介である。前出の北浦によれば、板垣が「事務員に対して是等高等遊民の紹介には、全力を尽せと訓示した」ために多くの「高等遊民」が来所しており、「東京帝国大学卒業の学士では文科三名法科四名合計七名の求職者があつた。又早稲田大学の卒業生は五十名を下らぬ。是も法科文科政治科等である。其他中央大学明治大学の卒業生も敢て之に譲らぬ。高等商業高等工業の卒業生も各十人位は就職難を愬へて来た」[68]状況であったという。しかし、同年末の時点で求人申込が三四〇人程度に対し希望者は一七五〇人もおり、大半の資力のない「高等遊民」は就業できずにいた。[69]

第三は市紹介所である。これは都市低所得者救済の目的ではじめられ、一九一一年一一月一五日に浅草（浅草区玉姫町一二六番地）と芝（芝区新網町三〇番地）、翌年三月二〇日に小石川（小石川区大塚坂下町二〇二番地）に設置されたものである。東京市長の監督、東京市養育院長の管轄下に置かれ、事業内容は市在住の失業者、無職者への職業紹介（主に労働者中心）、宿泊、慰安教化であった。

その来所者は「早稲田大学の文科に居つたことがある」一青年のように、「事務員か書記でなければ就職せぬ」という「武士は食はねど高楊枝といふ態度」[70]の人物や、「単純な労力作業に従事しようと云ふものが少なく、普通事務員的のものを希望するもの」[71]が多かったという。これを示すのが、開所月から翌年三月までの三ヶ所の求職者をまとめた「明治四十四年度東京市職業紹介所報告」中の統計である。[72]

これによれば、市紹介所には、開始後五ヶ月で二〇〇六人が来所し、男の来所者が全体の九六・八％を占めたが、このうち最も多い来所者の「学歴」は、「高等小学校卒業程度」の男女一一六二人が全体の五八％（小数点第二位を四捨五入。以下同）、次いで「高等遊民」である「中学卒業及其以上」の男女の三九二人が全体の一九・五％であるという。また、「中学卒業程度」の希望業務は、「事務員」一五八人、「職工」・「技術手」五八人、「労働」四一人、「店員」三九人となっており、彼らが「事務員」や「店員」といった月給取りを志向する「高等」な求職者だったことも確認できる。

しかし、当該年度の就職業務を見ると、「職工」八一人（男七八人・女三人）、以下「労働」八二人、「店員」二八人、「行商」二二人、「外交及勧誘」二〇人となっており、他方で「事務員」一〇人、「書生」二人、「給仕」・「小使」・「番人」一三人にすぎない。統計中の学歴は自己申告で複数回来所した人物もいるため必ずしも完全な統計ではないが、(73)労働者対象の市紹介所に資力のない「高等遊民」が多く来所し、希望の職種に就けない状況であったことがわかる。これらの報道は、社会の最下層に沈潜した資力のない「高等遊民」の実態を明らかにしたのである。『都』がいうように、求職者が生半可の学問で相当の地位を求め、社会の方では学問を見くびった結果、「不健全な高等遊民と云ふ一階級を生む」(74)実態が明らかにされたといえる。

とはいえ、こうして指摘された資力のない「高等遊民」は、氷山の一角であった。前述した北浦がいうように、「未だ紹介所の門を潜るまでの程度に至らない人、若くは紹介所の在るを知らず、紹介所に至るを欲しない無職学士は、凡そ何の位あるか、恐らくは想像以外」(75)だったのである。すなわち、こうした「高等遊民」が多いということは、旧来通りの「立身出世」を待つ「高等遊民」が、この他に大勢いたことを示しているのである。

こうした状況を受けて世論は、「社会の風紀に通じ、犯罪の径路に陥るもの、実に此等の高等遊民にあらざるべきか、彼等は多少の智識と勇気とを有するもの、其一たび失望落胆して、悪事を試み犯罪を厭はざるに至らむか、国民生活の秩序と国家社会の安寧とを害すること、洵に甚大なるものあるを見る也」(76)との懸念を表明した。すなわち、都市下層という社会の底辺から「失望落胆」し、「悪事」「犯罪」といった一般的な刑事民事犯罪へ至ることへの懸念である。これを示すように、当時の新聞報道には、資力のない「高等遊民」が自暴自棄から煩悶、堕落し、犯罪者となったケースが多く紹介されている。

例えば、苦学生の行旅病人、法学士の詐欺・窃盗などの事件報道は、明らかに「高等遊民」の犯罪者化の事例であった。(77)中でも、一九一二年『日本』新聞が報道した「高等遊民堕落」という記事は、福岡県立中学校、熊本高等学校を経て、京都帝国大学法科に入学した二八歳の男性が、「法科二年を及第せしが放蕩の結果〔明治〕四十一年二月中退」した後上京して一年志願兵として入営、見習士官となって満期除隊後、「金に困る処から悪心を起し窃盗を働き」、東京地裁で三年の執行猶予付き八ヶ月の刑を受けた後、更に雇用先の書籍一八〇冊代価一八〇円を盗み売却、「予て馴染なる浅草公園六区銘酒店村屋の白首」に「浮かれてる事発覚し」、再度逮捕された衝撃的な事件であった(78)。

実際に有罪判決を受け投獄された犯罪者の事例は、全体から見ればそれほど多くはない(79)。しかし、社会学者小河滋次郎が「犯罪者が下級社会の者と云ふより寧ろ可成な教育を受けた階級から多く出る事実」を指摘し、その原因が「徒らに応用と融通の利かぬ高等遊民の一団を作つた学問万能の単調教育の罪」であり「今日の我国に所謂高等遊民の多いことは注意すべき問題(80)」としたように、根本的対策がなければ、この問題は今後も深刻化する可能性があると理解されていた。「危険思想」が徹底的に弾圧された後、現状の「高等遊民」問題はこの点が当面の課題とされたのである。

こうしてメディアでは、資力のない「高等遊民」の「年々増加して行く社会的傾向に対する憂慮と之れが防御策の攻究」に向かうこととなった。

おわりに

以上、明治末期における「高等遊民」問題の成立過程とその意義を検討してきた。論点に即してまとめると以下のようである。

第一に、「高等遊民」は中学卒業程度以上から毎年約二万人が発生した。それはとりわけ、中学卒業程度の「半途退学」、高等教育機関への「入学難」、そして中学校卒業生と、法科、文科を中心とする大学卒業者の「就職難」を中心に発生していたことがわかった。

第二に、日露戦前に発生した懸念は、日露戦後不況が続き、国家権威が衰退する中で「就職難」報道で強い懸念として広まり、これを教育機関に再編しようとした小松原文相による「学制案」を巡る議論、警察当局による弾圧姿勢を示した「当局者の方策」が世論を喚起し、「高等遊民」は社会問題化した。

第三に、メディアでは一方的な否定論、肯定論に対し現状を反映した議論が登場し、文壇や都市下層における実態を明らかにし、犯罪との関係から資力のない「高等遊民」の事例や、対応の必要性も論じられることとなった。ここから、「高等遊民」は、国家社会の存亡を左右しかねない知識青年層であることが認識され、「危険思想」を最大の懸念とし、治安維持の面から、その解決策を提示して国家秩序へ位置づけることが必要とされたのである。

では、このような意味を持つ「高等遊民」問題に対し、日露戦後の国家再編を企図した第二次桂内閣期の政府及び世論は、いかなる対策を検討したのであろうか。この点については次章で検討する。

注

（1）石橋湛山「問題の社会化」（石橋湛山著・松尾尊兊編『石橋湛山評論集』岩波文庫版、一九八四年所収。『東洋時論』一九一二年四月号初出）一五―一六頁。

（2）教育学では、伊藤彰浩「日露戦後の教育過剰問題―『高等遊民』論を中心に―」（『名古屋大学教育学部紀要』第三三号、一九八六年）、東京都立教育研究所編刊『東京都教育史』（通史編二、一九九五年）七九九―八〇三頁、清水康幸執筆分、竹内洋『立身出世主義―近代日本のロマンと欲望―』（世界思想社、二〇〇五年増補版。一九九七年初出）。国文学では、熊坂敦子「『高等遊民』の成立」（『夏目漱石の研究』桜楓社、一九七三年所収、一九六八年初出）、長島裕子「『高等遊民』をめぐって―『彼岸過迄』の松本恒三―」（石原千秋編『日本文学研究資料新集一四　夏目漱石・反転するテクスト』有精堂出版、一九九〇年所収）、伊豆利彦「夏目漱石『彼岸過迄』の『高等遊民』」（『横浜市立大学論叢』人文科学系列第四一巻、一九九〇年三月）など。

（3）この事件はインフレの影響を直接受ける都市貧困層が主体であり、全国に波及した。宮地正人『日露戦後政治史の研究』（東京大学出版会、一九七三年）など参照。

（4）岡義武「日露戦争後における新しい世代の成長」『岡義武著作集』第三巻（岩波書店、一九九二年所収。『思想』一九六七年二―三月初出）、松本三之助『明治思想史―近代国家の創設から個の覚醒まで―』（新曜社、一九九六年）、片山杜秀『近代日本の右翼思想』（講談社選書メチエ、二〇〇七年）一一〇―一一一頁。

（5）本山幸彦『明治国家の教育思想』（思文閣出版、一九九八年）参照。

（6）徳富猪一郎『公爵桂太郎伝』（坤巻、原書房、一九七七年復刻版。一九一七年初出）三四八―三四九頁。

（7）天野郁夫『近代日本高等教育研究』（玉川大学出版部、一九九九年）参照。

（8）文部省編刊『学制百年史』（資料編、帝国地方行政学会、一九七二年）各学校統計値参考。

（9）斉藤利彦『競争と管理の学校史』（東京大学出版会、一九九五年）一二〇、一二七頁表。

（10）『都新聞』（以下『都』）一九一二年三月二九日付朝刊一面（さと生「世の父兄へ」）。

（11）実業之日本社編刊『中学卒業就学顧問』（一九一四年）一二頁。

（12）平田東助「成功熱と家業」（『学生』第二巻第三号、一九一一年三月）一二頁。

（13）産業訓練白書編集委員編『産業訓練百年史―日本の経済成長と産業訓練―』（日本産業訓練協会、一九七一年）一二五頁。

（14）「学校卒業者就職難の真相」（『東洋経済新報』第四八四号、一九〇九年四月二五日）四頁。

（15）橋詰孝一郎『中学生と家庭の教養』（実業之日本社、一九一二年）一九〇頁。

（16）葭原善暁『小学生をもてる父兄保護者のために』（敬文館、一九一四年）二〇八頁。

（17）足立正「私の履歴書」（『私の履歴書　経済人2』日本経済新聞社、一九八〇年所収。一九五八年初出）四〇一頁。

（18）作道好男・江藤武人編『一橋大学百年史』（財界評論新社、一九七五年）三六七頁。

（19）綱井太郎『模範たるべき農村青年の針路』（大盛堂書店、一九一五年）二二頁。

（20）富安風生「私の履歴書」（『私の履歴書　文化人2』日本経済新聞社、一九八三年所収。一九六一年初出）三八―三九頁。

（21）石坂泰三「私の履歴書」（『私の履歴書　経済人1』日本経済新聞社、一九八〇年所収。一九五七年初出）三〇一―三〇二頁。

（22）東京大学百年史編集委員会編『東京大学百年史』（通史二、東京大学出版会、一九八五年）一七五頁。

（23）「高等遊民」（『教育時論』第三九六号、一九一一年一月一五日）四六頁。

(24) 前掲『東京大学百年史』通史二、一七八頁。
(25) 北浦夕村『東都浮浪日記　附就職難』(崇文館、一九一三年所収。一九一二年初出)二七七―二七八頁。北浦とそのルポについては、拙稿「一九一〇年代初頭における東京の下層社会と職業紹介所―時事新報記者北浦夕村著『東都浮浪日記』を素材として―」(『メディア史研究』第二四号、二〇〇八年八月)参照。
(26) 栗田淳一「私の履歴書」(『私の履歴書　経済人4』日本経済新聞社、一九八四年所収。一九五九年初出)三〇―三一頁。
(27) 夏目金之助『漱石全集』(第一六巻、岩波書店、一九九五年所収。一九一一年八月講演「道楽と職業」初出)三九三頁。
(28) 前掲『東京大学百年史』通史二、一八八頁。
(29) 亀井高孝「明治末期の東大生」(『自由』第一三巻第七号、一九七一年七月)二〇九頁。
(30) 「教学界」(『早稲田文学』第七三号、一九一一年一二月)五七頁。
(31) 徳富猪一郎『日曜講壇　第四』(民友社、一九〇四年)一〇九、一一一頁。
(32) 白熊生「社会主義者の教育論」(『社会主義』第七巻第一七号、一九〇三年八月三日)五頁。
(33) 堺枯川「社会主義の教育」(同右第八巻第一号、一九〇四年一月三日)五頁。
(34) 山口生「悲惨なる学校卒業生」(『光』第一巻第一号、一九〇五年一一月二〇日)四面。
(35) 有山輝雄『徳富蘇峰と国民新聞』(吉川弘文館、一九九二年)参照。
(36) 尾崎行雄「学問と生活」(『尾崎咢堂全集』第五巻、公論社、一九五五年所収。一九〇九年初出)一九頁。
(37) 前掲「学校卒業者就職難の真相」四頁。
(38) 『東京社会新聞』一九〇八年七月二五日付二面(「高等失業者問題」)。
(39) 塩田庄兵衛編『幸徳秋水の日記と書簡〔増補決定版〕』(未来社、一九九〇年版。一九五四年初出)五五九頁。
(40) 社会文庫編『社会文庫叢書Ⅶ　社会主義者無政府主義者人物研究史料(一)』(柏書房、一九六四年)三三―三六頁。
(41) 同右二七五―二七八頁。
(42) その他の事例は次章で言及する。この時期の社会主義者で「高等遊民」に該当する人物を包括的に検討しうる史料はなく、個別事例をあたるしかなかった。なお、これ以外に資力のある事例として裕福な地主の家に生まれ、高等学校受験を目指し上京したものの学校に籍のない「放浪学生」となった山川均(山川菊枝・向坂逸郎編『山川均自伝』岩波書店、一九六一年所収。山川均「ある凡人の記録」『朝日評論』一九五〇年連載初出、一八一頁)、軍人の家に生まれ陸軍幼年学校中退後、文学を志し上京し、一九〇五年に東京外語仏語科卒業後、主義活動に没入したため陸軍大学教官の就職活動に失敗して「高等遊民」となった大杉栄が該当する(大杉栄著、飛鳥井雅道校訂『自叙伝・日本脱出記』岩波文庫、二〇〇二年所収。一九二三年初出。一二九―一三〇頁。鎌田慧『大杉栄 自由への疾走』岩波現代文庫、二〇〇三年、七五―八一頁も参照)。

(43) 有松英義編『小松原英太郎君事略』(木下憲、一九二四年)一〇六頁。

(44) 『万朝報』(以下『万』)一九一〇年四月二八日付朝刊二面(「高等教育会議」)。

(45) 「学制案再調査」(『東洋経済新報』第五六六号、一九一一年七月一五日)四〇頁。

(46) 前掲『小松原英太郎君事略』一〇三頁。

(47) 『東京朝日新聞』(以下『東朝』)一九一一年八月七日付朝刊二面(「高等遊民の増加/亀井警視総監談」)。

(48) 『読売』一九一一年八月一五日付朝刊一面(「所謂高等遊民問題」)。

(49) 『東京日日新聞』一九一一年八月二〇日付朝刊一面(「高等遊民問題」)。

(50) 前掲「教学界」五九―六〇頁。

(51) 拙稿「戦前期日本における『高等遊民』問題―明治末期における社会問題化の過程とその意義―」(『史学雑誌』第一一七編第九号、二〇〇八年九月)七七頁の表四、及び有松英義「高等遊民」(『法制時報』第一巻第八号、一九一一年一二月二六日)。『法制時報』史料は霜村光寿氏のご教示による。ここでの有松の発言は、政治課題としての「高等遊民」を指摘したもので、上述の筆者の見解を裏付けるものである。

(52) 桑木厳翼「高等遊民」(『太陽』第一七巻第一一号、一九一一年八月一日)六二―六四頁。

(53) 『東朝』一九一一年八月三〇日付朝刊三面(安倍能成「文壇の高等遊民(上)」)。なお、安倍は翌月の『ホトトギス』でも同様に資力のない「高等遊民」を評している。「現在の日本の国情が、この学問芸術の世界に優游自適し得る高等遊民を生み又育てるのに適しないことは、博士も亦首肯せられるであらう。如何に品性の高尚な学問のある人でも生活問題が差し迫つて来ては、不平なきを得ない。且つ又社会や国家に対して不平を抱くのは、決して品性の下等を証明する者ではない。現時の如き国情と、現時の如き思潮とを以つてすれば、博士のいはれる不平のない高等遊民を作るよりも、恐らくは不平に充ちた高等遊民を作る形成が勝つ出あらう」(安倍能成「八月の評論」『ホトトギス』第一四巻第一四号、一九一一年九月一日、四八頁)。

(54) 山内乾史『文芸エリートの研究』（有精堂出版、一九九五年）一四六頁の表。以下『白樺』同人は一四八頁、自然主義文学者は一四二頁表を参照。
(55) 一九〇八年六月七日付宿南昌吉宛阿部次郎書簡（『阿部次郎全集』第一六巻、角川書店、一九六三年所収）二三頁。
(56) 安倍能成『我が生ひ立ち』（岩波書店、一九六六年。『心』一九六〇―六五年連載初出）四七五頁。安倍については第一部第三章参照。
(57) 『東朝』一九一一年八月三一日付朝刊三面（同右「文壇の高等遊民（下）」）。
(58) 「対談　明治の青春」（『志賀直哉全集』第一四巻、岩波書店、一九七四年所収。一九六九年初出）二〇二頁。
(59) 里見弴「銀語録」（『里見弴全集』第一〇巻、筑摩書房、一九七九年所収。相模書房、一九三八年初出）二四三―二四六頁。
(60) 『東朝』一九一〇年五月二六日付朝刊三面（秋骨「郊外の文学」）。
(61) 一九一〇年三月一六日付徳田元作宛徳田浩司書簡（『近松秋江全集』第一三巻、八木書店、一九九四年所収）一四頁。近松については第一部第三章を参照。元作は長兄。
(62) 一九一〇年二月一三日付徳田元作宛徳田浩司書簡（同右所収）一〇頁。
(63) 正宗白鳥『回顧録』（『正宗白鳥全集』第二九巻、福武書店、一九八四年所収。一九五六年九月初出）二一三頁。
(64) 『横浜貿易新報』一九一二年四月一四日付朝刊日曜附録一面（山崎紫江「高等遊民の権威」）。
(65) 『都』一九一一年八月二四日付朝刊一面（「高等遊民と老弱者」）。
(66) 労働省編『労働行政史』（第一巻、労働法令協会、一九六一年）一七五頁。
(67) 『日本』一九一一年八月二五日付朝刊三面（「高等遊民の驚く可き激増」）。
(68) 前掲『東都浮浪日記　附就職難』二七一―二七四頁。
(69) 『二六新報』一九一一年八月二四日付朝刊三面（鴨村生「失業者の福音（六）」）。
(70) 市場鴨村「市設職業紹介所に就て」（『東京市養育院月報』〈以下『養育院月報』〉第一三〇号、一九一一年一二月二五日）五頁。
(71) 焉庭哉「東京市の口入業」（『社会政策』第一巻第九号、一九一一年一二月一日）八五―八七頁。
(72) 『東京市養育院年報　第四十回（明治四十四年度）』（一九一二年）一八八頁。
(73) 同右一七九頁。

(74) 『都』一九一一年一二月八日付朝刊二面（「求職者の我儘」）。
(75) 前掲『東都浮浪日記 附就職難』二七六―二七七頁。
(76) 『法律新聞』一九一一年一一月二〇日付二面（「東京の職業紹介所」）。
(77) 『万』一九一二年八月二九日付朝刊三面（「堕落法学士」）。「憐れなる苦学生」（『養育院月報』一二七号、一九一二年九月二五日）一一頁。『時事新報』同年一一月二日付朝刊六面（「大学卒業生の掻浚ひ」）など。
(78) 『日本』一九一二年七月二八日付朝刊三面（「高等遊民堕落」）。
(79) 受刑者の教育程度と割合（小数点第二位を四捨五入）を見ると、一九一一年の「新受刑者」五万一八六二人中、「高等教育アル者」は四三人（〇・一％）、「中等教育アル者」は五九〇人（一・一％）に過ぎず、「普通教育アル者」の七九四八人（一五・四％）を大きく下回る（司法省編刊『司法省監獄局統計年報』一九一一年、一三九頁）。
(80) 小河滋次郎「物価騰貴と貧民問題」（『東西時報』第一巻第八号、一九一二年一月）一五頁。

第二章　明治末期における「高等遊民」問題への対応と解決策

はじめに

前章で検討したように、明治末期、資力のない「高等遊民」が生活難となり、社会主義などの「危険思想」を抱くことが懸念された。そしてそれが、文壇や都市下層にも確認され、思想のみならず一般の犯罪にも繋がる問題として理解されることとなったのである。

これに対し、当時の政府や世論はその要因への対応や解決策を検討し、メディアでもさかんに報じられた。この点について、一九一一（明治四四）年一二月の『早稲田文学』記者は、「高等遊民」問題の焦点を「高等の知識を有して財産なく職業なき遊民の年々増加して行く社会的傾向に対する憂慮と之れが防御策の攻究に存する」とし、これへの対策についての当時の論調を以下の三点に整理している(1)。

①「所謂危険思想防止問題と云ふ範囲に限つての救治策」
②「高等遊民を生ぜしめつゝある外的要因に対する改良策」
③「高等遊民そのものゝ内部生活に立ち入つての救治策」

それによれば、①は、「その根底が既に不確実」であり「到底無意味に終らざるを得ない」ことから「大抵の人は是を否定」し、②は「高等教育事業の将来問題」にかかわることから、「為政者側の人々にこの種の主張者を見受ける」という。また③は「衣食に窮しない範囲の安心を与へるやうな傾向を鼓吹する」あるいは「彼らの生活方針を改めさせて、多少たりとも安定を与へ」る論調であると指摘している。

前章で論じた当時の社会状況を踏まえてこれらを換言すれば、①は亀井英三郎警視総監の談話に基づく警察権力による対応であり、②は小松原英太郎文相の「学制案」（以下「学制案」の構想変化を検討するため学制改革と表記。最終的には、一九一一年七月三一日公布の「高等中学校令」）による対応、③はメディアにおける種々の解決策となる。(2)

従来、「高等遊民」問題への対応についての歴史研究はなく、政府政策については、教育社会学研究から小松原文相による学制改革が、国文学研究においては、亀井英三郎警視総監の談話の存在が指摘されたにすぎない。(3)また、世論の対応については、「高等遊民」を「教育過剰」論から捉えた伊藤彰浩氏の論考(4)があるが、僅かな史料をもとに当時の「就職難」への論調として、独立自営、地方回帰、海外進出があったことを提示するにとどまっており、実際の論調の広がりや解決策の有効性を検討していない。これらの諸点を具体的に検討せずに該問題の社会的影響と重要性は解明されたとはいえない。

そこで本章は、①〜③がいかに検討されたか、同時にそれらがどの程度有効であったかを論じていく。

第一に、最も早く対応が始まった②の「学制案」を検討する。この対応は、前章で触れた「高等遊民」問題のうち、最も多くを輩出した中学卒業程度の「遊民」を高等教育機関増設によって吸収し、国家秩序へ位置づけようとするものであった。小松原がいかなる構想を持ち、これを計画、実行しようとしたのか、その際前章で見た多くの反論がいかに当初の構想に影響したのか、そして実際「入学難」「就職難」への効果はどの程度だったかを、小松原の死後関係者によって編まれた評伝『小松原英太郎君事略』や帝国議会議事録、メディア史料から明らかにする。

第二に、①の影響を受けて表れた亀井警視総監談話の意義とその他の対応を検討する。ここでは、第一の「学制案」を受けて出された談話がいかなる意味を持つのか、同時に「危険思想」にいかなる対応が出されたのかについても、前述の学制改革の論調を踏まえて明らかにする。

第三に、③の世論の解決策を検討する。これは、政府政策の及ばない部分、すなわち「高等遊民」個人に対する就職や進学経路の推奨であった。ここでは、当時多く説かれた実業従事や帰農、移民などの論調と当時の状況から、その実効性を明らかにしていく。なお、この検討に際しては、実際に解決策の通り行動した「高等遊民」の事例を探り出すのは史料的に大変困難であり、ごく一部の事例しか明らかにできないことを断っておく。

一　小松原文相の学制改革

前章で見たように、第二次桂太郎内閣期において「高等遊民」は、小松原英太郎文相による学制改革の構想[5]から政策対象として認識された。そもそも、学制改革とは、明治二〇年代後半から議論されていた高等教育機関を中心とする学制の改革論議のことである。その争点は、唯一の帝国大学予科として存在した高等学校の是正にあり、高等学校の位置づけの明確化、専門学校・実業学校の昇格問題を中心に、学生の年限短縮、高等学校への進学希望者の収容などの細則にも及んでいた[6]。

とはいえ、第二次桂内閣における教育政策は、「教育勅語の旨を奉して、国民の徳性を涵養し、自由競争に伴ふ流弊を、抑制せんことを力め、且つ実業教育の方針を取る」ことから、「彼の中学校、及高等学校の増設に専なるか如きは、我か国社会の情勢に顧み、敢て取らさる所なり[7]」という方針であった。もちろん帝国大学の増設も検討されていなかった。小松原文政は、この方針に沿って実業教育奨励・拡張の方針を定め、中学校の校数制限を行ったが、同時に従来の官立学校の欠点を補うため「文部省多年の宿題」であった学制改革にも着手することとなる。

「改革の精神骨子」(8)によれば、小松原は高等中学校の新設に関して、「入学難」の「高等遊民」に対応する高等中学校の新設を基軸に、受験生の都市集中の最たる要因と目した私立学校の高等中学制度への移行、地方への高等中学校設置と、高等教育を求める「地方紳士の子弟」に法律経済を授けて「将来地方の紳士」として育成することで青年の国家統合を企図していた。そしてこれを踏まえた上で、「就職難」がほとんどない官立専門学校の「入学難」に対しても余剰人員の試算を行い、学制案施行後は「大学に必要なる収容人員の均衡を量りて現在の官立高等学校は実業専門学校に改造し凡そ十年乃至十五年を期して実業専門学校八校を増設する」とともに、将来的な帝国大学の増設も検討していた。つまり小松原は高等教育機関増設と実業専門学校の増設で、資力のない「高等遊民」を発生させていた「入学難」「就職難」に対応しようとしたのである。以下、その対応の内容を検討していく。

まず、中学校及び高等中学校の位置づけは以下のように改めるものとされた。制度面では、現行の中学校を残し、高等学校を廃して高等普通教育機関と定めた七年制の高等中学校を道府県に新設(現行の官立高等学校は当分の間高等中学科のみ)、就業年限の一年短縮、高等中学科へ中学校第四学年修了者を入学させての入学資格の緩和、学課面では、卒業後の進路を考えた現行の三部(文科、理工科、医科)から文理科の二部編成への変更、必修科目であった第二外国語の自由選択科目への変更などである。(9)その際、財源としては、公立の設置を認めることで高等中学校増設の経費を地方費で賄い、今後必要となる大学の増設については国庫から支出することとしていた。

しかし、審議過程で当初の計画は大幅に後退することとなる。以下は、三度書き直された諮問案中の高等中学校の修業条件及び設置条件である。(10)

①「新制高等中学校に関する諮問案」〈修業条件―高等中学校中学科四年・高等中学校高等中学科三年、設置条件―道府県、校数制限なし、収容人数公立高等中学校中学科三二〇人、公立高等中学校高等中学科二四〇人以下〈特殊な事情の際四八〇人まで可〉〉

②「中学教育令」〈修業条件―高等中学校中学科五年・高等中学校高等中学科二年半、設置条件―官公私立、校数制限二五校、収容人数公立高等中学校中学科五〇〇人以下、高等中学校高等中学科二四〇人以下〈特殊な事情の際四八〇人まで可〉〉

③「高等中学校令」〈修業条件―高等中学校高等中学科二年半、設置条件―官立、校数制限二〇校、収容人数官立四八〇人〉

これを見るとわかるように、①では、一年間の年限短縮とともに、道府県による無制限の高等中学校増設が計画されていたが、一九一〇年四月二五日から五月七日までの高等教育会議及び九月の閣議審議を経て作成された②では、官公私立に設置が拡大された一方、二五校の校数制限が設けられ、半年の年限短縮に変更されている。更に、同年一二月二六日から翌年二月一日にかけて断続的に開催された、枢密院審議委員会及び六月の教育制度取調委員会を経て作成された③では、最終的に高等中学校中学科を組み込まず、二〇校の校数制限となっている。これは、小松原が「高等遊民」に対応しようとしたにもかかわらず、その増設計画が縮小されたことを示している。

従来、その理由として主に指摘・検討されてきたのは、帝大派を中心とした学制改革及び教育拡張への反対勢力による年限短縮・学力低下の懸念[11]、学校増設の際に生じる財源問題[12]である。しかし、構想を変質させた最も大きな理由は、これらの議論と関係しながら審議中政府内外に根強く存在した、学制改革により、「高等遊民」を増やしてしまうという〈高等遊民〉論[13]が強い説得力を持ったためである。それは後述するように枢密院が、規模を縮小した学制改革に要求した最終調査項目において、修業年限や財源問題よりも先に、「高等遊民」問題を指摘したことからも明らかである。

〈高等遊民〉論が最初に登場したのは、前章で見たように、審議開始当初である一九一〇年四月二七日の高等教育会議である。ここでは、高等中学校の増設によって卒業生が増加し、そのうち大多数を占めるであろう大学進学者を、増設計画のない帝国大学が収容できず「高等遊民」を増やしてしまうことが懸念された。この〈高等遊民〉論は、委員会内における多数の反対意見の一つとして審議を延期させる理由の一つになったが、別の観点からも問題を孕むものであった。つまり、将来的な「高等遊民」発生は、ここで言われた大学進学希望の「入学難」からだけでなく、「徒食遊民」を作る(14)、あるいは、実業教育を受けた「高等遊民」の方が良いとする見解(15)からもわかるように、増設された後、増加する卒業生の「就職難」からも想定される問題だったからである。

これらの点は、修正意見を盛り込んで作成された②の「中学教育令」においても引き続き問題視された。とりわけ深刻だったのは同年一一月八日に、枢密院顧問官である柴田家門が「再調査理由書」を提出し、「高等中学ト大学収容力トノ関係」において「遊民養成機関タルニ終ル」こと、「高等中学校卒業生ノ前途如何」において「克己身ヲ持スルノ少数者ヲ除クノ外ハ所謂高等遊民タルニ終ルノ外ナキ」ことを批判し、「此種遊民ヲ養成スルハ国家ノ前途頗ル憂慮スヘキモノナルヲ信ス(16)」としたことである。柴田の〈高等遊民〉論は次々節で詳述するように、この時期発生した大逆事件の影響から、「危険思想」の懸念も含まれていた点でも衝撃的であった。市川美佐子氏は、「小松原文相は、柴田内閣書記官長の勅令案に対する反対意見の中心であった高等遊民輩出論の対策として、大学令を改正するよりは、高等中学校数を制限しようという意向であった」とし、このことが「勅令案起草後の大きな修正の一つである学校数の制限がなされた原因(17)」と指摘している。結果的に柴田の意見は、「中学教育令」に対して二五校の校数制限をもたらしたのである。こうして学制改革には、「入学難」以外に「就職難」、「危険思想」への具体的な対応も求められることとなった。

とはいえ、二五校の校数制限が付加された後も〈高等遊民〉論は続いた。この時期大逆事件の判決が出され、「主義者」中における高等教育を受けた人物の存在が明らかにされる中で、「学制改革案に反対意見を有する者は先づ改革案は将来無数の高等遊民を醸成するの虞あることを聲言した」[18]ためである。中でも、貴族院議員の木場貞長は、[19]一九一一年三月二日の第二七回帝国議会貴族院予算委員会で以下の二点を指摘した。第一は、七月卒業にすると四月から七月までの学級が重なり不経済であるという問題、第二は、二年半後の七月に新制の卒業生と旧制の高校の卒業生が倍数となった際の大学の収容力の問題である。木場は、学制施行後に「重複シタ倍数ノ生徒ガ出タ場合ニハ多数ノ生徒ガ大学ニ這入ルコトガ出来ズニ失望落胆ノ境遇ニ陥ル」とし、「今左様ナ不経済ナ制度ヲ設ケル」[20]ことを懸念したのである。つまり、「校数ハ殖エルモノト思ヒマス、殖エル結果トシテ浮浪書生ガ出来ル、浮浪書生ガ出来レバ是ガ国家ニ非常ナ危険分子トナッテ来ル」ことを「如何ニシテモ忍ブベカラズ」[21]ということであった。

これらの懸念について、一九一一年一月一六・二三・二月一日の枢密院審議で配布された「取調書（第一回―第三回）」[22]の表を参考に試算すると、「中学教育令」の施行による「将来の高等中学科」の毎年の卒業者が二八四四人〜三二二〇人になるにもかかわらず、「大学収容力」は二二七二人であるため、最低でも五七二人、最高で九四八人の「高等遊民」が輩出されることになる。そればかりか、旧学制と新学制の卒業生が重複する年には、「現在の高等学校」一六九四人〜二一一八人を「将来の高等中学科」に加えるため、最低でも二二六二人、最高で二八四六人の「高等遊民」が輩出されるのである。これらは決して少数とはいえず、審議に与えた懸念は深刻なものであったといえる。

こうした懸念は、桂首相も共有するところとなった。小松原によれば、「二三貴族院議員其他反対意見を有する教育家等の為めに動かされたるものの如く、終に枢密院に御諮詢中なりし改革案の却下を奏請して更に之を調査せんことを希望する」[23]事態となったというのである。

こうして、「中学教育令」は、枢密院より返上された後、教育制度取調委員会の意見を受けて、中学校は改編せず、官立高等中学校のみの二〇校増設に限った「高等中学校令」となった。メディアの報道によれば、この間枢密院は財源問題、学力低下の懸念とともに「最も重要問題」として「本案施行の暁は所謂高等遊民なるものを現今よりも尚多く出す虞なきか」と「高等遊民」の発生を再度懸念したが、これに対して文部省側が「多少の高等遊民の生ずるは即ち文明其物の副産物とも観ざるべからざる者なれは之か救済策は他に之有るべく則ち此の如きは学制の罪にあらざるを以て、同案の関知する所にあらず」[24]と反論する一幕もあったという。

結局、小松原はこうした〈高等遊民〉論が根強く、「卒業生の就職難高等遊民の醸成は桂首相等の最も憂慮する所」[25]であることから、高等中学校の増設を官立二〇校のみとし、財政上・制度上負担にならない程度と試算した、毎年一、二校の増設約束を桂首相（兼蔵相）に取りつけて、懸念に対応することとした。このように、小松原の学制改革は、「高等遊民」発生の懸念を考慮し、当初の構想を大幅に縮小した形で公布されることとなったのである。

では、「高等中学校令」は、「入学難」の「高等遊民」に対応できたのであろうか。ここでは、増設する高等中学校がどの程度の「職業未定又ハ不詳」者を吸収するかを試算してみたい。規定の二〇校のうち現行の高等学校八校を引いた一二校、生徒数四八〇×一二校＝五七六〇人が新たな収容人数であり、ここから一九〇九年度の中学卒業生中における「職業未定又ハ不詳」者四〇一四人[26]を引くと、一七四六人の余裕が生じることがわかる。つまり、「高等中学校令」は「入学難」の「高等遊民」を全て国家秩序へ位置づけることが可能であった。

縮小されたとはいえ、「高等遊民」を発生させていた教育制度を改革しようとした小松原の改革は大きな意義を持つものであった。公布前後のメディアには、審議内における〈高等遊民〉論への批判とともに、このことを積極的に評価する見解も現れた。例えば、『教育時論』は、現在の教育制度が「一日多ければ、多き程、高等遊民を増加するのであり、〈高等遊民〉論は「高等遊民製造の、根本義に触れずして、唯その一枝葉を捕へて[27]」いただけだと指摘し、『帝国教育』主幹の樋口勘治郎は、むしろ「高等遊民が多く出来て、そうして彼等が地位を求めて喰ひ込んで行くと云ふことは、即ち社会を進歩せしむる所以」であり、教育機関拡張を〈高等遊民〉論より否定するのは「高等遊民論なるものゝ価値如何につき大に疑を容れしむる余地あり[28]」としたのである。

このように学制改革は、高等中学校増設がかえって「高等遊民」を増加するという懸念によって計画縮小を余儀なくされながらも、その懸念を最小限度に止め、第一に「入学難」の「高等遊民」解決を可能にする改革として決定されたのである。

二　実業教育の奨励

また、学制改革は第二に、「就職難」に対しても、将来的に対応するものであった。「就職難」に対しては、失業対策事業のない当時、有効な解決策とされたのが、「就職難高等遊民問題は此種専門学校に就ては憂ふるに足らず[29]」とされた実業専門学校の増設及び奨励である。

実業専門学校は、産業界の要請もあって、第一次西園寺公望内閣期には蚕糸、鉱山等の実業専門学校一〇校が決定されるなど発達し、一九〇八年の「戊申詔書」が説く勤勉節約、刻苦勉励の意図を反映した教育機関として、自然主義文学や社会主義に影響された青年を国家秩序へ位置づける意図からも重要視された[30]。学制改革においてもこれを継承する形で、「諮問案」の段階から現行中学校に対して「新に実科を設け、出来得る限り、実習の方法を定めて、之を生徒に課し、勤労を重んずるの気風を養成すると共に、実業思想の涵養を図らんとす」[31]ることが規定されるなど、将来的な増設が検討された。

とりわけ、審議過程においては前出の木場が指摘したように、高等中学校の増設によって「実業ニ就クコトモ出来ズ官途ニ就クコトモ出来ズ、極メテ冷遇ヲ受ケル」[32]人物が「高等遊民」になると懸念され、大逆事件後には後述するように「主義者」に「向上の志望を懐きながら一家の事情又は其他の関係に依り之を挫折せられ、而も何等職業的教育を受けたることなき」者が「不平悶々の境遇」に陥った点が確認されるなど、[33]〈高等遊民〉論において、実業教育の奨励が顕著に指摘されていた。しかし、前章で見たように、規模が縮小されたため、具体的な検討には至らず、これらに対して小松原は、あくまでも「卒業生ノ人員ノ関係、大学ノ収容ノ点ニ付キマシテ、慎重ナ注意ヲ致シマシテ、一方ニハ漸次、此官立学校ヲ実業専門学校ニ変ヘテ行キタイト考ヘテ居リマス」[34]、あるいは「卒業後決して就職難を嘆ぜざらしめん事を期す」[35]ことを強調し、施行後の学校改編による可能性を説くに止まったのである。

また、学生・青年に対する実業専門学校への動機付けも重要とされた。この点に関して、従来の研究では全く指摘されてこなかったが、地方改良運動を推進した内務省も対応を言及している。地方改良運動は、帝国主義列強に対峙しうる財政、経済、社会的基盤の創出を目的に、第二次桂内閣下における内務・文部・農商務省が農村諸政策を展開しようとしたものである。その目的が、地方町村を再編強化して「戊申詔書」の示す至誠、勤労、分度といった生活倫理と国体主義を定着させ、体制の再統合を企図したことはよく知られている。[36]ここでは、風俗改良、産業振興とともに実業補習教育、通俗教育による教化が行われ、農事改良の担い手を創出し、政策の推進力として期待された青年会には、「高等教育の恩恵に沐浴するを得ざる多数の青年を指導誘掖」し、「有為の人物、模範的市民、忠良なる臣民たらしめんとする」[37]側面も期待されていた。

しかし、当時の地方は、政友会系の『中央新聞』が一面社説で指摘したように、「有為の青年は皆郷里を出で去りて東京京都諸地若くは高等学校所在地に遊び」、「其学業を成すものも、成し得ざるものも共に職業を他郷に求め」、「都会には高等遊民若くは官私の奉公人相塡咽し、地方は則ち人物欠乏」[38]という状況であった。やや誇張された表現ではあるが、類似する指摘は多く[39]、「進学熱」による離村者のうち、帰郷した成功者が「都会熱」を吹聴し、志を果たさず帰郷した人物が「郷党淳朴の美風を破壊するハイカラ男」として「危険思想助長の因子」[40]となることは、町村再編を目指す当局にとって脅威であった。そのため、高等学校、専門学校といった高等教育機関への「進学熱」を抑制し、実業教育へ移行させることは、「高等遊民」の発生要因となる「入学難」などを未然に防ぎ、町村行政の担い手となる青年の育成という観点からも重要な課題だったのである。

こうした中、内務当局は一九一一年八月九日に「高等遊民救済策」なる談話を出した。ここで当局は、「所謂高等遊民の年を逐うて増加するの傾向あるは、国家のため頗る憂ふべき事」であるとし、「遊民の由て来る源泉」が立身出世に根差した「旧時代の思想」であるとした。そこで、文部省の奨励する「着実地味なる実業教育」を奨励して、「新時代の青年をして徒らに空中楼閣を描かしめざらん」ことを図り、「学校家庭の連絡と官民協同の力を以て徐々に進むの外他に妙策あらざるべし」[41]としたのである。この談話は、地方改良運動や実業教育奨励が対応していない、「高等遊民」に対する実業教育の奨励であった。

とはいえ、この内務当局の談話は、実業教育の選択による「救済」を提言したに止まり、政策の具体化には至っていない。その理由は、地方改良運動を推進した報徳会の雑誌『斯民』に掲載された第二次桂内閣の文部次官岡田良平[42]の以下の談話が示唆しているところである。

ここで岡田は、地方の中学校卒業生が上京後、職も得られずに帰郷し「親の脛を嚙ぢる」ばかりか「不平の念が胸臆に満ち〳〵て居る」状況を批判し、こうした現状も「制度が能く実行せられまして当局者の希望する所が実行せられて参つたならば、所謂高等遊民とか、教育のある無職業者といふやうな者の跋扈することや、増殖することを防ぐことが出来る」(43)とした。つまり、国家再編を企図した「高等中学校令」という「制度」の「実行」により、高等中学校卒業生が「地方紳士」として地方改良運動の担い手となり、増設された実業学校卒業生による農事改良等の指導が行われ、「高等遊民」も解決されるというのである。

このようにして、「就職難」の「高等遊民」は、「高等中学校令」に対応した将来的な実業専門学校増設とともに、内務当局の説く実業教育奨励がこれを補完する形で、対応が検討されることとなったのである。

三　その他の内政

では、「高等遊民」の「危険思想」化にはいかなる対応が検討されたのであろうか。

一九〇六年、第一次西園寺内閣の牧野伸顕文相は、初の文部省訓令において、「社会主義ヲ鼓吹スルモノ往々各所ニ出没」し、「教員生徒等ヲ誘惑セントスル」点を、「建国ノ大本ヲ藐視シ社会ノ秩序ヲ紊乱スル」(44)と批判し、「危険思想」に対する青年の思想善導を図ったが、第二次桂内閣においてはそれがより徹底され、警察行政が社会主義者・無政府主義者を弾圧し、文部・内務行政が学校機関・教育行政を活用した思想統制を強化することとなる。

このうち、「高等遊民」と「危険思想」化の関係が確認されたのは、大逆事件からである。周知のとおり大逆事件とは、一部の「主義者」による天皇暗殺、皇太子襲撃、暴力革命の謀議を拡大解釈し、旧刑法第七三条の「大逆罪」

に結合させた政府による弾圧政策である。(45)小松原の回想によれば、一九一〇年の大逆事件後に「高等遊民を生ずるを憂ふる念は一層識者間に多きを加へ(46)」たという。その背景には、大逆事件が「高等遊民」に関する以下の状況を明らかにしたことが指摘できる。

第一は、「主義者」における高学歴の人物の存在である。大逆事件発覚後の七月一日に実施された、内務省の調査による社会主義者学歴別人員表〔筆者注―（　）内は人数〕によれば、「法律（二八人）、経済（二）、文学（一二）、哲学（三）、医学（一五）、獣医（一）、画家（三）、農（一）、商（二）、教育（一）、其他中学卒業者（二一二）、同中途退学者（四八）(47)」であり、高学歴者の「危険思想」化が確認された。第二は、「主義者」の境遇である。小松原によれば、「主義者」には「進学の志を得ず家庭に対し社会に対して不平を懐き、又は一身の事情絶望的境遇に沈淪せる際偶々社会主義の書を読み社会主義者に近接して遂に彼等の党類に化せらるゝに至れる者(48)」がいたという。つまり、「入学難」「就職難」などによる「絶望的境遇」が、「危険思想」化の要因であることが確認されたのである。

もっとも、この学歴は本人の職業と対応したものではなく、必ずしも「高等遊民」に直接該当しない。とはいえ、事件の被告二六人中、死刑となった幸徳秋水（一八七一―一九一一年）、成石平四郎（一八八二―一九一一年）、新美卯一郎（一八七九―一九一一年）、実刑となった佐々木道元（一八八九―一九一六年）、岡本穎一郎（一八八〇―一九一七年）の五人が該当している。(49)幸徳は第一章で言及したとおりである。成石は、東京法学院（のち中央大学）法律学専門科卒業で、「気負った生き方をしていたが、これという正業がなく、その性格は不安定で唐突なところがあり、豪傑気取りの人間(50)」であり、一九〇六年から大石誠之助と社会主義運動をしていた人物である。(51)新美は、一九〇〇年に実家の没落により東京専門学校を中退後、社会主義運動の機関紙『熊本評論』創刊に携わった無職の人物であった。佐々木は、熊本県立中学済々黌中退、同級生の新美と『熊本評論』に関係した人物、岡本は、早稲田第一学校を中退後、大阪で職工などをして大阪平民社へ接近、社会主義者となった人物である。ここからは、資力のない「高等遊民」であった幸徳、新美をはじめ、「党類と化」した「高等遊民」が確認できる。

これらの懸念は、学制改革の審議中であったため、それにも反映され、〈高等遊民〉論として現れた。前出の柴田の意見書と共に出された内閣法制局の意見書では、「第一、人数ノ関係ニ因リ第二、習得シタル学科目及其ノ程度ノ関係ニ因リ」、これらが「所謂高等遊民ト為リ進ムテハ社会組織ニ漏レタル悪勢力ト為ラム」(52)と懸念され、前出の木場は、一九一一年二月二二日の貴族院予算委員会において、高等中学校卒業後、進学も就職もできない青年が「非常ニ悲観」し、「忌ムベキ関係ナドモ最モ生ジ易イ」ばかりか、不遇から「危険思想ナドガ這入ルニ都合ガ好イ時」(53)と痛烈な批判を展開したのである。

そのため、「危険思想」への対応の第一は、小松原の学制改革であった。前節までに見たように、一九一一年二月以降学制改革は一時中断したが、この間小松原は、これらの問題に対応するために「徹底した国体主義教育」(54)への移行を示した二つの意見書を桂首相へ提出し、政策転換を図った。そのうち、同年六月に桂首相に提出した第二の意見書「教育の内容実質改善の件」(55)において、「教育の改善は時勢の進運に応じて其の制度に関する方面と内容実質に関する方面に相俟て其の実を挙げざるべからず」との基本方針を示し、学制改革を改めて「制度に関する方面」の一つに位置づけ直した上で、「結局多年の問題たる高等学校の改革を以て主要の問題」とし、前述の規模縮小を行うものとした。同時に、「内容実質に関する方面」においては、修身教育を中学校以上の教育機関に実施すること、歴史科、国語科において、民族的・国粋的自覚の要請に重点を置き、「危険思想」に対応することとした。これが後に「高等中学校令」の施行細則に加えられ、学制改革は改めて「高等遊民」の「危険思想」化も防止する制度上・思想上の改革として位置づけられたのである。

第二は、警察当局による対応の検討である。明治末期の警察行政による社会主義・無政府主義者への防圧政策は、一九〇八年六月の「赤旗事件」後の『社会主義者沿革』の編纂による視察対象者の激増を背景に、大逆事件後における官制改正、高等警察の陣容強化、一一年八月二一日の特別高等課設置、詳細な「特別要視察人視察内規」の制定といった形で強化され、その取調は詳細を極めていた(56)。

こうした弾圧政策の中で、「高等遊民」は警察当局により取締対象として認識されることとなる。「高等中学校令」公布後の一九一一年八月七日に、前章でも取り上げた警察権力を代表する亀井英三郎警視総監による「高等遊民」取締りを示唆する談話が新聞紙上に掲げられた。ここで亀井は、「相当の学識技能ありて、猶且就職難・生活難に迫はれ所謂高等遊民の近時著るしく増加し来れるは自然の趨勢」としながらも、「此高等遊民は社会の公安に影響する所最も大なるを以て、当局に於ては従来是等時弊の匡救に就ては細心の注意を怠らず」、「世を悲観して政府に反抗し社会を非難し天下の愚民を煽動し累を他に及ぼすこと」から、「斯る遊民の害を未然に防圧するは現下の急務なり(57)」としたのである。

ただし、亀井は「高等遊民」を「政府に反抗」する存在としてのみ捉え、「防圧」方法については、必ずしも具体的に言及していない。それは、この談話を一面社説で取り上げたメディアも批判的に指摘するところであった。例えば、『読売新聞』（以下『読売』）は、「未だ之が取締方策に関する具体的法案に接せざるを以て、兎角の批評は試み難きも、酷法を以て之に臨むは果して策の得たるものか(58)」と疑義を呈し、『東京日日新聞』は「高等遊民なる名の下に窮追苛察を敢てせんか、却て恐るべき害毒を助長するに至るべし、為政者豈注意せずして可ならんや(59)」としているのである。管見の限りでも、警察資料に「高等遊民」を対象とした案件は発見できず、計画自体が疑わしい。これを裏付けるように、同年八月二四日に掲載された有松英義警保局長の談話では、「高等遊民の防止に関しては主として積極方針に依る教育の力に待たざる可らず」とし、「警察権は元より人の思想を思索するを得ざれば高等遊民の防止は是非とも積極的施設に依らざるべからず[60]」と、警察当局の介入の限界性を指摘しているのである。

このように、警察当局の談話は具体性を欠いたものであったが、「危険思想」化した「高等遊民」に対しては、将来的な「高等中学校令」の策定と、将来的な国体主義教育による予防と、警察当局による弾圧姿勢が示されたのである。

四　実業従事

以上の政府の対応は、学制改革の施行予定期日が一九一三年度であることから、弾圧政策も含めてあくまでも将来的な対応に過ぎなかった。

一方、メディアでは「絶えず生活の必要に迫はれ」る「高等遊民」が「社会政策上大に注意を要する現象[61]」と目されており、資力のない「高等遊民」に対する多くの解決策が説かれた。

まず、該時期の論壇の特徴として、「立身出世」の冷却と沈静とが多くのメディアで指摘されていた。従来、『成功』『少年世界』『中学世界』などといった青少年向け雑誌は、地方青年にも「立身出世」の方法と野心を植えつける効果をもたらしていたが、日露戦後には第一章で見たように、「学歴社会」が成立し、苦学生による「立身出世」が困難になり、高等教育機関を卒業しても「高等遊民」になる可能性が強く出ていた。したがって、該時期のメディアは、「立身出世」を冷却する言説として、現状の変革を企図せずに禁欲的な努力による個人の幸福を導く「修養」、職業生活の準備のために青年を社会化する必要性、地方生活の喜び、人柄の重視といった、「立身出世」に変わる価値観の創出を企図していた[62]。これらは、「戊申詔書」や文部省訓令に見られる政府の方針とも合致するものであった。

そうした状況を捉えた論説として、例えば、早稲田大学教授の島村抱月は、一九一〇年の論稿「学校卒業者の職業問題」において、「殆んど全ての新聞雑誌で此の問題を論じて居る有様で有る」とし、就職に関する解決策の論点をまとめている。ここで島村は第一に「結局当人の真の手腕、技量さへ勝れた者なら社会は必らず職業を給するに躊躇しない。就職の叫びは要するに劣者の声であるといふに帰する」もの、第二に「東京で職業を求めるから就職難になる、地方へ行けば仕事もあるし国家の為にもよいといふ」もの、第三に「就職難の声を以て奉公人根性又は依頼心から起こるものとする」、「つまり独立自営の精神がないのだといふに帰する[63]」という論点を指摘している。島村自身は第一を推奨しているが、いずれも前述の傾向と合致する。したがって、「高等遊民」に対する解決策も、こうした傾向を受けた論調であった。

以下、このような言論状況の中で「高等遊民」と関連して説かれた各論とその有効性を検討していく。すなわち、実業従事と実業での独立自営、地方回帰、海外進出の三点である。

第一に説かれたのは、実業従事である。農業・工業・商業・水産など生産・経済に関する事業全般を指すが、農業については後述する関係上ここではその他を指すこととする。実業重視の論調は、前述したように、一九〇八年に政府が「戊申詔書」で「忠実業に服し勤倹産を治め」、「華を去り実に就」くことを奨励したことに代表される。しかし、日露戦後、「成功青年」などに代表される青年たちは、利己的かつ投機的に社会的経済的上昇を果たそうとし、早稲田大学教授の安部磯雄がいうように「直ぐ会社とか政府とかに入つて月給取とならうとする」傾向があり、「皆此方面に向ふが為に入り得ないものは所謂教育ある遊民となる[64]」状況であった。つまり、実業を嫌い、月給取りを志向する「高等遊民」に対する動機づけが問題とされたのである。

そこでメディアでは、就業意識を改善し、実業への従事を説く点に議論が集中した。例えば、東京高等師範学校長嘉納治五郎は、「今日就職難を喞つ人々は、余り高くとまり過ぎて居る」と指摘し、「自分は斯かる学問をしたのに、之を活用し得る職業がないとか、自分は五十円の価値があるのに、之に相応する職業が与へられないとかいつて遊んで居る」(65)青年自身の問題を指摘している。また、多くの苦学生の職業紹介に取り組んでいた大日本力行会会長島貫兵太夫は、雑誌『成功』に掲載した論説「高等遊民と社会」において、まず「思想とか知識とか云ふ方面をのみに力を入れ過ぎる結果、忍耐と云ふやうな美徳を養成するに遑無い」「現今の教育」を批判し、「理屈ばかり云つて頭の高い日用の手紙すら碌に書けもせない者よりも世才に長けた頭の低い者の方が都合が好い」(66)と助言した。

こうした批判は、青年の「立身出世」を支えた父兄にも向かった。例えば、『慈善主義』新聞は、父兄の多くが「学校さへ出れば立派にパンが得られると云ふ様に学問をすると云ふ事は直ちに職業を得る道と心得てゐる」(67)と指摘した。また、王子製紙会社社長藤原銀次郎は、「父兄及青年は徒らに高等程度の学校を望むの弊があるは全く今の時世に適せぬ仕方」とし、「肩書を持つて二年も三年も高等遊民として社会に目され就職も出来ず果ては実地経験ある職工の下に使用せらるゝ様では何の益にも立たぬ」(68)としたのである。つまり、実業意識の低い「高等遊民」に対し、メディアは父兄および青年に根強く存在していた「立身出世」の限界性を説き、現実を見据えた実業従事を呼びかけたのである。

ただし、こうした議論が効果をあげたかどうかはきわめて疑わしい。というのも、実業家の下で職務に従事した中でも、これに馴染めない青年も少なくなかったからである。例えば、実業家森村市左衛門は、「青年の誤解」として二つの事例を紹介している。(69)一人は、地方の中学の卒業生で、在学中より「外国貿易が志願」で自分も「天晴なる貿易家となりたい」という人物であった。この青年は「実直らしく」「非常な熱心も見えた」が算盤も簿記も出来ず、学校へ通わせたうえでこれらの技術を仕込んで店で使ったが、その後「フイと見えなくなつた」という。青年は「すぐ花々しい貿易事業に関係の出来るもの」と思っていたため「与へられた仕事は丁稚小僧のする仕事」であり「耐へ切れなくなつて」しまったというのである。また、もう一人は、「高等の学問をした者」で、「苦しいことも、つまらない事も皆覚悟して居」る青年であった。森村は「唯だ仕事が忙がしいばかりで、苦くつて、一向つまらないことを承知して貫はねばならぬ」が、仕事をすれば「自立独行の出来得る人間にはなれようと信ずる」と注意した上で雇ったが、後に青年は「若し初めにあのご注意を受けなかつたら到底今日まで辛抱はし切れなかつた」との手紙を出してきたという。森村は、「学校の卒業生が斯ういふ処へ飛び込んで来ると、丸つきり役にも立たず、又当人も辛抱が出来ない」としており、就職したものの実業への従事は、辛抱強く、丁稚や人足同様の働き方も厭わない青年でなければ務まらなかったことがわかる。ここに、「高等遊民」と識者の間に大きな意識の懸隔があったといえる。

そこで、他人に雇われるのが無理ならば自ら経営者となることを説く独立自営も有効な解決策として説かれた。例えば、湖北散士なる論者は、知人の早稲田大学の商科出身者が山の手に酒屋をはじめ、苦心の末事業が成功しつつあることを指摘し、「職業なきを歎ずる卒業生は、宜しく独立自営の道を取ったらよいと思ふ」としている。[70] また、慶應義塾大学教授の向軍司も、国民を挙げて「自営自成の人となる心掛を少時より養ふこと」を説き、父兄の世話になった後は「自分で職を得て、其傍ら学問修養する方法を取る」気概を持つ重要性を説いた。[71] これらは、「高等遊民」が実業などに従事できないのであれば、その才覚を生かして独立すればよいとする議論であった。

とはいえ、独立には資本が必要であり、資力のない「高等遊民」にとってこの解決策が相当に困難であったことが想定される。そこで、実際に自営業へ従事するにはどの程度の資金や準備が必要だったのかを検討する。

当時独立自営について書かれた青年向けの解説書は数多いが、その中で盛文社編集部『独立自営実業立身策』[72]（一九一一年)をもとに検討する。ここには、「本社が精査したもので尤〔最〕も有望の」職種が「資本なき者の採るべき実業」、「小資本を有する者の採るべき実業」、「大資本による実業」の各種資本毎に分りやすく説明されている。なお、同種の本は他にもあるが、いずれもほぼ同様の職種、同様の賃金形態を指摘している。(73)

まず「資本なき者の採るべき実業」は、奉公人・牛乳配達・新聞配達の三つである。これらは苦学生の典型的な雇われ先であったが、いずれも月に三円以上の給料が出て、とりわけ新聞配達は「空手立身を期するものは先づ是を選べ」と言われたように、早朝の仕事だけで月給一〇~一二円に賞与金がついて一三円が見込まれたという。

また、一〇円から一〇〇円の「小資本を有する者の採るべき実業」は、米の行商、米飯配達業、焼芋・氷、菓子商、ミルクホール、売薬行商、発明品販売業、呉服行商、小物間行商、古下駄屋、椅子修繕、メリヤス製造、包紙及び敷紙製造、座布団の仕立売り、ペンキ屋、印刷注文取り、貸本屋、飲食店の露店、石鹼売り、露店の帽子屋、売薬化粧品、眼鏡店である。これらは希望者が一ヶ月三円の貯蓄で一年三六円、二年で七二円程度を資本として貯蓄していることを前提にしており、資本が殆どかからない古下駄屋、椅子修繕から、一〇円程度の発明品販売業、包紙及び敷紙製造、ペンキ屋、二〇~三〇円かかる米の行商、米飯配達業、菓子商、ミルクホール、呉服行商、貸本屋、石鹼売り、眼鏡店、五〇円程度のメリヤス製造、飲食店の露店、それ以上の売薬化粧品となっている。中には、原材料の調達に問屋を介するものや呉服行商のように地方向きの業種もあり、均一に利益は換算されていないが、それでも焼芋・氷、ミルクホール、売薬行商は月に二〇~三〇円、呉服行商は勉強次第で四〇~五〇円、印刷注文取りは一〇〇円、飲食店の露店には三〇〇円の月収が見込まれるという。この事例として、東京帝大法科卒業生の餅屋が確認できた。(74)

そして、五〇〇円から一〇〇〇円以下の「大資本による実業」として、時計商、活版業、飲食物商、海外移住、通信販売業が指摘されている。これらは殆どの場合実現が難しいものとされたが、他の論者には「中学または私立大学を出たものが、本屋を初めたり、炭屋となつたり、文房具店を開始[75]」した実例を指摘し、実業による独立自営の可能性を認めていた人物もいた。こうした少数の事例からは、実業界への進出も検討する人物から多少の事例が出たことが窺える。

とはいえ、これらは資力の他に基礎的な商品知識や製造技術などを学ぶ必要があり、「資本なきものの採るべき実業」を除いては多くの場合、資力のない「高等遊民」には困難であった。そこで本書は最後の手段として、実業を学ぶ学校機関である水産・養蚕・農学校・農林学校・商業学校・工業学校・職工学校・染織学校・園芸学校の乙種への進学を薦めている。つまり、実業に従事するためには、それなりの知識技術を身につける方がよいというのが、本書の結論だったのである。ここから、実業従事の解決策は、政府の推進する実業教育奨励を補完する議論でもあったといえる。

以上の検討から、実業従事は、実業志向があり、資本のある青年にとってはある程度有効であったといえる。しかしながら、最終的な決断は増設予定だった実業学校への進学も含めて本人や親族の意向次第であり、必ずしも資力のない「高等遊民」に有効な解決策ではなかったのである。

五　地方回帰

一方、「高等遊民」の都会での就業が難しい場合、第二に説かれたのは、地方への回帰、すなわち帰農、地方政界への登用であった。こうした議論が登場した背景には、戦費負担と増税のもと、零細小作農と富農の二極化が進み、農民騒擾の頻発する日露戦後の地方荒廃があった。これに対し、日露戦後の政府は、地方改良運動に代表されるように、既成秩序の中で漸進改良的に町村行政を運営させ、もって国家秩序への位置づけを強化したわけであるが、地方において進学機会のある地方名望家層や富裕な自作農の子弟の多くは必ずしも「立身出世」のために進学する必要はなく、上京後長期滞在し、帰郷後「高等遊民」となる人物も少なくなかった。

既に神島二郎氏は「高等遊民」を通じて政党地盤の育成や村政の都会化が進められたことを指摘しており(76)、そこで引用された当時の社会学者建部遯吾は、その著書『田舎生活と農村生活』(一九一五年)において、「遊民問題の起るのは、其上流階級即ち地主に於いて(77)」であり、それらが政治運動や変則的経済活動に従事すること、これらの中には、「高等遊民」として帰郷した後、「物質的快楽主義の深遠に陥るものも稀にはある(78)」ことを指摘している。

とはいえ、問題はこれらの裕福な「高等遊民」ではなく、「少しでも生活の余裕のある者は、皆な所謂上流、所謂閑散級の真似をせん」とし、「多少苦しい算段をしても、何々私立大学の卒業生と云ふ肩書位ゐを取らうとする(79)」人物や家庭があったこと、さらに、進学機会に恵まれない子弟の中に、日露戦後に「成功青年」などと言われたような、利己的かつ投機的に社会的経済的上昇を果たそうとした者もいたことである。彼らは無計画に上京する中学半途退学や卒業生であり、『時事新報』記者北浦夕村によれば、維新志士の立志伝を携えて上京し、「中学二三年位な学力があれば最う一廉筆の先かペンの尖で飯の喰へる者と心得」ており、「懐中に余裕が無い」者ばかりであったという(80)。彼らに国家意識や通俗道徳的な倫理規範意識は希薄であり、「都会熱」や「成功熱」がその行動原理となっていた。

このうち、自家の資力も省みず上京した青年の中には、都市下層に接近し、苦学生になる者も少なくなかった。例えば、前章第四節で見た本所区若宮町の無料宿泊所にいた宮城県出身の二八歳男性で「早稲田実業学校初期卒業だが転々して今は深川某大会社で日給三五銭の職工」、北海道出身の二二歳男性で中学卒業後「会社の職工」といった「高等遊民」である(81)。このように、「都会に学びて郷に帰るは、何となく面伏せなき心地のせられて、何事か都会に於いて糊口の道を求めんとすこれ所謂高等遊民の都会に多き一因」[82]という状況が、既に数多く指摘されていたのである。地方回帰は「高等遊民」の解決策としてだけでなく、発生の防止策としても重要な施策であった。

そこで説かれた解決策の第一が帰農である。一九一一年八月一日に農学博士杉山重義は、英国では、「大学の卒業生が郷里に帰つて鋤鍬を採る事を喜んでする、修養したものが地方に帰る、そこで地方人一般の知識修養が高められるゝ事となる、斯くして地方の健全ある発達が遂げられる」とし、日本でも「大学の卒業生が鋤鍬を採るのではなく、鋤鍬を採る農夫も皆大学卒業生位の修養と見識とを有するものたる迄に進歩させたい」[83]と「高等遊民」の積極的な帰農を説いた。

既に、地方自治体が資金を出し、村政及び農事改良に適する青年の養成を行う所もあった。前田宇治郎『地方青年の手引』（一九一二年）によれば、宮崎県東臼杵郡北川村の村長芳賀瀧次郎は、有為の青年を選抜して資金のない者には村費より学費の一部を補給し、卒業後の村政への参加を要請していた。村では、普通農事改良指導のため一九〇五年に県立農学校獣医科に入学させた補給生が二年後に卒業後、技手として村農会に参加しており、林業指導者育成のため〇七年に県立林科に入学した補給生は三年後に卒業後は役場書記となっているほか、養蚕奨励のために一九〇八―〇九年に養蚕科に入学した補給生も卒業後も村政に尽力する予定だというのである。また、山梨県中巨摩郡豊村では、青年に村費の補給をし、医科大学、高等師範、蚕業講習所に入学させた補給生を、卒業後五―一〇年間は村医、小学校教師、蚕業指導者として村内に活動させる予定としている。[84] 明治末期から大正初期における農事講習会に関する研究では、講習会に高等教育機関の卒業生も参加し、農業教育の修了後は地域の農事改良の担い手になった事実も指摘されている。[85] こうした措置を全ての農村が実施しえたかどうかは疑問であるが、前田がいうように「習得蘊蓄せる学識材幹を農村に於ける各方面に発揮」され、「地方の憂患となしつゝある人材払底の声を未然に防ぐ事が出来る」

と有効な解決策として目されていたのである。(86)

ただし、こうした村政の要請を受けたものでない帰農は、「立身出世」を目指して高等教育機関へ進学した青年の多くにとっては、獲得した高学歴に見合うものではなかった。「高等遊民」の中には、「宛も屈辱を受けよと云はれた様な感じを為して居る」(87)者も多くいたのである。更に親族及び地域社会にはこれを受け入れない場合もあった。農学博士横井時敬によれば、「高等の農業教育をうけた青年」が、卒業後郷里へ帰り作男と共に農作業をはじめたが、これに対して家中が「そんな詰らぬ事をする位なら折角東京へ迄出して勉強させるんで無〔か〕った」と失望し、「勘当同様の仕向」をすると同時に、「県郡の方へ手廻はし」をして、「俸給取り」にしてしまったというのである。(88)

ここから窺えるように、高等教育機関の卒業生は「立身出世」の結果としての月給取りを求められており、農作業を求められていたわけではなかった。それは、父兄の中に「子供の体質が性来虚弱だから学問なりとさせて、身を楽に持つ官公吏か教師にでもして置かうと考へたり」、「借金たら〴〵学資を貢いで子供の卒業証書を当込んで其借金済しをしやうと考へたり」(89)する縁者がいたことからも窺える。この他、都会生活に慣れた者、「立身出世」主義を抱く青年にとってもこの解決策が有効であったとは言いがたい。

この点について、多くの農村を実地踏査していた農本思想家山崎延吉は、『農村教育論』（一九一四年）において、「近来遊民の増加や、就職難に苦しむ者が多くなつて来た関係や、浮浪人は愚かなこと危険思想者が続出すると云ふ」関係上、「職業教育の鼓吹、実業教育の奨励は、漸次其声を高めつゝあるのは事実である」が、「中学校熱」は「醒めそうには見へない」ばかりか「実業に関する教育は冷淡に考へられ、之れ丈け厚く父祖の仕事に望みを嘱して居らないことが分かる」(90)としている。ここからわかるように、農業従事は、実効性の甚だ薄い解決策であったといえる。

そこで説かれた地方回帰に関するもう一つの解決策は、高度な法律経済知識を身につけた「高等遊民」の、地方政治・地方議会への登用であった。例えば、一九一一年八月九日の『北陸タイムス』は、「高等遊民問題」として同月六日に行われた早稲田大学校友学生連合演説会の一部を「目下の時事に多少の関係あるを以て掲載」している。ここでは、「帝国議会に高等政治を解する議員は誠に少い」だけでなく、「地方の自治体及府県会、郡会、市会町村会等亦その通りである」とし、「中央でも、地方でも、今や高等知識の欠乏して居る事は明〔ら〕かであるから、大に高等遊民を歓迎せねばならぬ事と思ふ、大に高等遊民を歓迎し之を利用するに努めたならば、一面に於ては、高等遊民の増加は杞憂に臆し、国家の根底を危うくするといふ様な心配は無くなり、寧ろ之に依つて一国又は一地方の繁栄発展を期する事が出来るであろうと信ずる」(91)というのである。この演説者及び意図は不明であるが、政治不信を背景に、地方政界への積極的な「高等遊民」の還元による活性化を説いたものである。

同様の論調は、青年の「立身出世」の一形態として説かれた。例えば、『東洋時論』は「地方に赴いた者の結果を見るに、或は会社の重役となり、或は県会議員となり、代議士となり、斯くて中央にあるもの丶十年未だ糊口の口の安を得ざるに、地方から名誉を負ふて中央に逆寄せするといふ実例も少くない」(92)と説いたのである。

ただし、一方でこの議論は、政府の推進する地方改良運動における担い手を意図的に仕立て上げようとする論調とも密接に関係するものであった。この文脈は、対象とされる「高等遊民」も資力のない人物だけに限らず、裕福な人物も含まれた。例えば、前述の横井は、「農村の遊民」の解決策として、第一に「地主は率先して補習教育の振作に努め小作人に対し低度の農業的趣味を与ふるに力を用ふべし農業に趣味を持ち始めて地主も小作人も立ち行くもの」とし、第二に「相当教育あり資産ある者を村長に推挙し小学校長にも良材を選びて之に任せ」ることで、そうした人物も「良民の声色を使ふに至る」とした(93)。つまり横井は、「農村の遊民」を「良民」化する必要性を訴えたのである。これらの解決策は、地方名望家層を中心とした農村復興を企図したものだったといえる。

しかし、その実現に際しては、郷土愛に満ち、国家社会のために貢献する意志強固な人物でなければならなかった。というのも、前述した「農村の不振」は、虚栄熱や流行に乗って高等の学校に入った結果「高等遊民の増加」が起こっていたためである。(94)更にこの時期、模範青年団や官製青年団を除く青年団体の中には、「町村の子弟をして高等遊民たらしむる」こと、「然らざる迄も地方をして高襟〔ハイカラ〕風に吹き荒む(95)」ことも少なからずあったためである。

例えば、鳥取県随一の資産家の長男で、平民社のシンパだった由谷義治は、早稲田大学商学部中退後帰郷、大逆事件の際には鳥取市長の尽力で逮捕を免れたが、第一次世界大戦下の地方政界に登場、一九一八年には米騒動に触発されて「鳥取市青年愛市団」（翌年鳥取立憲青年会に改称）を結成する。その後、由谷は鳥取市議・県議会議員に当選、以後普選の実現と営業税の廃止を求める運動を展開し、官製の青年団と対立することとなるのである。(96)こうした市民政社の指導層には、師範学校、高等師範、専門学校や大学を出た若い指導者が出てきており、「民間団体による大衆運動として(97)」現れてきていたのである。

このように、地方回帰は、農業産業界や地方政界の状況から「高等遊民」に対する解決策としては十分に有効とはいいがたかった。識者や政府の思惑通りに「高等遊民」を地方社会や国家秩序に位置づけることができる保証はどこにもなかったのである。(98)

六　海外進出

国内での解決策以外に説かれたものに、海外進出による解決策がある。具体的には、植民地である朝鮮への植民、そして北南米、アジアなどへの移民である。この背景には、日露戦争の勝利によって、海外進出を求める移民論が国内に沸騰していたことがあった。

例えば、内には立憲主義、外には帝国主義を取る立場から「向上主義」を主張した[99]『万朝報』は、「所謂高等遊民ハ国内に溢る、に拘はらず、新領土若しくハ国外に於て活動すべき国民を出す能はざる」[100]教育の現状を憂慮し、「独立自営」の人を作ること、積極的な海外進出を主張した。このような積極的な対外発展論の中で、「高等遊民」を解決すべきテーマとして認識した論者は、以下のような解決策を説いた。

第一に指摘されたのは、植民地であった朝鮮への進出である。周知の通り、日本は一九〇五年のポーツマス条約によって韓国に対する指導権、関東州の租借権を得、同年一一月、第二次日韓協約（韓国保護条約）によって事実上植民地にした後、〇六年二月には統監府と理事庁を開き、初代統監伊藤博文が赴任、外交権をはじめとする諸権利を奪った。これと並行して日本政府は韓国支配を強化する方策の一つとして移民を奨励し、島根、石川、岡山、山口などの県レベルでこれに呼応する動きが起こり、次いで民間レベルでも移民論が唱えられた。その後、一九〇七年七月に締結された第三次日韓協約によって韓国政府への日本人官吏登用が始まり居留民も増加、一〇年八月、日本は韓国を併合し、移民も漸次増加の一途を辿った。[101]『日本帝国統計年鑑』によれば、朝鮮への「内地人渡航者」は〇六年の五万一五八三人から漸次増加し、一〇年には六万三六八六人になっているのである。[102]

従来、朝鮮への渡航は、二名以上の資格ある保証人ないし村長・郡長の保証を要し、旅券下付まで二週間から四〜五週間かかり、旅費携帯額・所得見積額を調査されるという煩雑な手続が必要であったが、日本商業会議所の要請もあってこれらの制限は徐々に緩和され、一九〇四年からは本人の希望以外一切旅券携帯の必要性がなくなる自由渡航が実現していた。そのため、朝鮮への渡航は他国への移民に比較して容易であった。[103]

こうした中で、朝鮮への植民を積極的に推奨する政府関係者も少なくなかった。例えば、後の文相で当時大阪市会議員であった中橋徳五郎は、『興国策論』（一九一三年）において「朝鮮渡航」の意義を説き、朝鮮の面積が日本の本州と変わらないことを指摘、日本は三七〇〇万人の人口がいるが、朝鮮では一二〇〇万人であるから、毎年増加する日本の五〇万人及び朝鮮の一二万人を合わせた約六〇万人の増加を全て朝鮮に入植させるとしても二〇年間は「入込む事が出来る」とし、「随分入り場所が出来て、当分の中は心配はない」[104]としたのである。

こうした議論の中から、貴族院議長徳川達孝のように、「多くの殖民地を得て、内国の遊民をドシ々其地に送り出すべき事」が有効であり、「殖民政策を以て、国土の暗雲を一掃する」ことを主張する論者も現れた。徳川は、「狭い日本の国土に人口が有り余る結果、遊民の数も殖へて来るのである」とし、「其有り余る人口を、殖民地に向つて、盛に移住せしむる事」により、「国民挙つて、活動し一人の遊民も無いといふ有様になれば、国家経済の上にいかばかり大効果を現はす事であらう」[105]としたのである。

とはいえ、そうした「殖民政策」は実行されず、実際に朝鮮に渡った人物は、県レベルでの集団植民や土地所有者志望者を除いては、「日本で食い詰めた者が多かった」[106]ことはよく知られており、中には社会主義者や大陸浪人、馬賊といった人物も少なくなかった。例えば、中学卒業程度の学力を持ち、「資産ナシ、月収約五〇円生計下流ナルモ困難ナラズ」[107]という細井肇は、「危険思想」を抱いたため、長崎三菱造船所、統監府逓信管理局雇を解雇され、朝鮮へ渡った後、朝鮮壮士の菊池謙譲に拾われ、朝鮮日日新聞社などを転々とした。細井は、記者時代に「危険思想」[108]を理由に再度放逐されるが、その前後から大陸浪人の内田良平や武田範之らの下で働き、日韓合邦運動にも参加する。また、男爵の息子伊達順之助は、銃と馬の名手であったが、中学三年生の時に喧嘩の末、不良を銃で撃ち殺し、その後実刑判決を受け、満洲へ渡って馬賊となった。後に伊達は、山東省の張宗昌と義兄弟の縁を結び、張宗援将軍と称されたが、日中戦争期に日本軍に密通したかどで処刑されたという。[109] このように、朝鮮への植民は具体的な政策もなく、「高等遊民」が積極的に植民する意義も見られなかった。朝鮮への植民は、根本的な解決とは言いがたいものだったのである。

第二に指摘されたのが北米合衆国（以下北米）への移民である。明治期の日本人移民は、明治二〇年代から三〇年代初頭にかけてはハワイへの移民が中心であり、一八九六年の移民保護法制定前後からアメリカ本土に集中し、フィリピン、ペルー、メキシコなどへの移民も送り出されたが、明治四〇年代から大正期にかけては一九〇七年の日米紳士協定、二四年の米国移民法により、北米への移民が禁止され、かわって植民地への植民・中南米への移民が増加してくる。[110]

北米への日本人移民は、明治前半期のハワイへの官約移民を終えた日本人、労働目的で北米を目指した一部の日本人などにより一八九〇年代頃から増加し、亡命した自由民権運動家、留学生、徴兵逃れ、勉学目的の苦学生などが渡米していた。しかし、その後、フロンティア消滅宣言（一八九〇年）、ハワイ併合（一八九八年）などに見られる北米の膨張に伴い、鉄道工事の労働力や農業、製材業における労働力の需要の高いカリフォルニアを中心に排日事件が起こり、一九〇〇年に日本政府は労働移民の北米・カナダへの渡航を一時禁止する。政府は二年後にカリフォルニアにおける労働力の需要を背景に、再渡航者あるいは在米日本人移民の家族に限り渡航を許可することとなるが、日露戦後の「黄禍論」、〇五年のカリフォルニアでの移民排斥運動、翌年のサンフランシスコ日本人学童隔離問題を受けて〇七年には日米紳士協定を締結し、移民を制限する方針へ転換していた。

とはいえ、当時「渡米熱」[111]を受けた論調がいくつも登場している。例えば、法学博士浮田和民は社会政策学会の演説で、「日本から亜米利加に送るところの移民は今後余程教育して送ることになしたい」とし、労働者を送るだけでは「貯金をして来る」あるいは「貯金をせずに賭博をして帰つて来る」ことにもなりかねないことから、「日本国民発展の大原則から論ずるときには教育ある高等移民を亜米利加に出すことが必要である」とした。浮田は、彼らがアメリカで「金持になるのみならず」、「学術の能力ある者は自然と亜米利加的にいろ〳〵新発明をなすことになつて日本民族の大発展を為すことが出来る」というのである。(112) つまりは、「高等遊民」の「高等」な知識を活用することが問題を解決するという趣旨であった。

こうした論調の中には、就学目的の渡航者に、働きながら学業を修める「学僕（スクール・ボーイ）」と呼ばれた青年たちも少なくないことが指摘された。例えば、在米の論者である斎藤勝治郎は、「高等遊民は一面惰民だから、太平洋を渡るの決心する奴も多くはあるまい」(113) との鋭い指摘をしつつも、「中学を半途退学する様の怠慢児でも、当地に来てはセッセと働き、専門学校出の教育あるものが農園に傭はれ」(114) ていることを指摘している。

また、自身の北米留学経験を元に北米行きを持論としていた前出の安部磯雄は、早稲田大学の半途退学者が渡米してシアトルの金持ちの別荘の売り子をしながら、賄い部屋つきで毎月四〇ドルを貰っているとし、「日本に於ては早稲田を卒業しても弐拾五円位のものが多い、然るに其人は半途退学しても百弐拾円取れる」と述べ、「自分で働いて且つ多少の勉強をし、亦金もいくらか残せるとすれば気の利いた事と思ふ」(115) とした。以下は、後に安部が紹介したこの青年からの手紙の要約である。

自分は今工場の石炭を燻べる釜焼きになつて居るが、兎に角一生懸命働いて居る、職工は全体で百人ばかり、其中の半分は日本人で他は白人である、日本人の中でも百弗〔ドル〕以上の給料を取つて居るものがあるが併し是等は皆な教育なき無学な人で、自分は今七五弗の金を貰つて居る、七五弗と言へば日本の金にすると百五十円の俸給になるが、日本で早稲田大学卒業生などが就職難を訴へるやうなことを考へると、いかにも米国の天地は

吾々に取つて幸福な所と思ふ（後略）[116]

ここから安部は、「亜米利加では学歴などは問はずして其人物の値打で其儘通用する」としているのである。

しかし、以上の論点は、現地でのメリットを指摘しながらも、北米に渡航する際の条件や規定を記しておらず、必ずしも有効な解決策かどうかを議論していない。そこでこの時期の渡米についていかなる条件を満たす必要があったのかを当時の海外渡航案内書から検討していく。

植民世界編集局編『最新海外渡航案内』（一九一七年）によれば、北米への移民に必要な学歴及び経費は、高等専門学校程度で、資産二万円と、支度金・旅費を合わせた三〇〇円の所持金が必要であり、英領カナダとともに「渡航が難かしい国」として指摘されている。[117] この時点で、資力のない「高等遊民」には不可能である。

的場逸平『最新海外渡航案内』[118]（一九一四年）によれば、渡航に際しては二段階の手続があるという。まず、出入国手続きに関して、一九〇七年四月一日に施行された「外国旅券規則」には、氏名、本籍地、身分、年齢、職業、旅行地名、旅行の目的を記した書面を提出し、戸籍謄本または氏名、本籍地、身分を証明する文書を添付すること、国内では本籍地または所在地の地方上級行政庁（東京府下であれば移民に限り警視庁）、外国では在外公館に出願することが規定されており、移民については保証人の連署が必要であり、内国及び関東州において旅券の下付を受ける場合は金一円に相当する収入印紙が必要とある。これらの海外旅券及び戸籍謄本の下付については、在留の父母や親戚などがいるか、留学、商業視察、遊覧目的であれば比較的容易であった。

次に、旅券公布後は、北米の入国法をクリアしなければならない。「検疫」（検眼ならびに十二指腸虫検査）、「入国税」（四ドル〈当時の日本円で八円〉）、「税関荷物検査」、「消毒」（乗船地の横浜・長崎で三円、神戸で二円かかる）を通過し、更に、「契約労働者及上陸後直に他人の救護を仰ぐ虞のある者」は一切上陸できず、渡米の旅客は最低五〇ドル

（当時の日本円で一〇〇円）以上を携帯していることが必要であり、入国の際に検査される。しかもこれは最低所持する金額であり、なお多く持つことが良いとされている。なお、航路船客運賃は日本郵船の場合で、最も安価な横浜及び神戸発北太平洋諸港行きで一等二二ポンド（当時の日本円で二二〇円）、二等で一五ポンド（当時の日本円で一五〇円）となっている。ここからわかるように、北米移民は「相当の資力ある者は、どし／＼渡航し得らるゝ」といえたのであるが、「労働者や無資力者の渡航は禁止中」(119)だったため、資力のない「高等遊民」に対しては有効な解決策ではなかったといえる。

『日本帝国統計年鑑』(120)の数値によれば、一九〇六年の「北米」行き「留学」目的による「外国旅券下付人員」は男八四三人、女二五人の合計八六八人で「北米」渡航者全体の三一二四人のうち二七・八％、渡航者総数である一万九四六六人の四・五％であり、〇七年には男二九〇七人、女六七人の二九七二人で三〇・九％、渡航者総数である四万三六二七人の六・八％に上っていたのであるが、前述の理由から減少傾向になり、一一年には男一五九人、女九人の一六八人で「北米」渡航者三八九五人のうち四・三％、渡航者総数である二万九九五〇人の〇・六％にまで激減していたのである。安部自身、このように、北米への移民は、明治末期においては有効な解決策とはいえないものだった。

第三に指摘されたのは、南米諸国への移民である。明治末期までに南米移民は、一八八八年の「日墨修好通商条約」締結以後、「榎本メキシコ殖民地」を契機に推進されたメキシコ移民、奴隷制度廃止による砂糖耕地の労働力不足を補うべく実施されたペルー移民、一八九五年締結された「日伯修好通商航海条約」のもとにサン・パウロ州のコーヒー耕地に就労すべく実施されたブラジル移民、日本人開拓移住地の建設目的によってボリビア・パラグアイへの入植者が存在していた。

日露戦争前後の外務省領事移住部の統計による南米各国への渡航者数を見ると、メキシコ移民は、外国人移民を積極的に受け入れるディアス政権の政策下で契約労働移民が推進されたが、劣悪な労働条件などからその多くは米国へ転住し、一九一二年に二八人、一四年に三五人とほとんど移住者がいない。代わって、ブラジルには一二年に二八五九人、一四年に三五二六人、ペルーには七一四人、一一三二人と大勢の移住者が集中していることがわかる。[121]

ブラジル移民はコーヒー耕地労働のための契約移民が一九〇八年、日本の「皇国移民会社」とブラジルのサン・パウロ州政府との間で三ヶ年間に三〇〇〇人を条件に初めて行われ、その後一四年までの間合計一〇回に渡って、三七三四家族一万四八八六人の日本移民が送出された。これは同時期の日本人ブラジル移住者数の九九％を占めており、最大の移住国となったことを示す。また、ペルー在住日本人移民はサトウキビ耕地などで就労する契約労働移民であったが、ほとんどの日本人は短期間で都市に移転し、職人や店員として働き、雑貨店や飲食店などを経営していた。

こうした状況を受けて、南米への移民も説かれることとなった。仏教哲学者、東洋大学創始者で積極的な移民論者であった井上円了は、「日本にて学び得たる知識相当の仕事に従事せしむるの道を開くことが、下等労働者を送るよりも、一層国家の生産力の上に効があらう」[122]とし、「高等遊民」の南米移民を奨励した。実際井上は、資本投下による、大土地の購入、日本村の建築、成功者の社会的地位の向上による「高等遊民」の知的還元を期待したのである。井上は、世界漫遊の経験を記した『南半球五万哩』においても、ブラジルとペルーへの日本移民が歓迎されていることを指摘し、「多少の教育ありてここに入るものは、相当の職に就くことを得るなり」[123]としていた。

では、実際の渡航は可能だったのであろうか。前述の『最新海外渡航案内』によれば、南米は二〇〇〇円程度の資産と所持金一六〇円～四五〇円が必要とある。北米同様、この時点で資力のない「高等遊民」には相当に厳しいことが窺える。さらに、的場の『渡航案内』中の「ブラジル行移民規定」[124]によれば、応募資格は「現に農業に従事する者にして身体強壮」でなければならず、年齢一二歳以上四五歳以下の男女三人以上を含む家族に限られていた。渡航者は各種伝染病や酒癖・賭場の習慣のない者に限られており、一旦ブラジルに渡航した後、他の国へ渡航することは禁じられていた。また、渡航の際には、移民取扱を行う竹村殖民商館の場合、医師の診断書、町村長の証明書、戸籍の謄本を添えて、本館または最寄りの出張所若しくは代理人事務所に申込が必要であり、渡航経費は、取扱手数料が二〇円（一二歳以上。以下同様）、船賃が一〇一円六八銭、旅券要印紙代一円、検疫消毒費及種痘料が二円程度、手荷物運搬費が五〇銭程度、乗船地の宿泊料約十日分が六円、更に準備携帯金（任意）が若干必要であり、最低でも合計一三一円一八銭が必要であった。そして、この出費に対し、ブラジルでは主にコーヒー耕地での労働が仕事となるが、「勤勉なる労働者」は一日一円二〇銭あるいは二円の収入があり、一ヶ月労働を二六日とすれば三一円二〇銭が月収となり、一日の生活費九銭とし、一ヶ月の生計費九円を差し引いて二二円二〇銭の実収に過ぎなかった。現地での生活のメリットは少なかったといえる。このように、ブラジル移民は多くの場合独身で資力のない「高等遊民」にとって一家による「移民」は考えられず、現地で得られる月収三〇円の四〜五ヶ月分の巨額の渡航費用を揃えることが困難であったことはいうまでもない。

他方、ペルーは、一八九九年に奴隷制度廃止に伴うサトウキビ耕地及び製糖工場での就労のため、第一回日本人移民が移民会社によって契約労働者として渡航した。しかし、移民の資格は、例えば盛岡移民合名会社の場合、規程によれば、純粋なる農業労働であること、農事経験がない者は採用なしであった[125]。また、前述の『最新海外渡航案内』によれば、渡航に際してはブラジル同様小学校程度の学歴、資産二〇〇〇円、支度金一〇〇円、旅費一六〇円が必要であり、前述の的場書『渡航案内』によれば、ブラジル同様の体格検査、消毒、諸手続もあった。ここから、ペルーへの渡航もブラジル同様、大変に困難であったといえる。つまり、南米への渡航は、基本的に農業移民であり、「高等遊民」が活躍する余地もメリットもほとんどなかったのである。

これらの「高等遊民」を取り巻く海外進出につき、満洲への進出を唱えていた良峰なる論者は早くからその問題点を指摘していた。良峰は、「教育ある人々の独立事業は当局者に忌み嫌はるゝ」と指摘し、「その筋の官吏は果して北米の西岸に於て満洲に於て、朝鮮に於て、南洋に於て青年の為に適当ノ職業を捜索しつゝあるか」(126)と痛烈な批判をしているのである。すなわち、海外進出は、将来的な法改正を含めた一つのビジョンとしては有効であったが、明治末期においては到底有効な解決策にはなりえなかったといえる。

おわりに

本章の論点に即して、検討内容をまとめる。

第一に、小松原文相の学制改革においては、「高等中学校令」が資力のない「高等遊民」発生の防止に全面的に対応することとなった。「入学難」の「高等遊民」には高等中学校の地方への増設で対応するものとされ、「就職難」に対しても将来的な大学・実業専門学校の増設と、青年に対する実業方面への指導・奨励で対応することとしたのである。ただし、その増設計画にはかえって「高等遊民」を増加させるとの懸念が生じたため、その懸念は国家が二〇校の増設に限るものとの制限がつき、後者は将来的な対応として成立した。前者は、毎年輩出された中学卒業生の「職業未定又ハ不詳」者数を収容し、なおかつ余裕のあるものであり、堆積していた「高等遊民」も含めて、期待が持てる点が評価されていた。

第二に、「危険思想」に対しては、警察行政による防圧姿勢が示されたほか、学制改革における国体主義教育の強化で対応しようとした。これらはいずれも具体的な法案などが策定されたわけではなく、あくまでも第一の学制案を補完する意味で出された指針であった。したがって、第一の点が有効になってこそ初めて本格的なものになるものにすぎなかった。したがって、その有効性は判別しがたいが、強権的な弾圧による成果はあったものの、「高等遊民」自体を直接弾圧しようとしたものではなかった。

第三に、世論の「高等遊民」解決策として、資力のない「高等遊民」の解決を図るべく、日露戦後メディアで中心的となっていた「立身出世」熱の冷却、代替的措置として、実業従事、地方回帰、海外発展の三点が説かれた。実業従事は学歴に応じた地位としては一般的ではなく、習った学問も生かされず、相当の覚悟が必要であり、独立するには小資本と必死の努力が必要であった。そして地方回帰のうち帰農は地方社会が意図的に修学させるケースを除いては学歴に応じた地位ではないために親族の反対もあって実現の可能性は低く、地方政界への登用は資力ある名望家の子弟にのみ有効であった。また、海外進出はいずれも、日本にいられなくなった人物のみ有効であったが、本人の覚悟とある程度の資力が必要であった。いずれの解決策も資力や将来的展望が確実視できない高学歴に応じた職種とはいいがたく、個人の力量に大きく依存した解決策であったため、実効性は薄いものであった。

これらは、「高等遊民」の国家秩序への位置づけが大変に困難であったこと、高学歴者を受け容れる社会的余地がほとんどない日本の国力を示すものでもあった。いみじくも一九一一年『読売』が指摘していたように、「教育ありて財産なき中流階級とも云ふべき側の失業者、無職業者の救済法は従来殆んど成行にのみ放任せられて、何等の機関も設備も無く、全たく個人の努力を以つて摑み取りに運命を開拓せしむる有様[127]」だったのである。

では、学制改革を中心にとする将来的な対応、解決策が説かれる中で、実際の資力のない「高等遊民」たちはいかなる活路を見出そうとしていたのであろうか。次章では、ともに資力のない「高等遊民」で国家や社会に対して批判的な視点も有していた安倍能成及び徳田浩司（近松秋江）をその事例として検討する。

注

（1）「教学界」（『早稲田文学』第七三号、一九一一年一二月一日）五九―六〇頁。

（2）伊藤彰浩「日露戦後の教育過剰問題―『高等遊民』論を中心に―」（『名古屋大学教育学部紀要』第三三号、一九八六年）。

（3）長島裕子「『高等遊民』をめぐって―『彼岸過迄』の松本恒三―」（石原千秋編『日本文学研究資料新集一四　夏目漱石・反転するテクスト』有精堂出版、一九九〇年所収）。

（4）前掲伊藤論文。

（5）小松原の学制改革構想及び審議過程については、市川美佐子「一九一一（明治四四）年高等中学校令の成立過程―『中学教育令』案を中心として―」（『日本の教育史学』第二〇号、一九七七年）、同「小松原文相期における学制改革構想と高等中学校令」（『国立教育研究所紀要』第九五号、一九七八年）、若月剛史「高等中学校令成立過程の再検討」（『日本歴史』第六九四号、二〇〇六年）参照。

（6）学制改革については、天野郁夫『近代高等教育研究』（玉川大学出版部、一九八九年）、尾崎ムゲン「学制改革問題」（本山幸彦編著『帝国議会と教育政策』思文閣出版、一九八一年所収）、谷口琢男『日本中等教育改革史研究序説』（第一法規出版、一九八八年）参照。

（7）徳富猪一郎『公爵桂太郎伝』（坤巻、原書房、一九七七年復刻版。一九一七年初出）三五二―三五三頁。

（8）有松英義編『小松原英太郎君事略』（木下憲、一九二四年）一〇六―一〇七頁。

（9）教育史編纂会『明治以降教育制度発達史』（第五巻、教育資料調査会、重版、一九六五年）一一五七―一一六三頁。

（10）「新制高等中学校に関する諮問案」「高等中学校令」は同右『明治以降教育制度発達史』第五巻、一一五六―一一六五、一一七九―一一八〇頁、「中学教育令」は『枢密院会議議事録』（一四、東京大学出版会、一九八五年）三〇七―三一一頁の条項を参照。

（11）前掲市川論文「小松原文相期における学制改革構想と高等中学校令」。なお、菊池城司『近代日本の教育機会と社会階層』（東京大学出版会、二〇〇三年、二四二頁）によれば、戦前期の学制改革を通じて、教育過剰論を主張する帝国大学関係者や政府関係者と、教育拡張論を唱える教育関係者や官立高等教育機関を誘致したい地方関係者、政府に批判的なジャーナリストとの間には対立構造が存在しており、「高等遊民」の懸念にはこの対立の影響もあるという。ただしそれ自体が〈高等遊民〉論を発生させたわけでないことに注意する必要がある。

(12) 前掲若月論文。これによれば、小松原は公立を認めた中高一貫の高等中学校増設費用を地方費から支出させ、増設に伴って不可欠となる大学増設費用を国庫から支出させようとしたが、「高等中学校令」策定の段階で「高等遊民」の懸念が出され、官立のみの増設になったため財源の確保が必要となり、国庫負担にならない程度の年一、二校の増設を桂首相（兼蔵相）に取り付けた上でようやく公布に至ったという。

(13) ここでは、学制改革中における将来的な「高等遊民」発生を懸念した議論であるため、一般的な「高等遊民」問題と区別して、〈高等遊民〉論と表記した。

(14)『東京朝日新聞』（以下『東朝』）一九一〇年五月二日付朝刊二面（「菊池男と学制案」）。

(15) 同右一九一〇年五月四日付朝刊四面（「高等教育会議」）。

(16)「学制案ニ反対スル意見書」一九一〇年一一月八日提出（『公文類纂』第三四編　巻一五　学事門二〇／二A／一一／類一一〇二所収。国立公文書館所蔵）。

(17) 前掲市川論文「小松原文相期における学制改革構想と高等中学校令」四一頁。

(18) 前掲『小松原英太郎君事略』一〇四頁。

(19) 木場は、新聞・雑誌にも多くの〈高等遊民〉論を発表している。例えば、『時事新報』一九一一年四月六日付朝刊三面（「学制案の弊害」）、『日本』一九一一年八月六日付朝刊二面（「新学制批評（二）」）など。

(20)「第二十七回帝国議会貴族院　予算委員第三分科会議事速記録第七号（明治四四年三月二日）」（『帝国議会貴族院委員会速記録』〔以下『貴族院速記録』〕明治篇二六、東京大学出版会、一九八七年所収）二四三―二四四頁。

(21) 同右二四六頁。

(22)「中学教育令」（『枢密院会議議事録』一四、東京大学出版会、一九八五年所収）三一九、三二三、三二六、三三〇頁。

(23) 前掲『小松原英太郎君事略』一〇四頁。

(24)「学制案再調査」（『東洋経済新報』第五六六号、一九一一年七月一五日）三九―四〇頁。

(25) 前掲『小松原英太郎君事略』一〇八頁。

(26) 一九〇九年の中学卒業生中における「職業未定又ハ不詳」者数は、『文部省年報』（宣文堂、一九七〇年復刻版所収。一九一一年初出）一六一頁。

(27)「高等遊民問題」(『教育時論』第九四五号、一九一一年七月一五日)三二頁。
(28)樋口勘治郎「学制案に就て」(『帝国教育』第三四八号、一九一一年七月一日)五―六頁。
(29)前掲『小松原英太郎君事略』一〇七頁。
(30)前掲『明治国家の教育思想』三四七―三五〇頁。
(31)前掲『今後の教育を如何にすべき乎』八五頁。
(32)「第二十七回帝国議会貴族院　予算委員会議事速記録第五号(明治四四年二月二二日)」(前掲『貴族院速記録』二六所収)四五頁。
(33)前掲『小松原英太郎君事略』一一三頁。
(34)前掲「第二十七回帝国議会貴族院　予算第三分科会議事速記録第七号(明治四四年三月二日)」二四三頁。
(35)前掲「学制案再調査」。
(36)地方改良運動については既に多くの蓄積がある。前掲宮地『日露戦後政治史の研究』、有泉貞夫「明治国家と民衆統合」(『岩波講座日本歴史一七　近代四』岩波書店、一九七六年所収)など参照。
(37)『横浜貿易』一九一一年二月二五日付朝刊一面(「横浜に於ける青年会事業」)。
(38)『中央新聞』(以下『中央』)一九一一年七月一〇日付朝刊一面(「学制問題」)。
(39)例えば、「都会に学びて郷に帰るは、何となく面伏せなき心地のせられて、何事か都会に於いて糊口の道を求めんとすこれ所謂高等遊民の都会に多き一因といふべし」という。(「地方教育機関」『教育時論』第九五九号、一九一一年一二月五日)四四頁。
(40)『万朝報』(以下『万』)一九一一年七月四日付朝刊一面(K・A「枢密院の疑問」)。
(41)『中央』一九一一年八月九日付朝刊二面(「高等遊民救済策〈内務当局者の談〉」)。尚、管見の限りでは、同じ記事が八月一一日『京都日出新聞』三面にも掲載されている。
(42)岡田良平は、文部次官として小松原の学制改革に尽力し、後に寺内正毅内閣、第一次・第二次加藤高明内閣、第一次若槻礼次郎内閣文相。岡田については、下村寿一『岡田良平』(文京書院、一九三四年)、松浦鎮次郎『岡田良平先生小伝』(共同印刷、一九三五年)を参照のこと。
(43)岡田良平「近世教育と道徳経済の調和」(『斯民』第七巻第六巻、一九一二年八月。同年六月講演初出)三六―三七頁。

（44）前掲『明治以降教育制度発達史』第五巻、七―八頁。
（45）大逆事件については、神崎清『大逆事件』（筑摩書房、一九六四年）、大原慧『幸徳秋水の思想と大逆事件』（青木書店、一九七七年）、中村文雄『大逆事件と知識人』（三一書房、一九八一年）など参照。
（46）前掲『小松原英太郎君事略』一〇三頁。
（47）同右一一一頁。
（48）同右一〇三頁。
（49）被告の職業は、『定本　平出修集』（第三巻、春秋社、一九六五年）三二七―三二九頁の「大逆事件意見書」より。人物の略歴は、近代日本社会運動史人物事典編集委員会編『近代日本社会運動史人物大事典』（日外アソシエーツ、一九九七年）を参照。
（50）伊藤整『日本文壇史16　大逆事件前後』（講談社文芸文庫版、一九九七年。一九七九年初出）五八頁。
（51）前掲『定本　平出修集』第三巻三三八頁。裁判資料では雑貨商となっているが実態は不明。
（52）「再調査理由書」一九一〇年一一月八日提出（前掲『公文類纂』所収）。
（53）「第二十七回帝国議会貴族院　予算委員会議事速記録第五号（明治四四年二月二二日）」四七頁。
（54）本山幸彦『明治国家の教育思想』（思文閣出版、一九九八年）三六五頁。
（55）前掲『小松原英太郎君事略』一二七―一三五頁。
（56）荻野富士夫『特高警察体制史―社会運動抑圧取締の構造と実態―　増補新装版』（せきた書房、一九八八年）八一頁参照。
（57）『東朝』一九一一年八月七日付朝刊二面（「高等遊民の増加／亀井警視総監談」）。同じ記事は同日『報知新聞』二面にも掲載。
（58）『読売新聞』（以下『読売』）一九一一年八月一五日付朝刊一面（「所謂高等遊民問題」）。
（59）『東京日日新聞』（以下『東日』）一九一一年八月二〇日付朝刊一面（「高等遊民問題」）。
（60）『横浜貿易新報』（以下『横浜貿易』）一九一一年八月二四日付朝刊二面（「広告と危険思想／高等遊民の防止」）。
（61）『都新聞』一九一一年八月二四日付朝刊一面（「高等遊民と老弱者」）。
（62）E・H・キンモンス著・広田照幸ら訳『立身出世の社会史―サムライからサラリーマンへ―』（玉川大学出版部、一九九五年。原典初出一九八一年）第七章参照。
（63）島村抱月「学校卒業者の職業問題」（『抱月全集』第七巻、天佑社、一九二〇年所収。一九一〇年初出）三二三―三二四頁。

(64)安部磯雄「三個の解決案」(「教育ある遊民の処置問題」『中央公論』第二七巻第七号、一九一二年七月)七九頁。
(65)嘉納治五郎「国府の増殖と海外の発展」(『斯民』第八巻第一号、一九一三年四月七日)一二頁。
(66)島貫兵太夫「高等遊民と社会」(『成功』第二四巻第三号、一九一一年九月)二四三頁。
(67)『慈善主義』第四七一号、一九一一年九月二日付一面(「高等遊民」)。
(68)『北海タイムス』一九一二年九月四日付朝刊三面(「製紙業の前途(下)」)。
(69)森村市左衛門『独立自営』(実業之日本社、一九一二年)一一五—一二二頁。
(70)湖北散士「職業なき青年の選ぶ可き小売商業」(『成功』第二一巻第四号、一九一一年一〇月一日)五九—六〇頁。
(71)向軍司「時論」(『東洋時論』第一巻第五号、一九一〇年九月一日)一〇八頁。
(72)盛文社編集部編『独立自営実業立身策』(盛文社、一九一一年)一九—三六頁。
(73)例えば、石井研堂『独立自営営業開始案内』(第一巻—第七巻、博文館、一九一三、一九一四年)、帝国起業会編『独立自営小資本営業案内書』(一進堂、一九一三年)、中野善吉編『独立自営職業手引』(職業研究会、一九一二年)など。
(74)『万』一九一五年三月一二日付朝刊三面(「法学士の餅屋」)。この青年は三二歳の衆議院事務局勤務で、「志望は外交官ですが、此上家や老母を犠牲にする訳に参りません〔中略〕自分は他日之に依つて実業界に雄飛する基礎を築き得ると信じます」としている。
(75)高須梅渓『中学生諸君』(実業之日本社、一九一二年)二六五頁。
(76)神島二郎『近代日本の精神構造』(岩波書店、一九六一年)五五、一二七—一二八頁。
(77)建部遯吾『田舎生活と農村生活』(通俗大学会、一九一五年)三六頁。
(78)同右、五三—五四頁。
(79)同右。
(80)北浦夕村『東都浮浪日記　附就職難』(崇文館、一九一三年。一九一二年初出)二七二—二七四頁。
(81)『日本』一九一一年八月二五日付朝刊三面(「高等遊民の驚く可き激増」)。なお、『日本』記者は「是等はホンノ一例に過ぎぬが数へ立てれば幾らもある」として識者の対応を求めている。
(82)「地方教育機関」(『教育時論』第九五九号、同年一二月五日)四四頁。

(83) 杉山重義「郷土の誇りと高等遊民の覚醒」(『新公論』第二六巻第八号、同年八月一日)一三頁。
(84) 前田宇治郎『地方青年の手引』(大成会出版部、一九一二年)一八―一九頁。
(85) 手打明敏『近代日本農村における農民の教育と学習―農事改良と農事講習会を通して―』(日本図書センター、二〇〇二年)一三九―一四〇頁。
(86) 前掲『地方青年の手引』。
(87) 前掲「郷土の誇りと高等遊民の覚醒」一二頁。
(88) 『やまと新聞』一九一一年一月一三日付朝刊一面(横井時敬「農業に志す青年(一)」)。
(89) 葭原善暁『小学生をもてる父兄保護者のために』(敬文館、一九一四年)二一〇頁。
(90) 山崎延吉『農村教育論』(『山崎延吉全集』第三巻、山崎延吉全集刊行会、一九三五年所収。一九一四年初出)三一頁。
(91) 『北陸タイムス』一九一一年八月九日付朝刊一面(「高等遊民問題」)。
(92) 「卒業生に告ぐ」(『東洋時論』第二巻第七号、同年七月一日)二一頁。
(93) 『大阪朝日新聞』一九一三年八月三〇日付朝刊神戸付録(横井時敬「農民の覚悟(四)」)。
(94) 『新愛知』一九一二年五月二一日付朝刊一面(愛泉「農村 農村の不振(其二)」)。
(95) 『国民新聞』一九一一年七月八日付朝刊一面(門外漢「東京たより」)。
(96) 岡崎一「由谷義治」(前掲『近代日本社会運動史人物大事典』第四巻所収)八〇九頁参照。なお、由谷の社会的活動については、松尾尊兊『大正デモクラシー』(岩波現代文庫版、二〇〇一年。一九七四年初出)を参照。
(97) 多仁照広「解説」(多仁照広編『青年団活動史 山本瀧之助日記』第三巻、日本青年館、一九八七年所収)三二八頁。
(98) このことを裏付けるものとして、丸山真男氏は、茨城連隊区司令官の報告に「高等遊民」の項目が設けられ、「中学卒業生ニシテ……農商業に従事スルハ意ノ向カザル所ニシテ全ク無為ノ遊民タルモノ少カラズ、本年ノ壮丁中是等現状不良ト認無ベキモノ百六十一名アリタリ」とあるという(丸山真男「個人析出のさまざまなパターン」『丸山眞男集』第九巻、岩波書店、二〇〇〇年所収。一九六八年初出。四一九―四二〇頁)。残念ながら史料の出典が不明であるが、ここからも上述の状況と結論が裏付けられる。高等教育機関進学希望者の中には徴兵忌避も少なくなかったであろうが、「高等遊民」問題との関係は今後の課題としなければならない。

(99) 前掲宮地書二一八―二一九頁。有山輝雄「万朝報経営における『向上主義』とその限界」(『桃山学院大学社会学論集』第一一巻第一号、一九七七年九月)参照。
(100) 『万』一九一〇年九月三日付朝刊一面(「教育上の変動(上)」)。
(101) 高崎宗司『植民地朝鮮の日本人』(岩波新書、二〇〇二年)九六―九七頁。
(102) 『日本帝国統計年鑑』(第三〇巻、東京リプリント出版社復刻版、一九六五年。一九一一年初出)八四頁。
(103) 木村健二『在朝日本人の社会史』(未来社、一九八九年)二〇―二一頁。
(104) 中橋徳五郎『興国策論』(政教社、一九一三年)四〇八頁。
(105) 徳川達孝「職業無きか人無きか」(『社会政策』第一一号、一九一二年二月一日)二六―二七頁。
(106) 前掲高崎書一一六頁。
(107) 社会文庫編『社会文庫叢書Ⅶ　社会主義者無政府主義者人物研究史料(一)』(柏書房、一九六四年)六八頁。
(108) 前掲高崎書一一六―一一七頁。
(109) 広津和郎『年月のあしおと』(講談社文芸文庫版〈上〉一九九八年。一九六三年初出)一〇二頁。広津は伊達と麻布中学で同級だった。
(110) 児玉正昭『日本移民史研究序説』(溪水社、一九九二年)。山本悠三「近代日本と移民問題」(『社会科学討究』第四二巻第三号、一九九七年三月)。以下各国概説部分では、今野敏彦・藤崎康夫編著『増補移民史』(Ⅰ―Ⅲ、新泉社、一九九四年)を参照。
(111) 今井輝子「明治期における渡米熱と渡米案内書及び渡米雑誌」(『津田塾大学紀要』第一六号、一九八五年)、立川健治「明治後半期の渡米熱―アメリカの流行―」(『史林』第六九巻第三号、一九八六年三月)参照。
(112) 社会政策学会編纂『社会政策学会論叢　第三冊　移民問題』(同文館、一九一〇年)一〇九―一一〇頁所収。
(113) 斎藤勝治郎「教育改革論(今日断行せずんば将来を如何せん)」(『教育時論』第一〇一〇号、一九一三年五月五日)一〇頁。
(114) 斎藤勝次郎「在米同胞の現状及将来」(同右第一〇四九号、一九一四年六月五日)七頁。斎藤は右注釈と同一人物だと思われるが、名前が一字異なっている。移民名簿などにも掲載なく不明。
(115) 前掲「三個の解決案」八二頁。
(116) 安部磯雄「学歴よりも人物」(『大正公論』第三巻第七号、一九一三年七月)三八頁。

(117) 植民世界編集局編刊『最新海外渡航案内』(一九一七年) 一〇頁。以下同様の引用は九―一二頁より。
(118) 的場逸平『最新海外渡航案内』(活人社、一九一四年) 四―一二、一四四―一五四頁。
(119) 同右一―二頁。
(120) 前掲『日本帝国統計年鑑』各年度版より。
(121) 外務省領事移住部編刊『わが国民の海外発展　移住百年の歩み(資料編)』(一九七二年) 一四〇―一四一頁。
(122) 井上円了「我国教育の前途」(『救済』第三巻第四号、一九一三年三月四日) 三三頁。なお、井上はここで日本将来の教育として、「実務に応用せしむるの道を開き教育を進めたる結果、遊民を多くし、国家の生産力を減ぜぬやうの方法を講ぜざるべからざること」を課題として提起している。
(123) 井上円了『南半球五万哩』(東洋大学井上円了記念学術センター編『井上円了・世界旅行記』柏書房、二〇〇三年所収。一九一二年初出) 四一二―四一三頁。
(124) 前掲的場書『最新海外渡航案内』五一―六三頁。
(125) 梅田又次郎『努力生活　南米で職に就くまで』(『日系移民資料集』第七巻、日本図書センター、一九九八年所収。一九二三年初出) 一五一頁。
(126) 良峰「教育ある人々を雄飛せしめよ」(『新人』第一二巻第八号、一九一一年八月一日) 九六頁。
(127) 『読売』一九一一年三月一日付朝刊一面(「高等細民の救済」)。

第三章　明治末期における資力のない「高等遊民」の事例

はじめに

前章で検討したように、明治末期の「高等遊民」問題への対応策は、政府が検討した将来的な学制改革及びそれを補完する行政施策と、世論が提示した本人の自助努力による実業従事、地方回帰、海外進出であった。前者は将来的に実現しなければ有効ではなく、後者は資力のない「高等遊民」にとっては非現実的な解決策であった。

当時の「高等遊民」の状況について、斎東野人なる論者は、以下のように述べている。

近時東京には、高等遊民なる者漸く増加し、一定の職業なくして毎日起きては食ひ、食つては寝ね、何か衣食の資にありつかんと焦心《あせ》れども、容易に適当の業務なく、空しく歳月を送る者幾千人なりや、数へ切れぬ程あるが如し(1)

ここから、多くの「高等遊民」が、前述の解決策などとは無関係に、「適当の業務なく」「空しく歳月を送」っていたこと、すなわち、学歴に応じた地位を必死に得ようとしていたことがわかる。

しかし、第一章で見たように、資力のない「高等遊民」となった者は生活難から国家に批判的な観点を持つことが懸念されており、実際に社会主義者や自然主義文学者など、それほど数は多くなかったが、当時の政府や世論にとって反社会的な人物も存在していた。大逆事件後の政府の社会主義運動への徹底的な弾圧により「冬の時代」となったこの時期、世論が懸念した資力のない「高等遊民」がいかなる生活や活動をしていたかを検討する必要がある。

そこで本章では、比較的史料が多く残されている資力のない「高等遊民」の事例として、第一章で取り上げた安倍能成と徳田浩司（近松秋江）を検討するものである。「高等遊民」の反社会性の拡大を予期していた安倍と、政府や世論に反社会的な存在と目された自然主義文学者の徳田は、政府や世論が危惧した典型とはいえないまでも、この時期の資力のない「高等遊民」の社会的役割を明らかにする意味で好例である。

従来、安倍については、散発的な評価が存在するのみで、(2)この時期について扱った研究は唯一、評伝を記した山下一郎氏のものがあるだけである。(3)山下氏は、安倍の「高等遊民」時代を「遍歴時代」と名付け、この間の教育活動を記している。しかし、安倍の生活状態、「高等遊民」論の位置づけ、教育以外の活動については検討しておらず、「高等遊民」としての生活、活動は明らかにされたとはいえない。他方、徳田の場合、自然主義文学者を「高等遊民」の増加と合せて捉えた飛鳥井雅道氏の言及、(4)この時期の活動と文学作品の解釈を行った国文学研究が存在する。(5)しかし、これらは「高等遊民」としての徳田を検討したものではなく、「高等遊民」としての生活、活動は明らかにされたとはいえない。

そこで本章は第一に、安倍と徳田の略歴と学生時代の生活、志向を検討する。いかなる生活環境だったのか、またいかなる志望を持っていたかを検討することで、「高等遊民」となる前の状態を明らかにする。

第二に、両者がいかに「高等遊民」となったのかを検討する。ここでは、安倍の自伝『我が生ひ立ち』及び徳田の著作（『近松秋江全集』全一三巻。以下本文及び注釈で『全集』と略記）を中心に、関係者の史料も用いて、両者の卒業時の社会状況と進路、両者を取り巻く人間関係を検討し、「高等遊民」となった過程を明らかにしていく。ここから、資力のない「高等遊民」がいかに発生したか、彼らが国家社会をいかに認識していたかの一端も明らかになるはずである。

第三に、両者が「高等遊民」となった後、いかに生活し、いかなる社会観を持って、いかなる活動をしたか検討する。資力のない文壇の「高等遊民」でありながら、いかに生活し、いかなる作品を残しえたのかを、掲載媒体の分析、社会観の分析を含めて明らかにする。その上で、両者の活動がいかなる意義を持つのか、この時期の「高等遊民」がいかに生きていたのかについての見通しも明らかにする。

一　安倍能成の経歴

まず安倍の略歴を簡単に紹介する。

安倍は一八八三年に愛媛県松山市で町医者の八男として誕生し、愛媛県立松山中学校を経て、一九〇二年に第一高等学校（以下一高）へ入学した。一年落第し四年間で卒業した後、〇六年に東京帝国大学（以下東京帝大）文科大学哲学科へ進み、卒業前後から新聞・雑誌の文芸欄に執筆活動を展開した。その後、幾つかの学校で講師を務め、二〇（大正九）年に慶應義塾大学講師、法政大学教授に就任。二四年に洋行し、帰国後は京城帝国大学教授を務め、四〇（昭和一五）年に一高校長に転任して終戦を迎えた。戦後は貴族院議員に勅選され、文部大臣、帝室博物館総長、学習院長、女子学習院長を歴任し、六六年に死去している。(6)

このうち、安倍が「高等遊民」であった時期は、一九〇九年に東京帝大文科大学哲学科を卒業し、文筆業を続けながら非常勤講師を経て、一六年に慶應義塾大学予科講師に就くまでの七年間である。安倍がこの年に初めて常勤の職に就くのである。そこでまず、「高等遊民」としての安倍を考える上で、その生活基盤と学生生活について検討しておきたい。

自伝によれば、安倍は町医者の八男として誕生したが、徐々に家産が傾き家計も苦しくなったという。そのため、中学校時代は新聞配達をし、卒業後には一年間助教諭をつとめて受験勉強の傍ら学費を稼いだ。父は安倍の丈夫な身体を見越して陸軍・海軍士官学校への進学と立身出世を期待したが、安倍は最終的に一年間の準備期間を経て一高へ入学する。

一高時代の安倍の生活を簡単に見ておくと、一高の一年次、安倍は寮生活をし、賄い料一日一六銭、月四円八〇銭の出費に対し、実家から月一一円の仕送りを受けていた。その他、図書費や遊興費、被服費での支出もあったが、「衣食には構はないたちだつたから、別に不自由も感じなかつた」(7)という。

二年次、寮生活に不便を感じた安倍は、自宅通学を検討し旧松山藩主久松家へ給費願いを出したが成績が悪く断られる。しかし、その後これに同情した親戚の医師岩井禎三宅へ一九〇三年から〇九年の東京帝大卒業までの六年間寄寓することとなり、岩井宅では薬局の薬価を伝票へ記載する仕事をし、後にはドイツ語の読本を購読する仕事で月三円の小遣いをもらうこととなった。

この二年次末、安倍は落第することとなる。その原因は、親友藤村操の死である。藤村は、一九〇三年五月二二日、人生に対する煩悶から日光華厳の滝に投身自殺した。藤村は、その絶筆である「巌頭之感」に「万有の真相は唯た一言にして悉す、曰く「不可解」、我この恨を懐いて煩悶終に死を決するに至る」と記しており、メディアでは国家主義でない種類の新しい青年の一つ、「煩悶青年」の代表としてこれを取り上げ、社会問題ともなった(8)。

安倍は親友である藤村の自殺に衝撃を受け、自身も自我に目覚めた「煩悶青年」であったことから、「私はその頃自殺しないでのめのめと生きて居るのは、自分が不真面目だからだといふ、迫つた気持に追はれて居た」[9]と回想するように、精神的に不安定な状態となった。そのため、純粋な個人主義を志向するあまり、「自己関心の要求に従はうと宣言して、学業を放擲し、試験を無視した」[10]というのである。

安倍はこの落第によって、故郷からの仕送りを心苦しく思い、一九〇五年に友人の江木定男を介して、月一〇円の日本新聞社運動記者のアルバイトを紹介してもらい、この運動記者を辞職後は、同情した友人の中勘助とその兄嫁によって月一〇円の学費援助を受けることとなった。この給費は安倍が東京帝大を卒業するまで継続し、安倍は卒業後二、三年かけて返却したという。また、この間知遇を得た思想家の綱島梁川に貧乏を憐れまれただけでなく、「姪と婚することを勧められ、私はそれを辞退した」[11]こともあった。

このように、一高時代、安倍は一年次の一年間は仕送りで月一一円、二年次〜三年次の三年間は月二一円の仕送りと学費援助、それにアルバイトや小遣いでの臨時収入で生活していた。ここから、安倍は必ずしも裕福な家庭の子弟でなかったこと、「煩悶」を抱えながら、大学生活を迎えたことがわかる。なお、後に安倍は長兄の廃嫡を巡って「家には邸の外に少しの財産もあつた」[12]としているが、詳細は不明である。

では、安倍は東京帝大時代、いかなる生活を送っていたのであろうか。一九〇六年九月、一高を卒業した安倍は、一高時代の同級生である伊藤吉之助、小山鞆絵、宮本和吉、魚住影雄、山口重知、石井信二とともに東京帝大文科大学哲学科へ進学した。文科大学は、一八八六年に開設され、一八九五年の講座制を経て、一九〇四年には哲学、史学、文学の三学科編成となっていた。卒業にあたっては三年以上の在学と一九の受験学科中一つを選択し、必修科目を約一〇単位修了した上で、外国語二ヶ国語合格で論文と口述の卒業試験受験資格が得られる規定になっていた。当時のこの厳しい規定により、五、六年在籍しても卒業できない学生が続出していたというが[13]、安倍は親戚宅へ寄寓しつつ、故郷からの一〇円の仕送り、一高の級友中勘助らの月一一円の援助、その他幾つかのアルバイトや原稿料で家計を補って三年間で卒業している。

東京帝大時代の安倍は、波多野精一「原始基督教史」、元良勇次郎「心理学」、福来友吉「変態心理学」、大塚保次「美学」「欧州近代文芸史」、高瀬武次郎「先秦諸子の学」、小柳司気太の「宋学」などを受講するとともに、魚住と久保勉によって講師のケーベルと接近し、「その風格と教養」「上品にして哲人的な風貌」に「魅する力」を感じた。波多野とは特に親しくなって家庭にも出入りし、後に「スピノザ哲学に関する学位論文」を「私の貧しさを助ける為に、翻訳（原文ドイツ語）の仕事として与へられ、後に世に公にせられるやうになつた」[14]という。

この時期の安倍の生活で注目すべきは、「煩悶青年」であったためか、気晴らしも含めて幾つかの文化・芸術活動に参画し、これを生涯続けることとなった点である。

第一は、謡を習いはじめたことである。「明治四十年頃だつたか、何か精神的虚脱のやうな状態になり、色々刺激を求めても一向感動を受けないのに、能を見るとしみ〴〵として偶には涙が出ることがあつた。その上一つ大きな声を出してみたらよからうかと思つて、子供の時から聞き慣れた謡をやる気になり、竹馬の友の紹介で始めて同郷の高浜虚子を尋ね、下掛宝生流の謡の手ほどきを二番ほどやつてもらつた」[15]というのである。元々安倍は一高時代から歌舞伎芝居を見に行くこともあり、日本の伝統文化への関心も深かった。安倍が師事したのは、脇方下掛宝生流の九代目宗家金五郎茂周の長男で不世出の天才とも呼ばれ、一九〇五年から十代目宗家を継いでいた宝生新である。安倍は自ら回想するように、「月五十銭のお礼で週二回、この天下の名人に教わる幸福に浴した」[16]のである。

第二は作家夏目漱石と交流が始まったことである。漱石とは一高時代の教師と生徒の関係にすぎず、交流が始まるのはこの時期、謡を習っていた野上豊一郎の勧めで漱石の自宅を訪問したことがきっかけであった。後の回想によれば、安倍が宝生流の謡を習いはじめて約一年後、高浜虚子が「漱石先生にも謡を勧め、野上と小宮とが同時に新先生につくことになつた。それからといふものは習い始めに通有な熱から、よるとさはると同吟を試み、私が漱石門を始めてくゞつたのもその為だつた」[17]というのである。安倍と漱石は互いの謡を嫌っていたというが、人間関係は非常に近しいものになった。[18]

更に、漱石門下生との交流も安倍に影響を与えた。一九〇六年一〇月一一日から一六年一一月一六日までの約一〇年間、漱石は若い弟子たちや来客のために木曜日に自宅を開放し自由な会合を持っていた。これは「木曜会」といわれ、漱石門下生の小宮豊隆、森田草平、鈴木三重吉、野上豊一郎らが主軸となり、阿部次郎、内田百閒、赤木桁平、和辻哲郎、後に芥川龍之介、久米正雄ら東京帝大出身・在学者を中心とした人々が参加し、和辻哲郎によれば「フランスでいうサロンのようなものになっていた」[19]という。安倍はこれらの人物と親しく交わり、やがて漱石門下の四天王の一人と呼ばれるに至る。このように、東京帝大時代の安倍は必ずしも裕福ではなかったが、個人的に謡や歌舞伎といった伝統芸能に親しみながら、波多野やケーベル、高浜、漱石との出会いを経て文壇への足がかりを得たのである。こうして、安倍は卒業後、文筆で生計を立てることを考えはじめる。

では、安倍はいかに「高等遊民」になったのであろうか。『東京大学百年史』によれば、文科大学卒業生は、「官庁や民間で実務に就く者は極めて少なく、大学院に進学したり学校の教職員となって学校体系の内部に留まる者が大部分」[20]であったという。また、安倍自身がそうであったように、「大学院進学者」は、就職までの「腰掛」として在籍するだけの人物も多く、これらの数値もここでは試算に入れる。[21]そこで、日露戦後における東京帝大文科大学の「職業未定又ハ不詳」者及び「大学院進学」者数の推移を見ると、一九〇五年は三九人（四八・八％）、〇九年は四〇人（三八・五％）、一一年は五二人（六三・五％）、翌年は五七人（六四・四％）が未就職者であったことになる。全体的なばらつきを除いても、文科卒業生が実質的に半分以上就職しなかった実態が窺い知れよう。

この理由として、第一に文科大学の学生の就業意識が低いことが指摘できる。例えば、一九〇八年に哲学科（心理学）を卒業した上野陽一は、「大学を出たけれど、別に就職の心配をしたような形跡はない。かといって、別に定職があったわけではない。それほど世の中がノンビリしていたのである」(22)と後に回想している。第二に、安倍が卒業した〇九年は、同年史学科卒業の亀井高孝が後に回想したように、「〔明治〕四二年の大不景気のため」、「もともと経済界に縁のない文科出身者など見向きもされなかった」(23)時期であり、中でも哲学科は特に深刻な「就職難」であった。同年卒業の高橋穣は、「明治四十二年七月私は大学を卒業したのであるが、当時は日露戦争後の不景気時代であつたので、文学士の就職口は東京には殆どなかつた。私の友人の中では中学校の先生になつたのは少数の幸運の者で、多くは浪人をしてゐた。私も仕方がないので大学院に籍を置いて口の見つかるのを待つた」(24)と後に回想している。また、同年卒業で大学院に進学した前出の魚住は、「皆々卒業がうれしいやうな、いやなやうな気がすると申してゐます。How can I get bread? てふ問題が卒業のよろこびを圧迫します〔中略〕生活問題と細君問題がまあ私共青年の第一の話題です」(25)と、当時、故郷の兄への手紙に記していた。

このような状況の中で、安倍は東京での文筆業志望を抱いたものの、その実現のために大学院に「腰掛」で籍だけ置くこととし、何よりも生活資金を得るために教員の口を探すこととした。とはいえ、一高時代、英語の点数が八〇点を超えず、中学校英語教諭の免許が得られなかった安倍は中々口が見つからず、苦労の末ようやく友人の山口重知の紹介で、私立済美塾の講師となった。安倍は、月二五円、週四日の約束で西洋史と英語を教えたが、正式の教員免許を持たない講師であり、一定の職ではなかった(26)。

以上見てきたように、安倍は東京帝大文科大学卒業後、籍を大学院に置き、正式な教員免許を持たないまま週四日私立中学の講師をして生計を立てざるを得なかった、資力に余裕のない「高等遊民」の一人だったのである。

二　安倍の活動

では、この後安倍はいかに生活し、いかなる活動に従事していくのであろうか。

安倍は「高等遊民」になった後、親戚宅を出て自活をはじめ、そこに共立女子職業学校に入学するため上京してきた妹も住み込むこととなった。安倍は講師による月収の他、文筆業による原稿料で生計を補い、在学中援助を受けていた中家からの援助も返済しなければならず、金銭的に楽ではなかった。(27)

しかし、苦しい生活の一方、安倍は多分に享楽的な傾向を持ち、芸術への関心を強く持った。自伝によれば、「明治四十二年に大学を出て、籍を大学院に置きはしたが、哲学に集中して勉強することはなく、まあ暗中模索の姿で様々な享楽を求めたともいへる。歌舞伎を見たのも、謡を習ったのもさうである(28)」というのである。

では、安倍は一体いかなる活動に従事したのであろうか。第一は、西洋音楽である。自伝によれば、安倍は友人上野直昭が学習院の田村寛貞らとはじめた音楽奨励会なる団体のコンサートに行き、「華族会館の立派なホールで、その当時としては珍しかつたヅ〔ド〕ルドラのスーヴニールとか、サラサーテのチゴイネルワイゼンとかを、宮内省に居た多氏のヴァイオリンで聞いて、感動した(29)」というのである。

ここでいう音楽奨励会とは、学習院出身の田村寛貞を中心とする有志の西洋音楽の演奏団体のことである。音楽奨励会は「高尚なる西洋音楽の通俗的并びに学理的研究」と「其普及」、「青年音楽者の奨励」の三つを目的とし、その目的達成のために、「毎年凡そ五回の音楽演奏会を開く」こと、「演奏会毎に適当なる方法を以て其楽曲を説明し且つ其楽曲は必ず二回以上演奏せらる」こと、「会員又は其知己の希望に依り音楽教師を紹介す(30)ることを会則としていた。その活動状況については管見の限り不明だが、安倍が聴いたのはその活動の初期のもので、曲目は当時としては目新しいものであった。

第二は哲学である。安倍は大学卒業後も哲学の勉強を続けており、その成果は後に『オイケン』『西洋哲学史』(一九一五年)などに結実するが、その傍ら、当時の新思想であるドイツ哲学の研究会に参加していた。それは、ミュンヘン現象学派の祖として知られるドイツの心理学者・哲学者のテオドール・リップス(一八五一―一九一四年)の美学を研究する「リップス会」である。この会合は、ウィルヘルム・ヴントの心理学を研究する別の帝大生による研究会「ヴント会」にならって、一九一一年に結成されたものであり、中心人物であった上野直昭によれば、「一週一夜づゝ、大学内の集会所に会合して、リップスの美学を輪読し、論じ合つた」という。メンバーは、「多く哲学や心理学の出身者であり、田村寛貞、阿部次郎、萱原敬〔教〕造、須藤新吉、伊藤吉之助、高橋穣、小山鞆絵、安倍能成、宮本和吉、島村盛助〔中略〕ドイツ文学からは、小宮豊隆君なども加はつた。常連は多くが一高以来の友人で、学術上の会合といふよりも、友人同志の楽しい集まりといふ色彩が強(31)」かったというのである。安倍の活動と役割及び成果は不明であるが、この研究会の成果は安倍と同様の「高等遊民」であった阿部次郎(32)に結実し、哲学界に貢献することとなる。このように、安倍は最新の西洋音楽・哲学を受容し、「文化・芸術の保護」の一端と「学問研究」の役割を担ったのである。

とはいえ、以上見てきた音楽鑑賞や哲学研究会は、いずれも安倍が直接主体的な役割を果たす文化・芸術活動ではなかった。これらはいわば趣味的・副次的な活動であった。安倍は後に、「教師と云ふ仕事は随分不景気なものである。然しながら教師ほど休の多い仕事の外にないことを思ふと、不景気位は我慢せねばならぬ思ふ」とし、「自分には気が向いても向かなくても無理やりにペンを取る原稿生活はいやであるし、又到底出来さうにない[33]」と述べたように、休みを生かした文筆活動に主に従事していたのである。

「高等遊民」時代の安倍の文筆活動を、自伝に記載されている媒体から抽出したところ、『ホトトギス』（一九〇九年一〇月一日―一一年九月一日）に三〇編、『国民新聞』文芸欄（一九〇九年五月二五日―一一年七月二七日）に一九編、『朝日新聞』文芸欄（一九〇九年一一月二九日―一一年一〇月五日）に三九編、『読売新聞』（以下『読売』）文芸欄（一九一一年五月三一日―一八年一二月八日）に六二編、『文章世界』（一九一〇年七月一日―一八年一二月一日）に一〇編、『日本美術』と『内外教育評論』に各一編を執筆していることがわかる。[34] いずれも虚子や漱石の人脈により執筆の機会を得たか、その結果原稿を依頼されたメディアが主であり、時折内容が重複するものの、文芸評論、思想・哲学評論、観劇記、芸術論など全部で一三八タイトル、一六二編という厖大な数の論稿を残している。

その特徴について簡単に見ていくと、安倍の文芸評論は、自身で断っているように、「皆見渡したわけではない。大分自分の見る便宜のあつたものばかりである[35]」というもので、この時期「文壇若しくは更に広く思想界の傾向が、大分主観的精神的になつた」「換言すれば自然主義的でなくなつて来つゝある[36]」点に注目したものであった。これらのうち、安倍の個人主義的主観に立脚した人生論、安倍と関係の深い思想家、学者の著書を紹介したものは、当時の思想界においても新味あるものであった。

例えば、哲学の分野では、「哲学史上の問題若くは最近の欧米の学界に於ける哲学上の問題」を取り上げた朝永三十郎著『人格の哲学と超人格の哲学』を、「あまり今迄世間にも紹介せられて居ないし、又広く世間に紹介するに足る[37]」として紹介しており、東京帝大時代の恩師波多野精一の『スピノザ研究』を「我が国に於いて発表せられた論文としては珍しいもの[38]」として紹介したほか、ニーチェ、オイケン、カントなどの西洋思想家も取り上げている。一連の文筆活動は幅広い教養を持つものであり、安倍自身回想するように、「いくらか文壇の注意は引いた」[39]ことで、多くの知識青年に刺激を与えることとなった。

このように、安倍は文壇の実力者と接近することによって一流誌へ寄稿し、西欧の文献にも通ずる高度な学識を生かし、自身の主観的、個人主義的立場を明確にした評論を数多く残した。安倍の文筆活動は、「評論」「創作」と「学問研究」であり、これらは文化・芸術活動に従事する「高等遊民」の活躍を示すものだったのである。

その後安倍は、生涯「高等遊民」では終わらず、私立女子英学塾講師、日蓮宗大学講師を経て、一九一六年に慶應義塾大学予科講師で常勤となった後、二〇年三月に同大学文学部講師、更に法政大学教授になった。この間、オイケン著『大思想家の人生観』翻訳（一九一二年）、『予の世界』（一九一三年）、『哲学叢書』編纂（一九一五年）、『オイケン』『西洋古代中世哲学史』（同年）、『西洋近世哲学史』（一九一七年）とほぼ毎年のように著作集や哲学の概説・入門書を刊行し、文壇や学生に大きな影響を与えた。これらの成果が、「大正教養主義」と言われる文化形態の確立に寄与したことはよく知られている。旧制一高時代の後輩で、後の京都帝国大学文学部哲学科教授である天野貞祐は、安倍の「高等遊民」時代を振り返って以下のような評価をしている。

当時、「就職難」は京大（京都帝大）哲学出身者だけのことではなく、東大での安倍能成、宮本和吉（現武蔵大学学長）などの諸君にとっても同様でした。安倍、宮本両氏と山田又吉という夭折された天才的青年哲学者と三人で合宿されていたそうですが、この三人の文学士をひとは呼んで三もん学士といったという話があります（中略）安倍、宮本などの諸君は生活難と戦いつつ勉強や著述に務められました。生活難はいうまでもなく難渋なことですが、家族のない場合には比較的忍び易い。そういう時期に生活難と戦いつつ学問に励むことは人間育成の上にどれほど寄与する所が大きいかしれないでしょう[40]

宮本、山田はともに東京帝大文科大学の同級生で、天野が指摘した時期は安倍が妹と同居していた一九一一年に、岩波茂雄夫妻の隣家に暮らしていた時のことを指す。その後安倍の妹が結婚し、安倍自身も妻帯したことでこれは解消されている。その後山田は一三年に自殺し、宮本は哲学者として大成した。この合宿時代は長くないが、安倍及び周辺の「高等遊民」の実態を示す証言でもある。

つまり、天野がいうのは、安倍が「高等遊民」であった時代は、大成の素養を養う時期であり、それが人間形成上大きな意義を持ったということであった。これは資力のない「高等遊民」であっても、文化・芸術活動の重鎮になる可能性を持った存在だったことを示す。この時期における東京帝大文科大学卒業生には類似する事例が多く[41]、安倍はその典型的な事例であったといえる。

三　徳田浩司の経歴

続いて、資力のない「高等遊民」であった徳田を検討していく。徳田は現在、一九一一年頃に使いはじめたペンネーム「近松秋江」で書いた自然主義文学[42]の小説「別れたる妻に送る手紙」や「黒髪」の作者として文学史上知られる。しかし、当時の徳田は東京専門学校（現早稲田大学）文学部英文学科を卒業後、文筆収入等の収入で放蕩生活をしていた資力のない「高等遊民」の一人であった。

徳田は、一八七六年岡山県和気郡で農業を営み、酒造業を兼ねた裕福な家庭の四男として生まれた[43]。一八九二年県立岡山中学校に入学後、高度な受験勉強に幻滅、翌年中退し、一八九四年に初上京後、樋口一葉の「にごりえ」（一八九五年）に啓発されて文学志望を抱き、「学校へは行かず下宿へごろ〳〵してゐたり、又国へ帰つたりして、其間に文学の本など些い〱読んで怠けて」[44]上京・帰郷を繰り返した。その後、大阪市立商業（入学拒否）、慶應義塾（中退）を経て、二松学舎、国民英学会で漢学、英文学を学んで、英文学に開眼したという。

この時期徳田は、故郷からの仕送りを受けて下宿暮らしの学生生活をし、語学（英語）と文学、新聞雑誌に没頭して後年の基礎を養っている。『全集』に収録されており、唯一確認できる一八九七年の日記[45]からはその勉強の様子と経済状況が窺える。これを見ると徳田は、バイロン、カーライルをはじめとする英書（英文学）を読み、英学会の宿題である翻訳を含めて、ほぼ毎日のように勉強している。また、それとは別に、「新聞雑誌を読む」ことを日課にし、当時発布された大日本帝国憲法を筆写するなど、政治にもある程度の関心を持つ青年であった。

当時の生活状況を同年一月の出費一覧[46]から「衣装」「飲食」「住居」「学校」「図書」「文化」の項目でまとめると、「衣装」は、サル股、羽織前金、羽織代残り、シャツ、足袋、羽織の木綿、肩入れの合計三円六四銭五厘、「飲食」は、芋、パン菓子、葡萄酒、豆、そば、萩餅の合計五三銭五厘、「住居」は宿料、大家への仕払、移転車代、湯賃、下宿下女へのチップ合計七円一一銭二厘、「学校」は二松学舎学費、英学会月謝の合計で一円六〇銭、「図書」は『王陽明』『日本人』『十九世紀大家文鈔』『英文学上巻』『世界ノ日本』『四書標註』『唐詩選評釈』『英字新聞』『文庫』『英雄崇拝論』『一葉全集』『文庫』『家庭雑誌』購入による合計二円五三銭、「文化」はインキ、手帳、鉛筆、玩具物、羅紙二帖、小筆、ペン尖、印紙の合計四二銭五厘である。「その他」は「ツジウラ」、「牛屋小使」などで八七銭五厘である。つまり、一月で総額一六円七二銭二厘を消費していたことになる。ここからは徳田が「立身出世」を夢見て、上京して勉強する地方の裕福な家庭の子弟だったことがわかる。

しかし、この下宿生活は長く続かなかった。後に顕著になる徳田の神経衰弱と怠け癖のためである。日記によれば、「新聞雑誌を読み又例の空想に沈み」（一月五日）、「日本の新聞を読み又例の沈鬱に落つ（是非常に悪し）」（同月六日）、

「書見スレトモ已ニ倦テ能ハス」（同月一七日）、「例の妄想ムラ〳〵と湧き来りて〔中略〕狂気ジナ〔ママ〕る心俄然湧キ来ル」（同月二八日）という表現からそれが窺える。この状況下で、専攻の英文学も懐疑の源となっていった。日記中にある「英文学ヲ読ム然レトモ解セス」（二月三日）、「英文学ヲ開ケトモ六ヶ敷シテ能ク解セス、帰リテ夜間之ヲ復習スレトモ中々解スヘクモアラス」（同月四日）という表現は、英語学習への不適応を示す。終いには、自分自身でも「勉強セハ事ノ成ラサルノ憂ヒナキ也サナラサルハ実ニ薄志弱行ナリ豈ニ勉メスシテ可ナラヤ」（同月五日）と思うに至るのである。(47)

この結果、徳田は神経衰弱に悩まされ、一八九八年九月に一旦帰郷したが、郷里においても心の安定がなく、同年再度上京を志し、当時入学規定が緩和されて苦学生や中学卒業資格を持たない青年が多く入学するようになっていた東京専門学校の文学部史学科(48)に入学した。授業料は明治末年まで五〇円とかなりの高額であり、史料は残っていないが、授業料の他下宿代と生活費をあわせて多額の仕送りを受けていたことが推測される。

徳田は自筆年譜でこの入学を「心は進まざりしも、家に対する都合上(49)」としているが、入学後徳田は多くの授業へ出席、高山樗牛に美学、英詩を学び、田中王堂に心理学・倫理学・哲学等を学んで卒業後も私宅へ出入りしたほか、キリスト教徒である内村鑑三の第一回夏期講習会にも出席するなど活動的であった。わけても高山樗牛には多大な影響を受け、後年まで私淑したという。翌年の史学科廃止に伴い徳田は英語政治科に転じ、更に英文科に移り、在学中『読売』の「月曜附録」充実のため担当の教授である島村抱月が組織した「月曜会」に同郷の友人正宗白鳥らと参加、小説月評を記して文壇との接点を持ち、文学を志すようになる。

文学者志望として一九〇一年七月に卒業した徳田は、同年九月に早稲田大学教授の坪内逍遥から博文館編集部入りの紹介状を貰って就職した。当時大学や専門学校卒は「就職難」であり、選択可能な職種の少ない文科も元より「就職難」であったから、徳田の就職は大変恵まれていたといえる。

ただし、この人事は、徳田の優秀さに起因する就職ではなく、正宗曰く、もともと「博文館からの指名で私を雇ふといつて来たが、坪内先生が、『正宗は就職してゐる』といつて秋江を入れてしまつた[50]」ものであったという。つまり、元々は正宗の就職の話だったが、既に正宗が内定していたため、就職口のなかった徳田が代わりに就職したに過ぎなかったのである。なお、徳田は坪内の講義のほか、主宰の演劇改良運動に参加し直接指導を受けるなどの関係があり、後には談話を取りに行くなど、公私共に世話になっている。

徳田はここで雑誌『中学世界』編集に参加（「青年文壇」選者を翌年二月まで担当）し、その過程で自然主義作家田山花袋を知り、田山からツルゲーネフ、ピエール・ロチ、ハウプトマンなどを借りるなど種々の刺激を受けた。しかし、徳田は怠け癖からまともに仕事をせず、一九〇二年二月に博文館を退社してしまう。その後、東京専門学校出版部（一九〇二年二月入社、同年退職）、中央公論社記者（一九〇四年入社、同年退社）、『早稲田文学』編集（一九〇六年参加、翌年まで担当）、読売新聞社（一九〇七年二月入社、四月退社）と職場を転々とするが、いずれも自身の怠け癖が原因でこれらを全て一年足らずでやめてしまった。もっとも、当時の新聞社の文芸部などは定職とは言いがたく、文学者志望の腰掛け的な仕事であったことも[51]、背景の一つにはあろう。とはいえ、こうして徳田は高等の教育を受けながら一定の職にない「高等遊民」となったのである。

では、徳田はいかなる文壇活動を行ったのであろうか。『全集』に記載されている一九〇一年から一二年までの文壇活動の一覧を見ると、徳田は〇一年の二六タイトルを皮切りに、〇三年を除いて毎年一流紙、誌に寄稿し、〇八年には八三タイトル、〇九年には一一〇タイトルを書き、一三年までに四八七タイトルの評論や創作を発表している。掲載媒体を見ると、〇一年に在学中から関与していた『読売』に一六タイトル、〇二年には編集に参加した『中学世界』に六タイトル、〇四年には中央公論社記者を務めた関係で同紙に三タイトル、〇六年には前年から島村抱月の『東京日日新聞』の「月曜文壇」編集に参加していた関係で同紙に一五タイトル、〇七年は『早稲田文学』編集を退いて読売新聞社に入社した関係で同紙に九タイトルを掲載しており、編集部との関係で多くの論考を残している。その他の特徴として、投書雑誌『新声』から発展し、日露戦後の自然主義の波に乗って急成長した文芸誌『新潮』や、徳田の私淑する田山の編集で作文雑誌から文芸誌へ進化した雑誌『文章世界』といった、自然主義派常連の文芸誌にも掲載数が多い。ここからわかるように、徳田は一時関係した出版社及び自然主義派の文芸誌に毎年多くの著作を掲載したのである。

ただし、一九〇七年までの徳田の作品は、諸外国の作家の翻訳、自然主義文学者の書評、自身の体験記、偶感のみであった。小説は「私に取つては、何等の寸分の遊戯衝動ではありません。苦痛です(52)」として書かず、むしろ「翻訳でもすれば、半紙一枚が三四十銭になる(53)」という事情があったためである。翻訳は、〇三年一二月、坪内逍遥に校閲を手伝ってもらった『シルレル物語』以降多く手がけ、ほぼ完全な自身の翻訳では、〇八年九月の『生ひ立ちの記　幼年時代・少年時代』(原作トルストイ)、一二年二月に『生ひ立ちの記　青年時代』(同)を刊行している。これは日本でも早い時期のトルストイの翻訳であり、それ自体大きな意義を持つ。とはいえ、これは「生活の苦しみに余義なく、本屋から頼まれたのを幸いにやつて見る気には成つた(54)」ものであり、ロシア語に堪能な作家二葉亭四迷などに相談した上で苦心して完成したものであったという。

他方、評論は、一九〇九年四月の時点では、「自分の文学的職業として、創作家になれるものやら、又批評家でやつて行けるものやら、いまだ自分で自分が解らぬ(55)」状況であったが、ロシア文学、イギリス文学をはじめ諸外国の作家・評論家の議論を紹介するなど、該時期における希少な論考を残したほか、この年から自然主義文学理論を唱えた島村抱月、田山花袋などに対する理論上の批判を展開して注目され[56]、文壇関係者のゴシップを材にとった「文壇無駄話」が『読売』上で好評を博した。一〇年三月に単著としても刊行された「文壇無駄話」は、読売の編集部に勤めていた正宗の紹介で〇八年から『読売』に連載されたもので、「愚痴と皮肉との混った秋江その人の座談の面白さが出ているという点で好評[57]」であったとされる。当時の批評を見ると、徳田は「広い趣味性を持つ」「非常な技巧家」「アートの人」であるが、その長所は「恰も無駄話の本家本元は当家で御座いと云はぬ許りの顔で、時の間に人気を得た」点にあり、「ウイットと胆略のみの天才である。惜むべし瞑想的思慮を欠いてゐる[58]」などと評されている。このように、文壇ゴシップは徳田がはじめたものでなかったが、徳田はこうしたやや露悪的な活動によって、文壇の仲間入りを果たすことに成功したのである。

とはいえ、小説に関しては、既に「寂寞」（一九〇四年）「塵埃」（一九〇七年）「何処へ」（一九〇八年）と次々に話題作を提供し、新人の旗手として称されていた正宗には遠く及ばず、徳田の処女作は、自然主義文学の代表作田山花袋の「蒲団」をモチーフにした「食後」（一九〇七年）であり、以後「一人娘」（一九〇九年）などで若干の注目を受けながら、作家としての方向性を模索している段階だった。

四　徳田の活動と小説「遊民」

では、この間徳田はいかに生計を立てていたのであろうか。実は徳田はこの時期、生活難に苦しんでいた。例えば、一九一〇年の郷里の長兄徳田元作宛書簡では、「文学者が道楽者といふはウソにして、道楽などしてゐては、決してよき作の出来る筈なく候。〔中略〕文学学術の人が、其の創作に苦心して、思ふやうに書けず貧に苦むは古今東西の先例あることにて、特に小生の如く天才あつて、製作に困むものは其の苦一方ならず、此の点は、唯ベタ／＼と書きなぐりさへすれば好しとは決して申されず、なぐり書きをして一時銭を取るとも、文名は忽ち下落すべし」[59]と自らを「天才」とし「文学者」としての厳しい活動状況を強調している。これは実質的に仕送り要請であり、徳田の貧困状況を示す。酒造業を営む実家は裕福であったが、徳田自身は浪費や怠惰な生活、放蕩から厳しい生計事情だった。その実態は、「文壇無駄話」を中心とする原稿料が月一〇円を超えず、正宗がいうように「生活費の一部となつてゐたらしいが、その原稿料なんかは微細なもの」[60]だったのである。困った徳田は正宗に何度も原稿料の前借りをしたが、徳田の怠惰を知る正宗は原稿と引換でなければこれを受け付けなかった。この間、定職のない徳田の生活を支えたのは、主に同棲者大貫ますの支援と故郷の長兄元作からの仕送りである。

徳田は一九〇三年三月から、前年に知り合った牛込赤城神社境内にある貸席清風亭の女中大貫ますと小石川区小日向台町三丁目で同棲していたが、徳田の収入では生活が出来ず、〇七年六月に故郷から取り寄せた七〇〇円[61]を元手に牛込区に小間物店「藤の屋」をますに経営させ（一九〇九年三月まで経営。翌年に焼失）、〇九年四月からは下宿人をおいて収入の足しにしていた。他方、徳田は執筆や文筆活動の息抜きから、〇七年八月に榛名山へ避暑、〇八年六月には上野精養軒で二葉亭四迷ロシア外遊送別会に出席、同年八月に箱根堂ヶ島へ逗留、同年末から翌年一月にかけて伊豆山滞在、八月にはまた堂ヶ島に滞在するなど長旅を繰り返し、これらの旅費にあてるための原稿書きが多く、執筆はしていたものの、生活は逼迫していた。

しかし、一九〇九年八月に徳田はますと別れることとなった。徳田の書簡によると、ますは「文学者には、もう飽いた。一生借家住居の人の女房になつてゐたのでは、何時何時夫に死に分れて、路頭に迷はねばならぬかも知れぬ」[62]と言ったそうである。ますを失った徳田は失意のうちにこの頃仲間だった正宗や水口薇陽などと放蕩の限りを尽くし、更に金策に困ると、徳田は倹約して買い込んでいた洋書の大半を売りつくした。[63] しかもこの時、徳田の馴染みとなった水天宮裏の私娼窟の女おきみを正宗に奪われ、[64] 堕落生活は陰惨を極めた。それを示すように、この頃の評論中には、「此の頃の私は、種々な思念に悩みて安かなる眠りを得ない」とし、「愛に棄てられたとも思ふ」「強き功名の念にも燃やされる」「生活にも追はれる」[65] などという表現が顕著である。

放蕩の費用はかさむ一方だったが、文壇での原稿料では増収が期待できず、またこれ以上の多作が難しいこともあって、一九一〇年徳田は「気散じかたぐ〳〵職業運動に人を訪問して見やう」と消極的な就職活動を開始した。しかし、「さう火のやうになつて職業を探したとて、直き『それ』と見付かるものではない」[66] ために、多額の送金を長兄に頼む状況に陥った。

『全集』収録の一九一〇年度の書簡から送金要請額を見ると、一月二二日、五百数十円、二月は一三・二二・二八日に月末までの二〇円と別に三〇円、五〇円、五〇円、三月二六日と四月八日に毎月一五円、五月九日に五・六月だけ一五円、一〇月二〇、二八、三一日に一〇円、五〇円、五〇円となっている。これらの要請は、毎月一五円という当座の要求から五百数十円というまとまった額の要請まで様々である。ただし、正宗が読売新聞社編集部で月給四〇円を得ていたことを考えると、いずれも多額の送金要請であったといえる。

送金要請の理由として、当初徳田は書簡中で、三越デパートへの「職業運動」資金、文壇での活動資金、定職に就くまでの生活援助を訴えていたが、長兄からの厳しい指摘もあって叶わなかったようで、五月一日、[67] 徳田はとうとう「極々内分」として前述の放蕩などの実情を打ち明けて送金を仰いでいる。その後、現存する書簡では五月中旬以降送金要請がなく、故郷では送金をした可能性が高い。しかしこれもその後再度不足している。

また、この間の徳田は同棲者ますに対する強い未練がわき、関係を戻し、生活の再建も企図した。徳田は、「もしお前が、妾をしたのでなかつたならば、其の金で貸席か待合をしやうと思ふが如何」などと生計の道をほのめかしながら、「二三日前ピストルも本当に買つたよ」「どうしても一度会つて、話をせねば、不意打ちだ[68]」などと自身の不遇の原因をますに求め、復縁を迫る脅迫まがいの手紙を記している。しかし、これもうまくいかず[69]、徳田は、文壇活動で飛躍が望めるまでの生活に苦しむ、極めて悲惨な状況にいたのである。

しかし、この一連のますとの関係とその後のおきみとの事情を、一九一〇年四月から七月に、小説「別れたる妻に送る手紙」に書いたことで、徳田は小説家として多くの文壇関係者から高い評価を得ることができた。この小説は、別れたますとのことを丁寧に書いた小説であるが、文壇では発表直後から好評であった。相馬御風、中村星湖といった早稲田関係者のほか、小宮豊隆、安倍能成、阿部次郎といった漱石門下生や志賀直哉など、新進評論家・作家たちもこれに注目し、「作者の心持はよく表はれて居る（中略）文章は暖かでこまやかによく書けて居る」（安倍）[70]、「此の小説を簡単に悪く言つて貰いたくない」[71]（志賀）などと高く評価し、徳田はこれで一躍文名を上げ、作家として認められることとなったのである。

その後、依然として仕送りと文筆収入により厳しい生活を続けた徳田は、一九一二年八月末、中央線で木曾福島を経て比叡山に旅し、以後しばらく京阪地方で放浪生活を送り、九月には堺、大阪市内難波、玉出等を転宿する。この間、徳田は、自然主義文学者として、自身の窮状と社会的立場を見つめた小説「遊民」を大阪で書きはじめた。

小説「遊民」は、主人公K（徳田の名前である〝浩司〟のKを示していると思われる）の独白が中心となった、私小説というべき短編である。登場人物はKのほか、早稲田大学文科学生の青年、旅先の客人、更に訪問予定であった京都大学O博士が名前のみ登場するだけで、K以外の人物が存在感を示すことはない。そしてKは、徳田そのもののように「東京に自分を待ってくれる家族がない」独り身であり、「一寸した気分の機で直ぐ悲観に陥つたり厭世に沈んだりする」[72]ほか、「一定の勤め先きを持つてゐない」[73]ので、「地位と職業を与へてくれぬのだから仕方がないと諦めている」[74]人物であった。つまり、正真正銘の「遊民」である。

小説は、「前半」京都を、「後半」大阪を舞台にしている。主人公Kは「長い間生活の信条を失つてゐた」ために「旅にでも出て、気分を回復しようと思つてゐた」[75]という設定になっている。Kの行程を見ると、「前半」一九一二年八月二四日に東京を出てその夜は木曾福島に泊まり、以後数日間名古屋などに泊まって、八月二七日に京都へ着いている。その後、郷里の岡山へ帰った後、「後半」九月一五日に岡山から大阪へ出てきて、九月一七日に道頓堀に宿泊し、以後南海鉄道の沿線の下宿を二三件渡り歩いた後、堺で半年ほど暮らしている。この「行程」は「年譜」と同じで、この時期の徳田の生活がそのまま描かれている。

では、徳田はここでいかなる「遊民」を描いたのであろうか。その特徴は、「前半」「後半」において描かれたKの嗜好に集約される。「前半」、京都を探索したKは、以下の事柄に言及している。第一は「着物」である。Kは東京にいても白木屋や三越といったデパートにおける呉服屋のショウウインドウを覗いては、着物を見ていた。中でも、夏に着る「薩摩上布」を麻の長襦袢に重ねた着心地を特に好んでおり、それは日本橋末広の一九、二〇歳の女中が着ていた「上等な上布」にも向けられていた。とはいえ、京都の夜、Kは「美しい呉服屋だの、小間物屋だの」を「殆ど一軒々々入つて品物の陳列を見廻つた」ほどであったが「東京で見るほど、そんなに上等の品は見附からない」と思い、浴衣なども「東京のほど好いのがない」ように思っただけであった。[76]

第二は「生トマト」である。Kは「不思議に生のトマトが好き」であり、「一日もトマトなくしては夏を消すことが出来なかつた」という。Kは、暮らしにくい夏において「生トマトと上布とを彼れは同じ味のやうに思つてゐる」のであった。ただし、京都で食べたトマトは東京に比して甘くなく、Kは食事中に隣に腰掛けている旅行客の男に話しかけられて「トマトといふものであることを教えた」[77]だけであった。このように、「前半」では徳田と思われる主人公Kの個人的な嗜好が淡々と語られ、しかもそれにも満足し得ない「遊民」の心境が描かれているのである。

そして「後半」、大阪を探索したKは、都市建築について言及する。Kは東京にいても「矢来町の自分の家から、殆ど毎晩二度も三度も神楽坂の通りに散歩に出る」習慣があり、銀座にもよく出かけていた。ただし、「流行のカフエーやビヤー・ホールなどをあまり好まなかつた」Kは、一方で「銀座は案外早く戸締りをする」ためにその都度「遣る瀬無い心地」も味わっていたという[78]。しかし、Kは、かねてより大阪の案内を頼んでいた早稲田大学文科の学生に遭遇し、彼に連れられて見た「難波新地」に深い関心をひかれることとなる。「難波新地」とは、近世以来市街地の周縁に創出された花町（遊郭）のうち、南縁の悪所を示す名称であり（貸座敷の指定地〈遊郭〉、置屋・待合茶屋〈料理屋〉からなる二業地〈三業地〉を含めて「新地」と呼ぶ）、一九一二年一月「南の大火」からの復興を果たしていた真新しい建築街のことである[79]。

これを見たKは、「その整然と建ち連なつた瀟洒な街区の形だけは真暗い夜眼にもそれと認めることが出来」、「さすがに一種の神秘な感じに襲はれ」、「『へえ！　此処が難波新地ですか。へえ！　此処が難波新地ですか。』」と感嘆の声を上げた。更に、「真の闇その物を表現してゐるかの如き諒闇中の難波新地の街区の与へる感じが、Kに譬へようもない不可思議な好い感じ」[80]を与えたというのである。このように、Kは、着物やトマト、都市風俗といった生活を取り巻く事物にのみ深い関心と興味を抱く「遊民」であった。これがそのまま徳田の趣味とも合致するものであったことは言うまでもない。

他方で、Kが自分の社会的立場にきわめて否定的だったことが注目される。Kは、「花柳街の建築などを気にするよりも、憲政擁護運動や飛行機の発達の状況などに深い注意を払ふことの出来ぬのを、心から悲いと思ふことがあつた」としながらも、「けれどもそれは一つはK自身の過失ではないと信じて諦めてゐた」のである。むしろKは、「花柳街の建築などに注意を払ふのは下等かも知れぬが、彼れは兎に角遊民であつた。高等遊民でないまでも遊民であつた。社会が遊民として彼れの生活に何等のデリケートな思慮を費してくれない以上は、彼れの方でも社会の喜憂に対して、さう熱心な注意を払つて心配する必要を覚えなかつた」(81)というのである。

もっとも、徳田自身は第三節で見たように憲法を筆写し、新聞雑誌の講読を日課としていたことからわかるように、政治に無関心であったわけではない。国木田独歩やその他自然主義作家も自由民権運動の名残を受け政治にも関心を有していたこと、大正期に徳田が政治談議を得意としていることが文壇に知られていることを考えると(82)、憲政擁護運動にも全く無関心であったとはいいがたい。しかしながら、それに対しなんら積極的な働きかけをせず、小説においてニヒルな言動をさせている点は無行動に等しい。少なくとも、外面的に徳田はKと変らないのである。

ここから、Kが時代に取り残された都市の「遊民」であり、同時代性を持たない自身を強く自覚する、大正初期の日本における「高等遊民」の一人だったことがわかる。つまり徳田は、「高等」を同時代の社会への理解と参画、と解釈した上で、個人主義の一つの末路としての自分自身を「遊民」として描いたのであるが、それはそのまま、時の社会に参画できない、あるいはすることを望めない「高等遊民」たちの不安定な社会的位置を示すものだったのである。そしてそれは、大阪で「半年ばかり詰らなく暮らして了つた」のち、「もう見るべきものがなかつた」と思うようになったKが、「滅入るやうな雨の音を聴きながら自分の身の持扱ひ方に思ひ惑ふた」(83)という小説の終わり方にも表れている。すなわち、小説「遊民」のKは、文壇で地歩を固めながらも、依然として生活難に苦しみ、先の展望がない徳田自身を象徴するものだったのである。

結局、小説「遊民」に描かれた主人公Kは、「一等国」の仲間入りを果たした日露戦後の「帝国」日本を彷徨する

「高等遊民」徳田そのものだった。この後徳田は、政府当局による発禁処分なども受けながら、一九一三年四月に「執着」、同年一〇月には「疑惑」を発表するなど旺盛な創作活動を続けた。つまり「高等遊民」徳田の意義は、自発的に招いた生活難やそれにまつわる諸問題を抱えつつも、西洋思想・文学の紹介、近代日本の自然主義文学の思潮を担ったことといえる。

おわりに

以下、論点に即して検討内容をまとめる。

第一に、「高等遊民」としての安倍と徳田の位置づけである。両者を比較すると、ともに「就職難」だった文科出身の「高等遊民」であった。安倍は、生家の没落により苦学して卒業後は非常勤の教職に従事しながら文学の仕事を志した資力のない「高等遊民」であったが、文筆の仕事の多い東京に止まり、文壇や芸術・文化活動で活躍し、就職に成功した事例であった。他方、徳田は生家の資力は十分あったが、本人の堕落、神経衰弱による貧困状態が続き資力のない「高等遊民」になり、小説家として生活を続けた事例であった。ともに学んだ知識をいかし、文学にまつわる僅かな活路を見出そうとし、そして見出していった「高等遊民」だったといえる。

第二に、安倍と徳田の生活状況である。安倍と徳田を比較検討すると、安倍と徳田はそれぞれ学閥（帝大と私大）、文学スタイル（反自然主義文学と自然主義文学）、生活基盤（非常勤教員・売文と売文・仕送り）で違う条件のもとに存在していた「高等遊民」であったが、ともに旧来の高学歴による「立身出世」の周縁に存在しつつ、新興の労働市場として成長してきた文壇に活路を見出そうとした「高等遊民」であった。彼らは「国家中堅」層からは外れたかもしれないが、学閥の交友関係から活路を見出しえた幸運な事例といえる。

第三に、安倍と徳田の文壇活動ないし芸術活動である。両者を比較検討してみると、徳田が文筆に偏重していたのに対し、安倍は文筆のほか歌舞伎、謡、西洋音楽、西洋哲学と幅広い。その理由は周辺人物の影響、感化によるもののほか、徳田が放蕩や旅行を繰り返し、故郷からの仕送りや売文によって糊口を凌いでいたのに対し、安倍の場合、非常勤の教員で一定の収入が確保されていたことが指摘できる。このように、彼らは、当時問題視された「高等遊民」の枠内にいた存在ではあったが、「危険思想」化はせず、文壇を中心とした文化・芸術活動に従事し、日本の文芸思想などに影響を与える先駆的な役割を担った。その後、文壇では「高等遊民」が活動していくのも、こうした人物の存在があったからこそであろう。

なお、ともに資力のない「高等遊民」として、西欧の思想に通じながらも、懸念通りには思想的変化を遂げなかった。これは大逆事件に代表される政府の過酷な弾圧の時代背景にもよるであろう。そして、その代替として、これは彼らが定職や安定した地位を必死に求めた結果であり、徳田が小説「遊民」で主人公に語らせたように、「高等遊民」たちの政治活動への参画意識が希薄だったためである。事実、後に早稲田大学文学部英文科出身の小説家、随筆家である生方敏郎は、明治末期の「高等遊民」の状況につき、「パンの為めには先輩を陥れ、友人を売る」者がいたこと、卒業後数年経った「高等遊民の間には、社会改造の声は挙げられなかつた。彼等は常に幻滅を口にし、又人生を灰色だと観じ、そして自分達の事も社会の事も成るやうにしか成らぬ、と観念していた(84)」と、回想している。ここから、両者の事例は、「冬の時代」において文壇や思想界における「立身出世」を目指していた文系出身者の典型的な事例だったといえる。法科や商科などの事例は今後検討が必要であるが、彼らも学歴に応じた職業に就く「立身出世」を目指し、就職活動を展開していたと考えられる。

では、こうした「高等遊民」は、いかに定職や社会的地位を得たのであろうか。注目すべきは、安倍が大正期に大学教授となり、徳田が大正期に文壇の著名人として存在した点である。これらの事実は、大正期に当時不遇だった多くの「高等遊民」たちが社会的地位を得られる状況が生まれたことを想像させる。この大正期の社会変化と「高等遊民」問題については、第二部以降で論じる。

注

（1）『読売新聞』（以下『読売』）同年一〇月二六日付朝刊一面（斎東野人「銀座より」）。
（2）以下順に、瀬沼茂樹『日本文壇史二〇　漱石門下の文人たち』（講談社文芸文庫版、一九九八年。一九七九年初出）、筒井清忠『日本型「教養」の運命』（岩波書店、一九九五年）、藤田省三「日本の保守主義」（久野収・鶴見俊輔・藤田省三『戦後日本の思想』岩波書店版、一九九五年所収。一九六六年初出）、住田勉「硬骨のリベラリスト　安倍能成」（『えひめ人物博物館　人物探訪』第五号、二〇〇三年）、青木一平「安倍能成関係史料の全体像（上）―愛媛県生涯学習センター所蔵史料を中心として―」（『近代史料研究』第九号、二〇〇九年）など。
（3）山下一郎『安倍能成先生　学習院中興の祖』（成蹊堂、二〇〇四年）。
（4）「夏目漱石が高等遊民と呼んだ部分が絶対数こそ把握できないが増えていった（中略）自然主義作家たちの放蕩も、実はこうした層を基盤に成立していった」とある（飛鳥井雅道「日露戦争後の思想〝悪化〟」『近代日本思想史の基礎知識』有斐閣、一九七一年、一七七頁）。
（5）『日本文壇史』（著者・巻号は別記注釈参照）、有本芳水『笛鳴りやまず―ある日の作家たち―』（中公文庫、改版、二〇〇六年。一九八六年初出）、大村彦次郎『文士の生き方』（ちくま新書、二〇〇三年）が徳田の生活と生涯を素描している。また、国文学研究の近松秋江論は、沢豊彦『近松秋江』（菁柿社、二〇〇五年新版。一九九〇年初出）に詳しい。
（6）古田光「安倍能成」（『国史大辞典』第一巻、吉川弘文館、一九九七年）二八〇頁、『安倍能成・天野貞祐・辰野隆集』昭和文学全集第一〇巻（角川書店、一九五三年）一二三頁参照。
（7）安倍能成『我が生ひ立ち』（岩波書店、一九六六年。『心』一九六〇―六五年連載初出）三三〇頁。

（8） E・H・キンモンス著・広田照幸ら訳『立身出世の社会史―サムライからサラリーマンへ―』（玉川大学出版部、一九九五年）、松本三之助『明治思想史―近代国家の創設から個の覚醒まで―』（新曜社、一九九六年）、平岩昭三『検証 藤村操華厳の滝投身自殺事件』（不二出版、二〇〇三年）など。
（9） 前掲『我が生ひ立ち』、三四五頁。
（10） 同右三五九頁。
（11） 同右三八八頁。
（12） 同右四八四頁。
（13） 東京大学百年史編集委員会編『東京大学百年史』（部局史一、東京大学、一九八六年）四二一頁。
（14） 前掲『我が生ひ立ち』四一二頁。
（15） 安倍能成「野上のこと」（『わが師わが友』筑摩書房、一九四二年）二一四頁。
（16） 安倍能成「宝生新先生について」（丸岡明編『現代謡曲全集』第二〇巻、筑摩書房、一九五八年所収）二〇頁。
（17） 前掲「野上のこと」。
（18） 前掲『我が生ひ立ち』四二一頁。
（19） 和辻哲郎「埋れた日本」（『和辻哲郎全集』第三巻、岩波書店、一九六二年所収。新潮社、一九五一年初出）四二二頁。なお、木曜会については遠藤祐「漱石とその周辺―木曜会・『朝日文芸欄』のことなど―」（『国文学 解釈と教材の研究』第九巻第三号、一九八四年二月）、漱石と安倍の関係については、安倍オースタッド玲子「安倍能成と夏目漱石」（『漱石研究』第一三号、二〇〇〇年）を参照。
（20） 東京大学百年史編集委員会編『東京大学百年史』（通史二、東京大学出版会、一九八五年）一七八頁。
（21） 竹内洋『教養主義の没落』（中公新書、二〇〇四年）九二―九三頁。なお、当時の大学院進学者の事例として、一九一〇年哲学科卒業の高橋里美は、「私は適当な職のないのに困りながらも、他方ではそれをよい口実として、更に大学院に入り、母からの仕送りを受けながら、五年間研究を継続することにした」（高橋里美「私の歩んだ道」『高橋里美全集』第七巻、福村出版、一九七三年所収。初出不詳。一二二頁）としている。このように、「大学院進学者」は、就職までの「腰掛」として在籍するだけの人物も多い。もちろん、一九〇九年卒業の石原謙のように、「就職の成否如何に拘らず私は大学院での研究を志望していた」（石原謙「学究生活五十年」『石原謙著作集』第一一巻、岩波書店、一九七九年所収。一九五九年執筆。一―二頁）人物もおり、これらは「腰掛」とは異なるものである。

(22) 産業能率短期大学編『上野陽一伝』（産業能率短期大学出版部、一九六七年）四九頁。

(23) 亀井高孝「明治末期の東大生」（『自由』第一三巻第七号、一九七一年七月）二〇九頁。

(24) 高橋穣「学究生活の思ひ出」（『思想』第三八〇号、一九五六年二月）一八九―一九〇頁。

(25) 一九〇九年五月五日付魚住正継宛魚住影雄書簡（『折盧書簡集』岩波書店、一九七七年所収、四一九頁）。

(26) 前掲『我が生ひ立ち』四二五―四二六頁。

(27) 同右四五三―四六〇頁。

(28) 同右四七五頁。

(29) 同右。

(30) 「音楽奨励会の創立」（『白樺』第一巻第六号、一九一〇年九月）四七頁。なお、この音楽奨励会は、『白樺』の賛助を受けていた。『白樺』の主旨としては、「芸術の発達が一面に芸術的天才の輩出に依るは勿論なりと雖も他面に其社会の適当なる保護奨励を俟つは此処に喋々を要せず（中略）此方面に向ての最も僅少の保護奨励すら容易に発見し難きわが国にありては、例え微力たりと雖も多少の効果を挙ぐる事敢て難きに非ざる可し」というものだったという。

(31) 上野直昭「田中豊蔵のこと」（『芸術新潮』第一四巻第四号、一九六三年四月）一六〇頁。

(32) 阿部の著作においては、一九一二年六月発行の『哲学大辞書』での美学関係の項目、一六年七月刊行の『倫理学の根本問題』でリップスを「現代の哲学者中自分に最も多く思想上の影響を与へた」とした点、安倍が上野直昭らとともに企画編集した岩波書店の『哲学叢書』中、一七年四月刊行の第九編『美学』でのリップスの紹介、美学の諸問題への考察に影響が見られる（北住敏夫『阿部次郎と斎藤茂吉』桜楓社、一九八四年、一〇一―一〇二頁）。

(33) 『読売』一九一五年五月二三日付朝刊六面（安倍能成「春休の日記より」）。

(34) 拙稿「明治末期『高等遊民』の文化・芸術活動―安倍能成を中心に―」（『史叢』第七五号、二〇〇六年九月）二六頁の【表2】に二編追加。この他、自伝に言及されていないもので『新小説』に五編（「月旦」〈一一年一二月〉、「二階の家」〈一二年一月〉、「自叙伝合評『其三』」〈一二年三月〉、「『殼』を読む」〈一三年九月〉、「実現と獲得―タゴールとオイケン―」〈一五年一一月〉）があり、この他にも存在する可能性がある。他の新史料については、今後の研究に待たなければならない。
(35) 安倍能成「九月の評論」(『ホトトギス』第一三巻第一号、一九一〇年一〇月)二頁。
(36) 同右「一〇月の評論」(同右同巻第二号、一九一〇年一一月)二頁。
(37) 同右「人格の哲学と超人格の哲学を読む」(瀬沼茂樹編『近代文学研究資料叢書(三)』日本近代文学館、一九七三年所収。『東京朝日新聞』一九一〇年四月二六日付朝刊初出)一〇七頁。
(38) 同右「『スピノザ』研究」(同右所収。同右一九一〇年四月二八日付朝刊初出)一〇九頁
(39) 前掲『我が生ひ立ち』四二四頁。安倍のこの表現はいささか謙遜が入っているといえる。例えば、作家の宇野浩二(一八九一―一九五一年)は、後の回想で「私(あるいは私たち)が二十歳の文学書生時代に〔中略〕安倍能成は、新進の評論家として、はなばなしく、活動した〔後略〕」とし、その評論を高く買っているからである(宇野浩二『芥川龍之介』中公文庫再版、一九七九年。一九五一―五二年初出。一九二頁)。
(40) 天野貞祐「大学を出た頃のこと」(『天野貞祐全集』第二巻、栗田出版会、一九七一年所収。一九四九年初出)一三二頁。
(41) 安倍の友人である阿部次郎、小山鞆絵、高橋里美など東京帝国大学文科大学哲学科出身者の多くが東北帝国大学法文学部に就職しており、こうした人物が大正期から昭和期における日本文化の一翼を担うこととなる。これらの「高等遊民」と官学ネットワークと就職の関係については別に検討が必要であろう。
(42) 自然主義文学はもともと一九世紀に発展した自然科学、社会科学の成果が人間観に与えた影響から遺伝と環境の理論で人間や社会を理解しようとした結果成立した文学思潮である。日本では明治三〇年代前半から小杉天外、小栗風葉、永井荷風などがエミール・ゾラなどの影響を受けてその方向性を打ち出し、中盤から田山花袋、島崎藤村、国木田独歩などがモーパッサンの影響から作品を残し、写実的であり強烈な自己主張を含んだ『独歩集』(一九〇五年)、島崎の『破戒』(一九〇六年)、田山の『蒲団』(一九〇七年)により日本自然主義文学の成立を見た。作家が自己内面の真実を描き出そうとする姿勢は個人を捉えていた「家」制度への挑戦であり、日露戦後国家秩序を再建しようとする政府の強権政治が展開される中で、多くの作家は深い懐疑や虚無感を抱き独自の文学を築いていくこととなる(前掲『近代日本思想史の基礎知識』一五六―一五七頁。相馬康郎執筆分)。
(43) 紅野敏郎編「年譜」(『全集』第一三巻所収)五―一〇頁。
(44) 徳田浩司「私でも文学者になれるでせうか」(『全集』第九巻所収。『新潮』一九〇八年一一月一日初出)一六三頁。以下断りが

ない限り、『全集』所収の作品著者は全て徳田である。
(45)「日記(明治三十年)」『全集』第一三巻所収、一一六―一二二頁。
(46)同右一二一頁。
(47)同右一一六―一二二頁。
(48)早稲田大学史編輯所編刊『早稲田大学百年史』(第二巻、一九八二年)一六頁。
(49)「自筆年譜」(『全集』第一三巻所収。一九二八年初出)三四七頁。
(50)例えば、一九一五年に早稲田大学文科予科卒業の青野季吉は、卒業後直ぐに職がなく、たまたま受けた読売新聞社の社会部記者となった。青野によれば「就職難の時代で、文科出などには特にそうであった。わたしは幸い職をもつことができたのをよろこんだ」という。もっとも、これは「文壇へ出るまでの腰かけに新聞や雑誌で口を糊する」ための就職で、「わたしはじめみんな飯のためにここに入った」という(青野季吉『文学五十年』(筑摩書房、一九五八年。一九五六年初出。六四、六七―六八頁)。
(51)正宗白鳥「私の早稲田時代―思ひ出すままに―」(『正宗白鳥全集』第二八巻、福武書店、一九八四年所収。『早稲田学報』一九五一年初出)四四八頁。
(52)「発見家か創作家か」(『全集』第九巻所収。『読売』一九〇九年三月一三日付朝刊初出)二〇九頁。
(53)前掲「私でも文学者になれるでせうか」一六四頁。
(54)「『生ひ立ちの記』苦心談」(同右所収。『新天地』一九〇八年一一月一日初出)一六七頁。
(55)「創作上の疑問一束」(同右所収。『秀才文壇』第九巻第七号、一九〇九年四月一日初出)二一四頁。
(56)「島村抱月氏の『観照即人生の為也』を是正す(何故に芸術の内容は実人生と一致するか)」(同右所収。『読売』一九〇九年五月一六日付、六月一三、二〇日付、七月四、一一日付朝刊初出)二四〇―二五二頁。
(57)伊藤整『日本文壇史一七　転換点に立つ』(講談社文芸文庫版、一九九七年。一九七九年初出)一八七頁。
(58)『読売』一九〇九年五月二日付朝刊附録一面(生方敏郎「無駄話を論ず」)。
(59)一九一〇年二月二二日徳田元作宛徳田浩司書簡(『全集』第一三巻所収、一二頁)。
(60)正宗白鳥「序文」(『正宗白鳥全集』第二〇巻、福武書店、一九八三年所収。近松秋江『別れた妻』太虚堂、一九四七年序文初出)四一三頁。

(61) 一九一〇年一〇月二四日付徳田元作宛徳田浩司書簡(『全集』第一三巻所収、二〇頁)。
(62) 前掲一九一〇年二月二二日付徳田元作宛徳田浩司書簡(同右所収、一一頁)。
(63) 伊藤整『日本文壇史一八 明治末期の文壇』(講談社文芸文庫版、一九九七年。一九七九年初出)一八三頁。
(64) 前掲伊藤書『日本文壇史一七 転換点に立つ』一八五―一九六頁参照。
(65) 「此の頃」(『全集』第九巻所収。『読売』一九一〇年一月一日付朝刊初出)三五一頁。
(66) 「うき草の悲み」(同右所収。同年同月二三日付初出)三六〇頁。
(67) 一九一〇年五月一日付徳田元作宛徳田浩司書簡(『全集』第一三巻所収、一六―一七頁)。
(68) 一九一〇年四月一八日大貫ます宛徳田浩司書簡(推定)(同右所収、一五頁)。
(69) 前掲瀬沼書『日本文壇史二〇 漱石門下の文人たち』七三―七九頁。なお、この後実際に、徳田は秘密探偵を雇って調べるなどした結果、ますがかつての下宿人の客、徳田の甥の知人である岡田某と日光へ遊びに行き、東京で同棲をしていることを確認し再開を果たす。しかし、ますは徳田との生活を約束しながらも、東京に戻った後に再度行方をくらましてしまった。さすがの徳田もそれ以後は消息をつかめず、二人は二度と会うことはなかったが、これらの経費も一〇年度初頭の多額の送金要請に反映されているといえる。ここでの徳田の行動を分析することは難しいが、放蕩の悪影響と神経衰弱の影響、生活難が徳田をして常軌を逸した行動に駆り立てたようである。
(70) 安倍能成「五月の小説」(『ホトトギス』第一三巻第一〇号、一九一〇年六月一日)五〇頁。
(71) 志賀直哉「新作短篇小説批評」(『白樺』第一巻第五号、一九一〇年八月一日)二二頁。
(72) 「遊民」(『全集』第一巻所収。『新潮』第一九巻第二号、一九一二年初出)二三三頁。
(73) 同右二三四頁。
(74) 同右二三五頁。
(75) 同右二三七頁。
(76) 同右二三三―二三四頁。
(77) 同右。
(78) 同右二三六頁。

(79) 加藤政洋『大阪のスラムと盛り場―近代都市と場所の系譜学―』(創元社、二〇〇二年)一七六―一七七頁。

(80) 前掲「遊民」二三七頁。

(81) 同右。

(82) 広津和郎「手帳」(広津和郎著・紅野敏郎編『新編 同時代の作家たち』岩波文庫版、一九九二年所収。一九五〇年初出)では、新聞をよく読み、米騒動を小説にしようとする徳田の様子や、民政党びいきの政治観などが回想されている。また、一九二六年三月一〇日に『中央公論』編集者の木佐木勝は、「忙しいときに長居をされると閉口」、「秋江氏のこのくせは床屋談義といってひやかされているが、当人はおおまじめなのだ」と日記に記している(木佐木勝『木佐木日記』第二巻、現代史出版会、一九七五年、五二―五三頁)。同日記中には、この他に二八年三月一五日、八月一四日、二九年三月二日などに徳田の様子を垣間見ることができる。その政治的関心の成立過程についてはまた別に検討が必要であろう。

(83) 前掲「遊民」二三九頁。

(84) 生方敏郎『東京初上り 生方敏郎集』(現代ユウモア全集刊行会、一九二八年)五七頁。

第二部　「高等遊民」問題の再燃

第一章　大正中期までの「高等遊民」問題を巡る変化

はじめに

第一部第一章、第二章で検討してきたように、一九一一（明治四四）年に社会問題化した「高等遊民」問題は、実質的に無策のまま、大正期を迎えた。その間、第一部第三章で見たように、資力のない「高等遊民」は、一定でない職業に従事したほか、文壇に新しい進路を開拓するなどしていたが、政府や世論から「高等遊民」の懸念は途絶えることなく、散発的に説かれ続けた。

例えば、一九一三（大正二）年に反藩閥、反政友会、対外的な拡張政策を唱えた『万朝報』（以下『万』）は、現在の教育では「社会に実用の人となることが出来ぬ許りでなく、高等学校の関門を通過するまでに無用の歳月を経過して、所謂高等遊民を夥しく出すことハ国家の為に確に一大損失[1]」とした。また、一五年に元大蔵官僚、日本興業銀行初代総裁の添田寿一は、「国民教育は日に月に駸々として進み、一方種々なる職業の数を増しつゝあるにも拘らず、年々多数の高等遊民を出し、就職難の声次第に高まりつゝあるが如し[2]」などとしたのである。ここから、依然として「高等遊民」が多数発生し、その社会的な位置づけが定まらなかった状況がわかる。大逆事件後社会主義運動は「冬の時代」だったとはいえ、解決策がない状況に加え毎年輩出される「高等遊民」が、依然として一定の社会不安を喚起していたのである。

ただし、その後の経過を見ると、第一次世界大戦後の好景気（大戦景気）に伴う就職状況の改善により問題は解消し、一九二〇年に始まった大戦後の恐慌（戦後恐慌）の発生により再燃することがわかる。

例えば、同年九月の『東京時事新報』は、「戦争以来経済界の好況に伴ない（中略）卒業生はほとんど引っ張り凧と云う素晴しい景気で、戦前久しい問題であつた高等遊民の嘆声も全く跡を絶つと云う有様であつたが、不景気来とともにこの状態は果たして破られて来た」[3]とその状況を説明している。後述するように、昭和期に「高等遊民」問題が再燃するまでには、高等教育機関の拡張が行われたこともあって、問題はより大規模になったことが窺える。その実態を解明する上で、戦後恐慌までの構造的変化の検討が欠かせない。

従来、大正期の「高等遊民」問題を巡る変化については、教育社会学研究が、昭和期に本格化する背景として、臨時教育会議を受けた一九一九年施行の「高等学校令」「大学令」による原敬内閣期の高等教育制度拡張政策の存在とその影響を指摘したのみである。[4]しかし、この大正中期までの時期は、「高等遊民」問題に関する論調が減ったとはいえ、依然として懸念事項であり続け、同時に昭和期に問題が再燃する構造的な変化を準備した時期でもある。その具体的様相を検討しなければ、昭和期の問題の再燃の理由を明らかにしたことにはならない。

そこで本章では、以上の点を踏まえて、大正期における「高等遊民」問題の状況について以下の諸点を検討する。

第一に、明治末期における「高等遊民」問題へ対応した「高等中学校令」がいかに実行されたのかを検討する。結論からいえばこの学制案は一九一三年に無期限延期となってしまうが、いかなる理由で事実上廃案となったのか、またその後の文政での学制改革と「高等遊民」問題との関係を明らかにする。

第二に、抜本的な改革案が否定された状況で生じた大正初期から大戦景気が始まる大正中期までの「高等遊民」発生の状況を『文部省年報』各年度版を参考に、個別事例を含めて検討する。ここでは特に明治末期との連続性と変化について明らかにしていく。

第三に、「大学令」「高等学校令」が公布され、大戦景気を背景に原内閣期の高等教育制度拡張計画が行われたことを踏まえて、「高等遊民」発生に関していかなる構造的な変化が起こったかを検討する。この間に、第一部第二章で検討したような〈高等遊民〉論が再度学制改革の否定に繋がらなかったのか、また、「高等中学校令」のように、計画案の内容を検討することで、高等教育機関増設が昭和期の「高等遊民」発生にいかなる影響を与えたかを明らかにする。

一　学制改革の無期限延期

一九一一年八月二五日に「高等遊民」を政治課題として認識した第二次桂太郎内閣が辞職した後も、第一部第二章で見た「高等遊民」問題に対する多くの解決策が現れた。しかし、現実にそれらはあくまでも予防的なものであり、実施に際しては幾多の課題があった。しかし、大学出の「高等遊民」は「鬼の死骸」の如く潰しが利かない[5]、あるいは「就職難を嘆じ、高等遊民の槽櫪に入るが如き人物は、幾千万人あるも、以て我が帝国をして大発展せしむること能はざるなり[6]」などとする論調は後を絶たず、引き続き国家基盤の動揺を規定し、深刻な反社会性を誘発する可能性を持った存在として懸念されていた。

他方、政治状況は目まぐるしく変化した。一九一一年九月に第二次西園寺公望内閣が成立、行財政整理が避けられない財政状態にもかかわらず、中国辛亥革命に刺激された陸軍が二個師団増設を要求し、その結果内閣は辞職（翌年一二月五日)、続いて内大臣と侍従長を兼任していた桂が第三次桂内閣を組閣したが、桂の組閣が宮中と政治の境界を乱すという非難から立憲国民党の犬養毅、立憲政友会の尾崎行雄を中心とする「閥族打破・憲政擁護」を掲げた第一次憲政擁護運動が起こった。桂の退陣後の一九一三年二月に第一次山本権兵衛内閣が組閣された。

この間、憲政擁護運動は政情不安を招き、一九一三年には議会停会が相次ぐ状態となって民衆騒擾も勃発するが、管見の限りでは、これらに関して「高等遊民」問題が直接取り上げられたことはない。この間、「高等遊民」問題が注目されたのは、山本内閣下における学制改革を巡る動向においてである。それは、明治末期における抜本的な対策であった第二次桂内閣小松原英太郎文相の「高等中学校令」が一三年五月に無期限延期、つまり事実上消滅することとなったためであった。

第一部第二章で見たように小松原は、「高等遊民」対策として、高等学校を高等中学校に改編し、官立のみを二〇校増設する「高等中学校令」を制定させた。それは、「入学難」を抑制し、かつ卒業生を地方や実業界へも配分し、資力のない「高等遊民」への移行を未然に防止するための政策であった。しかし、その実施に際しては学力低下や財源問題が実施に際しての課題として残されていた。その後の第二次西園寺内閣文相の長谷場純孝、牧野伸顕、第三次桂内閣文相の柴田家門は、その実施を念頭においていたものの、政局の変化や緊縮財政の影響により十分な体制を整えられなかった。

この事態に終止符を打ったのが、続く山本内閣の奥田義人文相であった。奥田はもともと「高等中学校令」に反対の立場であった。後に文部省専門学務局長松浦鎮次郎が回想したように、「奥田氏は最初から高等中学校令に反対で、黙つて居ると二ヶ月後には自然に施行になるといふ処から、大急ぎで延期の理由を認め、自身で枢密院へ説明に行つて、之を無期延期として了つた。其の延期の主たる理由は、今や全国の直轄学校が改築修繕を要するもの頗る多く、其の費用だけでも数百万円を要す、然るに此の上更に二十校も高等中学校を増設する事は、政府に於てとても見込み立たず(7)」というものであった。「高等中学校令」の無期限延期が決定し、「高等遊民」問題への抜本的対策が事実上葬り去られる事態となったのである。

これに対して、朝野からは学制改革の延期に対して「高等遊民」問題の観点からの批判が出た。中でも、「高等中学校令」公布に尽力した小松原は、同年五月より『東京日日新聞』において七回にわたって「高等遊民問題」を連載し、「我邦高等教育の発達に伴うて漸く社会に所謂高等遊民なるものを生ぜんとするの情況を呈し高等遊民問題は高等教育に関する重要の問題となるに至れり(8)」との危機感を再度表明した。そして、学制改革と同様に実業教育の奨励、都市集中主義の排除、人物養成主義(9)、新たな提案として授業料値上げ、徴兵令改正による中学校の特権排除と、給費制度による優秀な学生の確保を提言している(10)。

この議論は一部で共感を呼び、「これには恐らく何人も異論の無い事と思ふのである。而して聞く所に依れば今日の上流社会に於ては此の種危険性高等遊民の発生といふことを、国家の為に大に憂慮して居らるゝといふことである、思ふに将設の教育調査会〔後述〕に於ても、これ亦一問題として調査せらるゝに至るであらう(11)」などとする反応も現れた。これらの議論は、継続的に増加する「高等遊民」が依然として政治課題であり、同時に文政による対策の必要性がなおも求められていたことを示していた。

もっとも、奥田文相は「高等遊民」問題に無理解だったわけではなく、「就職難」による「高等遊民」の発生は確実に懸念していた。著書『学生論』（一九一六年）には、「実業界には、昔に比して事業勃々として興り、人物を需要すること甚大になつたけれども、其代り学校卒業生は、年々増加し、動もすれば、供給需要に超過して、人物の過剰を訴ふる様な形勢となつた。そこで就職難の嘆声が、高等教育ある青年の間に起り、所謂高等遊民として下宿屋の二階にゴロゴロして居る者をさへ生ずるに至つた」[12]とあり、第三〇回帝国議会貴族院予算委員会でも、「〔明治〕四十二年度ノ統計ヲチョット見マスト、五千六百四十一グラ井〔イ〕ナモノハ殆ド何ニモ職ニ就カズニ居ルト云フヤウナ無頼ノ者ガアル〔筆者注―数値は『文部省年報』中学卒業生の統計数値〕、即チ高等遊民ト云フ者ヲ作ッテ、時ニハ暴動其他モ来タスト云フヤウナコトニナリマスガ、之ニ対シテ当局ノ御考ハ如何デアリマスカ」という松浦厚伯爵の質問に対し、「兎ニ角、其割合ハ如何ニ致シマシタ所ガ、将来ニ於キマシテハドウシテモ御話ノ如ク実業的ノ学校ヲ段々ト増加ヲ致シテ、サウシテソレニ収容ヲスルヤウニ致シタイ」[13]と答えているのである。

とはいえ、奥田文相は「高等中学校令」に代わる抜本的な学制改革を検討する意欲を見せながら[14]、結果的に従来の高等教育会議に代わる文相の諮問機関として教育調査会[15]を一九一三年六月一四日に設置し、「帝国大学高等学校開始時期」「帝国大学法科大学修業年限短縮」を特別委員会で議決（一二月二七日）させただけで、改革には着手することはなかった。すなわち、「高等遊民」対策は振り出しに戻ったのである。

その後、山本内閣がシーメンス事件で退陣し、政治綱領に教育の改善など一〇項目を掲げた第二次大隈重信内閣が一九一四年四月に成立したが、教育調査会は一七年の廃止までに七つの学制改革案を審議したに止まり、教育構想の違いから全て公布・施行には至らなかった。

教育調査会の議事録は発見されておらず審議の詳細はほとんどが不明であるが、この間、学制改革に伴った「高等遊民」が再度多数輩出され、「危険思想」の担い手となるとする議論＝〈高等遊民〉論[16]が発生したことが、幾つかの断片的な史料から確認できる。

例えば、堀尾石峰なる論者は、中学に予備校や年限増加は無理だとし、「国外発展等の為にそれは又異つた見方を為すことが出来るのであるが、さも無い限りは、大学及び高等専門学校の門前に彷徨する、多数の失意青年を養成するに過ぎない」(17)とした。また、かつて「高等中学校令」審議過程で〈高等遊民〉論を展開した貴族院議員の木場貞長は、「今や既に或科の学士中には、喰ふに困つて居る者があるのである。法科文科の如きがそれである。例へば法科大学生の如き、東京帝国大学には二千四百余人、京都帝国大学には三百余人、計二千七百人も在学するのであるが〔中略〕社会が左程に多数を需用する筈は無いでは無いか」(18)とする見解を発表した。いずれも第一部第二章と同様、増設後の「高等遊民」発生の懸念である。

もちろん、麻布中学校校長の江原素六のように、木場のいう「法学生過剰の結果、高等遊民の増加を憂ふるが如きは杞憂」とし、「蓋し満州の経営支那の開発等、真に人材を要するの地はなほ広し、今日の憂は学問ある者の過剰に非ずして、其の利用の途を講ぜざるにあり」(19)として帝国主義的な解決策を説く議論や、『読売新聞』社説のように、「先輩よりもより良き教養とより良き準備をもてる年少子弟が先輩の為し又は為し能はざりし事業をより良き成績を以て遂行実現せんとするの兆」を見て、「慶賀歓迎すべき」(20)とする見解も多少存在していた。しかし、事態は先に見たように「現在の高校より多くなり其の卒業も亦多くして、所謂高等遊民の数をも増加すべしといふ議論は、必ずや此の学制案に反対して勃発する所なるべし」(21)という状態が続いていたのである。

すなわち、大正初期において「高等遊民」問題に対応するはずの「高等中学校令」が無期限延期となった後、学制改革は一向にまとまらず、抜本的な対策は困難な状況となってしまったことがわかる。ただし、小松原の学制改革の構想は、後述する臨時教育会議で再度実現することとなるので、結果的には一時的な延期であった。

二 発生の状況

ところで、大正中期にかけて、「高等遊民」の発生を巡る状況はいかに変化したのであろうか。

この時期日本は、日英同盟を理由に第一次大戦に参戦し、対華二十一ヵ条条約による中国のドイツ権益の奪取、列強の軍需物資の注文増大、アジア・アフリカ、南米の購買力の増大と先進諸国の供給途絶などの状況変化によって、一九一五年以降重化学工業を中心とする国内産業の急激な発展があった。こうした産業界の好景気は「就職難」の改善をもたらした。

他方、該時期の教育機関の推移を見ると、日清戦後増設された中学校がその後も増加し続け、一九一〇年から二〇年に比して、三一一校から三六八校へ一・二倍（小数点第二位四捨五入。以下同じ）となり、専門学校が東京高等商業学校（以下、東京高商）のように大学へ昇格した事例もあるものの、七九校から一〇一校へ一・三倍と同程度増加した。また、高等学校は本章第四節で詳述する一九年施行の「高等学校令」「大学令」を受けて原敬内閣期に実施された「高等諸学校創設及拡張計画」（以下「拡張計画」）による高等教育機関増設の影響で八校から一五校へ一・九倍に増え、大学は三校から一六校へ五・四倍の増加となった。これを受けて学生・生徒数も激増し、一九一〇年から二〇年までに中学校は一二万二三四五人から一七万七二〇一人へ一・四倍増加し、その進学先となる高等教育諸機関の高等学校は六三四一人から八八三九人へ一・四倍、専門学校は三万二九六九人から四万九〇〇七人へ一・五倍となり、大学は五五一四人から一万一一七五人へ二倍となっている。(22) この時期は、大学以外は軒並み微増に止まっており、「高等遊民」発生の構造にそれほど変化はないと見てよい。

では、好景気の到来と学校増設が続いた大正中期にかけて、「高等遊民」はどの程度輩出されたのであろうか。まずは、一九一二年から二二年における『文部省年報』統計をもとに、第一部第一章第一節と同様に各種教育機関の「職業未定又ハ不詳」者数、「半途退学」者総数と「学資不足」者数の推移を検討する。

まず、全体の傾向を見ると、卒業生の三割以上を継続して輩出した中学校を最大に、高等教育機関では、年度によって異なるが二〜三割前後の東京外国語学校、東京音楽学校（以下東京音楽。ただし男女合計のため検討対象外）、明治末期以降ほぼ毎年微増を続け、最大で一九一四年の一〇四〇人中三九六人（三八・一％）と四割近くを輩出した東京帝国大学（以下東京帝大）が最も多くの「高等遊民」を輩出している。参考数値としてこれらの合計数を単純に加算すると、「職業未定又ハ不詳」者数は一二年の七〇〇六人から二一年の七〇八二人、「半途退学」者は一万九九四一人から二万四二六四人となり、合計で二万六九四七人から三万一三四六人となる。明治期よりも五〇〇〇人程度増加していることがわかる。このことは「高等遊民」が発生し続けていたことを示すに十分な数値といえる。

次に、各学校、学科の状況について、事例を点描しながら検討する。まず、中学校の状況を見ると、卒業生が一九二〇年を除いて常に微増しており、一九一二年から一〇年後には、一万七五〇七人から二万三五七三人へと一・四倍になっている。「職業未定又ハ不詳」者は、一四年に一万八九七二人中七四九二人（三九・五％）と卒業生の四割近くを最大で輩出したものの、その後は下降し、二一年には六〇二三人（二四・五％）に減少している。大戦景気の影響と、学校増設による効果と見てよいだろう。

こののち、「高等遊民」発生の第一の理由は、官立高等教育機関への「入学難」であった。第一部第一章で見たように明治末期の受験倍率は高く、多くの人物が受験浪人や苦学をして捲土重来を期していた。しかし、大正中期にかけても、前述の学生数から明らかなように、中学卒業生が主な進路として目指した高等学校、専門学校と大学をあわせた学生数が、中学卒業生を吸収し得ない数であった。この点についてこれは、大正初期における中学生向けの進学案内書に、「不幸なる人に到つては、四年も五年も入学試験を受くる為の勉強をのみして居て、尚思ふところに首尾好く入れない人すらある」こと、「随分頭のいゝ勤勉な人達で、尚、さうした悲運に陥つて居る人も、実際に於て少なくない」[23]こととして指摘されており、一九一七年にも『万』が、少数の進路変更者以外は「其儘廃学する者又は来年の入学試験期を待つ者」であり、五〇〇〇～六〇〇〇人は完全に「入学試験を待つ者」だと指摘している。[24]つまり、「高等遊民」発生の最大要因であった大規模な中学校生徒数とそれを吸収し得ない高等教育機関という構図は健在だったのである。

第二は「就職難」である。大正初期には、文部官僚の岡田良平がいうように、多くの採用試験には募集が殺到し、「其志望者は、大抵は中学校を卒業した立派な人々」であるが、「それにも有り附くことが出来ぬ」者が多く、今後は嫌や〳〵ながら父祖の家に帰つて来て親の脛を噛ぢる」とし、「段々年を取つて参りますと、世の中に何か事あれかしと、常に不平の念が胸臆に満ち〳〵て居る」[25]という状況であった。特に地方出身者の場合、都会生活により堕落する可能性もあり、農村への影響も否定的に捉えられていた。もっとも、この状況はその後もある程度続いたと見てよいが、管見の限りその後目立った報道はなく、大戦景気に伴い「就職難」の緩和があったと考えられる。

そして第三の「半途退学」であるが、これは主に「学資不足」が最たる理由であった。中学校からは、一九一二年に一万七六六二人が発生し、その後二二年にかけて微増減を繰り返しながら、結局二万三二八人まで微増しているのである。

加えてこの時期には、父兄による意図的な退学も行われ、子弟の向学心と父兄の職業志向の間で葛藤や矛盾が絶えなかった。例えば、愛知県田原町教育会長の山本右太郎は、「中学校を卒業せしむれば、徒に気位高く、父兄の言を用ひず、祖先以来の家業を嫌忌するを以て、中途に退学せしむるは、之を防止するの一手段なり」[26]とする父兄の言を紹介している。彼らの中には、大正中期に新聞記者に指摘されたように、都会熱、進学熱を抱いて上京し、「中学二三年位な学力があれば最う一廉筆の先かペンの尖で飯の喰へる者と心得」ているものの「懐中に余裕が無い」ため、都市下層に流入する資力のない「高等遊民」の事例も引き続き多く存在していた[27]。

他方、高等教育機関の場合、主な原因であった「就職難」は、明治末期以降引き続き深刻な状況であった。そこで、第一部第一章第一節と同様、東京帝大の各学科における「職業未定又ハ不詳」者の割合を事例に検討していく。なお、一九一六年度のみ、前述の奥田文相による「帝国大学法科大学修業年限短縮」施行により法科で二年分の生徒が輩出されたために卒業生が一時的に倍加している[28]。

まず、全体の傾向として、一九一六年を境に「職業未定又ハ不詳」者の割合が一五一八人中五六一人（三七・〇％）から一一八一人中二八九人（二四・五％）に改善した点が指摘できる。これはいうまでもなく大戦景気を受けたものである。この改善状況は戦後恐慌の影響が顕著に現れる二一年の一九五九人中三四八人（一七・八％）まで続いている。管見の限り、どの程度の雇用改善が見られたのかは不明であるが、小松原も回想するごとく、「民間各種の事業勃興してより大学卒業生の需要大に増加した[29]」ことは間違いない。ただし、「職業未定又ハ不詳」者が消滅したわけではなく、後述するように実業界入りを目指さない人物からは「高等遊民」も輩出されている。効果はおよそ三～四年間であり、各分科大学別に見ると「職業未定又ハ不詳」者は文系では法科、文科、開学直後の経済学部、理系では工科に顕著である。

法科は大戦景気まで半数前後の生徒である二〇〇人が毎年「職業未定又ハ不詳」であり、割合で最大だったのは一九一四年の四〇五人中二一〇人（五一・九％）、人数では一六年の八八五人中四七〇人（五三・一％）であった。他方、最低では一九年の五〇三人中五四人（一〇・七％）である。一四年の第三一回帝国議会貴族院では、法学博士で東京帝大教授、私立法律学校監督委員を務めた貴族院議員富井政章が、「大正政変」の流れを受けて議会に提出されていた官吏任用試験における帝大法科特権の是正を規定した「裁判所構成法中改正法案」「弁護士法中改正法案」の通過を支持した際、以下のように述べている。

十数年前マデハ不完全ナル法学ヲ修メタ者デモ、社会ノ需要ガアッタモノデ、ソレ故ニサウ云ウ学校ガ沢山出来タノデアリマスルケレドモ、今日ハ帝国大学ノ卒業生ト雖モ、中以下ノ者ハ余ホド地位職業ヲ得ラレナイト云フ時代ニナッタモノデアル故ニ、謂ハユル最モ恐ルベキ此高等遊民ト云フモノガ、沢山出来易イ世ノ中ニナッタノデゴザイマス(30)

こうした状況から、一九一六年に東京帝大法科を卒業した安井英二(のち内務省地方局長)のように、当時「もう世の中がびっちりつんでしまっていて、何にも打ち込んで働く余地がないような感じをもった(31)」人物は少なくなかったようである。特に官界は実業界のような景気回復の直接的影響を受けないためでもある。

ただし、一九一七年に同じく法科を卒業した佐藤喜一郎(のち三井銀行会長)は、「求人の方も、第一次大戦時の好景気が続いていて、実業界に需用が多かったので、平年の倍という卒業生をあまり問題もなく消化してしまった(32)」という。このように、大戦景気によって実業界が好景気となり、恩恵を受ける卒業生が多数出てきたことがわかる。

他方、文科は教員やジャーナリズムを除けば毎年卒業生の二割以上は確実に「職業未定又ハ不詳」であり、特に一九一六年は八六人中二九人(三三・七%)が「就職難」であった。例えば、一四年文科卒業の内田百閒(のち作家)は、既に妻子もあり「大家族を率ゐて、遊食する程の資が有つたわけでもなく、又丸つきり無かつたのでもなく、丁度無くなりかけた、あぶない加減」の状況で、「大学を出てから一年半ばかり、遊食した」という「高等遊民」であった。そのため一五年に陸軍士官学校、海軍機関学校などで教鞭をとるまで無職であり、「後年の大貧乏の礎石を築」いたという(33)。また、一五年五月東京帝大文科卒業の河田重(のち日本鋼管社長)は、「第一次大戦に突入した当初は不景気にあえいでいた。私が大学を出たのは不景気風の吹きすさぶ大正四年の五月である。卒業生の半分はあぶれてしまった〔中略〕毎日下宿でゴロゴロしていた[34]」という。

こうした中で、腰掛けとして大学院に進学し、就職状況の好転を待つ者も多かった。例えば、一九一七年文科哲学科卒業の出隆（のち哲学者）は、卒業前に郷里の中学教員の口を得るのに失敗し、「田舎には口もないし本もないから東京に残って、哲学科卒業の先輩もやっているように、どこかの私立中学で地歴の教師の口か英語教師の口でもさがして、大学院に籍を置きながら、なんとかやっていこうとした[35]」と回想しているのである。

なお、新設の経済学部も卒業生の進路が定着しておらず、一九一九年から三年連続で九七人中三一人（三二・〇％）～二〇〇人中七六人（三八・〇％）という多数が、「職業未定又ハ不詳」であった。ただ、二二年には二四五人中一八人（七・三％）と改善している。

また、工科は日露戦後の造船不況後、一九一七年に七〇人（三六・六％）と多数の「職業未定又ハ不詳」者数を出すなど不調であったが、大戦景気で完全に持ち直し、一七年には一九八人中五人（二・五％）となり、文部官僚が言うように、「時局以来非常ニ殖エテ」、特に採鉱科、冶金科は二年後の卒業生まで「殆ド売切レ」というほどの状況を迎えた[36]。例えば、一七年七月に東京帝大工科大学応用化学科を卒業した時国益夫（のち麒麟麦酒社長）は、「当時は、第一次大戦中で、日本の工業化が急速に進み、技術者はどこへでも、大手を振って就職できた時代であった[37]」とし、大戦景気が終った二三年に電気工学科を卒業した井上五郎（のち中部電力会長・中経連会長）も、「三十名の卒業生に対して六十名ぐらいの採用申し込みがあった[38]」と回想している。

最後に、高等教育機関の「半途退学」者中「学資不足」者である。このうち最も多いのは東京音楽で、一九一二年に一三四人中四七人（三五・一％）から二一年に四〇二人中一七六人（四三・八％）と増加している。また、高等学校がこれに次ぎ、三四八人四六人（一三・二％）、三四二人中二七人（七・九％）となっている。それほど多数ではないが、依然として「高等遊民」発生の一つの経路だったことがわかる。文部省では、全国の専門学校程度以上の学校で入学者数の二割五分が「半途退学」者となっている現状を受けて、「体質、学資、係累等の関係を調査の上、入学を許可せしむ可く、当局に於ても目下之が考慮中(39)」などとする報道も出るほどであった。

問題なのは、こうした「高等遊民」には、早稲田大学教授の安部磯雄が指摘したように、「己の就くべき職業を求めながら、不幸にも未だそれを得られないといふ場合が多(40)」く、一時的にせよ都市下層の労働を求める「高等遊民」も多く出ていた。例えば、一九一七年に『万』は、一五年度の公設東京市職業紹介所の来所者八六九三人中、中学卒業程度以上の高学歴者が一二七七人いたことを指摘、「これが前年度より遥に超過してゐる点は、所謂高等遊民の増加しつつあることを示してゐる(41)」と報じている。すなわち、明治末期の状況は依然継続し、実業界の好景気により一部の就職状況は改善されたとはいえ、その規模は年々増加、都市下層への転落も同様に続いていたと見てよい。世論の一時の沈静化と裏腹に、現実には資力のない「高等遊民」が継続して発生していたのである。

以上検討したように、大正中期にかけては大戦景気による実業界への就職が増加したものの、「高等遊民」は明治末期から引き続き同様の学校学科で発生し、年々増加傾向にあり、都市下層への転落も存在していた。

三　学制改革を巡る議論

このように、「高等遊民」は大正中期にかけて継続して発生していた。そしてこの間、停滞していた学制改革の審議が再開し、その後決定した高等教育機関の大増設により、昭和初期にかけて大きな影響を残すこととなった。まずは、審議が再開された学制改革を巡る議論を見ていく。

それは、一九一六年一〇月に発足した寺内正毅内閣において、高等教育機関の整備を検討する臨時教育会議が設置されたことに始まる。藩閥勢力を結集した寺内「超然」内閣で文相に岡田良平が就任すると、岡田は内閣諮問機関として臨時教育会議を設置した。岡田はかつて小松原が「高等中学校令」を策定した際の文部次官であり、「高等中学校令」策定にも尽力した人物である。岡田は、元老山県有朋系の官僚と密に連絡を取り、学制問題を解決して小学校から大学までの教育体制を完備させる決意で臨み、小松原もこれに協力、事前に委員の選定に関与し、総裁に平田東助、委員に一木喜徳郎、阪谷芳郎、有松英義、江木千之といった山県系官僚・枢密顧問官勢力、財閥関係者を選定、事前の打合せをした上で会議の主導権を握り、自身も各小委員会で委員長を務めるなど積極的に会議を進めた。(42)このため、会議は小松原、岡田ら明治末期以来の持論である高等教育機関拡張方針にしたがって進み、ここに来て懸案だった高等教育機関の増設が実現可能な状況となったのである。

臨時教育会議では、諮問第一号が出された一九一七年一〇月一日から、最後の第九号の全審議が終結した一九年三月一八日まで全学校を貫徹させる学制案が諮問されたが、このうち「高等遊民」問題に関する高等教育機関に関する諮問は、諮問第二号「高等普通教育ニ関スル件」（以下第二号）、諮問第三号「大学及専門教育ニ関スル件」（以下第三号）の二つである。

注目すべきは、この短期間の審議の中で、〈高等遊民〉論が反対論として登場したものの、この時には大戦景気と政治状況の変化により、第一部第二章で見たような影響は及ぼさなかった点である。

まず、かつて「高等中学校令」の審議過程で〈高等遊民〉論を唱え、草案の改定にも影響を与えた木場貞長は、一九一七年一二月七日の諮問第二号審議中、国家社会の観点から高等学校増設後に「高等遊民」が輩出され、「世ニ禍ヒスル時ハ一層有力ナル武器ヲ有ッテ居ル人達デアル(43)」と会議の方針に疑問を呈した。更に帝大派の山川健次郎も、一八年一月一七日の諮問第二号第一回答申議決時に、「木場君ノ言ハレタ通リ」大学進学できない者が「所謂高等遊民ト云フモノニナリマシテ恐ルベキ危険分子ヲ形造ルデアラウト考ヘル」[44]とし、高等教育機関の変更、拡張に反対を唱えたのである。

しかし、これらに対しては、関西財閥代表の小山健三のように、「中学校ノ卒業生ガ非常ニ溢レテ参リマシテ、殆ド其行ク所ニ迷ッテ、其結果或ハソレガ高等遊民ト云フヤウナ形ニナリマシタリ、若クハ不良青年ト云フヤウナ群ニ入ル」現状こそが「天下ノ痛憂」[45]する問題であることが主張された。すなわち、学制改革は将来的な「高等遊民」発生を憂慮する〈高等遊民〉論によって反対されるべきではなく、むしろその解決のために重要な方策であることが確認されたのである。この点については、小松原の「高等中学校令」を高く評価していた委員の沢柳政太郎も、「教育機関ノ不備ナルガ為ニ…極端ナ言葉デ申シマスト、所謂高等遊民ガ出来テ困ルト云フ議論ガ当時社会ニモ沢山アリ、政府部内ニモアッタ」が、高等教育の問題は学制改革であり、「高等遊民ト云フヤウナ者ガ出来ル心配ハナカラウト云フコトハ当局者トシテ何トカシナケレバナラヌ」[46]ものであるとしたことから明らかである。

この後、木場は前述の〈高等遊民〉論を再度唱えたが、他の論者は学制改革を支持する側に廻り、これは退けられた。このように、臨時教育会議では、有力な反対理由であった〈高等遊民〉論は説得力を持ち得ず、拡張の方針が否決されることはなかったのである。第二号は計一五回（うち小委員会五回）の審議、二度の答申議決を経て一九一八年五月二日に決定し、第三号は計一〇回（うち小委員会三回）の審議と一回の答申議決で同年六月二二日に決定した。

第二号答申は、第一回・第二回答申及び答申理由書によれば[47]、「国家ノ中堅タル中流階級ニ対スル」高等普通教育を授けることを基本とし、地方における「各種事業ノ経営者」「地方行政ニ従事スル官吏」「地方自治体の名誉職」になる人々にもこれを授けるという、かつての「高等中学校令」における「地方紳士」の養成が明確に打ち出され、制度面では一年間の修業年限短縮による七年制の高等学校とされ、「一、高等学校ハ高等普通教育ヲ授クル所トス」、「二、高等学校ノ修業年限ハ三年トス」として官公私立の全てに設置が認められることとなった。また、思想面では国家中堅人物に相応しい「国体ノ観念ヲ鞏固ニ」すること、教育勅語を理解して徳性涵養に努めることが規定された。

なお、これに合わせて第三号の眼目は、大学が「国家ニ須要ナル学術ヲ教授シ及其ノ蘊奥ヲ攻究スル」目的で官公私立に認められ、高等学校卒業者及び同程度を入学条件とし、在学年限三年以上（医学科は四年以上）、「希望事項」として「人格ノ陶冶及国家思想ノ涵養ニ一層意ヲ致サムコト」、「法科偏重ノ弊ヲ矯正セムコト」、「各科ヲ通シテ公平ナラシメムコト」となった。つまり、高等学校を高等普通教育機関として従来の大学予科の役割を解消し、国家中堅の人物を作ること、大学では平均的な学科配分とともに学術研究、人格陶冶が期待されたのである。すなわち、ここにおいて「高等中学校令」を範とした「高等遊民」を取り込み、国家秩序へ位置づけ、安定した社会基盤を構成することが再度企図されたといえる。結局、〈高等遊民〉論は有力にならず、これらの答申は決定されたのである。

もっとも、こうした高等教育機関の増設に関する一連の動向に対して、議会で慎重論や反対論がなかったわけではない。事実、同年に高等学校四校、高等工業学校、高等商業学校、高等農林学校、薬学専門学校の各一校創設が決定され、帝国議会に高等学校三校他学校増設案が提出されていたが、この際にも議論には多くの〈高等遊民〉論が出ていた。

同年二月二日の第四〇回帝国議会衆議院予算委員会では法学博士、慶應大学教授で立憲政友会の林毅陸が、高等学校を増設しても結局は大学の予備校になるだろうとし、「大学ニ入ルコトニ失敗シタ者デアルトカ、所謂敗軍ノ将、所謂高等遊民トナッテ、終ニハ身ノ置キ場所ノナイヤウナ者ガ、余義ナク何カノ職業ニ、憐レムベキ程デ流レ込ンデ行クト云フ種類ノモノニナリハセヌカ」(48)としている。

また、二月二七日の貴族院予算員会第三分科会では、交友倶楽部の岡喜七郎が、現在の大戦景気では心配がないが、不況下では「就職ノ途ガナクテ困ッテ居ルト云フノガ事実」であり、「彷徨シマシテ、其中ニハ何時シカ誘惑ニ掛リ、自然思想ガ変遷シテ知ラズ識ラズ不良ナ者ニ陥ルヤウナ傾キガアリマスガ」、「是等ハ善導サレル方法デモ御講ジニナッテ居ルコトデ御座イマセウカ」と質問している。これに対し岡田は、「就職トハ全ク別デアルト云フ感ジヲ持ツコトガ必要デナイカ」などと述べ、学生の意識改革を行う「教育改良ヲ進メテ行ク」としている。(49)

ただし、岡田は、一九一八年一月二八日の衆議院予算委員会で述べたように、「今日ノ時局ノ必要ニ応ジテ、各種ノ方面ニ於テ人材ヲ要スルト云フコトガ、洵ニ切実デ御座イマス」と述べ、「遊民ト云フコトヲ恐レタ時代ガ御座イマシタガ、今日ハ遊民ヲ恐レルル声ハ変ジテ、人材ノ欠乏ヲ訴フル時代トナッテ居リマス」とし、「遊民ヲ恐レル」時代ではないという認識であった。(50) 第一部第二章で見たように、岡田は制度の実施で「高等遊民」問題を解決できると考えていたし、大正中期までに「高等遊民」自体は毎年輩出されていたが、大戦景気で「就職難」の懸念は払拭され、問題は沈静化していた。したがって林や岡の危惧は、特に多く頻出していた中学卒業程度で高等学校進学の叶わない「入学難」の「高等遊民」に対する解決の前に、大きな議論とはならなかったのである。

また、メディアにおいても、こうした議論は同様の二極化を見せていた。学制改革に賛成する論者は少なくなかったものの、既得権益を有する帝大関係者や高等学校校長、教員、一部の私学関係者、政友会などの反藩閥勢力から反論があがっていた。

例えば、臨時教育会議開始にあたって、目白台主人なる論者は、「今日の中学卒業生は多くは職業の知識も興味もなく、実社会に入りながら単に傍観的態度を取る中等遊民である」とする観点から、高等学校の年限問題、増設によりこれを解決することを希望し、同時に経費の問題、兵役の問題も解決する必要があるとしている。(51)

更に、民本主義を唱えた東京帝大教授の吉野作造は、「現代の青年を鞭撻警告するは固より必要である。けれどもそれよりも必要なるハ現代青年の活動を妨ぐる総ての社会的原因を除くことである」とする立場から、「例えば学制改革に見よ。猫も杓子も帝国大学の門に集って高等遊民が出て困ると云ふ。然しながら社会の制度並びに慣行は帝大出身者に多大の特権を与へ、私学を圧迫して殆んど之れに帝大と同等の機会を与へず、帝大出身者にあらざれば青年の志を満足する地位にありつけないやうにして居るではないか[52]」とし、学制改革に期待した。吉野は更に、別の論稿でも、「高等学校の入学試験に合格し得ずして、其針路に迷つて居る青年は毎年幾千を以て数へ、而も年と共に其数を増し、結局其総計に於て幾万の青年が修学上肝要な時機に停滞して居るといふ事は、国家問題としても由々しき大事である[53]」とも述べ、学制改革による「高等遊民」発生の解決をも支持したのである。

他方、批判的なコメントとして、東京帝大農科大学教授で理学博士の脇水鉄五郎は、「中学卒業の遊民を減し之と同時に中学より稍高等の教育を受けた知識階級の人の数を増加し得る利益はある」が、大学の増設が無ければ「更に高等なる遊民」を作ってしまうことから、「高等遊民の生ずるのは已むを得ぬ事とすれば理論上成可く其知識を高めた方が社会に害毒を流すことが少いかも知れぬが、此も再考する必要がある[54]」と、教育内容の充実と従来の「高等遊民」問題の再検討を説いている。また、溝淵進馬第四高等学校校長は、高等学校卒業後すぐに社会に出るのは「今日の如く分業の発達した時代に普通教育を受けたばかりで、さういうことは不可能である。改正案に従へば、年限短縮どころか却って高等遊民が多く出来ると思はれる[55]」とした。これらは、高等学校卒業後、大学進学が不可能な「高等遊民」の処遇を巡る問題を指摘するものであった。

このように、従来と同様に〈高等遊民〉論もあったが、中学卒業程度の「高等遊民」解決が積極的に望まれている状況で、〈高等遊民〉論自体が大勢に影響を与えることはなかった。むしろ、高等学校を中心とする官立高等教育機関への「入学難」は深刻な「高等遊民」発生の条件であり、大戦景気と解決策としての高等普通教育機関拡張は日本の国力水準の底上げという意味からも、広く支持されていたのである。(56)

四　高等教育機関拡張の効果と問題点

では、臨時教育会議答申を受けて、いかなる増設計画が実施されたのであろうか。注目すべきは、臨時教育会議の議題は増設の具体的計画の策定ではなく、学制改革案の策定のみであった点である。

寺内内閣はシベリア出兵に伴う米騒動により失脚し、一九一八年九月、衆議院の第一党であった立憲政友会総裁の原敬による内閣が成立した。原内閣は、国際社会において欧米列強と対等に競争しうる国民経済の発展を企図し、教育の改善、交通機関の整備、産業の振興、国防の充実という「四大政綱」を掲げ、巨額の国家投資による強力な国家的産業基盤の育成、国民経済の生産力の発展を企図した。(57)

この結果、先の臨時教育会議の決定はこのうち教育の改善という主旨に沿うものであったが、具体的な増設計画は、従前より積極政策を唱え支持を拡大していた政友会内閣によって検討されることとなった。このことは、「高等遊民」問題を強く意識した「高等中学校令」を策定し、再度その構想を勅令案として実現した小松原や岡田の見解が具体案に反映されなくなることを意味した。そしてこれにより、後述する幾つかの懸念事項が残されることとなった。

まず、先の臨時教育会議の答申決定を受け、一九一八年一二月六日に「高等学校令」及び関連する「大学令」、一九年二月七日の「中学校令」が公布されることとなった。これ以前の枢密院審議では〈高等遊民〉論は登場せず、審議に遅滞は見られない。ここでも〈高等遊民〉論はかつてのような有力な反対論とはなりえなかったのである。

公布された「高等学校令」の特徴は以下のようであった。

①「男子ニ須要ナル高等普通教育ヲ完成スル」ものとして大学予科の現状を改正する。

②中学校に相当する尋常科をもつ七年制高等学校制度（高等科三年尋常科四年）とし、官公私立の設置を制限付きで認める。

③高等学校入学は最短で中学第四学年修了者。

④高等学校の生徒定数は高等科四八〇人、尋常科三二〇人以内。七年制高等科は六〇〇人以内。一学級は四〇名以内。

従来に比して、高等普通教育の完成の意味づけ、最大で二年の年限短縮、生徒数の増加が特徴となっている。この構想は、かつての小松原原案を一層具体化した学制改革であった。「大学令」の特徴は以下のようである。

①「国家ニ須要ナル学術ノ理論及応用ヲ教授シ並其ノ蘊奥ヲ攻究」するとともに「人格ノ陶冶及国家思想ノ涵養ニ留意」する。

②在学三年以上、官公私立の設置を制限付きで認める。

③複数の学部を置く（法学、医学、工学、文学、理学、農学、経済学、商学）。ただし単科大学も認める。

④生徒数は別に定める。入学は高等学校高等科修了者か同等の学力ある者。

従来と異なり、私学などに設置が開かれたこと、年限が短縮され三年で最低年限が統一された点などが特徴である。

続いて同月には、原内閣による「拡張計画」が発表され、一九一九年四月の施行を前にした第四一回帝国議会に二五年完成予定の「高等諸学校創設及拡張計画費支弁ニ関スル法律案」として提出された。この計画は、二五年までに高等学校を二五校に、高等工業を一八校、高等農業を一〇校、高等商業を一二校、外国語学校と薬学を二校にするというもので、大戦景気がこの実行を可能にしていた。

これに伴って、以下の収容人員が予測された。まず、中学校は計画終了年度である一九二五年の中学校卒業者を二万八五〇〇人とし、その三分の二である一万九〇〇〇人が高等教育機関に進学するとみた。ここに他の学校卒業者中一〇〇〇人が進学を志望することで合計二万人を想定した。これに対して、高等学校は一七年度高等学校の収容力が約一万三〇〇〇人であることから、差し引き約六〇〇〇人分を新たに収容する必要があるとし、その分を文部省直轄学校の増設・拡張で収容しようとした。これに応じて既設校の拡張を行うほか、京都帝大農学部、東北帝大・九州帝大法文学部と、北海道帝国大学工学部新設、東京高商、医専の昇格などを企図するというのである。

ただし、この計画には、小松原らが企図した重要な点が考慮されなかった。第一に、ここでは「入学難」の「高等遊民」の蓄積が加えられておらず、それらを含むことは厖大になることから計画では削除された。[58]更に公・私立校の収容力、女子進学者の存在も無視された。すなわち、従来の〈高等遊民〉論が指摘したように、こうした受験浪人を検討しない試算では、蓄積している「入学難」の「高等遊民」を救える保証はなく、むしろ増設後に進路に迷う「高等遊民」発生が懸念されるのである。これでは、小松原が「高等中学校令」で企図した「高等遊民」解消がならないことは明らかである。

第二に、増設する高等学校、実業専門学校は志願者一〇〇の割合に対して「入学者各二一人四分（二一・四人）」とされ、同程度の増設がされるが、実業専門学校は一〇〇人に対し「農業二五人六分（二五・六人）工業二〇人商業一九人六分（一九・六人）」であるから、商業、工業、農業の順序で拡張されることとなった。また、大学では高校卒業者の約半数が文科系学部に、残りが理系学部へ進学する前提のもと、志願者の多い文科系の法学部のみが拡充される計画となった。したがって、従来「高等遊民」発生理由であった「入学難」の多い官立高等学校、専門学校、そして

「就職難」の多くを輩出した法学部を中心に、学校が増設されることとなったのである。[59] つまり、小松原らが企図していた平均的配分が必ずしも達成されていないことがわかる。結局は、志願者の傾向に沿う形での増設がなされたのである。このように、増設計画は「高等遊民」を不完全に収容する拡張計画だったといえる。

この点につき、増設後、進路に迷う「高等遊民」発生を危惧する論者もいた。例えば、為藤五郎なる論者は以下の注目すべき指摘をしている。

数年の後には過去に数倍する卒業生を一時に社会に送り出すに違ひないが、これ等に対して文部省当局者には如何の用意があるのだらう。国民に高等教育修了者の多くなる事は有難いことであるが、それが為に所謂高等遊民が殖えるやうでは困つたことである。欧州大戦の余波を受けて、近来商工方面に異常な力で人物を吸収したが、この現象に眩惑されて、永久的に斯くあるべきものとして計を立てゝは恐るべき結果を招く[60]

為藤の指摘は、検討してきた問題点を指摘しながら、増設後の問題発生を予見した点で優れている。事実、昭和初期には次章で見るようにこの懸念どおりの展開になるからである。

しかし、こうした見解は少なく、大勢に影響を与えることはなかった。議会においても「拡張計画」に対する与党政友会からの批判は皆無であり、野党、枢密院勢力の批判は、普通教育の軽視、私学への影響、財源問題、設置の問題、教員養成の問題、増設する教育機関の種類の問題など多岐に渡り、〈高等遊民〉論は有力な批判にはならなかった。それを示すのが以下の質問である。

一九一九年二月二二日の第四一回帝国議会衆議院予算委員会で判事の経験を持つ政友会の北井波治目議員は、「拡張計画」に対し、「将来ニ於キマシテ卒業生ガ其供給多クシテ需用少ナク、所謂高等遊民ノヤウナ者ガ出来ルヤウナ面目クナイ現象ガ生ジハセヌカ」とした。しかし、中橋文相は、「今回ノ拡張計画ニ依ッテ、卒業生ガ沢山出タナラバ所謂高等遊民ヲ拵ヘルト云フ心配ガ無イカト云フ御尋ネデアリマスガ、是モ彼方此方ノ委員会ニ段々出マシタ、私共ハサウ云フ憂無シト云フ御返事ヲ致シテ居ルノデアリマス」と返答している。(61) 中橋は「拡張計画」が試算に基づく立案であることを根拠に、「高等遊民」の脅威を「憂無シ」とし、質問を退けたのである。前述の問題点はあったが、それらを数えない数値上の試算では問題がなかったためである。そしてこの背景に政友会の議会工作や世論の支持、そして学校増設に対する皇室の御下賜金があったことなども指摘できる。すなわち、教育拡張を望む国民の声を背景にした原内閣の政治力によっても、これらの矛盾点は看過されたのである。こうして、予算案は議会を通過し、高等教育機関は計画にしたがって毎年増設されることとなった。

このように、「就職難」は大戦景気で解消され、「入学難」の一部は学校増設によって解決された。しかし、「高等遊民」は継続して発生しており、これに加えて「拡張計画」における増設校の偏重を背景に、蓄積されていた「高等遊民」の試算からの取りこぼしによる「入学難」の懸念、不況期において予測される増設された学校卒業生の「就職難」の懸念が、昭和初期にかけての問題点として、新たに残されることとなったのである。

おわりに

以下、本章の問題点に即して論点をまとめる。

第一に、明治末期における「高等遊民」問題対策であった「高等中学校令」は財源問題から無期限延期となり、政策決定者であった小松原らの反論はあったものの、その後の学制改革を巡る見解の対立や第一次大戦の勃発により、抜本的な対策は見送られてしまった。

第二に、大正中期にかけて、大戦景気で商工業関係を中心に求人が回復したために「就職難」は緩和されたが、「高等遊民」は明治末期同様、大学・専門学校の法科、文科、中学校を中心に漸次増加し、都市下層への転落も存在していた。

第三に、「高等中学校令」廃案後、臨時教育会議を経て策定された「大学令」「高等学校令」により、従来の中学卒業生の「高等遊民」問題の構造的な解決が企図された。ただし、実際は増設計画を立てた原内閣の「拡張計画」には、累積する「高等遊民」が増設の際の試算で組み入れられず、増設された学校は「高等遊民」発生数の多い法科などであり、大戦景気後の経済情勢を検討しないものであった。したがってこの「拡張計画」は、「高等遊民」が増加し、昭和初期にかけて問題が再燃する状況を準備したといえるのである。

では、戦後恐慌が始まった後、「高等遊民」問題はいかに発生し、昭和初期に再度社会問題化したのであろうか。これについては、次章で論じることとしたい。

注

（1）『万朝報』（以下『万』）一九一三年七月二四日付朝刊一面（「時代の速力を無視する教育」〈社説〉）。
（2）添田寿一「職業に貴賤無し」（福原元編『十八名士の観たる学問及び職業の選択』博文館、一九一五年所収）九三頁。
（3）『東京時事新報』一九二〇年四月二二日付夕刊二面（「不景気風は東大生の就職にも」）。
（4）唐沢富太郎「学生の歴史」（『唐沢富太郎著作集』第三巻、ぎょうせい、一九九一年所収。創文社、一九五五年初出）、伊藤彰浩『戦間期日本の高等教育』（玉川大学出版部、一九九九年）第一章、第四章。伊藤氏は教育制度の変化と「高等遊民」問題の概観について述べているが、直接の検討対象にはしておらず、因果関係の説明が不十分である。
（5）『読売新聞』（以下『読売』）一九一四年一月三一日付朝刊一面「社会の亀裂」）。
（6）「諸学校卒業生」（『教育時論』第一〇七八号、一九一五年三月二五日）四六頁。

（7）文部省専門学務局長松浦鎮次郎「最後の学制改革」（財団法人国民教育奨励会編『教育五十年史』日本図書センター、一九八二年。一九二二年初出）三〇四頁。

（8）『東京日日新聞』（以下『東日』）一九一三年五月一四日付朝刊二面（小松原英太郎談「高等遊民問題（一）」）。同時期、小松原は同年九月二九日—一〇月六日の『読売』朝刊一面に「中学校改良問題」を六回にわたって連載し、学校増設の重要性を論じている。小松原の教育観については今後の研究の進展が望まれる。

（9）同右同月一六日—二二日付（同談「高等遊民問題（三）—（七）」）。

（10）同右同月一六日、一八日付朝刊三面、五面（同談「高等遊民問題（三）—（四）」）。

（11）堀尾石峰「危険性高等遊民（一部の人士の教育過度論に対し、余は教育無要論を為す）」（『教育時論』第一〇一三号、一九一三年六月五日）九—一一頁。

（12）奥田義人『学生論』（実業之日本社、一九一六年）二二一—二二三頁。

（13）「第三十回帝国議会貴族院　予算委員第三分科会議事速記録第二号（大正二年三月二十二日）」（『帝国議会貴族院委員会議事速記録』〔以下『貴族院速記録』〕一、臨川書店、一九八一年）一五三頁。

（14）なお、奥田文相は法科大学・高等学校の修業年限短縮、それに基づく「帝国大学令」改正を企図しており、学制改革に関する改革への意欲は有していた。舘昭「大正三年の帝国大学令改正案と東京帝国大学」（『東京大学史紀要』第一号、一九七八年）参照。なお、教育調査会に関しては以下の論考を参照。中野実「教育調査会の成立と大学制度改革に関する基礎的研究」（『立教大学教育学科研究年報』第二五号、一九八二年）、同「教育調査会における大学制度改革に関する一考察—大正期の大学改革研究試論（一）—」（『大学史研究』第三号、一九八三年）、渡部宗助「教育調査会と高等学校問題」（『国立教育研究所紀要』第九五集、一九七八年）。

（15）文相の諮問機関。発足時、総裁樺山資紀、副総裁奥田義人のほか、会員二三人（枢密顧問官三人、貴族院議員六人、衆議院議員六人、実業家四人、私学関係者四人）の構成。実業界は渋沢栄一（第一銀行）、豊川良平（三菱銀行）、中野武営（東京商工会議所）、早川仙吉郎（三井銀行）。第二次大隈内閣成立後の一九一四年五月六日には、総裁に加藤弘之、副総裁に一木喜徳郎文相。後述する臨時教育会議の答申を準備する議論が多く出されたが、結論は出なかった。

（16）第一部第二章でも論じたように、〈高等遊民〉論は通常の「高等遊民」問題と異なる学制改革をめぐる議論を指す。

(17) 「学制案の疑点」(『教育時論』第一〇六七号、一九一四年一二月五日) 一二頁。
(18) 「学制改革の根本問題」(同右第一〇七〇号、一九一五年一月五日) 八頁。
(19) 「一歩を進めよ」(同右第一〇五六号、一九一四年八月一五日) 四〇頁。
(20) 『読売』一九一五年一月一二日付朝刊一面(「高等遊民を奈何」)。
(21) 「学制改正案(教育調査会特別委員会案)」(『教育時論』第一〇六六号、一九一四年一一月二五日) 三頁。
(22) 文部省編『学制百年史』(資料編、帝国地方行政学会、一九六九年) 各学校統計表より。
(23) 実業之日本社編刊『中学卒業就学顧問』(一九一四年) 一二頁。
(24) 『万』一九一七年二月一二日付朝刊二面(「中学卒業生別」)。
(25) 岡田良平「近世教育と道徳経済の調和」(『斯民』第七巻第六号、一九一二年八月七日。同年六月講演初出) 三四—三五頁。
(26) 山本右太郎「中学制度改正意見」(『教育時論』第一〇八三号、一九一五年五月一五日) 六頁。
(27) 北浦夕村『東京生活浪人百種』(内外出版社、一九一六年。一九一三年著書の一部再版) 二七二—二七四頁。
(28) 東京帝大は一九一九年に学科から学部へと変化し、経済学部が新設され、法科は一四年に学年が三年に年度短縮されている。この点について、例えば『法律新聞』は、「就職難に苦しみつつあるは勿論一面経済上の不況に原因するも其の主なる原因は両帝大法科の年限短縮に伴ふ学制の変更に在る」としている(「新学士就職難」『法律新聞』第一〇二一号、一九一五年六月三〇日、一四面)。
(29) 有松英義編『小松原英太郎君事略』(木下憲、一九二四年) 一〇二頁。
(30) 「第三十一回帝国議会貴族院 裁判所構成法中改正法律案外一件特別委員会議事速記録第一号(大正三年三月二十三日)」(『貴族院速記録』二、臨川書店、一九八一年) 四—五頁。同法は法科の「就職難」を背景にしている。竹内暉雄「国家試験制度と『帝大法科特権』」(本山幸彦編『帝国議会と教育政策』思文閣出版、一九八一年所収第八章) 参照。
(31) 「安井英二氏談話(第一回)」(『内政史研究資料』第二〇集、一九六四年二月) 四頁。
(32) 佐藤喜一郎「私の履歴書」(『私の履歴書 経済人8』日本経済新聞社、一九八〇年所収。一九六六年初出) 二九三頁。
(33) 内田百閒『私の「漱石」と「龍之介」』(ちくま文庫版、一九九三年所収。一九六五年初出) 六一頁。
(34) 河田重「私の履歴書」(『私の履歴書 経済人2』日本経済新聞社、一九八〇年所収。一九五八年初出) 四五〇—四五一頁。

(35) 出隆『出隆自伝』（『出隆著作集』第七巻、勁草書房、一九六三年所収。一九六一―六三年初出）一二六頁。

(36) 「第三十九回帝国議会貴族院　東京帝国大学及京都帝国大学臨時政府支出金ニ関スル法律案外二件特別委員会議事速記録第一号（大正六年七月九日）」（『貴族院速記録』六、臨川書店、一九八二年）五一三頁所収。

(37) 時国益夫「私の履歴書」（『私の履歴書　経済人11』日本経済新聞社、一九八〇年所収。一九六九年初出）三六七頁。

(38) 井上五郎「私の履歴書」（『私の履歴書　経済人9』日本経済新聞社、一九八〇年所収。一九六七年初出）三四三頁。

(39) 「半途退学者増加」（『教育時論』第一〇八〇号、一九一五年四月一五日）三〇頁。実際これを検討した当局の史料は見あたらない。

(40) 安部磯雄「高等遊民論」（『新小説』第二一巻第一〇号、一九一六年一〇月一日）三四頁。

(41) 『万』一九一七年四月一六日付朝刊三面（「職工希望者が多かつた／昨年度の東京市職業紹介所統計」）。統計数値は一昨年度の公式記録と同数値である（公設東京市職業紹介所編刊『東京市職業紹介所第五回年報（大正四年度）』一九一五年、三五頁）。

(42) 例えば、私的見解に対しては正式の議事を中止、懇談会を開くなどして「議論のきびしい対立を回避し、妥協一致を図る方策が意識的に採用された」（佐藤秀夫「解説」『資料臨時教育会議』第一集、文部省大臣官房企画室、一九七九年所収、三九頁）。なお、この審議過程については、海後宗臣編『臨時教育会議の研究』（東京大学出版会、一九六〇年）、久保義三『天皇制国家の教育政策』（勁草書房、一九七九年）など参照。

(43) 「諮問第二号高等普通教育ニ関スル建議（大正六年一二月七日、第十号）」（『資料臨時教育会議』第三集、文部省大臣官房企画室、一九七九年所収）三〇六頁。

(44) 「諮問第二号高等普通教育ニ関スル建議（大正七年一月一七日、第一三号）」（同右所収）三五二頁。

(45) 「高等教育機関増設ニ関スル建議」（『資料臨時教育会議』第二集、文部省大臣官房企画室、一九七九年所収）五〇三頁。

(46) 「諮問第二号高等普通教育ニ関スル建議（大正六年一二月八日、第一一号）」（前掲『資料臨時教育会議』第三集所収）二〇二頁。

(47) 前掲『資料臨時教育会議』第一集九七―九八頁。

(48) 「第四十回帝国議会衆議院　予算委員第一分科会議録（速記）第二回（大正七年二月二日）」（『帝国議会衆議院委員会議録』（以下『衆議院会議録』）一四、臨川書店、一九八二年所収）二七頁。

(49) 「第四十回帝国議会貴族院　第三分科会議事速記録第六号」（『貴族院速記録』七、臨川書店、一九八二年所収）三二一〇―三二一一頁。
(50)「第四十回帝国議会衆議院　予算委員会議録（速記）第五回（大正七年一月二十八日）」（『衆議院会議録』一四、所収）八七頁。
(51) 目白台主人「臨時教育調査会に望む」（『日本評論』第二巻第一一号、一九一七年一一月）七頁。
(52) 吉野作造「蘇峰先生の『大正の青年と帝国の前途』を読む」（『吉野作造選集』第三巻、一九九五年所収。『中央公論』一九一七年七月一日初出）一八〇頁。
(53) 吉野作造「高等学校入学試験に合格し得ざりし者及其父兄に告ぐ」（『中央公論』第三二年第八編、一九一七年八月）八〇―八一頁。
(54) 脇水鉄五郎「形式の改革よりも内容の充実」（『大学及大学生』第四巻、一九一八年二月一日）三一頁。
(55) 第四高等学校時習寮史編纂委員会編刊『第四高等学校時習寮史』（高橋佐門『旧制高等学校全史』時潮社、一九八六年引用所収。一九四八年初出）七六四頁。
(56) なお、ほぼ同時期に議論されていた「台湾教育令」の「要旨」には、「抽象的知識ヲ授クル高等普通教育ハ或ハ高等遊民ヲ生シ且ツ徒ニ士人ノ自覚心ヲ高ムルノ虞アルヲ以テ中学校ノ如キ種類ノ学校ヲ認目サルコトヽナスコト」とされていた。これはかつて台湾公立中学校官制発布の際（一九一五年二月）に「士人ニ対シ高度ノ抽象的教育ヲ授ケテ文明意識ノ向上ヲ助長セシムルカ如キハ〔中略〕統治ニ困難ヲ来ス」という理由から継続したものであった。ここからも本国に対する扱いとは異なること、「高等遊民」輩出をここでも危険視していたことが窺える（拓殖局「秘　台湾教育令案参考書」一九一八年六月、一九―二〇頁。二A―一一／類一三二六／一〇〇／二六五所収。国立公文書館所蔵。四四一―四四二コマ）。
(57) 川田稔『原敬と山県有朋―国家構想をめぐる外交と内政―』（中公新書、一九九八年）第五章参照。
(58) 前掲伊藤書三八頁。原典は「高等諸学校創設及拡張計画大要」（『明治以降教育制度発達史』第五巻、一二〇七―一二二六頁所収）。
(59) 前掲伊藤書三七―三八頁。E・H・キンモンス著・広田照幸ら訳『立身出世の社会史―サムライからサラリーマンへ―』（玉川大学出版部、一九九五年。原典初出一九八一年）二六八頁。キンモンスによれば、一九三〇年の私立大学卒業生のうち医学、理学、工学在籍者は一一％に過ぎない。これは次章で述べるように、私学が官学より顕著な「就職難」だった点とも符合する。
(60) 為藤五郎「中橋文相のお手並」（『太陽』第二五巻第二号、一九一九年二月）一五二頁。

(61)「第四十一回帝国議会衆議院　予算委員会議録（速記）第十五回（一九一九年二月二二日）」（『衆議院会議録』一九、臨川書店、一九八三年所収）二〇三―二〇四頁。

第二章　昭和初期における「高等遊民」問題の成立

はじめに

前章で明らかにしたように、明治末期における「高等遊民」問題は大正中期の大戦景気と高等教育機関拡張によって解消されることとなったが、新たな不安要素として、「入学難」と卒業生の激増による「就職難」が残された。実際、一九二〇（大正九）年に始まる第一次世界大戦後の戦後恐慌により「高等遊民」問題は再燃、ロシア革命後の社会運動の発展、大正末期から昭和初期にかけての度重なる恐慌を背景に、二九（昭和四）年に再度社会問題化することとなる。例えば、三〇年五月に早稲田大学（以下早大）講師の阿部賢一はその問題の特徴を以下のように述べている。

比較は当らぬかも知れないが、有識無業者は封建社会の浪人だ。浪人は無力だ。が、又ある点では有力だ。刀を持たぬ浪人は、水迫るを自覚しつゝ社会の動向を最も敏感に見通すのである。世界戦争前には高等遊民と云ふ名称で知られたものだが、遊民でなくて焦る民となりつゝある。職業紹介所も重役の引きも知識失業を解消せしむるにはあまりに微弱である。こゝにわが国失業問題の一特殊性がある(1)

ここからは、「高等遊民」が「失業問題」として扱われ、「焦る民」となって増加している深刻な様相が窺える。ただし、阿部のいう「高等遊民」の「名称」は第一次大戦後も有効であり、当時においては、流行した「知識階級失業者」と同様に用いられることがあった。ただし、厳密には前職（定職）があって就業意欲のあることが前提の「失業者」と、中学卒業以上の高学歴の定職にない者である「高等遊民」とは一致しない。本章で明らかにするように、「高等遊民」問題は「知識階級失業者」問題とともに取り上げられるが、より対象を限定して個別に論じられている。以下、両者は区別して用い、本章では「高等遊民」問題のみを検討する。

従来、昭和初期の「高等遊民」問題に関しては政治思想史研究や教育社会学研究に断片的な指摘が多い。[2] とりわけ、就職率の低下（大学・専門学校卒業生の就職率が文部省調査で六〇％、職業紹介所調査で四〇％以下に低落）を背景に、マルクス主義を中心とする「左傾」の懸念が明治期と比較して広範囲で進行し、「知識階級」の「就職難」と「左傾」化の関連性が概略的に確認されてきた。[3]

しかし、該時期の「高等遊民」問題の成立過程を検討し、その実態と問題の広がりを包括的に検討したものはない。そこで本章は以下の三点を検討して昭和初期における「高等遊民」問題の全容を明らかにし、その歴史的位置づけを行う。

第一に、「高等遊民」問題が顕在化した歴史状況について検討する。ここでは、大正末期から昭和初期における問題化の様相が既に大正中期に出現していたことを踏まえ、同時期に問題化する要素がいかに表出され、メディアで論じられていたかを明らかにする。

第二に、大正末期から昭和初期にかけて発生した「高等遊民」の特徴を検討する。ここでは、各学校の『文部省年報』における「職業未定又ハ不詳」者の推移を踏まえ、「高等遊民」発生理由として懸念された各大学・専門学校の「就職難」「入学難」「半途退学」の状況を事例とともに明らかにする。

第三に、資力のない「高等遊民」がいかに社会問題化したかを、歴史状況を踏まえて検討する。ここでは、当時の新聞・雑誌史料を用いて、政府関係者や新聞社説がこの問題をいかに捉えたのかを明らかにする。

一　戦後恐慌と問題の再燃

前章で述べたように、大戦景気に伴って「就職難」が解決し、高等教育機関拡張により暫定的ではあるが「入学難」がほぼ解決される見込みとなったことで、「高等遊民」の多くは国家社会に位置づけられていくこととなった。

それは、大多数を占めた中学卒業程度の「高等遊民」や産業界への就職を待つ新規学卒の「高等遊民」だけではなく、第一部第三章で見た安倍のような文科出身者の「高等遊民」も同様であった。例えば、前章で言及した一九一七年に東京帝国大学（以下東京帝大）文科大学哲学科出身の出隆は、大正時代の学制改革により、「哲学科卒業の先輩だけでなく、順ぐりに僕らの仲間にも影響、つまり就職口を与えた」とし、高校の教授として地方に去り、新設の大学、高校から留学生として海外に去るなど「哲学では食えないと思っていた先輩も、だいたいどこかに落ちついた」(4)と回想している。また、二二年新設の東北帝国大学法文学部教授の高橋里美は、「創設当時の法文学部の文科には、多少とも浪人生活の経験をもち、それで鍛えられた、いわば筋金入りの気骨ある学者が多数集まって来た」(5)と回想している。第一部第三章で見た安倍能成の友人知人の遊民状態は、こうした形で解消されたのである。大戦景気と学校増設が、それまで蓄積された多くの「高等遊民」を解消したことがわかる。

しかし、蓄積していた「高等遊民」が大戦景気で解消されていったとはいえ、間もなく大戦景気が終わり、激増した学校機関への「入学難」、そして卒業生の「就職難」が徐々に発生しはじめると、再び多くの「高等遊民」が堆積し、これが社会問題化することとなった。

周知の通り、戦後恐慌は一九二〇年三月の株価暴落により始まり、戦時中よりの過剰な生産と蓄積を原因とし、中小企業の倒産、大企業への吸収、合併が推進され、失業者数の増大という状態を引き起こした。恐慌は翌年に底を突いたものの、それ以後絶えず起こった小さな変動・恐慌による慢性的な不況状態を作り出し、物価は第一次大戦前に比較して四倍以上の上昇を見せ、生活難や失業者が増大した。こうした状況を背景に、就職状況は悪化し、「高等遊民」が発生、更に明治末期にはほとんどなかった存在として、官公庁や企業などでの職歴を持つ「知識階級」の失業者も増加した。

その上、明治末期以後「冬の時代」であった日本の社会主義運動は、ロシア革命の発生を受けて復活の兆しを見せはじめ、一九二〇年に日本社会主義同盟結成（即時禁止）、二二年に堺利彦、山川均らによる秘密結社日本共産党結成、コミンテルンに承認される状況となった。共産党は二三年六月に当局の検挙を受け二四年に解党したが、その後コミンテルンの指導で再建に着手、学生間にも支持者を拡大しつつあった。すなわち、「高等遊民」問題が懸念される社会状況が整いはじめたのである。

この状況は、一部のメディアによって、「高等遊民」問題の発生という形でも指摘された。例えば、一九二〇年五月の『東京日日新聞』（以下『東日』）は第一次大戦後の「高等遊民」問題の特徴につき、以下のように述べている。

今日、知識階級の多くが次第に専門的傾向を帯びて来た事は争はれない事実であるが、此等の人々にして、一朝其職を失つたら、容易に以前の生活に立返る事が出来ず、仮令他の職業に有着いても、十分に精神的満足を得る事は出来ない。世に職を失つた高等遊民程惨めなものが又とあらうか。（中略）彼等にして職を失つたら、其の局部的専門知識から割り出した、誤つた人生観に依つて、無鉄砲な事をしないとも限らない。勿論其数は極めて少ないものであらう。けれども、少いからと云つて軽蔑する訳には行かない。何故なれば、天下を驚かす様な事をするのは、何時も斯う云ふ極めて少数の人であるからである。高等遊民問題は、今も昔も社会の一問題たる事を失はぬ(6)

このように、「高等遊民」の「危険思想」化が「極めて少ない」ものの、「今も昔も社会の一問題」であることが指摘されたのである。実際に同年の各紙は問題の諸相を指摘し、学生の予約採用が会社の倒産で内定取り消しとなった話題(7)や、職業紹介所に集う事務員希望者が多いことから「知識階級にも失職者多い事を証明」(8)するなど、「就職難」問題の実態を報道して、問題の拡張を懸念し、中には、「彼等の思想が失職に依つて悪化する事もあるかも知れぬ」（内務省社会局社会課長田子一民）(9)、「最も恐ろしいのは、強い考察力のある結果社会組織の欠陥等に考へ及び易いので、思想的に赤化する事が非常な事です。そしてそんな連中が労働階級に入り込んで宣伝力を発揮した日には、其の影響は決して少なくありますまい」（某校幹事）(10)などと、「就職難」問題とともに「危険思想」化を懸念することとなったのである。

とはいえ、この時期から関東大震災にかけては、議会やメディアで真剣に論議されるほどではなく、本格的な懸念事項ではなかった。増設された学校機関に吸収された生徒の卒業期は先のことであり、「高等遊民」自体は増加傾向にあったとはいえ、大規模な「就職難」は発生していなかったためである。事実、帝国議会では、原敬内閣の中橋徳五郎文相が、中等教育拡大に伴い高等教育機関が増設されず、「其処ニ行ケナイモノハ遊ブ」状況が続いていたので、先の増設によって「一切学生間ノ不安及不備ト云フモノハ解除」(11)されたとして、前章で検討した学制改革や増設を肯定する状況であった。同様に、他の議員からもそれに類する「高等遊民」への懸念は示されていない。

その中で、元老山県有朋は興味深い書簡を当時の原敬首相と閣僚に送っている。山県は、「平生、社会の推移に注意し、最も国民の生活問題、竝に思想問題に対する研究を懈らなかつた」[12]人物だが、同年に原首相、内閣各位に対し、ボルシェビキズム、デモクラシーの新思想が知識階級に与える影響として、「之ヲ知識アリテ資産ナキ、所謂貧困ナル知識階級及無知ニシテ雷同シ易キ、所謂労働階級ニ直接スル者ニ聞クニ、彼等ノ現在社会制度ニ対スル不平不満ヨリ惹テ危険ナル新思想ニ感染スルコト甚シキヲ知ルヘシ。若シ此ノ如キ風潮自然ニ放任スルトキハ火ヲ広野ニ放ツカ如ク遂ニ停止スル所ヲ知ラサラントス帝国ノ前途夫レ危キ哉」[13]と警告したというのである。山県が「高等遊民」を特に懸念した形跡は見られないが、その後、「知識階級失業者」の増加、政友会関係の汚職事件の続発と政党政治の腐敗に憤激した中岡艮一による原首相暗殺事件の発生、労働運動、農民運動、社会主義運動、婦人運動、水平運動の盛り上がりなど、山県の懸念は想定以上のものになっていく。山県は一九二二年に病没するが、「高等遊民」増加を問題視する状況を先取りして指摘していたともいえよう。

このように、戦後恐慌に伴う社会不安と、慢性的に輩出される「高等遊民」の増加傾向の不安が「危険思想」化の懸念に繋がり、「高等遊民」問題が再度生成されていく状況が現れはじめたのである。

二　発生の状況

では、戦後恐慌から昭和初期にかけて「高等遊民」はいかに発生していたのであろうか。

まず、大正末期から昭和初期の「高等遊民」は、当時の辞典によれば、「大学卒業・中学卒業のものが、職業を得ずして徒食してゐる者をいふ。就職難、生活難の叫ばれる時代の一産物」[14]、「大学卒業者などで職業がなくて徒食してゐる者」[15]などとされている。注目すべきは、明治末期と異なり、中学以上の学歴の中退者が含まれていない点である。

この理由は不明だが、大戦後の教育機関増設で進学者が増加し、従前と比して中学卒業程度が「高等」でなくなったこと、卒業生の問題が特にメディアで注目された問題だったことが指摘できる。もっとも、これらの定義は後述するように実際にいわれた高等学校卒業生を含んでおらず、これは付加される必要がある。

次に、「高等遊民」発生の背景として、大正中期の一九二〇年と昭和初期の三五年の学校機関の規模を比較する。学校数では、中学校が三六八校から五五七校へ一・五倍（小数点第二位四捨五入）に増加し、一九年施行の「高等学校令」を受けて官立高等学校が一五校から三二校へ二・一倍に増設され、実業専門学校が一〇一校から一七七校へ一・八倍に増設され、大学が一六校から四五校へ二・八倍に増加していることがわかる。

これらの各機関において、学生・生徒数もそれぞれ、中学校が一七万七二〇一人から三四万六五七人へ一・九倍、高等学校が八八三九人から一万七八九八人へ二・〇倍、実業専門学校が四万九〇〇七人から九万六九二九人へ二・〇倍、大学が一万一一七五人から四万六二五一人へ四・一倍という増加を示しているのである。(16)

注目すべきは、高等学校、大学の校数が激増し、生徒数も中学、高校、専門学校が二倍前後で推移したのに対し、大学が約四倍という激増ぶりを示した点である。もともと大学の定員は専門学校に比較しても小規模であったが、大正末期には三分の二程度まで近接している。ここから、大学・専門学校程度で「高等」と目され、中学卒業程度では「高等」と目されなくなった理由もわかる。更に、高等学校、専門学校、大学収容者数を合わせても、中学卒業生をすべて吸収できず、依然として中学卒業生には、「入学難」が存在していたことがわかる。全体的には、一九二九年の不景気による産業合理化の拡張により中産知識層が「就職難」となり、教育費への支出が減少した結果、就職率の良い医科と工科を除いて入学志望者は激減しているが、(17)厳しい競争がなくなったわけではなかった。以上の状況は、中学卒業程度の学歴では高学歴＝「高等」と目されなくなった教育機関の発達、そして中学卒業生を最大に、増加した大学卒業生が「高等遊民」の中心と目される状況の成立を示すものであった。

同時に、教育機関の発達を背景に「高等遊民」も激増した。序章で試算した基準によれば、一九二九年における大学・専門学校、高等学校、中学校の卒業生のうち、非就職者は五六五六人、五九二二人、六八九九人、一万五九七九人で合計二万八二四六人、一九三五年で四七三二人、五四二八人、一一三四人、一万八九二三人の合計三万二一七人という状況であった。当時、「知識階級失業者」は毎年度の蓄積者を含めると、総計で七〜八万人ないし一〇万人が存在すると言われていたが、[18]「高等遊民」がその有力な担い手になっていることは明らかであろう。

『文部省年報』によれば、主要教育機関（主に官立）における卒業生中の「職業未定又ハ不詳」者のうち、東京帝大が一九二二年に一四二四人中六六二人（四六・五％）、二四年に二一六三人中九四二人（四三・六％）、二六年に一六八七人中六八四人（四〇・五％）で四割を超え、京都帝大が二一年に五一四人中二二八人（四四・四％）、二二年に四九九人中二四三人（四八・七％）、二五年に七四一人中三一六人（四二・六％）、三一—三三年に一三七三人中六四二人（四六・八％）〜一三六〇人中五九四人（四三・六％）、外語が二八年に三三四人中一三五人（四〇・四％）と四割を超えた。他方で、中学は毎年平均三割程度と多く、二七年に四万四九六〇人中一万三八五〇人（三〇・八％）と初めて三割を超え、以後同程度の人数と割合を輩出している。昭和初期以降の特徴としては、高等学校が二割前後、高等工業、高等商業が二割前後に増加しはじめ、「就職難」が悪化していく様子がわかる。ここから、昭和初期には多くの学校機関で状況が悪化したが、高等専門学校は比較的不況に強く、[19]「高等遊民」発生が僅少であったこと、他方で中学と大学卒業の「高等遊民」が多かったことがわかる。

では、各学校機関からは、いかに「高等遊民」が発生したのであろうか。中学校の場合、当時指摘された要因は、第一に高等学校から大学への「入学難」、第二に「就職難」である。「入学難」は明治後期に続き主に官立高等学校への入学試験の落第者の問題である。一九二〇年代には、進学熱、都会熱が上昇し、都市への流出が顕著になり、都市では一〇歳代後半を中心とした農村の青少年が東京、大阪といった工業化の進展に伴い大量の労働力を必要とする大都市に集中し、苦学や夜学による社会的上昇を志向した。そこでの成功事例は、上級学校の合格者、普通文官試験合格者、教員、鉄道員の資格取得などであり、農村への回帰によって地方にも知られ[20]、中学進学の希望者もこれに伴い格段に増えていたのである。『文部省年報』の「入学志願者」に対する「入学者」の倍率を見ると、大正後期には六倍を超え、二九、三四、三五年の三年は七倍を超えている[21]。この数値は入学辞退者も含んでおり、必ずしも入試倍率を示すものではないが、それでも難関であったことは、当時のメディアで、試験落第者の中には、「只高等学校に入りたいといふ初一念から幾度落第しても諦めがつかず五回も六回も続けて血の出るやうな受験の苦闘を続けてゐる青年の相当多い」こと、一九二九年度四回目受験での合格者は六一一人中七四人、七〜八回目受験での合格者は三八二人中三二人に過ぎないと報じられていることからもわかる[22]。

実際、ここからの「高等遊民」の事例として、一九三五年には、二万七〇〇〇人が落第し、二回以上高校の試験に落第した者は、「高校の制服が着られないならばせめて和服だけでも袂のやつを着て、もう中学生ではないぞと、威厳を示したい」人物が多く、「袂ゴロ」と呼ばれているとの報道がある[23]。こうした中で「日本は現在、十余万の青年子弟を五年間中学に入れる事によつて、全くの遊民に仕立て上げつゝある[24]」といった批判も出ることとなった。このように、中学卒業生の「入学難」による「高等遊民」が発生していたのである。

第二に、「就職難」につき、中学卒業生は毎年三割が「職業未定又ハ不詳」であり、一万五〇〇〇人以上が「高等遊民」となっていた。とはいえ、一九二七、三一年の大学・専門学校卒業者と中学卒業者の大手民間企業への就職を比較した藤井信幸氏によれば、大学・専門学校の就職率が一一・六%だったのに対し、中学卒業者は四二・一%であり、

「高等教育卒業者よりはまだ有利な条件にあった」(25)としている。実際、メディアでも卒業後の就職に関して、高等教育機関よりは「其の困難さもずつと緩和されてゐる」(26)と目されている。なお、こうした状況を反映するように、卒業後の進路に実業従事者が激増し、「半途退学」者が多いことも報道されている。(27)

次に高等学校であるが、これは主に大学進学に失敗した「入学難」である。特に東京帝大は、明治期には高等学校からの進学は容易だったのが、この時期には法学、医学、工学、経済学部が「猛烈」であり、無試験なのは「五医大位のものだらう」とされ、昭和初期には「現行制度に対する非難の声」も上がっていた。実際、人気の学部では二倍の受験競争率があったという。(28)

この事例としては、「年毎に高校が増設されるのに之を入れる大学の収容力が拡張されないので入学試験にふり落とされたものは又翌年の試験を待たねばならぬ、現に今年の如きは二千人からの超過で是等の人々は高等遊民としてゴロ〳〵してゐたり大学の聴講生になつたり学資金のない者等は血眼になつて就職口を探してゐる者さへある」(29)といわれていた。彼らは「高等浪人」「白線浪人」などともいわれ、「親父が東大々々といふんで、親父の方針が変るまで、マアやるわけですよ」(山形高校出身二七歳・浪人四年目)、「医科志願ですが、学校と忍耐くらべで行かうと思つとるです」(第五高等学校出身二九歳・浪人六年目)といった「高等遊民」たちが数多く出ていたのである。(30)

また、大学・専門学校であるが、これは「就職難」である。厚生省職業部編刊『昭和一四年度　知識階級就職に関する資料』(一九四〇年)の大学、専門学校卒業者の学科別就職者・就職率の推移を見ると、このうち、全体としては、就職率の最も低い一九三一年の三六・〇%を底とし、就職比率は四〇〜六〇%台を行き来している。恐慌の影響を受け、就職率も激減したことが窺える。科目別に見て就職率が三〇%を下回るのは、女子専門(二六年以外全て)と法経文科(二九―三四年)、農林科(三五年)と美術工芸音楽(二六、二七年)である。もっとも、女子専門は卒業後家事手伝いになる女子が多いこと、美術工芸学校関係にはもとより定職が少ないという事情があったためで、特に前者は「就職難」とはいいがたい。しかし、法経文科は三一年の三〇・五%を底辺として、半数を超える年の方が少なく、他に比較して圧倒的に就職率が悪い。他方、農林科の三〇%台は一時的なものに過ぎない。ここから、当時の報道で言われたように、「文筆を労するやうな教育を受けた者が多過ぎ、物を創造するサイエンスに親しみを持つ卒業者の比較的少ないことなぞは、就職難に与つて多大の原因をなして居る(31)」という指摘通り、「就職難」の中核に法文経科が存在していたことがわかる。

この点について、例えば、代議士の安部磯雄は、『失業問題』(一九二九年)においてその理由を「第一、需要よりも供給が多すぎることである。我国の経済力に不相応な多数の知識階級が作られつゝある」とし、「第二、知識階級の過剰は、法文科系統の学校出身者に最も著しいものがある」とした。更に安部は、教育効果の問題として、学生の虚栄心(特権意識)・実務能力の不足、職業的分野が狭いことを指摘、「多数の不生産的な高等遊民層が作られるのである(32)」としている。この時期は学校と企業を繋ぐ労働市場が形成されており、大学・専門学校はホワイトカラーないしサラリーマンの養成機関となり、大企業への就職者は帝大や官公立大学、中小企業は私立大学出身者に分かれていた(33)。しかし、安部がいうように、この状況を理解せず、依然として「立身出世」が可能だと思っている学生や就業意識の低い学生もいたことが窺える。

以上の検討から、大正中期以降における高等教育機関の発達を背景に、中学卒業者の「入学難」、「就職難」、高等学校卒業者の「入学難」、大学・専門学校卒業者のうち、特に法文系の学科における「就職難」が「高等遊民」発生の有力な担い手となっていたことがわかる。つまり、昭和初期にかけての「高等遊民」の発生は、大正中期以降増設された学校と、不況による産業界の縮小に起因した構造的問題だったのである。

三　大学「就職難」の実態

以上の検討は、前出の阿部賢一が指摘したように、「就職率と一口にいつても同じ大学出身の者の間にも、大学により、また修業学部によつて同一ではない（中略）中には、就職の必要にも迫られない者や外国へでも漫遊した者もあらうから、皆が皆まで無職者ではなからう」ともいえる。ただし、阿部が続けて指摘したように、「その大部分は無論有為の才と就職の熱望を有しながら、社会的に失業を強ひられてゐる者と見るべきだらう」[34]という点も踏まえなければならない。

そこで、その具体的事例を、東京における主要大学・専門学校、ここでは東京帝大と各私立大学の状況から検討していきたい。最も就職率が良いはずの東京帝大と東京における私立学校を見ることで、全体の傾向が概ね明らかにされると思われるからである。以下、大正中期から昭和初期における東京帝大各学部卒業者の「職業未定又ハ不詳」者数の推移から検討する。なお、東京帝大の一九二三年度の統計は、旧課程における卒業生を換算せず、新課程の卒業生のみを計上したため過少であったが、その他は各年度末の卒業生進路の統計となっている。この学科制から学部制度へは一九年施行の「大学令」により移行し、翌年に法学部から経済学部が独立している。以下便宜上学部で表記は統一する。

『東京大学百年史』によれば、全体の就職率は一九一八―二〇年、三五―三七年の二度にわたって六五％を超えたものの、その間の一五年間は五〇％台に転落、二九年に最も悪化し、以後数年間低迷している。これは卒業生が増加したためで、需要自体は「低迷しつつも安定して」おり、「慢性不況とはいいながら、日本の経済界は積極的に大学卒業生を吸収していった」という。すなわち「俸給生活者となった彼らは、経営家族主義により統合される大企業の管理・事務職員として、日本の産業社会の中核を構成することになった[35]」というのである。とはいえ、この記述は中長期的に見ればその通りであるものの、多くの「高等遊民」を発生させていた昭和初期の実態に即して見た場合、必ずしも楽観視される状態でなかったことは以下の事象から明らかである。

まず、法学部における「職業未定又ハ不詳」が際立って高い。とりわけ一九二六、二七年は五四三人、六一二人と卒業生全て（一〇〇％）を数え、二八年も約半数が「職業未定又ハ不詳」となっている。統計ミスや申告漏れなどがあったとしても、この数値は際立っている。『東京大学百年史』によれば、法学部卒業生は昭和初期、「陸軍幹部候補生や一時的な仕事に就いていた者」も多く、「法学士は、官界や法曹界以外の分野では採用を後回しにされた」という。しかし、二九年には浜口雄幸内閣の井上準之助蔵相が緊縮財政政策の一環として官僚の新規採用を見送るなどの措置を取っており、官界でも状況は厳しいものとなっていた[36]。卒業生は一般に、高等文官試験行政科をパスして官庁へ就職するほか、銀行、会社などが主な就職先であったが、昭和恐慌期の報道を見ても、前者は「余程の秀才でない限り一寸難物」であり、後者は「採用申込数は昨年と大差なく不況[37]」であった。

経済学部は、保険会社など民間企業が好んで採用したが、官庁方面には法学部同様の条件が必要で、「就職も楽ではない」（『帝大新聞』以下同。一九三二年）状況であった。例えば、一九三一年に関東庁採用となった成田政次は二九年高等文官試験行政科合格後、「官途に就くべく懇請したが、一向にラチがあかない」状況だった。成田は浜口内閣の役人欠員不補充の政策により「官庁の門は固く閉されてしまった」ことを知って一時期は台湾の企業へ就職を紹介されて動いたが、初志貫徹を岳父に説かれて「再び就職依頼に飛び回りだした。疲れ果てて帰宅し、二階で仰向けになってため息をついていた[38]」という。

文学部は主な進路が教員、大学院進学者で、一九二八年までは「職業未定又ハ不詳」者は一割以下であったが、三〇年に二七一人中六六人（二四・四％）、三二年に三二七人中一一一人（三三・九％）と高倍率になり、「新聞、雑誌、映画演劇の方面がとんとなく帝大各学部中最も惨憺たるもの」（一九三二年）であった。しかも教員のうち中等教員は、昭和初期に毎年一万数千人が五〇〇〇人内外の退職者（大体の学校は兼任で済ませており実際にはもっと少ない）のポストを狙うことになっており、師範学校を出ていても就職は確約されない状況であった。[39]学科では国文科、英文科、支那哲学・文学といった専門分野の売れ口がよく、他方で印度哲学・宗教学などは「問題にならぬ」状況だった。[40]例えば、生家の経済が行き詰まりながらも、二八年仏蘭西文学部卒業後すぐに副手となることができた中島健蔵（のち東京帝大教授）は、「恐慌（二七年）によって、学資の出どころを失う人間がかなりいるにちがいなかった（中略）文学部の学生は、大てい貧乏であった（中略）卒業しても就職はないし、事実なかばルンペン化した学士もいた」[41]と述べている。また、三一年西洋史学科卒の大野真弓（のち第六高等学校、横浜市立大学教授）は、「卒業式の前、紹介書を貰って、あちらこちら就職巡りをしたが、どこも駄目だった。半ば諦めて、とりあえず大学院に席をおくことにした」といい、「大学院は就職浪人の溜り場の如き観を呈した」[42]と回想している。更に、三五年国文科卒業生の杉森久英（のち作家）は、郷里の父が代議士に杉森の就職を依頼し、その人が文部省の局長に口を利き、「卒業の後、つまり、次の年度の卒業生が出るまで、元の下宿にぶらぶらしていたのち、ようやく熊谷中学校の教師に採用してもらった」[43]というのである。

工学部は、戦後恐慌の影響で一九二二年から二四年にかけて二五五人中八三人（三二・五％）、二三四人中四〇人（一七・一％）となり、以後ほとんど「就職難」はなかったが、昭和恐慌期に二九年に三〇三人中三二人（一〇・六％）、三〇年に三一〇人中六九人（二二・三％）、三一年に三〇六人中一四一人（四六・一％）となった。重化学工業や建設業は他産業の不況をよそに成長したため、九〇％前後の高水準で安定した。特に造兵、火薬、航空各科は「全員確定」、応用科学も「黄金時代」であったが、土木、建築、鉱山冶金は三月時点で半数も決定すれば良いなどとされ、「全盛ものは戦争に関係のあるものだけ」（一九三二年）であったという。とはいえ結果的に全員進路が決定しており、翌年には「ゴールドラッシュの波」（一九三三年）(44)であった。

他方、理学部、農学部、医学部は全体的に就職率が高水準であった。(45)「職業未定又ハ不詳」者は、農学部が一九二七年に一四九人中四一人（二七・五％）となった以外は大体一割程度であり、理学部はほとんど一割を超えず、医学部は一割を超えない状態であった。これを示すように、三〇年の『帝大新聞』で理学部は「将来の就職戦線」は「保証の限りでない」が、「大体片付いてゐる」、農学部は「入学が楽で就職の心配がない」(46)、医学部は「入学さへすれば就職難はない」などと入学案内で紹介されている。なお、翌年も理学部は「傷ましい就職戦は見られず一般に比し比較的あつさりした気持である」(47)、「化学工業会社からの申込や学校教員で一杯」、農学部は「大抵大丈夫」（一九三三年）とされている。

しかし、私学はより厳しい状況に置かれていた。例えば、一九三一年二月の『読売』は、「殊に哀れを止めてゐるのは商科大学、高等工業、外語を除く、各私立大学の卒業生で、中には履歴書を新聞配達のやうに各会社の受付へ一束にして配達して歩いたりするといふ苦しい戦術に狂奔してゐる者もある程」(48)としている。後にここには官学を退学させられた左翼学生が入学し、「前歴を隠すことができない」ため「まともな官庁や大企業へ就職することはできなかった」(49)という事情も加わり、更に深刻な状況となった。

『文部省年報』における全国の私大の「職業未定又ハ不詳」者数の推移を見ると、統計対象となる校数が増加したこともあるが、私大全体では一九二〇年代を通じて二〇％後半から四割の「職業未定又ハ不詳」者が発生しており、三〇年に四一・七％を数えている。ここでの数値も「職業未定又ハ不詳」であり、純粋な未就職者のみではないが、概ね「高等遊民」に近い数値である。全体の傾向としては二七、二八年以降顕著化し、最も深刻な時期には、中央大学（中大）が二八年に二二〇人中一六〇人（七二・七％）、二九年に一九七人中一二七人（六四・五％）、法政大学（以下法大）が三一年に四五五人中三二五人（七一・四％）、四六五人中三四六人（七四・四％）と、七割以上の職業未詳者を輩出していた。各学校の学部別統計はないが、『文部省年報』によると、一九二九年の全私大卒業生一七四七人のうち、医学〇人、農学一〇八人、理工学八〇人、商学二五〇人、その他、法・文・経に関する学部からは、一三〇九人の「職業未定又ハ不詳」者が出ており、特定の学科に集中したことは明らかであった。以下、各大学の事例を検討していく。

早大・慶應義塾大学（以下慶大）については既に藤井信幸氏の分析(50)があるが、これを参考に、多くの学生数を有していた明治大学（以下明大）、中大などについても可能な限り検討を加えていく。

まず、創立以来政治家、ジャーナリストを輩出した早大は、大学学部（政治経済学部、法学部、商学部、理工学部、文学部）、専門部（政治経済科、法科、商科、高等師範部）があり、卒業生の多くが企業への就職を求めたが、一九二〇年代後半に「職業未定又ハ不詳」が増加、三二年に一一〇四人中六六四人（六〇・一％）となり、昭和初期は五割程度を占めた。二六年には特に政治経済、法科、商科が大学部専門部ともに「青息吐息の態たらく」であること、人事課の坪谷善四郎が奔走し、企業回りを行って多くの企業から申し込みを受けたというが(51)、三一年の報道によれば大学で依頼した一五〇〇の会社の三分の二が「採用不仕候(52)」という有様であったという。

『早稲田大学百年史』によれば、第一次大戦の終結以来「売れ口はガクンと減り」、一九二七年に法文経が五三％、理工科系が八〇％の就職率で後者は帝大と遜色がなかったというが、三〇年は三一・八％、理工科系は六八・七％に下がったという。[53] 文学部の主な就職先の一つである出版社で中央公論社の記者木佐木勝は、その日記の中で、第一部第三章で見た徳田がこの状況に対して「就職口のない去年の卒業生が電車の運転士までてんらくしたといって」(一九二六年三月一〇日)慨嘆したことを伝えている。[54]

また、経済界への人材供給を担ってきた慶大は大学学部(経済・法・文・医)と専門部(法律経済科)を持ち、一九二六年に二四五五人中五八三人(二三・七%)が「職業未定又ハ不詳」になった後、三〇年には八〇四人中四四四人(五五・二%)となった。二六年に歌人久保田万太郎は、「なにしろ、不景気はいよいよ深刻で、今年は慶応義塾の卒業生の売れ行きがとても悪かった」ばかりか「去年の卒業生でもいまだに遊んでいる者があるそうで、遊んでいなくても体面上思わしくない就職者がある」と発言をしている。[55] 翌年二月には、大学関係者が、「二百人も売れゝば上等」[56]などと発言する有様だった。「職業未定又ハ不詳」者の割合はその後一時的な回復期を挟んで三五年に八四七人中六〇人(七・一%)となった。

他方、法曹界を中心に人材を供給してきた大学の場合を見ていく。まず、一九二七年に三九〇人中二二三人(五七・一%)、その後は三〇年に四八二人中二〇七人(四二・九%)と四割程度が「職業未定又ハ不詳」だった明大である。『明治大学百年史』によれば、二五年の時点で一〇九九人の卒業生のうち人事課への申込が二五一人、うち就職率は一七七人で七〇・五%、学部ごとに見ると「商科の健闘と政経科の不振」が明らかであったという。しかし、二八年は五三七人一三二人決定(二四・六%)、二九年は四五〇人中三五人、三一年は六〇三人中一三八人となり、三二年には累積した就職浪人＝「高等遊民」が二〇%近くも応募してくるなど、事態はいっそう深刻であった。[57]『百年史』は、恐慌に加え、司法官、弁護士、文官需要の減少と民間企業の隆盛を背景にホワイトカラー予備軍が大量生産されはじめ、学生の出身階層が「新中間層」(会社員、銀行員、官公吏、教員)主体であるためホワイトカラーに殺到したこと、卒業生の激増で教員と学生の距離が遠くなり、縁故採用や個人的努力による就職が困難になったことを指摘している。こうした状況は他の私学も同様であった。

中大では、大学学部・専門学部（ともに法・経済・商）を持ち、一九二八年に「職業未定又ハ不詳」者が二二〇人中一六〇人（七二・七％）という状況である。二六年の時点で、学校当局は「何等話すべき材料がないといつて意気消沈の態」だったが、夜間部の卒業生が多いため「比較的その心配はいらないのかも知れない」とされている。[58] とはいえ、二六二人中七一人（二七・一％）と程度の軽い時期である三一年でも、法学部を卒業し新潮社の編集者となった和田芳恵がいうように、卒業生二七人中就職できたのは和田をあわせて三人だけであったという。残り二人はワイシャツの外交員、親が大株主だったため高島屋の店員になった者で、和田は「どうせ、卒業しても、就職口がなさそうなので、私は退学しようと考えて[59]」いたが、卒業の一年前に朝日新聞社と新潮社に縁故のある父親と共に就職活動をし、就職できたというのである。強力な縁故がある場合か、仕事が厳しく敬遠された外交員の就職先であり、「就職難」をうかがわせる。なお、法大は大学学部（法文・経済）と専門部（法律・政治経済・高等商業・高等師範科）を持っていたが、夜間部が半数以上おり、昼間部が主に「就職難」であり、「芳しくない売行」のため、「個人商店へ進出の新傾向[60]」も見られ、日本大学は、大学学部（法文・商・工）と専門学部（法律・政治など全分野一二学科）があり、同じく夜間部が多く昼間部の卒業生が「就職難」で、二六年には学校の気風もあって「卒業生に対して冷淡といふよりか、就職を斡旋する必要がないといつた様な態度[61]」であり、その後も学校自体が「卒業見込の履歴書では一切就職希望を受付けない由」で、「卒業科目に達しないものは学校当局として就職運動をせざる旨の掲示[62]」をする有様であった。

こうした状況から、私学の法・文・経を中心とする「就職難」の実態、そして「高等遊民」の大量発生が明らかである。

もっとも、「高等遊民」発生に際して、学生の責任を追及する論調もなかったわけではない。例えば、東京帝大法学部教授の末弘厳太郎は、「全く職なしと言はんよりは寧ろ自己又は父兄が兼々期待した程の職の得難きに過ぎない場合が多いのであつて、『失業』と言はんよりは寧ろ『失望』と言ふを当たれりとするやうな場合も少くない(63)」としている。

しかし、前述の「就職難」の状況や後述する職業紹介所の状況を見ると、この指摘は的を射たものとはいえない。メディアでは、「文字通り東奔西走すれど就職口を発見する事は出来ず、学士様は高等遊民といふ称号を得て終日ブラリブラリとパンにありつく口を捜す様実にあわれである(64)」と言われており、必ずしも無為徒食の「高等遊民」ばかりではないこと、この時期の就職活動の実態として、東京市役所では、「従来にない猛烈な売り込みが試みられて各学校からわざわざ先生達がやつて来て」いるばかりか、市会議員や知名の士関係からの履歴書が「数百通に上」っていたということが指摘されている(65)。こうした状況を示すように、一般の投書家は、「職業紹介所、口入屋、友人知己、親類縁故—ありとあらゆる方面を駆けまはる失業者の努力、真剣さ。それは涙なくしては見得ない事実(66)」だったとすら述べているのである。

こうした状況について、職業紹介所所員の初芝由智は、一九三〇年に「働かんとするも就職の機会を得ざる者非常に多く、之が為に或者は乞食、栄養不良、病気の過程を辿り、或者は生きんがために受罰の身となり、或者は倫落の淵に沈み、或者は失業故の親子心中をする等々の悲惨事は日々の新聞紙に依つて報ぜらるゝものゝみを以てしても可成りの数に上る(67)」とした。つまり、個人の努力は多くの論者が指摘するように相当なされていたが、それでもなお「就職難」の状況だったといえるのである。

四　問題の展開

では、以上のように発生していた「高等遊民」は、昭和初期にかけていかに社会問題化したのであろうか。当時の報道には、明治末期のように問題化の過程を扱った記事はなく、具体的な経過を辿るのは困難である。加えて、当時の議論は「知識階級」の失業者を包括的に取り上げており、必ずしも「高等遊民」として言及しない論調も少なくない。

しかし、その中心が一九二九年にあることは、該年度に小津安二郎の映画「大学は出たけれど」が公開され流行語となったこと[68]、大新聞で「就職難に知識階級は悶え苦しんでいる〈中略〉かくして高等遊民が社会の上層に鮮かな余りにも鮮かな断面を創造しつゝある、考ふべきことは多々あるやうだ[69]」などと扱われたことからも窺える。以下では、この年にかけての問題の展開を検討していく。

昭和初期にかけての日本社会は、第一次大戦後の社会不安、政党政治の顕著化などを背景に、社会諸階層の権利を主張し、政治化する各種社会運動が激化し、これに対する警戒と弾圧が強化された時期であった。

戦後恐慌以後、一九二二年の日本共産党結成、二二年三月の水平社創立、四月の新婦人協会による治安警察法改正実現など注目すべき動向が数多く現れるが、他方で政府は二二年に貴族院で過激社会運動取締法案を修正可決（衆議院で審議未了）するなど、運動を抑制する動きを活発化させる。これを象徴するように、二三年九月に組閣した第二次山本内閣は、関東大震災後、一一月に「国民精神作興ニ関スル詔書」を発布し、「浮華放縦ノ習」、「軽佻詭激ノ風」、「一己ノ利害ニ偏」する傾向などの悪弊を一掃し、「恭倹勤敏業ニ服シ産ヲ治メ」て国家隆盛の礎になることを示し、風紀粛清、産業発達による国家秩序の強化を説いたのである(70)。

もっとも、「詔書」の直接的な効果は見られないまま、同内閣は無政府主義者難波大助による虎の門事件(第二部第四章で詳述)で総辞職し、清浦奎吾内閣に対する立憲政友会・憲政会・革新倶楽部による第二次護憲運動を経て、衆議院の第一党憲政会総裁の加藤高明が一九二四年六月に護憲三派を与党とする内閣を組織する。加藤内閣では該時期の社会運動の要求の一つであった普通選挙法が二五年に成立する一方、「国体」の変革や私有財産制度の否認を目的とする結社の組織者参加者を処罰する治安維持法も制定し、過激な社会運動への弾圧も強化することとなる。加藤の死後、第一次若槻礼次郎内閣を経て二七年四月には政友会総裁の田中義一内閣が組閣、野党の憲政会が第二次護憲運動で発生した政友本党と合体した立憲民政党として、三二年まで二大政党時代を現出することとなるが、この間も政府、警察権力は、二六年一二月に再建された日本共産党をはじめとする社会主義・共産主義運動などを弾圧していくのである。

このように、社会運動に対する警戒、弾圧が強まる国内政治情勢の中で、日本の経済状況も混迷を極めた。戦後恐慌のあと、関東大震災による打撃も加わって不況が続き、震災手形の処理の途中、一九二七年に金融恐慌が発生しそれへの対応に追われた。結果的にインフレが続き、多くの産業分野で企業の集中、カルテル結成が進み、財閥が政党と結び独占資本、金融資本が支配的となっていったのである。すなわち、大正末期から昭和初期にかけての政治状況は、日露戦後同様、「高等遊民」発生が顕著化する中で、「危険思想」拡大の背景ともなった政治不信や恐慌の連鎖を断ち切るような政治、社会状況を創出できていない状況だったといえる。

この状況下で、前節で見た「就職難」が深刻化していった。これを受けてメディアでは、第一に、「知識階級」の「就職難」と「左傾」との因果関係が強く懸念されることとなった。一九二三年に「精神労働者の群が、職を得ずして都会に彷徨し、就職難の苦しみを更に痛切に味はされる結果は、恐らく都会生活の思想的方面に深刻なる影響を与へずんば止むまい(71)」とする深刻な議論が出はじめ、二六年には「前途に光明を望んで実社会に出でたるものが実社会においては少しも顧みられず、高等遊民として起居するもの丶年一年に激増することは真に憂慮すべき現象(72)」と懸念された。

同年には政府関係者も具体的な懸念を表明し、これを裏付けた。例えば、一九二六年の第五一回帝国議会衆議院では、第一次加藤高明内閣下の与党憲政会総務の森田茂議員が、「昨今ノ状態ヲ申スト其卒業生ガ殆ド就職ニ付テ苦シンデ居ル者ガ大分アルデ、ソレ等ノ就職難ニ陥リテ居ル所ノ卒業生ハ、煩悶ノ極自暴自棄ニ陥ッテ、サウシテ或ハ世ヲ呪ヒ人ヲ呪ウテ碌ナ事ヲ仕出来サヌ、随分悪事ヲ働クヤウナコトガ頻々トシテ吾々ニ報道セラルル現在ノ状態デアル(73)」とし、思想問題の背景に「就職難」問題が存在していたことを明確に指摘しているのである。

これと関連して、一九二七年には激増する「知識階級失業者」の「危険思想」化への懸念が明言された。例えば、内務省社会局部長守屋栄夫は、著書『失業問題と其の対策』(同年)において、「単に本人の失業にのみ止まれば宜しいのでありますが、それが忽ち社会に対する呪詛と反抗とを生み、従つて思想の悪化を招き、益々反社会性の醸生を促すといふ結果になります」とし、「浪人が多くなつて天下が乱れる、知識階級が職を得なければ社会不安が起るといふことを敢言しても差支ないと思ひます(74)」とした。すなわち、「高等遊民」や会社企業の倒産や失業者も含めた「知識階級失業者」の「左傾」化がメディアだけでなく、政府関係者によって広く懸念されたのである。

第二に、前述した高等学校卒業生の大学への「入学難」が表面化した。「入学試験にふり落とされたものは又翌年の試験を待たねばならぬ、現に今年の如きは二千人からの超過で是等の人々は高等遊民としてゴロ〳〵してゐたり大学の聴講生になつたり学資金のない者等は血眼になつて就職口を探してゐる者さへある(75)」状況が、新しい「高等遊民」問題として指摘されたのである。こうして、大正期の増設によって輩出された高等学校の生徒が、定員の限られている大学への進学に際して、「高等遊民」となる状況も社会問題として認知されたのである。事実、無職者や高学歴者の社会運動への傾斜は、第二部第四章で詳述するように、逮捕起訴者の略歴などから明らかな事態であった。

とはいえ、「高等遊民」問題への対応は、二大政党時代の時期、対外、対内的に多くの課題を抱える状況下ではあまりに困難であった。明治末期に比較し、より大規模に複雑な経路から発生する「高等遊民」を含めた失業者自体が問題であり、短期政権による政策対応が「高等遊民」のみを対象とすることは困難だったためである。前述したように「高等遊民」が毎年三万人発生する一方、「失業統計調査」(二四地区のみ調査限定。失業当時の勤務先)によれば、一九二五年大都市部の給料生活者(官公吏、その他給料またはこれに準する報酬を得て事務又は技術に従事する者)一万八四一〇人、労働者(給料生活者以外の一定の職業従事者)四万二四〇〇人、日雇労働者(日雇労働に従事し常に勤め先の変わった者)三万八二一三人が存在していたのである。(76)

この状況下で、教育機関の縮小策が、最も早く「高等遊民」に対応する政策として提示された。これは、政府が既に一九二五年第二次加藤内閣の若槻礼次郎内務大臣の中央、東京・大阪地方職業紹介委員会への諮問に対する中央職業紹介委員会の答申で、「知識階級に失業者多き現在の状態は現行の教育制度及方針に基因するもの尠からず之が改善を攻究することは刻下の急務なりと認むるを以て政府は高等教育制度の根本方針並職業教育の完備に就て慎重調査を遂げ具体的改善方法を講ぜられたきこと(77)」を指摘したものである。

これを受けた若槻内相は、内閣総理大臣の監督下に国民精神作興、教育方針その他文政の重要事項を審議する目的で設置された諮問機関である文政審議会に高等教育制度の根本的改革を要請し、その結果以下の教育縮小計画が検討された。例えば、一九二八年に文部次官粟屋謙は、「中学教育改善に関する要項」において以下のように述べている。

現在ニ於キマシテモ高等教育ヲ受ケタ者ガ就職難ト云フコトガアリマシテ、是ガ非常ニアブレテ居ル、寧ロ大学教育ヲ受ケル者ハ多過ギテ困リハシナイカト云フヤウナ声ガ世間ニアルト考ヘルノデアリマス、所謂高等遊民ガ段々排出スル、是ハ国家ノ全体カラ見テ甚ダ憂フベキコトデアリマシテ何トカ考慮シナケレバナラナイト云フ声ハ世間ノ有志者ノ間ニ高イ所ノ声デアラウト思フノデアリマス、現在ノ高等学校、大学ノ収容力デスラモ尚ホ高等遊民ガ出来ルトイフ所ノ声ガアルノデアリマスカラ、更ニ此収容力ヲ増シマシテ今ヨリモ二倍三倍或ハ全部ノ志望者ヲ容レルトスレバ、五倍ノ程度ニ拡張スルト云フコトハ、是ハ決シテ国家ノ上カラ見テ宜シキ所ノ殆ド全部デハアルマイト考ヘルノデアリマス〔中略〕日本ノ国情カラ考ヘマスルト現在ノ学生ノ志望ノ方針ト云フモノハ、余リニ高等教育ヲ希望シ過ギル、大学ニ進マムトスル者ガ寧ロ多過ギル、何トカ之ヲ矯正シテ現在ノ日本ノ実際ノ国情ニ適応スルヤウニ導イテヤルト云ア〔フ〕コトガ必要デアル(78)

つまり、文部省では、高等教育機関を国情に適する程度の規模に「矯正」して、「高等遊民」輩出の問題を解決しようというのである。その後、文部省は次章で詳述するように、学校機関の縮小を企図していくこととなる。

五　問題の成立

しかし、これらの政策は遅々として進まず、翌一九二九年に状況は更に悪化した。この年には前述の「就職難」が頻繁にメディアで指摘され、四月には大卒の「就職難」が半数程度であることが明らかにされ、「本年は更にひどいか」(79)との見通しが全国官公私立大学及専門学校を対象にした調査で明らかにされた。更に、昭和恐慌が段階的に始まり、この間、失業者数は激増、同年の推定失業者数は、全国で二六万八五九〇人、失業率は四・〇七%となった。

内訳は給料生活者五万九一五八人、日雇労働者九万六二六九人、その他の労働者一一万三一六三人であり、給料生活者は全体の約四分の一に及んでいた。

この状況下で、『国民新聞』がいうように「就職難の声は思想悪化の声と共に年々高くなる計りで学校は高等遊民―知識階級失業者の製造所のやうに云はるゝ」[80]こととなった。管見の限り確認した「高等遊民」問題を論じた新聞雑誌記事[81]の論調を見ると、①「入学難」として論じるもの、②「就職難」として論じるもの、③社会政策や教育政策として論じるものの三つに分類される。

第一の「入学難」問題について、例えば七月の『読売』では、「官立大学の入学試験地獄は今年はレコード破りの苛烈を極め」ているとし、「約三千人近くの高校卒業生が遊民としてブラ〳〵してゐる」[82]としている。これは前年の同時期では「入学試験によつて千人の高等遊民が製造される」[83]と指摘されており、この年の深刻さが特に際立っている。また、実数だけでなく、「四年度から成績優秀な者でも左傾思想乃至是に関する思想行動ある者は絶対に入学を拒絶する事になつた」ため、「やけの余り左傾運動に走る者も少くないので思想上考慮を要する問題だとして当局も頭を悩ましてゐる」[84]ことも報じられており、「危険思想」との関わりからも、特に問題になったことがわかる。

第二の「就職難」は、前述した状況の報道のほか、「高等遊民」が日雇など非一定の職に従事する自由労働者へ転落し、「危険思想」の担い手となることを危惧するものであった。すなわち、資力のない「高等遊民」問題である。

例えば、『中外商業新報』は、「就職難のため知識階級にして自由労働者の群れに投ずるものはなはだ多く、従つて自由労働者の群れがこれに影響されて思想的にいちじるしく左傾する実状にある」ため、「知識階級から来る自由労働者の救済並びに防止を攻究する必要ありとし、社会局に於いてこれが研究に着手」[85]したという。また、『万朝報』は、「知識階級から自由労働者の群れに投じた者は過去の経験に鑑みると全部思想的に極端に左傾し社会を呪ひ無智なる自由労働者に社会主義思想を吹込み彼等を煽動する危険がある(86)」としている。この社会局の「研究」の内容は不明だが、おそらく次章で検討する「知識階級」への失業対策事業を指すものと思われる。

これらの指摘は、無政府主義者や共産党員が社会運動を広める意図を持って労働者になった場合もあったため、一概に「高等遊民」問題とはいえない。しかし、以下の報道からは資力のない「高等遊民」の社会的転落が深刻な事実であったことが窺える。

例えば、一九二八年に評論家の大宅壮一は、「長い間就職難に悩んだあげく、ついにその日の生活に困って自由労働者の群れに身を投じ、最も極端な肉体労働に従事している人たち(87)」が多数いること、東京市社会局調査によれば本所深川の自由労働者で四〇〇〇人中四二〇名余りが中学中退以上の高学歴者だったことを指摘している。三〇年には大学出の屑拾いが八〇〇名中五名、中学卒業生が三四名いる状況が新聞社の調査で指摘された(88)。同年、「大学専門部商科を卒業した」自由労働者が北海道の鉄道工事に従事したものの「堪へられず」に脱走したという報道もある(89)。

この他、失意から「自殺」した者も多く、一九三〇年一月、神戸市布引山中で大卒後失業状態の青年が前途を悲観して自殺(90)、同年四月には駐英大使広田弘毅の次男忠雄が高等学校への「入学難」から神経衰弱で縊死(91)、三四年二月、東京市知識階級職業紹介所に連日通っていた青年が松屋屋上から投身自殺(92)、三八年五月、就職依頼中の農学士が丸ビルから投身自殺(93)といった事件が毎年数多く報道されている。統計上は不明だが、絶望した「高等遊民」の末路を示すものである。

また、資力のない「高等遊民」の犯罪も多い。例えば、一九二六年二月、高工と大学出の三人組の泥棒が木賃宿で知り合い、洋服や金時計などを窃取、東京市内で空き巣窃盗を働いた容疑で逮捕された(三人組はいずれも前科三犯以上)(94)ほか、同年五月、旧佐賀・肥前藩鍋島一門の法学士が事業に失敗して落魄、二年間放浪して市内各所を荒らした事件もある。(95) 大掛かりなものとしては、偽造国庫債券を富豪や金融業者、銀行相手に売りさばいていた詐欺団がおり、「いづれも法学士や商学士等の若い知識階級の者を狩り集め」て四〇万円に及ぶ被害総額を数えたという。(96) 二九年九月、高等文官試験に五年連続落第中の二九歳の男性が郷里からの送金がなくなったために幼児を抱えて生活難となり、保険金欲しさから放火した事件などがある。(97) このように、昭和初期において、生活難から活路を見出せずに犯罪者化する資力のない「高等遊民」が多数発生していたことが確認できるのである。

第三に、教育政策や社会政策と関連した議論である。これらの議論は、閣僚が「高等遊民」発生を憂いながらも、このような深刻な状況を踏まえずに安易な解決策を提示したことに始まった。一九二九年五月、田中内閣の三土忠造蔵相が以下のコメントを出した。三土は、「近来大学や専門学校を出た有為の青年が年一年多くなり『就職難』『失職難』といふ声がちまたに満ちてゐる、職にありつけないといふことは本人自身にも重大問題であるが、更にいはゆる高等遊民がたまることは社会上由々しい問題となる」とした。その上で、広島高等工業を出たある人物が「入学以来ビリで一番も上がつたことがなく」「成績が悪いから売れ口が無い、仕方がないから高工出といふことを隠して思ひ切つてある会社の職工となり黙々として働いた」ところ、「ビリでも教育の素養があるので」「遂に職工長になつた」ことを事例に挙げ、「職は必ずしも官庁銀行会社のみに止まらない、人の進まない道へ目をつけたがよい」(98) と実業・労働従事を提唱したのである。

しかし、この議論に対して、一失業者は『東日』に寄稿、「蔵相の高等遊民退治策といふものは、要するに当人の心掛け次第、辛抱次第、しかして努力次第で解決が出来るといふ風な、あり来りの処世訓みたやうなものであつた。そんなことで現下の失業問題が解決されるであらうか〔中略〕もつと系統的な、もつと建設的な失業解決の対策があつて然るべき」(99) と痛烈な批判を浴びせた。また、『東京朝日新聞』においても、「彼等が筋肉労働につくことによつて解決されると説く、いはゆる多数名士の意見ほどおめでたく愚かなものはない」[100]という批判が表れたのである。このように、世論は閣僚の示した現状認識に対して、抜本的な対策を求めたのである。こうして、「高等遊民」問題は、明治末期以来再度成立することとなったのである。

おわりに

以上の検討内容を、当初の論点に即してまとめる。

第一に、大正期から昭和初期における「高等遊民」問題は、大正中期原内閣の計画による高等教育機関の増設を背景に、戦後恐慌が始まった一九二〇年に「就職難」とともに発生し、以後経済恐慌とともに深刻化した。

第二に、昭和初期の「高等遊民」は、毎年二万五〇〇〇人以上が、大学・専門学校卒業生、中学卒業生の「就職難」、高等学校卒業生の大学への「入学難」から多数発生した。注目すべきは、大正期に高等教育機関を拡張したために、大学への「入学難」が新しい問題となったことであった。

第三に、「高等遊民」問題は、「就職難」の悪化、「危険思想」の弾圧強化を背景に、社会政策、高等教育機関縮小による対応の言及、大学への「入学難」を経て、一九二九年の就職率の悪化、三土蔵相の発言を契機として社会問題化し、抜本的な対策の必要性が説かれることとなった。

このように、昭和初期においては、大正期の学制改革に伴って増設された高等教育機関の卒業生の増加による「就職難」「入学難」を背景に、「危険思想」が懸念され、閣僚の発言を契機に問題化し、高等教育機関の縮小、社会政策による対応が望まれたのである。昭和初期における「高等遊民」問題は、増設された高等教育機関から発生し、そのあり方を問い直すとともに、社会運動の隆盛を背景に、「危険思想」に親和性を持つ大量の不安定な知識青年層の一類型として、問題視されたのである。

なお、問題の成立過程は第一部第一章で論じた明治末期とほぼ同様であったとはいえ、それは量・質ともにより深刻だったといえる。該時期の「高等遊民」問題は、当時メディアで展開された大学教育論や「中間階級」の没落といったテーマの中でも関連して論じられていた。例えば、京都帝大教授森戸辰男は以下のように述べている。

最も注意すべきは、数年来著しくなつた大学卒業生の販路の梗塞である。即ち、我国の国民経済と国家とはも早年と共に愈々多く大量的に市場に投げ出される大学卒業生に対して、彼等の希望に応ずる地位はもちろん、その生産費を償ふに足る地位をも、否、屢々少なからぬ人々には一般になんらの地位をも供与しえない現状にある。かくて、未就職者の数は逐年に逓増して所謂知識階級失業問題を重大化し、生活に対する資本主義の厭迫は容赦なく所謂学問の聖境に潜入しつつある。さうしてこのことのさしあたりの結果が必然的に学生大衆をして反資本主義へ、そして無産階級的思惟へ、接近せしめるのはもちろんである(101)

大学教育の地位の低下という立場からのこの森戸の議論に対しては、東京帝大教授の河合栄治郎などの反論が存在するが(102)、「就職難」の認識に差はない。森戸の論は、マルクス主義の理論に則って事態を捉えたものとはいえ、正に「革命」の出現を思わせるような恐慌の現実が、失業や生活難の不安に晒される知識青年層に十分魅力的に映り、受容される状況だったことが窺える。そしてそれは高等教育機関である大学の存在理由をも問うたのである。

これは、東京地方職業紹介事務局の三沢房太郎が『知識階級の失業と対策』（一九二八年）で述べたように、「彼等の多くは社会の中流に位し、国家の中堅たる可き地位にあるのである故、その思想の動揺は国家社会の進展に重大な問題を有する(103)」ものであった。ここから、「国家の中堅」たる「中間層」に組み込まれない不安定な知識青年層を国家社会に位置づける何らかの方策を必要とする切迫した状況が窺える。ここからも、昭和初期の「高等遊民」問題が、第一部第一章で見た明治末期に比して、質的・量的に圧倒的に深刻な状況だったことがわかる。
では、「高等遊民」問題はいかに解決されようとしたのであろうか。次章では、当時の論者が言及した解決策の議論とその有効性を論じることとする。

注

（1）阿部賢一「現内閣の失業対策批判」（『中央公論』一九三〇年五月）九八―九九頁。
（2）丸山真男「近代日本の知識人」（『丸山眞男集』第一〇巻、岩波書店、一九九六年所収。一九七七年初出）二二八頁所収。
（3）伊藤彰浩『戦間期日本の高等教育』（玉川大学出版部、一九九九年）。唐沢富太郎「学生の歴史」（『唐沢富太郎著作集』第三巻、ぎょうせい、一九九一年所収。一九五五年初出）。
（4）出隆『出隆自伝』（勁草書房、一九六三年所収。一九六一―六三年初出）一九八、二〇一頁。
（5）高橋里美「阿部次郎君の想い出」（『高橋里美全集』第七巻、福村出版、一九七三年所収。一九六〇年初出）一七三頁。
（6）『東京日日新聞』（以下『東日』）一九二〇年五月八日付朝刊一面（「高等遊民問題」〔社説〕）。
（7）「各卒業生就職不安」（『教育時論』第一二六七号、同年六月二五日）一六頁。
（8）『東日』一九二〇年八月一七日付朝刊六面（「臨時職業紹介所昨日から開始／求職者には知識階級が多い雇入れには配達人や運搬夫」）。
（9）同右同年八月一八日付朝刊七面（「救はれざる知識階級／失業の悲しみに泣けど労働者程顧みられぬ（思想上に憂なきか）」）。
（10）「青色吐息の卒業生」（『教育時論』第一二七六号、同年九月二五日）二二頁。
（11）「第四十四回帝国議会衆議院　予算委員第一分科会議録第四回（一九二一年二月五日、衆議院予算委員会）」（『帝国議会衆議院委員会議録』〔以下『衆議院会議録』〕二七、臨川書店、一九八四年所収）七頁。
（12）徳富蘇峰編『公爵山県有朋伝』（下巻、原書房、一九六九年。一九三三年初出）一一八六頁。
（13）中橋徳五郎翁伝記編纂会編刊『中橋徳五郎』（上巻、一九四四年）三五五頁。

(14)　服部嘉香・植原路郎『新らしい言葉の字引』(大増補版、実業之日本社、一九二五年)二三五―二三六頁。
(15)　『現代語大辞典』(『昭和社会資料事典』第一巻、日本図書センター、二〇〇二年所収。一九三二年初出)一五四頁。
(16)　文部省編『学制百年史』(帝国地方行政学会、一九六九年)各学校統計表より。
(17)　『国民新聞』(以下『国民』)一九二九年四月二五日付朝刊六面(「医科と工科を除き入学志望者が激減／中産有識階級の没落と大学万能時代の夢漸く醒める」)。
(18)　例えば、貴族院議員長岡隆一郎は、「知識階級の失業者及未就職者の数は十万に達して居ると推定せられる」と述べている(長岡隆一郎「失業恐怖の深刻化と緊縮政策」『政友』第三四五号、一九二九年八月、二頁)。ただし、東京帝大経済学部教授の河津暹のように、「学校では卒業生の職業先を知らざるものが可成多い」とし「世上でいふが如き恐るべき大数に上るものでは断じてない」のように一〇万人は誇張であるという説もあった(河津暹「知識階級失業問題について」『社会政策時報』第一〇八号、一九二九年九月、一七頁)。しかし、前述したように、中退者などを含めた毎年発生した「高等遊民」がいずれも定職に就いていないと仮定すれば一〇万人規模で存在した試算になる。実際にはそれより少なかったことが推測されるが、最大でそれに比する規模と思われていたことがわかる。なお、一九三三年には、文学士古川三郎が七万人説を唱えていることからもそれが窺える(古川三郎「合理化された受験就職／この時代に於いて諸君の目指す所を正しく凝視せよ」『立志就職独立青年』第四巻第四号、帝国教育会出版部、一九三三年、五頁。筆者所蔵)。
(19)　実際、一九二六年の段階で『万朝報』(以下『万』)は、東京外語は「貿易会社の不況のため」「不成績だが二百名の少人数だから」心配がないこと、東京商大(前東京高等商業)は「昨年よりも売行が好い」こと、東京高工は「復興に必要な建築、電気は勿論応用化学も余り心配にならぬ」としている(『万』同年一月二二日付朝刊五面。「社会へ巣立つ新学士様もままならぬ勤め口／いづこも同じ冬枯の景気に紹介状を懐に東奔西走」)。
(20)　大門正克「農村から都市へ―青少年の移動と『苦学』『独学』―」(成田龍一編『近代日本の軌跡9　都市と民衆』吉川弘文館、一九九三年所収、第七章)参照。
(21)　『文部省年報』各年度版より。
(22)　『読売新聞』(以下『読売』)一九三〇年一月二八日付朝刊一一面(「受験せず迷うものパスせず老いる者／懐疑の八千人、万年受験の千名／青春を凋らす高校の入学苦」)。

(23) 同右一九三四年三月二六日付朝刊七面（「中学は・高校は・大学は出たけれど／あゝ青春を浪々と」）。
(24) 『読売』一九二九年七月七日付朝刊二面（大谷光瑞「無駄と有駄（七）教育上の無駄（その二）」）。
(25) 藤井信幸「両大戦間日本における高等教育卒業者の就職機会―大学・専門学校卒業者を中心に―」（『早稲田大学史記要』第二三号、一九九一年三月）一一三頁。
(26) 就職問題研究会編『〔大学専門学校〕学生と就職の実際（昭和十一年版）』（東京実業社、一九三五年。三康図書館所蔵）一六七頁。
(27) 『読売』一九三〇年五月三一日付朝刊二面（「中等学校入学志願者激減／文部省の調査に表れた殺人的不景気の裏書」）。なお中学校受験競争については、武石典史「東京府における中学校受験競争問題と私立中学校―大正中後期〜昭和初期の入学難実態とその解決策―」（『〈教育と社会〉研究』第一五号、二〇〇五年）など参照。
(28) 同右一九二七年一月二四日付夕刊一面（「高校制度に早や批難の声／又七百人の高校卒業生が大学にはいれそうもない」）。
(29) 同右一九二七年四月二九日付朝刊七面（「大学にあぶれて高等遊民の続出」）。
(30) 前掲『読売』一九三四年三月二六日付朝刊七面。
(31) 「就職難と教育方針」（『教育時論』第一四六四号、一九二六年二月一五日）一四頁。
(32) 安部磯雄『失業問題』（日本評論社、一九二九年）三七頁。
(33) 東京都立教育研究所編刊『東京都教育史』（通史篇三、一九九六年）七六一―七六二頁、中野実執筆分。
(34) 阿部賢一「就職難に直面せる新卒業生」（『エコノミスト』第九巻第二号、一九三一年四月一日）二一頁。
(35) 東京大学百年史編集委員会編『東京大学百年史』（通史三、東京大学出版会、一九八六年）五三四―五三八頁。
(36) 実際、一九二七年法学部卒業の法華津孝太（のち極洋捕鯨会長）は外務省入りしたが、「行政整理の最中で予算がないから、高等官にしてやるわけにはいかない」といわれ「予算がとれるまで大学で待っているように」と言渡されたという。（法華津孝太「私の履歴書」『私の履歴書　経済人9』日本経済新聞社、一九八〇年所収。一九六七年初出、四一七頁）。
(37) 『国民』一九三二年三月一二日付朝刊六面（「哀れ新学士の落莫小学校の先生五人／今時めくは医者と軍需関係だけ／東大今春の就職先」）。以下三二年の各学科の情報は同記事より。この中には、「法学士も就職難に喘いでゐる今日一警官として振出さねばならぬやうな時勢」として、秋田県ではじめて警察練習所に採用された帝大法学士二九歳男性の話が地方紙に見られる（『秋田魁新聞』同年一一月四日付朝刊三面「失業苦挿話／法学士さまが巡査練習生に／微苦笑する若林君」）。この法学士は「何うして警官を志望したかは暫くきかないで呉れ」と逃げているという。「就職難」の影響は、高学歴者の少なかった警視庁巡査の募集状況にも窺える（拙稿「大正末期における『知識階級失業者』就職難の諸相―『帝国大学史料編纂係写字生応募状況ニ関スル調査』、『警視庁巡査採用ニ関スル調査』から―」『人文紀要』第七九号、二〇一〇年参照）。

(38)　成田頼明・尚武編刊『アカシヤと赤い夕陽と―成田政次遺稿抄』（一九八四年）九九―一〇〇頁。

(39)　『国民』一九三二年四月七日付朝刊七面（「就職権利金二千円也／浅間しや中等教員が売買／学窓を出て失業地獄にうめく一万数千人／安全地帯の夢を追ふ浪人時代」）。同記事によれば、確実な手蔓を持つ人物が中等教員内定の口を千円から二千円で譲り渡すという行為をしていたという。

(40)　『東日』一九三二年一月一二日付朝刊七面（「東大、心配無用は工学と医学／文学部の珍紹介状」）。

(41)　中島健蔵『昭和時代』（岩波新書、一九五七年）四二、八六頁。

(42)　大野真弓『西洋史学への道―旧制高等学校教師の回想―』（名著刊行会、二〇〇〇年）九七頁。

(43)　杉森久英『大政翼賛会前後』（ちくま文庫版、二〇〇七年。一九八八年初出）二三頁。杉森は中学教師の後、中央公論社編集、大政翼賛会を経て、戦後『文芸』同人。直木賞作家。

(44)　『東日』一九三三年一月二〇日付朝刊一〇面（「就職難解消時代／インフレの潮に乗つて売れる売れる角帽万歳／採用協定破れて申込殺到」）。以下三三年各学科の情報は同記事より。

(45)　前掲『東京大学百年史』通史三、五三九―五五三頁参照。

(46)　『帝大新聞』第三六四号、一九三〇年一二月一五日付六面（「受験者へ（六）理学部、農学部」）。

(47)　同右第三六〇号、同年一一月一七日付六面（「受験者へ（二）医学部」）。

(48)　『読売』一九三一年二月九日付朝刊七面（「就職閉鎖の冷い春・殊に哀れな私大新卒業生／其の売行きを聞く！」）。

(49)　前掲『大政翼賛会前後』六七頁。

(50)　藤井信幸「日本の経済発展と高等教育」（川口浩編『大学の社会経済史』創文社、二〇〇〇年所収）。

(51)　一記者「都下大学卒業生の就職状況」（『太陽』第三二巻第三号、一九二六年三月一日）一四三頁。

(52)　『読売』一九三一年二月九日付朝刊七面（「依頼した千五百の会社／三分の二は『採用不仕候』運動選手ばかりは引張凧」）。

(53)　早稲田大学大学史編集所編『早稲田大学百年史』（第三巻、早稲田大学出版部、一九八七年）三六四―三六五頁。

(54) 木佐木勝『木佐木日記』(第二巻、現代史出版会、一九七五年)五三頁。
(55) 同右、一二二頁。
(56) 前掲『読売』一九三一年二月九日付朝刊七面。
(57) 明治大学百年史編纂委員会編『明治大学百年史』(第四巻、通史編Ⅱ、明治大学、一九九四年)一七三―一七五頁、福井淳執筆分。
(58) 前掲「都下大学卒業生の就職状況」一四六頁。
(59) 和田芳恵『ひとつの文壇史』(講談社現代文庫版、二〇〇八年。一九六七年初出)一〇頁。
(60) 前掲『読売』一九三一年二月九日付朝刊七面。
(61) 前掲「都下大学卒業生の就職状況」一四六頁。
(62) 『万』一九二九年一一月二〇日付夕刊二面(「学校は宛然―高等遊民製造所」)。
(63) 末弘厳太郎「子弟の職業選択に就て」(『改造』第八巻第三号、一九二六年三月一日)九七頁。
(64) 『読売』一九二六年四月二五日付朝刊二面(「斬馬剣　高等遊民」)。なお、これを示すように、「就職難」は新聞広告による東京帝大史料編纂所の写字生募集にも顕著に窺えた(前掲拙稿「大正末期における『知識階級失業者』就職難の諸相―『帝国大学史料編纂係写字生応募状況ニ関スル調査』、『警視庁巡査採用ニ関スル調査』から―」参照)。
(65) 『東日』一九二六年一月三一日付夕刊一面(「若い学士さん売り込みに奔走する大学教授連／市役所には履歴書の山」)。
(66) 『読売』一九三〇年六月一二日付朝刊五面(西村喜美子「公開状／失業者の心理的傾向に就て」)。
(67) 初芝由智「職業紹介所の窓より見たる世相」(『社会福利』第一四巻第一二号、一九三〇年一二月一日)八三頁。
(68) 例えば、神田文人編『昭和・平成現代史年表』(小学館、一九九七年)一三頁など。
(69) 『東日』一九二九年一月一九日付朝刊七面(「就職難時代(一)卒業の春は嘆く／小鳥の如く巣立つ若人よ御身はいづくへ?」)。
(70) 米沢幸二『大正デモクラシー期の権力の思想』(研文出版、一九九二年)第四章参照。
(71) 『読売』一九二三年三月一一日付朝刊三面(「失業及就職難の社会的影響」)。
(72) 『東京朝日新聞』(以下『東朝』)一九二六年四月九日付朝刊一三面(「入学難と就職難」)、一九二六年五月二四日付朝刊一一面(「学士偏重の弊に実業校起つ」)。

(73) 「第五十一回帝国議会衆議院　予算委員第五分科会議録第三回（大正十五年二月十五日）」（『衆議院会議録』四七、臨川書店、一九八八年所収）一一五頁。
(74) 守屋栄夫『失業問題と其の対策（社会教育パンフレット第三五集）』（社会教育協会、一九二七年。三康図書館所蔵）二〇頁。
(75) 『読売』一九二七年四月二九日付朝刊七面（「大学にあぶれて高等遊民の続出」）。
(76) 加瀬和俊「戦前日本の失業統計―その推移と特徴―」（加瀬和俊監修・解題『戦前期失業統計集成』第一巻、本の友社、一九九七年所収。統計原本は一九二五年）一六頁表。以下本文中の失業者数は同一八頁表より。
(77) 中央職業紹介事務局編刊『職業紹介年報（昭和元年度）』（池田信監修・解説『労働事情調査資料集』第八巻、青史社、一九九七年所収。一九二六年一二月初出）三九―四〇頁。
(78) 「諮問第十一号　中学教育改善に関する要項（二）（一九二八年一〇月二五日）」（『資料　文政審議会』第四集、明星大学出版部、一九八九年所収）二七五頁。
(79) 『東京時事新報』一九二九年四月一一日付朝刊三面（「校門を出た約半数が直面する就職難／昨年の就職率約五割四分本年は更にひどいか」）。
(80) 『国民』一九二九年七月二七日付朝刊七面（「大学出の半数は遊食／文部省で全国卒業生を調査／凄まじい就職難の数字」）。
(81) 管見の限り一九二九年の新聞のみで一五タイトル確認できる。本章で引用したもの以外に以下の記事が確認できた（記事名は省略）。『東朝』一月三〇日付朝刊三面、八月四日付朝刊三面。『読売』七月七日付朝刊二面、八月二六日付朝刊七面、八月二八日付朝刊二面、一一月二二日付朝刊七面。『東日』一月一九日付朝刊七面、一月二五日付朝刊三面、二月二一日付朝刊三面、五月一〇日付朝刊一一面、五月一四日付朝刊三面、六月三〇日付夕刊二面。『国民』七月二八日付朝刊七面、『中外』九月二三日付朝刊二面。『万』一一月二〇日付夕刊二面。
(82) 『読売』一九二九年七月二二日付朝刊七面（記録破りの入学難／遊民三千人を製造）。
(83) 同右一九二八年二月一日付朝刊七面（「試験地獄はどこで止む高校出一千名の運命は高等遊民」）。
(84) 「高校出の浪人二千」（『教育思潮研究』第四巻第一号、一九三〇年）四一四頁。
(85) 『中外商業新報』一九二九年九月二三日付朝刊二面（「年々低下し行く学校出の就職率／知識労働者の需要著しく減少し高等遊民巷に満つ」）。

(86)『万』同年九月二五日夕刊三面(「知識階級から自由労働者群へ／この傾向が最も寒心させる失業苦愈ょ深刻」)。
(87)大宅壮一「知識的自由労働者について」(『大宅壮一全集』第二巻、蒼洋社、一九八一年所収。『都新聞』一九二八年四月初出)八五頁。
(88)『東朝』一九三〇年六月二五日付夕刊二面(「珍業大学出のくづ拾ひ／高女出も交るこの失業地獄」)。
(89)「大学を卒業して土工の群に／北海道に流れて失敗し山形に来て救護願ひ」(井上好一『大学専門学校卒業者就職問題の解決』新建社、一九三〇年所収。初出不明)八二―八三頁。
(90)『東朝』一九三〇年一月三一日付朝刊七面(「就職難の青年自殺」)。
(91)同右一九三〇年四月五日付朝刊七面(「入学難から自殺を遂ぐ／神経衰弱に陥つて」)。
(92)『読売』一九三三年四月三日付朝刊七面(「松屋(浅草)の屋上から青年の飛降り自殺／失業を苦にして神経衰弱重る」)。
(93)同右一九三八年五月一七日付夕刊二面(「こんどは窓から丸ビルの飛降り／就職依頼の農学士」)。
(94)『東日』一九二六年二月二三日付夕刊二面(「高工と大学出三人組泥棒捕わる／浅草の木賃宿で相談」)。
(95)同右一九二六年五月三一日付朝刊七面(「鍋島一門の法学士落ぶれて賊を働く／浪々二年、市内各所を荒して富阪署に検挙さる」)。
(96)同右一九三一年一月二七日付朝刊七面(「学士連を手先に国庫債券の偽造団／移動本部を設けて四十万円詐取」)。
(97)同右一九二九年九月一日付夕刊二面(「高文受験者が生活難の放火／保険金欲しさから三度目に目的を果す」)。
(98)『東日』一九二九年五月一〇日付朝刊一一面(「新しき時代の悩み／退治よ高等遊民『就職地獄』解決の鍵はお手近に―三土蔵相談―」)。
(99)同右一九二九年五月一四日付朝刊三面(「蔵相の失業観」)。
(100)『東朝』一九二九年五月三一日付朝刊三面(「失業解決策」)。
(101)森戸辰男『大学の顚落』(同人社、一九三〇年)四一頁。
(102)同右第二章。
(103)三沢房太郎『知識階級の失業と対策(社会教育パンフレット第六十八集)』(社会教育協会、一九二八年。三康図書館所蔵)一八頁。

第三章　昭和初期における「高等遊民」問題への対応と解決策

はじめに

前章で見たように、一九二九（昭和四）年において「高等遊民」問題は、空前の「就職難」を背景に「左傾」が懸念され、社会問題化した。

同年九月、小津安二郎監督の映画「大学は出たけれど」が公開され話題となったことはよく知られている。この映画は、大学出の「高等遊民」が就職活動を展開し、知り合いの会社を受験、一度は不採用となりながらも最終的に目出度く就職が決定するというストーリーである。(1) 映画は、「大学卒業当時の青年の物に拘泥せぬ気持と、現代の社会相とを結びつけて描き出された一つの感激的な原作」として「若い人達にも同感される作品」(2) などと紹介され、そのタイトルは世相を反映した流行語ともなった。

しかし、昭和初期、この映画のように順調に就職できた事例は少なく、「就職難」から「高等遊民」となり、失業者のレッテルを貼られた知識青年層が堆積していた。これに対して当時の政府や世論はこれを全く看過したわけではなかった。

例えば、東京市知識階級職業紹介所所長仲井真一郎は、学生向けに「就職難」の実態と解決策について述べた就職問題研究会編『学生と就職の実際』（一九三四年）において、「現今世は挙げて滔々たる就職難の苦悶に呻き、知識階級の失業群だけでも十数万を算する状態であるが、大学専門学校等を卒業した所謂知識階級の就職難は決して今日突如として偶発したものではない。少くとも欧州戦後に於ける経済界の深刻なる不景気以来数年の長きに亘つて、各方面から憂慮され、重視すべき社会問題として、其の解決が考究せられてゐる」(3)と述べているのである。

既にこれ以前、明治末期にほぼ同じ状況が発生した際には、第一部第二章で見たように、政府が文部当局による学制改革で高等教育機関拡張と思想対策、実業従事を直接の対応として打ち出し、地方改良運動と農村指導者への還元、警察当局による「危険思想」弾圧がこれを補完、更に、一般識者からは実業従事、帰農、農村指導者への転身といった地方進出、移民、植民といった海外進出が解決策として説かれた。しかし、昭和初期の場合、日本の国際的位置、また国内政治の変化とともに、明治末期にはなかった職業紹介所や失業事業といった社会政策、ブラジル移民や満洲移民といった海外進出が、「高等遊民」を含めた「知識階級」の失業者全体への解決策として、包括的に説かれる状況であった。これらが有効な解決策となりえたのか、検討される必要がある。

従来、教育社会学研究が、「就職難」に対する文政と職業紹介所の対応、(4)世論における就職指南書をもとにした就職試験や移民などの可能性について論調の概略を紹介してきた。(5)しかし、論調と政策との関係や実態については検討しておらず、結果として「高等遊民」解決策になりえたかどうかは不明である。これらの論調を包括的に整理するとともに、それが「高等遊民」にとって有効な方策であったかどうかを検討することが、該時期の問題の位置づけを明らかにするために欠かせない。

そこで本章は、主に昭和初期において説かれた解決策を整理し、その有効性を検討する。

第一に、前章で触れた教育政策における高等教育機関縮小政策と社会政策について検討する。既に伊藤彰浩氏が教育機関縮小と失業対策の概略を踏まえて直接的な効果は得られなかったと結論付けているが、(6)当時の議論がいかにそれを要請していたのか、「高等遊民」への対応としてはどの程度有効だったのかは検討されていない。ここでは、学制改革を議論した文政審議会や「知識階級失業者」向けの職業紹介所、失業対策事業である小額給料生活者失業救済事業の実態につき、関係会議の資料、統計や新聞・雑誌史料を多く用いて、両者の有効性を明らかにする。

第二に、多くの論者が説き、政府も支援を必要と強く認識していた解決策として、自助努力による就職活動、独立自営・帰農がある。当時の就職活動については既に大森一宏氏による概略の指摘があるが、(7)ここでは当時の就職活動の状況についての言説、実態をより多くの史料をもとに検討し、学校の支援も含めて「高等遊民」防止に有効であったかを明らかにする。また、岩瀬彰氏は独立自営につき、タクシー運転手、喫茶店開業などの複数の業種を指摘している。(8)しかし、当時の議論は他に多くの業種を指摘しており、量的に不十分である。更に、独立自営の論調の多くは都合の良い成功モデルを指摘しているが、実際には失敗した事例も多く、それらの事情も可能な限り検討されなければならない。ここでは、当時の書籍、新聞・雑誌史料を多く用いて、実業従事による解決策の種類とその有効性を明らかにする。

第三に、海外進出として、ブラジル及び一九三二年建国の「満洲国」への移民方法とその実態について、それがどの程度有効であったのかを検討する。既に明治期からブラジル移民は「高等遊民」解決策として説かれていたが、昭和初期においても同様の議論が多く現れていた。ここでは政策及び渡航条件の変遷を新聞・雑誌史料から辿りながら、移民の種類とその有効性を明らかにする。また、恐慌から脱出し景気が回復していく中で三二年に建国された「満洲国」が新たな活路と見なされ、多くの論者が満洲への渡航を説いたが、その移民の種類とその有効性も明らかにする。

なお、第二、第三の検討に際しては、実際に解決策の通り行動した「高等遊民」の事例を探り出すのが史料的に大変困難であり、ごく一部の事例しか明らかにできないことを断っておく。

一 教育政策

該時期の政策の第一としては、教育政策の改革がある。中でも前章で触れた高等教育機関の縮小策が具体的な解決策として説かれた。以下、政策の推移とその有効性を検討する。

高等教育機関縮小の実現までには多くの議論があった。はじめは、大規模な「知識階級失業者」の発生に対し、一九二五年に第二次加藤高明内閣の若槻礼次郎内務大臣から中央、東京・大阪地方職業紹介委員会に対し出された諮問の中央職業紹介委員会答申による。前章で述べたように、この答申では、「知識階級に失業者多き現在の状態は現行の教育制度及方針に基因するもの尠からず之が改善を攻究することは刻下の急務なりと認むるを以て政府は高等教育制度の根本方針並職業教育の完備に就て慎重調査を遂げ具体的改善方法を講ぜられたきこと(9)」が指摘され、これを受けた内務大臣は、高等教育制度の根本的改革を要請し、内閣総理大臣の監督下に応じて国民精神作興、教育方針その他文政の重要事項を審議する目的で設置された諮問機関である文政審議会に審議を求めた(10)。

これを受けて、一九二八年に文政審議会では、山崎達之輔文部政務次官が述べたように、「日本ノ国情カラ考ヘマスルト現在ノ学生ノ志望ノ方針ト云フモノハ、余リニ高等教育ヲ希望シ過ギル、大学ニ進マムトスル者ガ寧ロ多過ギル、何トカ之ヲ矯正シテ現在ノ日本ノ実際ノ国情ニ適応スルヤウニ導イテヤルト云ア〔フ〕コトガ必要デアル(11)」という高等教育機関縮小の実現が目指されることとなった。

一九二九年に「高等遊民」が問題化した際、これと同様の提言が、政界にも一定の影響力を持った財界からもなされた。それは、同年一二月、日本経済連盟会が「近年ニ於ケル大学及専門学校卒業者一般ノ就職状況ヲ数字的ニ如実ニ見ンガ為メ」、就職問題の分析と、同会が照会した学者、実業家その他の回答、アメリカの問題の調査、後述する浜口内閣の社会政策審議会答申などを編纂した冊子『大学及専門学校卒業者就職問題ニ関スル調査資料』に詳しい。

ここでは、「高等遊民」につき、「現在の社会を呪ふやうになり、茲に危険なる悪思想が醞醸される」（日本石油会社社長橋本圭三郎）[12]ことが懸念され、「重大な社会問題」（三井物産筆頭常務安川雄之助）[13]であることが認識された。その上で、解決策として、「学校の数を減ずること」、「卒業生の頭を改造する事」、補習教育を行うこと（橋本）[14]、「学科の選択並教育方法に一大改良を加ふる必要あり」（安川）[15]、求人程度に応じて「各学校が入学者及卒業者を制限して行く」（浦賀船渠社長今岡純一郎）[16]ことなどが提言されたのである。すなわち、財界は、「高等遊民」問題の解決策として、高等教育機関の縮小となる学科、入学者・卒業者の人数制限と、その代替案としての実業観念の育成、実務的・実業科目の実施を説いたのである。

もっとも、こうした教育縮小論に対して、反対論も存在しないわけではなかった。例えば、大新聞の社説には、「いはゆる高等遊民の増加に対しては、これを忌み畏るゝの声が朝野に広く、従うて近来の学校乱設を悔いて、今更その収容力を抑制せんとする説さへあるが、これもまた政府の失業対策の一つとなす能はざることは同じである」[17]、あるいは「今日の経済界の不況に際して、高等遊民が多くなつて困る、彼等は働きたくも仕事がない。それを是非何とか致さなければならぬといふ事ならば、それがために高等教育機関を縮小することは、決して正当なる手段とはいへない」[18]とある。これらは経済の活性化を視野に、局部的な高等教育機関縮小で「高等遊民」問題を解決しようとした方針に批判を唱えた点で注目される。しかし、管見の限りこうした反対論は有力な見解とはならなかった。

さて、先の政府方針はその後一九三一年の行政整理準備委員会で大学・専門学校、中等学校職員定員の整理減少、大学各学部学科の整理とともに、官立学校の「学科及学級ヲ減少スルノ計画」立案として提示され、同年の失業防止委員会で、「教育制度ノ改革並教育観念ノ是正ニ関スルモノ」として具体化され、「学校ノ種類、数、配置及学校教育ノ内容ヲ社会ノ需要ニ適合セシメ教育ノ実際化ヲ図ルコト」、「学校卒業ニ附随スル特権中時世ニ適合セサルモノヲ廃止シ各学校ガ徒ラニ他ノ上級学校ノ準備機関タルニ止マルノ弊ヲ矯メ以テ高等教育機関ニ対スル過当ノ集中ヲ抑制スルコト」、「学校卒業生及其ノ父兄等ヲシテ知識階級ニ伴フ伝統的特権意識ニ煩ラハサルルコトナク広大ナル分野ニ職業ヲ求ムルノ態度ヲ授セシムルコト」[19]として決議された。行政整理、失業防止の点からも、これは有効と目されたのである。新聞報道によれば、内務省社会局は「人口食糧調査会、中央職業紹介委員会及び社会政策審議会等の決議内容を取り纏め文部省に送付して研究を求めている」が、「教育制度の改革に関し社会局の目論む中心問題」は「一、高等教育機関の整理　一、職業教育の普及徹底　一、適性検査の普遍化[20]」であるとしており、政府財界一丸となって高等教育機関の縮小政策を推進しようとする状況だったことがわかる。

これらの決議は、学科や入学・卒業者の人数制限などが焦点であったが、当初の段階では私立大学・高等専門学校のみ、しかも「就職難」の多い政治、法律、経済、商科、文科の入学を次年度より一〇年間半減することとして暫定的に公表され、私学側の猛反発を受けた。

一九三二年八月一八日付の『報知新聞[21]』によれば、当初、赤間信義文部省専門学務局長は、「就職が困難となり中にはその結果危険思想を抱くやうな者も出るといふやうな始末で、何とかしてこれを緩和したい（中略）幾分補助でもしてやつたら出来ぬことはあるまい」としていたという。しかし、これに対して私学側では、「危険思想の防止、高等遊民の防止位の理由で募集人員を半減するなんていふことは首肯出来ません」（早稲田大学理事藍澤昌貞）、「どう考へても無理」（中央大学理事浜田国松）、「危険思想防止と高等遊民の減数策としての事なら先づ官立大学から手をつけてもらひたい（中略）危険思想とかいふもの丶大多数は官立大学が多くて私大は却つて微々たるものだ」（日本大学川口学長代理）といった反対論を中心に、「従来の定員の授業料の七割を国庫で負担してくれるなら、実行出来ないこともない」（法政大学常任理事秋山雅之助）といった否定的な見解が出されたという。ようするに、私学は経営上の理由から反対したのである。

結局、こうした反対もあって、計画は、一九三二年から官立高等学校の入学者を一学級四〇人から定員三七人に減らすものになった。これはその後、同年斎藤実内閣に設置された思想対策協議委員会において更に削減された。同委員会は、共産党事件や「左傾」の拡大などに対する議会の決議や内務省警保局の強い要請を受けて三三年四月に設置されたものである。世論指導、「危険思想」者への強化、「危険思想」の取締など、教育政策、社会政策において全般的な改善を政府に要請したことが知られる。(22)

ここでは、同年七月一三日の第一二回委員会で、高等教育改善の観点から、「高等学校ノ収容定員ヲ減少スルヤウ考慮スルコト」(23)が決定され、その後「思想対策具体案ニ対スル関係省ノ施設計画」の中で、これが「来年度予算ニ於テ八万七千円ヲ計上シ人員減少ニ伴フ学校経費ノ減収ニ対シ補給ヲナサントス」(24)るものとされた。こうして、一九三五年から三〇人が定員となり、高等教育機関の定員削減は政策化されたのである。

では、この結果いかなる効果が見られたのであろうか。

前述の推移の結果、初年度四〇〇人、二年度二八〇〇人、三年度以降四二〇〇人ずつを減じ、一校定員平均を六〇〇人として学校約七～八校を整理することとなった。(25)これは毎年二〇〇〇～三〇〇〇人を輩出した高等学校卒業の「高等遊民」を全て吸収する数値である。もっとも、一九二九年四月には「中産有識階級の就職難」から、医科と工科を除いて入学志望者が激減して「漸次必然的」な事態の推移が予測されており、(26)計画開始年には高等学校への入学志望者が「就職難」や経済負担から減少したとの報道も見られるなど(27)、計画の遂行に際して主たる障害がなかったのも事実である。

ただし、官立の定員削減の生徒が輩出されるのは一九三九年度からであり、その間学校機関は中学校が三三年に五五八校から四校減少したが(翌年からは再度増加)、高等学校は二九年に三二校となって以降変わらず、専門学校、大学ともに微増を続け、「高等遊民」は輩出され続けた。高等教育機関の縮小政策は議論が長期化し、結果的に官立高等学校卒業後の「高等遊民」のみが対象となった限定的なものであり、しかも即効性はなかったのである。

この他に文部省では、高等学校定員削減以外に、多くの会議を開き、学校卒業後の「就職難」への対応に関する多くの指示を出していた。

まず、一九三一年六月九日、文部省が「就職難」打開策のため学者、職業紹介関係者などを招いて職業指導調査協議会を開き「職業指導諸施設について意見の交換」を行うこと、七月八月にも東京福岡京都の三市に職業指導講習会を開きその奨励に尽力することとなった(28)。この就職活動への支援は、当時ピークを迎えていた「左傾」への対策という側面も持っていた。同年文部省学生部は、「学生思想問題」に対し、「五つの主要なる計画」を発表、その三つ目に「学生の就職、奨学基金制度等の福利施設の充実拡張(29)」を掲げている。

また、六月一九日より始まった文部省の全国学生生徒主事会議では、「卒業生の就職斡旋」が「思想善導上非常に効果があるやうだから校長、教授、学生生徒主事相協力一致してこれに当ること(30)」を申合せ事項の二つ目に挙げている。そして最終日(同月二二日)には、「公の斡旋機関を設置してはどうかといふ案も出た」が「従来通りとし」、「今回の協議の趣旨により一層その効果を挙げることに努力すること(31)」が決定しているのである。

その後、文部省学生思想問題調査委員会が開かれ、そこで「就職難と入学難解決が急務(32)」とされ、前述の高等学校制と定員の減少案、国民精神文化研究所などの思想統制があわせて策定された。以降同年九月に、「学校と、実務社会との連絡を緊密にし、学生をして、早くから経済社会の空気に慣れしむるやう、諸種の施設を設くること」、「官庁、銀行会社への就職資格条件を撤廃せしむるやう文部当局より、この方面の採用制度を変改せしむるに努力」し、「学校の卒業は就職要件の全部に非ざることを明確に認識せしむること」などの「根本精神を改革」することとその効果が期待された。(33) すなわち、「左傾」に対する「就職難」の改善、国体主義、実業教育の奨励といった、明治期にも言われていたような事柄が提言されたのである。ただし、これらは管見の限り「就職難」の改善には直結せず、その効果は疑わしいものであった。

このように、「高等遊民」の社会問題化とともに、高等教育制度の縮小政策が求められ、文部省では、大学予備校的な存在であった高等学校の入学定員縮小を実施し、思想問題を踏まえた「就職難」の改善と実業教育の実施、採用方面への提言を行った。(34) しかし、高等学校の縮小は限定的かつ中期的な対応となり、多くの提言も直接的な成果は見られなかった。結局、高等教育機関縮小政策は、実行に際しては高等学校卒業の「高等遊民」のみに対応した限定的なものであり、早急な効果が期待できるものではなかったのである。

二 社会政策

政策の第二は、世論も期待した社会政策である。以下、政策の推移と論調、有効性を検討する。

当時、「高等遊民」を含む「知識階級」の失業者層に実施が期待された社会政策は、小額給料生活者失業救済事業と、職業紹介所の充実がそれに該当していた。

まず、前者について見ていくと、一九二六年に中央職業紹介事務局が若槻内相への答申で、「職業補導機関技術学校などの設置」「俸給生活者専門職業紹介所の設置」「俸給生活者の雇傭に関し公営職業紹介所を利用せしむる為めに官公衙学校工場及商店の代表者を以て協議会を組織すること」を指摘したことを受けて、同年五月一三日に内務次官より、「東京、京都、大阪、兵庫、神奈川、愛知各府県知事宛　知識階級失業者職業紹介に関する件」が出され、「此際左記主要都市ニ於テハ特ニ知識階級専門職業紹介所ヲ設置スルト共ニ更ニ知識階級職業紹介ニ関スル委員会ノ組織並ニ再教育機関ノ設置及利用ニ関シ施設ヲ講セシメ〔中略〕夫々御督励ノ上速ニ之ガ実現ヲ見ル[35]」ことが依頼された。これを受けて、東京市・名古屋市・大阪市で知識階級職業紹介委員会が開かれ、二七年五月に東京市本郷区に職業紹介所が設置され、同月には中央職業紹介事務局による失業救済事業「俸給生活者職業紹介事務取扱要綱」が決定し、対策が具体化していったのである。

その後、田中義一内閣に代わって、一九二九年七月二日に組閣した浜口雄幸民政党内閣が「十大政綱」を掲げ、政治の公明、国民精神作興、綱紀粛正、対支外交の刷新、軍備縮小の完成、財政の緊縮整理、国債総額の逓減、金解禁の断行とともに、「社会政策の確立」「教育の改善」を強調し、社会政策の大規模な実行がなされた[36]。該内閣は、同年七月一九日に内閣直属の諮問機関として社会政策審議会を設置し、都市失業対策事業、農村漁村失業対策事業、朝鮮窮民救済土木事業を実施した。中でも、六大都市を中心に実施された失業救済事業のうち、「知識階級失業者」に対する小額給料生活者失業救済事業は、欧米にはない先駆的な事例としても評価された[37]。

こうした動きと連動して、社会政策の充実は、「高等遊民」の社会問題化の過程においても有効な対策として期待された。例えば、一九二九年の『東日』が、「如何に健全な政治教育を施しても、かれ等の眼前に展開される社会相が、若しも甚だしく社会正義と背馳するものであつたなら、理想とヴィジョンに生きる青年の心は、勢ひ深刻な懐疑に囚はれざるを得ないであらう。そこにも左傾思想の潜入する機縁が生れる」とし、この問題は「効果的な社会政策の急速な実行にある」[38]としている。同様に、『読売』も、「高等遊民の増加が、社会生活の不安を助長せしめつつあることは、今更らいふの要はない。この焦眉の問題に対して、当局は果して最善の努力を払ひつゝあるかどうか。この社会的疾患が、一朝一夕の所産でないことは云ふまでもない〔中略〕蓋し之は経済連盟の如き局部機関に任せず、政府自らその対策を講じて、能動的に緩和救済の努力を払ふべきものと信ずる」[39]とし、「救済の努力」を指摘したのである。ここから、「高等遊民」を対象とした社会政策での対応が強く望まれたことがわかる。

では、実際の成績はいかなる状態だったのであろうか。加瀬和俊氏の分析[40]によれば、小額給料生活者失業救済事業は各官庁、地方公共団体が実施するもので、東京府市の比重が全体の八〇%前後を占めていた。事業費の大半が賃金として散布された点は直接的な救済事業の意味を持ったという。救済事業の全国就労者は延べ人員でみて初年度の一一万人から急増し、一九三二―三五年度に一一〇～一三〇万人台で推移しており、単純に三六五日で割れば、ピーク時で一日あたり三〇〇〇人から四〇〇〇人を雇用した。事業者については登録方式をとっており、雇用者の条件は、一九二九年、三〇年では前職が俸給生活者であった者、または中等学校以上卒業者が条件とされている。実際、二九年の東京市男子の登録者内訳を見ると、失業原因は「業務廃止」の四四二人、「業務縮小」六四五人を筆頭に「その他」の二七七人、「自己都合」の三七二人といった学卒未就職者の「高等遊民」と思われる人物が相当の比率を占めていたのである。

ただし、登録条件は東京市の場合、生活困窮者が優先的に登録を受けたため、継続的就労者によってほぼ占有され、新規の人物の採用は困難であった。また、救済事業の規模は失業者数や「高等遊民」の数から算出されたものではなく、中央官庁の意思決定に左右され、しかも正規職員を解雇した後、非正規雇用に短期間置き換えるような方法で作られた官公庁の労働市場周辺に限定されたものであった。事業予算も、初年度の三万円からピーク時は一九三三年度の一八〇万円まで増加したが景気回復に伴って以後減少し、ピーク時でも、日雇労働者失業救済事業の決算額と比較してもわずか三〇分の一程度に止まっていた。このためか、年度末には事業打ち切りの話も出たため、三〇、三一年に帝国議会衆議院にも事業継続を求める請願書が提出されることもあった。結局これらは衆議院、貴族院を通過して翌年度以降の同事業継続決定をもって回答とされたが、世論には不安定な事業であることを印象付けてもいた。(41)

つまり、ごく一部の登録した貧窮者のみにしか、これは有効ではなかったのである。

こうした状況に対する批判も多く、一九二九年の段階で『国民』は、「区々たる職業紹介所の増設や、片々たる御為めごかしの施設は、少くとも就職難の根本解決策では無い」ので「国家の大方針を経済国是、産業本位に建て直すこと」(42)が提起され、三一年に早大講師の阿部賢一は、「大量的にその勤労を消化するだけの政策は出る見込はない」(43)と悲観的な見通しを示した。

また、野党政友会の代議士である安藤正純衆議院議員は、「専門学校以上ノ卒業生、即チ高等教育ヲ受ケタ者ト云フモノハ全ク放任セラレテ居ル〔中略〕知識階級ノ者ハドンナニ失業シテモ、政府ハ之ニ対シテ対策ヲ講ズル必要ナシト云フガ、今ノ政府ノ量見デアラウカト思フ〔中略〕私ハ此知識階級ノ学校卒業生ノ失業者ハ、私ハ之ヲ呼ンデ危険ナル失業者ト称シテ居ル（「其通リ」ト呼フ声アリ）是ハ実ニ将来思想問題ニ触レル極メテ大問題デアリマス〔中略〕今日学校騒動ノアノ原因ハ、外部カラ来ル所ノ力ニ因ルモノモ多イ、而シテソレガ外デ学校ヲ卒業シテモ食フコトガ出来ナイ、所謂羽織ゴロニナツテブラ〳〵シ行ッテ、ソレヲ唆ッテ行クト云フヤウナコトモアル」(44)と浜口民政党内閣を批判した。これに加えて安藤は、文相に対しても「知識階級ノ失業対策ヲ講ジナクテハナルマイ」と社会政策の一層の充実を唱えたのである。

結果的に該事業は、貧困者を優先的に就業させながら、一九三九年まで続いた。しかし、事業規模は容易に拡張されず、登録待機者は容易に減少しなかった。ここから、該事業は、救済事業という性質上、大規模ではあったがきわめて限定的、一時的な対応であり、「高等遊民」への抜本的な対策とはいいがたかったことがわかる。

では、失業救済事業でなく、一般に行われていた職業紹介所の活動はいかなる状況だったのであろうか。職業紹介所は大正期に入り、一九一九年の第一回国際労働会議で「公益紹介所施設新増設と営利紹介所の全廃」を内容とする失業に関する条約及び勧告が決定したことでその重要性が認識され、二〇年に東京市中央職業紹介所が設置され、翌年「職業紹介法」が成立した結果、一八年に公立三個、私立二八個だったのが、二三年に公立一〇三個、私立三二個と激増し、二九年には二一七個、三九個と大規模になっていた(45)。

昭和初期における「知識階級」に対する職業紹介成績を見ると、一九二七年の求職者数に対する就職者数は男子求職者五九三一名に対し七六九名の一二・九%、最も成績の良い三一年でも男子二万三四六一名に対し五一一四名と二一・八%に過ぎない(46)。ここから、その効果はほとんど期待できない状況であったことが明らかである。

また、専門の知識階級職業紹介所も、一九二六年の中央職業紹介事務局答申を受けて大都市に専門職業紹介所が設置され、二七年五月には東京にも知識階級専門の本郷区職業紹介所（以下本郷紹介所）が設置されていた。小額給料生活者失業救済事業が二九年からはじまると、東京市ではこれを受けて同年一一月に東京市小額給料生活者授職事業事務所を開設した。ただし、本郷紹介所は、二六五九人の求職者数（男二三八四・女二七五）に対し、就職者二〇五人（男一六二・女四三）で七・七%という成績不振であり(47)、メディアでは「市が知識階級失業者の為め授産場を新設する由、高等遊民と競争したら際限があるまいに、勇敢、勇敢(48)」などと冷やかされる有様であった。事実、評論家の大宅壮一は、二八年に「私の家にいる若い男」が「幾度職業紹介所に足を運んでも仕事にありつけなくて、ついに一日一円で市役所の人夫になったが、郊外から通う電車賃と弁当代を引けばなにも残らない」生活をしていたことを指摘しているのである。(49) その後、本郷紹介所と市の授職事業事務所は合併し、三一年に東京市知識階級職業紹介所となったが、同年の成績は、二万九九四二人の求職者（男二万一九六一人・女七九八一人）に対し、就職者は五九二六人（男三五七八人・女二三四八人）で、一九・八％に過ぎない。(50) ここからも、職業紹介所が「高等遊民」を殆ど吸収できずにいたことがわかる。

この原因は幾つか指摘できるが、第一に職業紹介所の機能自体の限界性がある。例えば、一九二六年に内務省社会局社会部長守屋栄夫は、「職業紹介本来の機能は労務需給の調節を図り、その過不足を適当に按配するものであつて職業を創造するものではない」とし、後述する救済事業などの方策に対しては、「それは現にとり残された小許の仕事を発見して適当に分配する位の効果をあぐるに止まり、決して根本的の救済とはならぬ」とし、教育制度の改善による職業化、海外発展策、労働市場開拓による「知識階級の発展を促すことなども好ましい」(51) としている。つまり、同時期の高等教育機関の縮小や移民などと連絡調節をしながら、景気回復に伴う労働市場の拡大をもとにした抜本的な解決策を出す必要があるとの認識であった。そしてそもそも大企業・大会社は紹介所を利用せず、次節で述べる就職試験で学卒者を採用する形態であった。

第二に、多くの理由が重なり職業紹介が成立しなかったことである。東京市社会局が調査した『職業紹介所不成立事情調査』（一九三五年）は、その典型的な事例を示している。該史料は一九三四年五月と一一月に実地調査を行ったもので、東京市の普通職業紹介所三七か所に該期間申込した求人者、求職者申込票より未紹介及紹介不成立票を抽出したものである。調査集計には「知識階級」の失業者対策として、小額給料生活者失業救済事業の調査員を用いている。(52) この調査は「高等遊民」を対象にした調査ではないが、当時の紹介所の問題点を検討する素材となる。ここで

「高等遊民」が関係するのは、まず「教育程度に依る不成立」である。これは五件の事例があり、高等専門学校卒業者を求める者に対して中学校卒業、中退者が派遣された場合、中学卒業者を求めるのに対して中学半途退学者が紹介された場合があった。また、「経験に依る不成立」もある。専門業務に関する知識を求める雇主も多く、実務に弱い未就業の「高等遊民」には厳しい条件であった。これは特に募集の多い外交員、商店員や旋盤工、仕上工のような業種に多く、特に工場の割合が多かった[53]。つまり、紹介所の求人には高学歴者とのミスマッチがかなり存在していたのである。

第三に、公立職業紹介所の信用を巡る問題があった。これについては、浜口内閣下の社会政策審議会でも議題となり、特別委員会議決書には「職業紹介所網ノ普及専門紹介所ノ増設職員ノ向上〔中略〕職業紹介機関監督系統ノ改善等職業紹介機関ノ整備充実ヲ図ルコト」が「応急対策」と記され[54]、委員会では幹事長の吉田茂内務省社会局長官が「現在職員ノ素質ガ良ロシイトハ考ヘラレヌ[55]」などとし、紹介所職員の改善を課題としていた。当時のメディアでは、某紹介所の所員が、「この不景気に田舎から出てくるとは心得違ひだ」、「君の希望するやうな求人者はないよ」などと暴言を吐き、すごすご引き上げる求職者に「てう〔嘲〕笑的な笑ひを投げかけるといふ調子[56]」であったこと、そうした態度で悪評高かった深川職業紹介所の所員五名が公金八〇〇〇円を横領、使い込んでいたことが発覚[57]した事件もあった。これらの報道や事件は、紹介所の信用を著しく落とすものであった。

更に、職業紹介所の求人申込者に悪徳業者が多数紛れ込んでいたこともあった。例えば、一九二九年、外交の仕事で「一ヶ月以上働かねば給料を与へぬ條件にし折角職を得ても給料を貰ふ者は絶無であるが一方求人者は紹介料なしに新しい人を後から後からと交代に使用して暴利を得て居る[58]」という「札付きの求人者」がいたことが発覚した。また、翌年四月にはパン屋を自称する三五歳ぐらいの男が二六歳の求職者の青年と虚偽の契約をし、食事の際、言葉巧みに所持金三円五〇銭と銀時計一一円分を詐取して逃走、(59)同年五月には新聞に高給集金人、事務員、会計係りなどの募集広告を出した四〇歳の男が、「知識階級」の失業者一七人から合計五〇〇〇円の保証金詐欺を働いていたことが発覚している。(60)こうした事例は枚挙に暇がなく、『都』は「被害にかゝつて涙をのんでゐる人達は比較的知識階級のものに多い」と指摘、「世間の物笑ひになることを愧ぢて秘密にしてゐるから比較的一般に判らない」(61)とした。

これらの状況に対して、紹介所を管轄する中央職業紹介事務局では、打合せや会合の際に、「近時求人、求職者中不正ナルモノ増加ノ傾向アリテ職業紹介所ノ信用ヲ害フモノ不尠之ガ紹介ニ当リテハ可及的事前ニ求人者及求職者ニ関シ諸般ノ調査ヲナシ万遺憾ナキヲ期セラレ度」(62)、「求人者及求職者ノ身元ヲ明カニスル必要アルヲ以テ之ガ調査ニ当リテハ市町村長、警察官署等ニ於テモ成ルベク便宜ヲ与フル様近ク通牒セラルベキ」(63)などと警戒を呼びかけたが、類似の問題は引き続き発生した。

最後に、職業紹介所が「知識階級」に受け容れられていなかったことが指摘できる。例えば、新聞投書欄で小林生寄なる人物は「知識階級の求職者で、市の経営する知識階級職業紹介所の存在を知らぬ者の多いには驚く。これは単に一例に過ぎない、他の社会局事業についても同様のことが少なくない」(64)としている。実際、東京地方職業紹介所事務局長の天谷健二は、「知識階級の求職者」たちと対談し、職業紹介所の存在を知らない者、来所回数の少ない者、来所を恥辱と考えていた者の事例を指摘している。(65)

以上の状況は職業紹介所にとって大きな課題であった。こうした状況に対し、一九二九年に東京市中央職業紹介所長代理岡崎四郎は、「知識階級の失業者　採用者側へ」として、「私は茲に知識階級使用者側が職業紹介所を頭から馬鹿にして、一向利用しないといふ欠点を挙げその反省を求めたいと思ひます。〔中略〕実際のところ、多数の知識階級者を使用する銀行会社、工場などは職業紹介所を一向利用してくれません、私はそれを遺憾至極に思ひます」とし、

「ソコで私として申上げたいことは知識階級者を雇ひ入れたい向きは徒に情実本位で人物を採用せず職業紹介所へ申込んで何等情実を持たぬ人間を採用して頂きたいといふ事です」とし、「知識階級者を採用するにはもつと公平に機関を利用して、大海の中から採用してもらひたい、これが私の念願(66)」と新聞発表を行い、改善を求めている。とはいえ、結局これらは経済状況が回復し、企業が求人を要請し、紹介所の対応が改善されない限り、解決しない問題であった。三六年に東京府職業紹介所長の豊原又男が述べたように、「未だに求人者の信用を十分に勝ち得るまでの域に到達せず、大部分は学校又は縁故関係によつて就職口を見出すの現状」、「知識階級求職者の詮衡は不可能であると云ふ見解が一般に行はれて居る(67)」という状況だったのである。

このように、当時の職業紹介所は労務需給の調整役を十分に担っておらず、しかもその対応は甚だしく不親切であり、「知識階級」にとっては疑わしいものとして映っていた。以上の検討から、失業救済事業や職業紹介所が、一部の貧窮者や、求人の条件の合う人物以外の「高等遊民」には、厳しい解決策だったことがわかる。

三　就職活動

では、政府の対応に限界が存在する中で、当時の論者はいかなる解決策を述べたのであろうか。

当時のメディアは、読者と出版産業の増大を背景に劇的な発達を見せ、新聞雑誌の読者層の拡大が社会階層の上部では進んでおり、大規模資本と一〇〇万を超える発行部数を持つ性格を持つようになっていた(68)。そこでの「就職難」論調は数多く、とりわけ経済雑誌や経済界の名士、大学教授、更に職業紹介所の所長や所員といった、専門家というべき論者が多くの発言を残している。同時に、明治期と異なり、「立身出世」や「成功」といった表現による啓蒙書よりも、厳しい現状を認識した就職指南書が多く、そこに書かれた解決策で国内向けのものは、資力のない「高等遊民」にも対応可能である低所得者向けの解決策、必要事項や注意事項が丁寧に紹介されたものも少なくなかった(69)。つまり、「就職難」への解決策としては、明治末期より専門的かつ実際的な解決策が提言されている状況だったといえる。

解決策の論調をまとめたものに、就職問題研究会編『学生と就職の実際』（以下『就職』）(70)がある。この本は大学・専門学校向きと中学校向きに二種類が用意されており、学生時代から就職後までの処世術を網羅し、内務省社会局の統計資料も織り込んだ、堅実で網羅的な就職対策書である。現存する同書は版を重ねており、多く読まれたことがわかる。こうした就職指南書や就職戦術が学生に影響を与えたことは、一九三六年に東京帝大法学部教授の末弘厳太郎が、「かれらが想像以上〔に〕いわゆる就職戦術なるものを気にしている」(71)と指摘していることからも窺える。これは明治末期に比べ、学校卒業者が増加し、新卒を中心とした「就職」方法が確立していたことを示している。ここでは、同書の就職活動の方法を手掛かりに、従来の研究が言及していない就職活動の実態、及びその他の「高等遊民」解決策の論調とその有効性を、新聞・雑誌史料も踏まえて検討する。

大森一宏氏によれば、就職活動は、一般に会社企業の申込がされる一二月前に大学の人事課が企業へ依頼を行う就職活動を開始し、採用申込書は健康、成績優秀、堅実な人物を基準に、推薦者を決定（学生一人につき推薦先は単独企業で不合格後にまた別の企業へ紹介するという一人一社の方法）する方法だったという(72)。ただし、実際には学校推薦を受けられない成績者も多いため、就職採用試験全体の状況とその問題点を見ておく必要がある。

最初に、就職するに当たって採用側が検討するのは、「性質と態度」「容貌と健康状態」「家庭の事情と思想関係」「学業成績と品行」である。中学卒業程度の場合、専門的知識よりも柔軟性のある「線の太い人物」が求められ、大学・専門学校程度の場合、専門的知識とともに実務的能力もある人物が望ましいとされた。

特に、大学・専門学校程度の場合、雇用にかかる一人当たりの待遇は、中学卒業程度の場合に比して高く設定されており、恐慌下での大量採用は難しい。したがって、よほどの人物でなければ採らないというのが一般的見解であったという。そのため、学生時代にすべきこととして、「身体強壮」、「道徳的修養を積んで崇高なる人格を作ること」、「常識を涵養する事」、「特徴を持つこと」、「実務の習熟に努める事」、「勤労を厭はざる良習慣を養ふこと」といった個性、即戦力となる実務的能力の涵養が説かれたのである。

特に「実務の習熟」は、当時貴族院議員で日本工業倶楽部理事の内藤久寛が紹介したように、「自分の知れる実例でも、或る大学の経済科を卒業して就職を頼みに来た人か〔が〕あるが、本人の希望は実業に就き度いと云ふのであるから、実務に就いて研究をして居るべき筈であるが、事実は簿記の記帳を見ても判らないと云ふので遂に会社に入れることも出来なかった」[73]こともあり、企業側の検討する重要項目の一つであったことが窺える。更に、『就職』では、「就職斡旋者を広く求めて置くこと」、「就職しようと思ふ方面を明確に認識する事」、「就職先選択の心得」も説かれた。不況下においては学生時代においても、「就職準備機関」としての時期であることを忘れずに修養しなければならないとされたのである。

次に、会社や役所の面接がある。国家試験では大学・専門学校卒業程度で高等文官試験、司法試験、弁護士試験、歯科試験があり、これに合格できれば就職先の定員空きを待つこととなるが、落ちればもとより何もない。その他、学校推薦か、両親、親戚、先輩、恩師、知人、友人による推薦を要望する就職依頼の運動、職業紹介所、募集広告による自薦運動が基本的な方針となる。この際、履歴書、学業成績証明書、健康証明書、戸籍謄本、写真、就職申込書等による審査が段階的になされる。

面接において採用される学生は、東京市知識階級職業紹介所長の青樹重康がいうように、一般に印象、言語、服装、態度、家庭、品位、特徴で好印象をもたれること、履歴書では明確に必要事項を書くこと、面会時間は厳守し、出来るだけ短くする、面接では礼儀正しく、尊敬の念を持する態度を持ち、清潔第一の服装、志望動機をはっきり言えることが必要であった(74)。

もっとも、当時の報道を見る限り、実際の面接内容は企業によって多様であった。例えば、前東方電力人事課長の井上良民によれば「第一印象」が「明朗な誠実の健康的な感じの人」が前提であるが、質問は会社の志望理由、両親、兄弟、親の商売のことも聞き、出身者によって質問も変えたという。例えば、商科出身であるならば金融、帳簿について質問し、経済科出身なら小作問題など「実際知識」を聞くといった形である(75)。このため、面接において失敗した学生も多く、中には、商法を得意と自負していた志願者が、手形の振り出しの様式や監査役の責任などの詳細な実務規定を問われて答えられずに、「見るも無残な最期を遂げた(76)」事例があったという。

また、志願者の多くは大学教授をはじめ有力者の推薦を受けているため、厖大な数の学生が集合した。そのため、重役や採用担当者の中には、「色々と手をまわして下見分に及ぶ。そして会社で優秀（?）と認めた者のみを内密に呼びだして面会する」という方法で、他の面接者はまとめて呼び出し選考の真似事をしただけの場合(77)や、「部屋に入つて来て、帽子をかけるとき、一番左のにかけたものを無条件で採用することにきめた(78)」という無責任な面接もあったという。すなわち、原則としては、前述の青樹がいうように正当な選考を行ったが、裏口選考や無責任な選考も相当数あったのである。厳しい現実に直面した学生の中には、車中の満鉄総裁に直談判して就職斡旋を頼んだ仙台高商出身の学生(79)や、面接で「泣き落とし戦術を用いる人まで(80)」現れた。こうした選考に落ちた人物から、多くの「高等遊民」が発生したのである。

ただし、面接で不採用となった場合でも、取るべき就職活動の余地は三つあった。第一は「補充採用」を狙うことである。例えば、北海炭鉱資料課長の前田一によれば、採用から三ヶ月から半年経つうちに採用者の中から退職者が一割ぐらい出る。その適当な欠員補充の為に、「内部の人を通じて、履歴書その他を提出し補充の場合の選考を依頼しておく」ことが必要であるというのである。ただしこれは、依頼が出せる関係を築ける人脈を有する人物のみに限られる。第二に、一流企業ばかりを狙わず、就職先を研究し零細企業でも受験することである。不採用者は自分の健康に対する研究、常識の確認、就職先の研究が不十分という欠点があるため、それらの対策も必要だというのである。(81) そして第三に、親戚知人その他縁故を使い果たした場合、職業紹介所へ来所し、求職活動をする方法がある。とはいえ、前節で詳述したように職業紹介所は多くの問題を抱えており、それほど有効ではなかった。

なお、メディアではこの他に、軍人や巡査への志願も就職活動として紹介されている。昭和初期には、「支那に渡つて兵隊さんになつた方が好いと云ふ者が非常に多くなつて陸軍省や、外務省さては東京市の職業紹介所等に手紙や本人が態々出頭して嘆願する」(82)状況が実際にあったが、募集者は「月給はくれる掠奪は出来る」というのが理由であったという。しかし、「就職難の抜け道」として、官私立大学の法、経、商科の学生で在学中から陸軍委託生となり、毎月五〇円支給され、卒業後は陸軍に入り、見習期間を経て二等主計（中尉相当）になる軍人志望者が増加していたという。(83) 従来高学歴者に人気のなかった警察官志望者が増加したという報道や事実と合わせてみると、(84) 就職のためには危険性の高い仕事でも辞さない高学歴者が増加していたことがわかる。つまり「就職難」はこれほど苛酷なものだったといえるのである。

また、学校も無策だったわけではない。中央職業紹介事務局『大正十五年三月卒業全国各大学専門学校卒業生就職状況調査』（一九二六年）の「就職口開拓の方法」によれば、文部省の管轄にあって「就職難」のほとんどない高等師範学校、医、歯、技芸学校を除き、多くの学校が官公庁や会社企業へ採用を依頼し、有力なる交友関係を辿って採用を促したという。[85]

各学校の取り組みを見ていくと、東京帝大文学部では就職カード、求人カードの作成、「就職希望者一覧表」の全国官庁、学校、会社などへの配布によって六割に近い成績をあげたほか、[86]就職相談部を設け、[87]教授が全国を就職行脚[88]するなど他学部に比して注目すべき取り組みが行われた。東京帝大全体でも、学生課で就職問題調査実施、[89]官公庁会社から要職の人物を招いた就職相談会の開催、[90]学友会も就職斡旋を図るなどの努力がなされた。[91]また、私大を見ると、明大では、一九二四年一一月に人事課を新設し、企業・官庁へ卒業生「見込書」、推薦状の発行を開始、一二月には就職委員会を設置して企業との連携も強め、三二年に人事課が廃止された後も指導局に継承された。[92]とはいえ、文学部の就職相談部の作成したパンフレットは全国専門学校、中等学校に発送したが「反響らしいものは現在のところないやう」[93]であったという。また、早大では、二六年に中等教員紹介係に中島半次郎教授を主任として組織的連携を取りつつ、二四年には校友会に「職業相談部」を設けて校友のための職業斡旋をはじめ、人事嘱託坪谷善四郎が『知識階級と就職』（一九二九年）を出版するなど、学校ぐるみの対応も行った。[94]慶應大学では、嘱託二名が全国を回り、人物調査をもとに校友に就職依頼をするなど尽力した。[95]

この就職活動の支援は、就職率では文科系の大学・専門学校や高等学校より良かった実業教育界からも説かれた。一九三三年五月一〇日から始まった実業専門学校長会議では、三日目に「卒業生就職に関する件」が協議事項となり、学校長から「就職紹介機関を設置」、「官公私立学校卒業者の差別的待遇の撤廃」、「カレッヂホリデーの如き制度」の新設、「満洲国大同学院」（大同学院に関しては本章第七節参照）との連絡、生徒の就職斡旋の為に「教授の定員を増やすか事務官を設置」するかなどの意見が出されたというのである。[96]

他方、大学と官公庁や会社を結び付けようとする努力も様々な形でなされた。例えば、東京市では、一九二八年から東京に本社のある銀行会社の人事課長と各学校関係者が東京市社会局の斡旋で東京市中央職業紹介所にて懇談会をもち[(97)]、三〇年にはやはり東京市社会局の斡旋で企業と学校側が第一回委員会をもって「合理的な就職緩和策」についての会合を行った後[(98)]、三四年に東京市知識階級職業紹介所主催、内務省、文部省、東京朝日新聞の協賛による講演会「知識階級職業指導講座」へ発展し、これが翌年には『学生就職講座』として六〇銭の安価で図書としても販売された[(99)]。また、名古屋市中央職業紹介所給料部においては、市長、学校長、事務局長、職業紹介所長の連名による依頼状を企業官公庁へ配布し、学校との連絡を密にした試みが実行された[(100)]。とはいえ、これらの成果は失業対策の間接的な援助に過ぎず、対策としては後手に回ったもので、その成果は極めて疑わしい。

以上の検討からわかるように、当時の就職状況は厳しく、「高等遊民」が多く発生し、彼らは簡単に就職できる状況ではなかった。これでは、よほど有力な縁故を持っているか、学生時代からの修養がある人物でなければ就職不可能だった。これを示すように、『都新聞』は、「秀才でなく普通の成績で卒業したものであれば、その親が相当の地位を占め、それ〴〵社会の機関と連絡をもつてゐる場合には、容易に就職もかなふといふ状態である[(101)]」と批判している。

毎年新卒業生が輩出され、多くの「高等遊民」が就職活動を行う状況で、「学校は卒業したけれども、就職口探しの為に下宿住ひをして国許からの送金を当にして暮して居る様な人」が多く発生し、彼らは「就職戦の落伍者[(102)]」などとされた。そしてここには、「結局は頭があつても有利な手蔓がなければ就職はほとんどが絶望ですこんな実状では考へ方だつて可なり奔逸になるのも無理はないと思ひます[(103)]」という学生もいた。中央職業紹介事務局の調査によると、三四、三五年まで採用率は上昇しておらず[(104)]、多くの学生が、有効な就職活動を行えず、困難な状況にいたことがわかる。

四　独立自営

では、就職試験に失敗し、就業困難になった時、いかなる解決策があったのだろうか。

前述の『就職』は、「就職出来ない場合に処する道」として、①独立して自営する事、②地方へ帰郷する事、③家業に従事する事、④海外へ渡航する事、⑤特殊の月給取生活、の五つを「就職難の打開策」としている。[105] ただし、③は「時勢と共に改良を加へ、或は商売の方法を改革して従事するのが、最も安全であり国家産業、工業等の事業の発達に貢献するものであり、人物経済の上から見ても最も望ましい事」とあるが、家業によりかなりの差があるので一概に指摘できず、実家が裕福でなければ有効な解決策とはなりえない。そのため商業を対象とした①の状況分析でこれに代えることとしたい。また、⑤も同様に小会社、小商店や職工などに就業することを指しているため、可能な限り①で代えることとした。②は本章の第五節で、④は第六節で検討するため、本節では①を検討する。

まず、①の独立自営について、『就職』は、「直に経験もなく社会に乗り出して、独立して商売をする事の、困難である事は勿論であるが、要は其の人の心掛け一つである」とし、「其の志ざす仕事を研究する目的で、無給で見習をして、実務の経験を得て後に、初〔始〕めるのも慎重な方法」としている。これについては既に多くの論者が解決策を唱えていた。

例えば、一九二九年の『東朝』の記事「空前の就職難／識者にきく」において、農本思想家の山崎延吉は、「ナッパ服を着てやる気なら少しも就職難ではない」と労働従事を説き、「月給取の夢を破つて自分の腕で食ふ精神に目覚めれば都会集中就職難も減る」としている。[106]

他方、企業人からも、「高等程度の学校でも出たものは一つ独立する考へで進んだら何んなものだらう」(三井物産安川常務)[107]、「八百屋なんかになるのも時節がら仲々いゝ考へだ」(三菱堤人事課長)[108]といった提言が出されたほか、森永製菓専務の松崎半三郎のように、「自立自活の道に進むべく心の立直しが必要」とし、農業従事、商家での父兄の仕事手伝い、八百屋、呉服屋、印半纏に天秤棒を持つといった、実業を勧める者もいた。[109]これらは、官吏や会社員になれないのであれば、そうした実業従事で就業し、生活すればよいとする考えであり、「高等遊民」の「立身出世」志向とは逆の見解であり、不況期には明治末期にも登場した議論であった。

このような論調が多い中で、別の観点からこれを説く論者もいた。例えば、『東洋経済新報』記者は、「真に志を大にして我周囲を眺め」ることを提唱、工業技術家を目指すのであれば、まず職工や人夫となること、商人を目指すのであれば、まず小僧となることを説いている。[110]これは将来的なキャリアアップを想定し、学歴にこだわらずに就業先を選ぶことを勧めたものである。また、論者によっては、「たとへ生家に相当な財産があつても、仕事もしないでぶらぶら遊んでゐる青年のところへは良い嫁さんが来ない。当分のうちは食つて遊んで行けるとしても、先の見込が無いからだ。二万や三万の財産なんてものは、いつふつとぶか分からない不安定な財産だから」[111]という資産の限度、将来設計の観点からの提案がなされたものもあった。

とはいえ、前述のように「勤労嫌悪の風」もある高学歴者にとっていかなる手段があったのか、資力のない「高等遊民」がこれらを実践できる条件が存在していたかについては検証されていない。以下では、大正末期から昭和初期に出版された独立指南書を中心にその有効性を検討する。

大正末期のものとしては国吉嘉川『無資本成功法』(一九二六年)があるが、ここでは「就職困難の場合、自分のなし得る能力のある位置より、一段又は数段下の口であれば、就職は容易なものである」[112]として、無資本あるいは小資本で独立できる業種として、労働、勧誘員、注文取り、電車の車掌運転手、通信販売、玉子の行商、印刷業、瀬戸物商、ブローカー、アイスクリーム業、屋台店、クリーニング、八百屋、自動車運転手、花の栽培、薪炭小売商、飲食店が紹介されている。後半の業種については資本、利益について詳細な検討があるが、中でも「将来有望と云つてよかろう」とされたのは前述の自動車運転手である。

これは、自動車学校卒業者で、乗合自動車が月五〇〜六〇円、タクシーが四〇〜五〇円、更に手当が七〇〜八〇円加わり、月収一二〇〜一三〇円であるという。一九三〇年に作家の青野季吉は多少誇張があるとしながらも、「ある人が聞かせてくれた話によると、東京の自動車組合が『しつかりしてゐる』のは、現在、円タクやタクシーの運転手が、殆んど中学、大学の卒業者だからだとのことである」[113]とし、この業界への高学歴者の流入を指摘している。昭和初期の事例だと、月に一五日勤務で新車が一日二〇円、歩合制で二割もらうとして月収五〇〜六〇円、これにチップがついたという[114]。

とはいえ、一九二九年には、「一時は不景気知らずであつた運転手界にも最近では就職難の風が吹き出し苦心して得た免許状もどうやら役に立たぬやうになりさう」[115]ともいわれている。また、重信幸彦氏の聞き取りによれば、運転手の大多数は尋常高等小学校卒業程度で苦学、立身出世に挫折した人物が多く、しかも免許取得は三三年までは合格に二、三年かかる「実技」「自動車の構造」「取締法規」の三科目の試験があり、同年以降は運転免許に加えて地理試験を受ける就業免許取得が必要になるなどの困難があったという[116]。タクシー運転手は、一つの好例ではあったが、不況の進行とともにそれほど参入が楽な業種ではなくなったことがわかる。

また、昭和初期には「高等遊民」やインテリ層を対象とした自営業の独立自営の開業についても詳しく検討がなされた。インテリ向けに編纂された門多栄男『小資本インテリ商売相談』（一九三四年）は、新聞社勤務経験を持つ著者

る点が特徴である。

が、当時の独立自営関係書二五冊を読破したのち、「インテリに向きさうな商売を選んで編集して見た」もので、「小資本開業希望者に対するヒント集」[117]として発売された。巻末に他の類似書に見られない法的手続きの案内を付してある点が特徴である。

この中で紹介された小資本による独立開業職種のうち資本か利益が記されているのが、移動店舗二五業種、固定店舗三五業種である。開業資金は移動店舗が安く、「街頭清掃店」（一円）から「おでんや」（二〇〜三〇円）、「一六ミリ映画劇場」（一五〇円）まで一六業種が、固定店舗として「勝馬予想ニュース社」（一〇円）から、「朝飯専門食堂」（五〇〜六〇円）、「煙草店」（四五〇〜五〇〇円）、「書籍雑誌店」「古書店」（一〇〇〇円）、「喫茶店」（七、八〇〇円〜三〇〇〇円）など三三業種が指摘されている。昭和初期、特に喫茶店は当時のサラリーマンの年収にあたる約一〇〇〇円で開業でき、コーヒー一杯原料が二〜三銭で、一〇〜一五銭で売るとして二〇〜三〇杯売れば、差額だけで生活ができたという[118]。資力のない「高等遊民」であっても、開業は不可能ではないことが窺える。

ただし、これらの開業には、古本屋のように商業組合に加入する際に手数料がかかり、更に飲食物を扱う場合には法的な手続も必要となる。実際にはこれだけの資金では不足であり、更に数十円が上乗せされることになる。また、具体的な開業に必要な条件は各項目で大変詳細に紹介されているが、肝心の利益についてほとんど記載されていない。例えば、移動店舗では「街頭清掃店」が毎月一五〇円、「モダン雑誌屑屋」が一〇円、固定店舗では「日用雑貨店」が一日二〜三円、「スキートポテト店」が一日三〇〜四〇円、「古書店」が毎月五〇〇〜六〇〇円と明確なものが七業種しかなく、「文房具店」（三割三分）、「書籍雑誌店」（二割）、「玩具店」（二〜五割）などと、利益率を保証するものが四業種しかない。これではほとんどの職種で、資力のない「高等遊民」が開業できるかどうか疑わしい。

他の類似書で管見の限り最も詳細な、堤健次編『少商売開業経営成功法』（一九三四年）を見てもこれらの業種の資本金は一〇円から六〇〇円程度であり、利益は原価に対して三割前後が保証されている点で同様である。例外的に古本屋が資本金二〇〇〇円だが、大規模な経営を考える場合他の業種にも更に資本増強が必要となる。[119]当時の大学初任給が一〇〇円程度だったことを考えると、[120]これらの業種では若干の資本が必要であるが、不可能ではなかったことがわかる。ただし、独立自営を志さない者や、露店など業種間での取り決めがある職種、あるいは競争の激しい業種などは、素人には困難であったことはいうまでもない。

これ以外にも、小資本による独立自営は、当時数多くの事例が紹介されている。特に不況下における自営業を勧めた『実業之日本』特集記事と、民間の職業支援団体である職業指導会の『殺人的不景気を突破して』（一九三一年）記載の事例が参考になる。

前者には、数年間にわたって多くの事例が紹介されており、遊技場の経営（一日四円五〇銭の利益）、手荷物簡易取扱所、電気靴磨店（一日九円の利益）[121]、「椎茸の栽培」「養鶏事業」「鮮魚の卵の花漬」「ポマード、石鹸、アイスクリーム製造」「身の上相談所」（月収六〇〜九〇円）のほか、[122]紙芝居広告、蛹の廃物利用、満洲視察団、入場券商売、列車の貸本屋、自転車掃除業、街頭理髪師、煙草の訪問販売、簡易待合所や、デッド・マスク商売、競馬予想屋、輸血商売、保険の案内、十銭出前弁当[123]といったユニークな業種が多い。

後者には、古着屋の仕立て直し（三〇円の仕入れで一〇〇〜一五〇円。ただし工賃は除く）、足袋股引等の製作販売業（同上）、古布利用地下足袋製造販売業（原価の一〇倍）、足袋カバー、メリヤス子供シャツ、ズボン等の製作販売業（同上）、古洋服の修繕販売業（上より若干少ない）、古晒布活用製作販売業（利益は薄い）、古布染織加工販売業（純利は売り上げの一〜二割）、麻蚊帳の色揚げ請負業（利益不明）が紹介されている。[124]これらはいずれも中小事業者、あるいは内職的なすき間産業というべき業種である。小資本による開業が可能であるが、前例がないもの、利益が確定的でないなど不安定な要素も多く、必ずしも成功し、生活を維持できるとは限らないものであった。

こうした中小業者の不安定な実態を示すように、一九三二年の『東洋経済新報』は、「中小商業者の窮境と其の原因」を論じ、「小売業者は昭和元年以降毎年増加して居る」こと、それが「幾許かの資金を有する失業者（嘗ての俸給生活者、熟練工等を含む）及事業の失敗或ひは縮小を余儀なくされた人達」によっていることを指摘しながらも、不況の深化、百貨店の圧迫、大工場商店の街頭進出、公設市場や購買組合、金融、負債の増加などの要因によって、「一方に於て廃業者数は累年増大しつつある」としている。しかも、これに対する政府の救済策はないことから、「中小業者の前途は誠に暗澹たるもの(125)」であるというのである。

以上の状況は、月給取りを期待されながら定職のない、したがって資力の無い「高等遊民」にとって、タクシー運転手などの一部の業種を除いては、独立自営が困難な事業だったことを示していたといえる。もっとも、成功例がないわけではない。例えば、桐生高等工業学校校長の西田博太郎は、「自営の途なら幾らでもある。僕らの学校を出た者で、女郎屋をやつて成功して居る者もある。それから質屋〔を〕やつて居る者もある」とし、『東洋経済新報』主幹石橋湛山も「私の知つて居る男で、学校を出て煙草屋をやつて相当やつて居る者もある(126)」と成功例を指摘している。しかし、いずれも高学歴とは無関係の業種で、多少の資本と覚悟のある人物でなければできなかったものである。こうした検討を裏付けるように、加茂英司氏は、戦前における自営業は、中年期の開業に多く、閉鎖的な職種であったとしている(127)。ここから、「高等遊民」の独立自営が、比較的参入しやすい複数の業種、そして進取性に富み、実行力のある人物でなければ有効でなかったことがわかる(128)。

五　帰農

次に②の帰農を検討する。『就職』は、「地方より都会に集中せる学生は、此の機会に帰郷して地方の営利事業、公共事業に関係し、或は町村の中堅となつて、地方を指導すれば、就職難を解決すると同時に、地方にとつても亦極めて有益」としている。これについては、それほど多くの論者が唱えたわけではないが、「専門学校又は大学等の各科の入学者を選択するに当り、其卒業後各自家の家業に従事するを第一の條件とする事である」(129)などと学校教育と密接な連携を必要と見た論者もいた。この要請は、「高等遊民」が資力ある地方名望家の子弟であり、帰郷後も家族や村落共同体で生活が出来るという条件が必要であったことはいうまでもない。

明治末期には、「高等遊民」を帰農させようとする見解があったが、その後政策的な展開は管見の限り見られない。これを示すように、一九一七年に在野の農政評論家横田英夫は、「法学博士一木喜徳郎氏が内務大臣当時（第二次大隈内閣）に、都会に於ける高等遊民は宜しく農村に帰れと云はれたことがある」としながら、「何等かの形に於て所謂高等遊民の帰農方法が講ぜられるかと、内々は非常な興味を以て之れを注意して居たが、今日に至るまで未だ夫れらしいこともない」(130)と述べている。一八年には社会政策一般を調査する為に設置された救済事業調査会が床次竹二郎内相の諮問に答えて「失業者ノ種類ニヨリテハ帰農ヲ奨メ」(131)ると答申したが、「高等遊民」を対象にした政策はない。

また、一九一九年三月から原敬政友会内閣は政友会の支持基盤を構築する目的から内務省訓令九四号を発し、民力涵養運動を展開するがこちらでも同様であった。これは普選運動が高揚する中で協同調和を図り、「国体の精華」を発揮することを意図して提起され、床次内相が指導に当たったものである。この運動は三年間で一七一万人の集会参加者を動員し、青年団、婦女会、産業組合などが府県郡市町村の支持を得て、講演講話、経済、教育、民衆娯楽に主眼をおいた運動を展開した。[132] この際、地方人士の活躍による農村の再興が望まれたが、「多数の青年は補習学校位で満足せねばならぬ」[133] と進学熱を否定したほか、欧米（フランス、イギリス、ドイツなど）における帰農制度が「直に我邦に採用すべきであるが、又我邦に於て採用すべき形式方法如何は、大に研究すべきこと」[134] として紹介されたに過ぎない。

その後、一九二〇年に戦後恐慌が始まり失業者が激増すると、政府は失業対策の一つとして帰農を推奨しはじめる。内務次官より地方長官宛に発した通牒の中で「事情ノ許スモノハ成ルヘク其ノ出身地方ニ帰還セシメ適当ナル職業ニ就カシムル途ヲ講シ場合ニ依リテハ農業ニ従事セシムル」[135] ことを推奨した。ここにおいて若干その有効性が注目されたといえる。

しかし、昭和恐慌期になると、この状況は一転して深刻な問題となる。失業した全労働者に帰郷が推奨され、帰郷者の列が延々と続くほどだったが、緊縮財政下の政府は救済に消極的で、陳情団に対しても警官隊を配備して防止撃退に努めたという。[136] この中で、「高等遊民」が簡単に帰農することは難しい状況になった。例えば、一九二九年に『都』は以下のように述べている。

学校卒業者の地方帰住を勧むるは先づ第一着の方法なるも、地方といへども亦多数の新卒業者を消化し得る力はない、且地方に於いて父兄が一定の家業を有する者は、その子弟は帰りて其業を継ぎ又は其業を助くるを得るも然らざる者は子弟が帰住すれば父兄も子弟も共に却つて困惑することを免れない、結局地方帰住といふも一の空論に過ぎない[137]

つまり、帰農したところで、働く場所はほとんどなかったのである。これは後の一九三四年にも、前述の坪谷善四郎が「郷里に帰つて、家業に従事することは不可能な者が多い。また郷里で徒食すれば却つて害毒を地方に散布する虞がある」上、「帰郷してブラブラして居ることは、父兄としても世間へ面目が無き故、是非上京を続けて就職させたいと焦燥る」[138]と指摘していることから、広い時期にわたって一般的な見解だったことがわかる。

そもそも、「高等遊民」の帰農者そのものはごく僅少だったといえる。例えば、一九二八年三月に松崎武雄なる論者は、依然帰村者が少ない点に触れ、「此村で中学以上の教育を受けた者で村に住つてゐる者が何人居るか。〔中略〕農学校の卒業生も五六人ゐるでせうが、まだ立派な農業経済者と目ざす人も居ない」[139]と指摘している。

また、東京帝大文学部助手の宗像誠也がまとめた農村教育の状況によれば、甲種、乙種実業学校における「進路未定・不詳」者が一九二五年の段階で六万七三一九人中一一二〇人、六万七六六二人中七〇五人で一・七%、一・〇%存在する。また、俸給生活者となる者が三三%、三八%弱もおり、「卒業者が俸給生活を希望して実際農業に従事することを喜ばぬ」[140]現状だったという。実際に鹿児島では、中学校は「一群一校主義で頗る整つたもの」であるが実業学校は「誠に寥々たる有様」であり、青年の多くはエリートコースを辿り、「立身出世するも郷土に尽くす道がない、その不良なものに至つては高等遊民となつて不生産的の人物に終る」[141]という状況であったという。

この背景には、高学歴者全般にあった帰農への拒否感があった。例えば、鈴木静なる論者は、「成るべく働かないで生活を為さんとするいはゆる勤労によつて生活せんとするよりは楽をして安穏なる生活を貪らんとする風瀰漫してゐるといつてよい。殊に高き教育を受けるに従つてその風潮は一層甚だしい。これを称して高等遊民と、誠に国家社会のため寒心に堪へざる次第」[142]と指摘しているのである。同様に、兵庫県実業教育主事で農学士の田村有年は、中学卒業生で「学問をしたのが禍を為し額に汗して働くことは嫌ひになり、望し得むとした目的は達せられずその極は不平不満が鬱積して社会を悪み国家を呪ひ悪思想の胚胎者となり終る」[143]ことを懸念している。実際、都市失業者が帰農したことで農村の「思想的変化」が起こり、農村運動が悪化していることが懸念されていたが、政府は「傍観の外なし」であったという。(144)

この結果、無計画な上京により都会地で「高等遊民」となる者も多かった。例えば、岩谷愛石なる論者は、上京を望む秋田県の一青年との往信を著書に記している。そこで青年は、新聞雑誌記者の月収、確実なる職業、東京の下宿代の質問をしてき、借家の依頼をし、岩谷はいずれも「漠然として其御返事の致し様の無い質問」「田舎者の東京観」とし、都会での失業問題を返信したが、結局青年は上京した。しかし、岩谷が頼んでおいた新聞配達の口はそのままにして「留守に又五六日間もブラ〳〵遊んで居た」という有様であり、岩谷は激怒して帰郷を要請、「余りにもお坊ちゃんじみて居りました」(145)というのである。

実際に東京府では、「月給取りの口が駄目でも、広い東京だから労働者となれば大丈夫だと考へたり、食ふに困れば東京府庁や東京市役所は何とか救済してくれる筈だと思ひ込んで、背水の陣を敷いて上京する傾向が今尚存してゐる」(146)と指摘、この傾向を極めて危険視していた。こうした地方青年が岩谷曰く、都会において、「詐欺、窃盗、人殺し、肺病、淋病、社会主義、危険思想の持主となつて、都会に於けるドン底生活を為し或は農村に還つて不良青年となつて、此社会国家に害毒を流し親兄弟の顔汚しとなりおまけに故郷の名誉を汚すに至る」(147)場合があり、国家社会に対する反抗者となりえたというのである。

また、この裏返しとして、「高等遊民」の帰郷は、その親族にとっても喜ばれる解決策とは程遠いものであった。『東日』は、「大学教育を投資事業のやうに心得て無為算段をして卒業させそのために家産を傾けるものが地方には決して少くない。それでも就職出来ればよいが最近の状態では大学は出たがさて勤め口はなくいつまでもぶら〳〵してゐるいはゆるインテリ階級がどの位あるか知れない」(148)と指摘している。ここから、「家産を傾け」た実家では、「高等遊民」を帰農させ、居住させることが精神的・物質的にも困難なものだったことが窺えるのである。

そして、「就職難」の余波は地方にも波及しており、『帝大新聞』によれば、大学生らは「卒業後の就職といふ『僥倖』を目あてに郷里の役場」や「学校、会社とあらゆる方面に彼らの名刺をおくことを忘れない」状況で、町の中学校長の机上には多くの名刺が山積していたという。(149) したがって、帰郷した場合でも職がない場合がほとんどであり、帰農したところで、農村恐慌により生活は困難であったといえよう。父兄の援助により高学歴を得た「高等遊民」にとって、帰農は有効な解決策とはいえなかったのである。

六 ブラジル渡航

こうした国内における解決策の限界が明らかな状況の中で、論者によっては海外進出を説く人物も少なくなかった。『就職』では、海外移民について述べ、「移民」について、「一般に従来の海外渡航者は、農業を主とする労働者の移民であつたが、近時商売を営む者、技術者等も相当数で増加してゐる」とし、海外発展は「其の学識と才幹とに依り、其等教育程度の低い移民中にあつて、頭角を現はす事は容易」であること、「人口問題の解決として極めて有利」であるとしている。そしてここでは、北南米、中央アジア、アフリカが提示され、この時期「事業界も益々発展して行く状態である」とされた「満洲国」への移住も「緊要な事」とされているのである。ここからは、日本国内の閉塞感を打破し、海外発展によって彼らの活路を見出すと共に、対外的な日本進出を図ろうとする当時の世論の傾向がわかる。以下では、これらの議論を踏まえ、移民が「高等遊民」に対する有効な解決策であったかどうかを検討する。

海外発展の有効性は、明治末期以降、日本の対外進出と比例して、当時多くの論者が説いたものであった。例えば、一九二八年一一月、秋田県湯沢高等女学校長の児玉庄太郎は、「今や都邑地生活でも次第に困難に陥り、就職難生活難を訴へられるやうになりつゝあるを以て、結局海外発展に依る方策の外あるまい」[150]としている。また、三二年に前出の早大人事課嘱託の坪谷善四郎は、健康と労働の覚悟がいるとしつつ、海外移民を解決策として指摘している。[151]

ただし、慎重な見解もないわけではない。例えば、法学博士稲田周之助は、「失業者を救済する方法として、人口の移植即ち内地植民または植民地移植をはかるといふことも、至つて尤もらしい愚挙である」[152]としてこれを否定し、浄土真宗本願寺第二二世法主の大谷光瑞（鏡如）は、「一応は尤もに聞えるが、その実は非である」とし、「何となれば海外に発展するためには当然十分の準備訓練を必要とする。現時の小学卒業生、中学卒業生、ないし大学卒業生のいづれを送り出したにしても、彼等は恐らく扶手佇立して何等なすところを知らないであらう」とし、唯一の方法は、「農業の実務を心得てゐる者を渡航させて、かれとこれと地を替へて耕作に従はせる一途あるのみ」[153]だとしている。更に、前出の早大講師の阿部賢一に至っては、「外国の不況の折柄、海外の移民等は考へることすら無理だ」[154]としていた。

では、海外進出に関してはいかなる政策が行われていたのであろうか。移民が社会政策の一環として初めて提唱されたのは、一九一九年に内務大臣の諮問機関である救済事業調査会が答申した「失業保護要綱」においてである。ここでは大戦後に予想される経済的停滞への対策が検討され、「六、失業者ノ種類ニヨリテハ帰農ヲ奨メ、又ハ開墾地植民地並ニ海外ニ移住スルコトヲ勧奨スルコト」「七、失業者ノ移住其他ノ必要ナル場合ニハ、旅費ノ補給、船車賃ノ割引、其他ノ便宜ヲ与フルコト」[155]が決定された。

その後、恐慌下における一九二二年八月、内務省社会局が「移植民保護奨励案」を出して「一層移植民事業ノ根本ヲ定ムルノ便アリトス」との方針を示し、二四年四月一日設置の帝国経済会議がブラジルを主な海外への移民先として選定し、同年社会局がブラジルへの渡航費のみの支給を決定して移民奨励が機能しはじめた。[156]とはいえ、その後深刻な不況が続くと、僅か三〇〇〇〜四〇〇〇人規模の農業を中心とする移民では失業対策としては不十分だったため、前述の中央職業紹介委員会の答申を受けて、二六年六月一五日には「中央職業紹介事務局長より海外駐在大公使領事宛　海外職業紹介に関する件」が出され、以下の点が確認された。

晩近我国に於ては行政及財政の緊縮並に一般財界不況の後を承け各方面に亙りて失業者尠からす殊に知識階級に属する者にして就職の機会を得さる者漸く多きを加へむとする傾向有之職業紹介機関の活動を促し極力之か就職の斡旋に努めしめ居候処単に国内に止まらす広く海外に於ける求人を開拓し堅実なる思想を有する適材を紹介して就職の途を得しむるは啻に本人幸福なるのみならす我国民の海外発展を促し国運の伸長を期する上に於て極めて緊切なることと被存候間貴官下日本人倶楽部又は日本人会等各種団体とも連絡を図り就職の斡旋に努力致度候就ては特に貴官に御尽力を相煩し度此段及御依頼候〔後略〕[157]

これを受けて、一九二六年九月一三日に外務省主催の第一回貿易会議が開催され、企業家資本家に対する守屋社会局長の依頼がなされたが、この時点では「世界共通の不況に依り充分なる効果を収めるまでに至らなかつた。本年に於いて蘭領スマトラ・ブラジルのサンパウロ等から求人の申込あり夫れ〳〵斡旋した」[158]という程度に終わっている。すなわち、この時点で、移民奨励はその対策の一環として努力されたに過ぎなかったのである。

しかし、移民政策が田中内閣で重要視され、[159]移民を専門的に担当する拓務省が一九二九年に設置されると、予算を用いた本格的な移民奨励に変化していく。同年四月に二五〇万円の予算で海外移住が奨励され、海外移民組合連盟が内務省社会局内に発足する。更に、浜口内閣直属の社会政策審議会において「失業者ノ内外移住」[160]の充実が答申され、ブラジル渡航に関しての詳細な規定が改正されたほか、[161]三二年には政府と経済団体が南米に加え後述する満洲にも新たな活路を見出すことを検討し、移民は社会政策の一環として充実していくのである。ここにおいて、移民は有効な解決策として説得力を持って登場してきたといえる。

では、当時の渡航条件はいかなるものだったのであろうか。以下、拓務省拓務局の作成した『移植民関係法規』(162)(一九三六年)からアジア、アメリカ、ヨーロッパ、アフリカの渡航条件を見る。これは、当時拓務省が関係地方庁において日本にある外国公館について調査したものである。査証料の日本貨幣の額は為替相場により多少相違がでているため、実際の金額は多少上下するという。

まず、注目すべきは、「外国旅券規則」によれば、ヨーロッパ諸国、北米合衆国、ハワイ、グアム、アラスカ、中華民国行きの渡航者は「総て之を非移民」とし、メキシコ、中南米、オーストラリア、南洋、その他アジアでは「一二等船客のみを非移民」とし、「三等船客は総て之を移民」として扱うことになっていた点である。つまり基本的に移民先は限定されていたことがわかる。なお、明治期に苦学生が多く渡航していた北米合衆国は、一九二四年の「移民法」により労働従事の渡航者は逮捕、送還されることになっており、入国可能な人物は官吏とその家族、一時的旅行者、条約上の商人、学校教授、宗教家及びその妻子、学生、留学者、再渡航者(一九二四年以前の入国者)に限られていた。

また、移民者手続も煩雑であった。まず、移民は本籍地または寄留地の府県庁(東京府では警視庁)に出願する必要がある。移民は渡航許可証の発給を受け、旅券は所在地の地方庁から下付される。旅券下付はこれらの他、身元申告書、戸籍謄本、写真二葉、必要書類を提出するが、下付一部につき非移民が一五円、移民が五円である。(163)更に、外国政府に対する手続となる旅券査証料は全体的に高額であり、サラリーマンでも月収一〇〇円に到達すれば良いほうであったから、渡航審査料自体はその一〇分の一程度とはいえ、資力のない「高等遊民」には高額であったといえる。

このように、移民を許可しない外国がほとんどであり、手続も煩雑の上高額であったため、資力のない「高等遊民」の取る選択肢はほぼ限られていたことが明らかである。そうした人物の渡航が可能だったのは、この時期、移民創出策として政府も推進した南米ブラジルであった。以下順に具体的な状況を検討していく。

第一部第二章で見たように、ブラジルは明治後期から移民が渡航しはじめていたが、渡航条件に家族単位という条件があり、渡航には一定の制約があった。第一次大戦後、サンパウロ州ではコーヒー農園における労働力不足から日本移民の渡航費補助を行っていたが、同地の日本人の転耕の多さなどから一九二二年に渡航費補助中止が通告され、日本側では戦後恐慌、人口過剰問題などへの対応策として、この通告以後、移植民保護奨励政策で海外移植民を積極的に支援する方向へ転換した。

ブラジル移民に対して政府は、一九二一年に移住関係団体である海外興業株式会社（以下海興）に年額一〇万円の補助金を下付し、農園主から要請がある場合のみの限定契約を二三年まで続けた（渡航条件は契約三〇〇〇人、補助一七ポンド、契約六〇〇人、補助同額、契約一七〇家族、補助あり）。その後、二四年に政府は渡航費全額支給（大人一人二〇〇円）を決定、海興に対しても「移植民保護奨励費」を下付し、渡航費全額支給（当初六〇万円、後年々増額）を決定した。この際外務省予算で「移民保護奨励費」新設がなされ、以降移植民教育、植民地購入、資本進出が盛んとなってブラジル渡航者は激増することとなった。[164]

この時期、移住の条件、現地での職業を紹介した海外社の『最新海外渡航と職業の手引き』[165]（一九三〇年。以下『最新海外渡航』）によれば、一九二八年一〇月当時、ブラジルには七万六四八八人がおり、本業者は男一万六七二四人、女一六九九人で、その他は本業者を手伝う家族であった。職業別に見ると、農耕、園芸業が七九一七人、同労働者が六七四九人と最も多く、次いで大工、左官、石工が四〇九人、家事被雇人が三五三人、自動車運転手その他が二四七人、物品販売業が一八八人となっており、その他の実務に関する他業種は二一人に過ぎない。ここからは、多くの「高等遊民」が目指す会社員などの月給取りの仕事はほとんど存在せず、むしろ実業従事者としての移住だったことがわかる。更に同書には、「非常に不足して居る」医師（ただし正式に開業するにはブラジルで医師試験を受け、三〇〇〇〜四〇〇〇円の開業資金がいる）、歯科医、商業（二〇〇〇〜三〇〇〇円の資本で開業）、「非常に歓迎され」る大工、「有望且つ有利な」鍛冶屋、石工、煉瓦製造（一〇〇〇〜二〇〇〇円の資本がいる）、時計職、写真師、理髪師、測量士、洋服裁縫、洗濯業が勧められている。他方で小学校教員は、「新しく需用の起つたときでないとありません」から、「漫然渡航することは感心出来ません[166]」とされている。したがって、ブラジル移住は基本的に理工、医学系の出身者か、実業従事でも構わないという覚悟のある人物であることが最低の条件であったことがわかる。

では、ブラジル移民を希望する「高等遊民」は、一体いかなる条件をクリアする必要があったのであろうか。前述の『最新海外渡航』によれば、移民には、①自由移民、②移民取扱人による移民、③海外協会での渡航、④海外移住組合での渡航、の四種類があった。

①は一切の手続を自分で行うものである。旅券下付の出願に保証人が必要であり、「相当の資金を有つた人で、独立して仕事の出来るだけの用意のある人でなければなりません」とされている。③は一九二三年創設、④は二七年海外移住組合法成立により各県に連合会が結成されていたが、基本的に農業移民であった[167]。

他方、②は、大人三人以上の家族移民、夫婦家族移民、単独移民（満一八歳以上五〇歳未満の男子）、呼寄移民・再渡航移民の四種類の「移民」と、大人三人以上の家族植民の「植民」がある。多くの「高等遊民」が単身男子であったことを考えると、②の単独移民が現実的だが、これはコーヒー農園栽培などの農業仕事が多いため歓迎されず、人員制限もあったという。

また、拓務省の補助金は、「純農者」に限り、渡航費用が調達できないという無資力証明書を市区町村長から受ける必要があり、一二歳以上に対して一人二〇〇円が出た。しかし、単独移民の必要経費は船賃、旅券印紙代、旅券査証料の三種類だけで二一二円五〇銭が必要であり、船中の小遣に二五円、更に郷里から神戸までの汽車賃、手荷物賃、乗船の際の手荷物運搬賃などでも相当の額が必要であるという。また、旅券の他、善行証明書、身分証明書、正業証明書、種痘証明書、健康証明書が必要であるが、無職の「高等遊民」が「今迄何々業に従事して居た」、あるいは「生計能力が十分にあるとの証明」である「正業証明書」を得られないことはいうまでもなく、ここにおいてほとんど可能性はなかったといえる。最終的にブラジルへ渡ったとして、収入は一家族で一〇〇円残る程度、二、三年目で多い家族で一〇〇〇円程度であったというが、これは日本国内で月給取りになれれば、数年で貯金できる額であった。(168)したがって、ブラジル移民はそれほど魅力のない選択肢だったといえる。

とはいえ、その後一九三二年に渡航条件の一部が改定され、渡航費の他に仕度金が支給されることとなった。『ブラジル移民案内』(一九三八年)によれば、補助金は仕度金五〇円を加えて総額二五〇円となり、諸経費も「政府から補助される仕度金丈で間に合う」こととなったのである。「自分の所持金は渡航後の用意のため持つて行く様にされるがよい」(169)ことはいうまでもなかったが、条件が緩和され、移住が容易になったことが窺える。同年四月には南洋協会が邦人商店と連絡を取り、小学校卒業、身体健全な二〇歳前後の男子で家督相続者(長男)以外の者という募集条件で、二〇歳前後の青年六〇人を南洋に渡航させる依頼が東京市商工課にきたという。(170)この結果は不明だが、「高等遊民」も応募する機会が多少はあったことが窺える。ブラジル移民の総数は、二四年に三六八九人だったものが、三三年には戦前最大規模となる二万三二九九人が渡航した。(171)

しかし、一九三五年にブラジルで「移民二分制限法」が公布されたことで、日本からの移民は厳しく制限されることとなり、渡航者は激減、これらの条件緩和も無効となった。この時期になると、南米拓殖社長でさえも、「青年活躍の大天地」としてブラジル南米を指摘しながらも、「昔からブラジルなどは、内地の食詰め者、失敗者が行くところだと思つてゐるが、そんな心掛けでは絶対にこの事業は発達しない。もつと教育のあり、行詰らぬ、資本を持つてゐる者がいかなければならない。これからの海外発展は、努力、頭脳、資本の三拍子揃つたものでなければならない」として、実現の困難さを指摘する有様であった。実際、ブラジル移民の分析をした小野一一郎氏によれば、地方出身者、高等・尋常小学校程度の学歴の者が圧倒的で、失業及び半失業の経済状況の厳しい人物が多かったという。(172)(173)

このように、ブラジル移民は、段階的に条件が緩和され、資力・健康で優れた人物で海外渡航を辞さない人物にとっては有効な解決策と目されたが、渡航の経費やリスク、移住後の生活の困難に加え、最終的には移民制限で困難になった。したがって、多くの「高等遊民」には有効な解決策とはいいがたいものであったことがわかる。

七　満洲渡航

ブラジル移民とともに現実的な解決策とされたのが、満洲への渡航である。

これを示すのが、「満洲国」国務院総務長官駒井徳三が一九三二年に述べた建国の意義である。駒井は、「年々沢山の青年が社会に送られて来る而も其青年は殆ど職を得る途がない」こと、「日本の政治家は矢張り青年に対して一つの方針すら示して呉れない」ことから、「斯う云ふ青年が年々溜つて来れば、茲に思想が驕激にならざるを得ない、是等の青年に向つて一つの進路を与へると云ふことが、どうしても国家を維持して行く上に於て必要である」ことを「深く感じた」というのである。(174)このように、「満洲」への移民は、「就職難」に対する突破口として期待された道筋だったのである。

既に第一次大戦後に、一部の論者がその移住を示唆し、将来的な実現を呼びかけていたが、[175]これが本格化するのは、前節で見たように、田中内閣下で移民政策が重視されてからである。例えば、一九二九年三月、東京府立第一中学校校長川田正徴は、「内地で就職難の声におびやかされてゐるのでなく大いに海外雄飛の志を立てゝ南洋へ満洲へ新天地を開拓するやうにしたい」[176]とし、三一年に前出の坪谷善四郎が、満洲行きの警察官を好就職先として指摘、[177]翌年満洲を目指しての農業志願が増したとの報道も現れるなど若干の効果も確認された。[178]実際、現地視察をした東京商科大学猪谷善一助教授は、支那語、満洲の経済事情の研究、身体強健を条件として指摘しながらも、中央銀行や関東軍督務部などがそれぞれ「人材を容るゝ余地多分に在り」[179]、「有望」、「現在はインテリルンペンの楽土」で「近く多くの人材を吸収するであらう」と指摘するに至るのである。

「満洲国」設立後の一九三三年になると、更に多くの論者が満洲行きを「就職難」の解決策と目した。例えば、前出の岩谷愛石なる論者は、「今後の青年諸君は、奮つて満洲、南洋、南米等に移住することが必要である」[180]と、第一に満洲移民に期待をよせ、学校側でも、同年五月一八、一九日の全国中学校長会議で「中等学校卒業生をして満洲国に発展せしむべき具体案を確立せられ度き事」[181]が説かれるなど積極的な動きが見られるのである。こうした影響を示すように、同年の『東日』は「就職戦のフレッシュマン都下各大学専門学校卒業生にとつて、三三年春のインフレ景気満洲国からの大量申し込みで朗らかにも待望の笑顔を見せてゐる」[182]と報じている。ここから、満洲への移民が現実的な「高等遊民」の解決策であったことがわかる。

もちろん、これを否定する見解もあった。『一橋新聞』は、前述の猪谷の視察以前の一九三二年三月の段階で、「事業開発の具体策すら樹てられない」こと、新国家が「我国に好意を示して来るか多大の疑問」であること、「事業を拡張してもそれが直に使用人員のヴオリユームに影響するとは限らない」という三点を指摘している。[183]また、最も批判的な見解として、経済学者で植民政策を講じた矢内原忠雄は『満洲問題』（一九三四年）において、日本人の賃金や生計費が中国人に比して圧倒的に高いこと、生産コスト増大により中国人経営者との経済競争で勝ち目がないことを指摘、「満洲は日本人農民及労働者の移住地としては好適なる社会的経済的条件を備へざるものと言はねばならない」[184]としていた。

では、当時多くの論者が説いた「満洲国」及び「満洲移民」にはいかなる仕事があったのであろうか。満洲への就業は後述するようにかなりの募集があったが、労務調整は行われておらず、全会社企業の募集要項を検討する史料もない。新聞報道によれば、当初、東京市社会局が一九三二年三月八日に知識階級職業紹介委員会を開いて各事業主代表と大学当局と連絡を取り、新国家当局及び関係各資本家と折衝して「人材輸出に取りかゝる」[185]予定であったが、結局は各機関の求人開拓が先行したため、利害調整が難しいとの理由で、東京府市の職業紹介所と各学校代表がそれぞれ独自に求人開拓を試みる結果となったというのである。[186]

こうした事情において、全体の傾向を示すのが、中央職業紹介事務局がまとめた『自昭和七年至昭和九年職業紹介所の紹介による満洲国への就職者数調』（年度不明）と『昭和九年中に於ける満洲国への職業紹介就職状況』（一九三五年）である。日本側の史料としてはこれが最もまとまったものであり、特需のあった業種の傾向がわかるものといえる。ただし、これらは職業紹介所を介した求人のみが対象で学歴、具体的な会社名などはわからない。したがって、新聞雑誌記事などから、それに該当する各業種の事例を検討していく。

まず、前者より就業業種を見ると、「工業及鉱業」「土木建築業」「商業」「農林業」「水産業」「通信運輸」「戸内使用人」「雑業」に分かれ、一九三二年は三〇人、一四人、八一人、一人、〇人、一人、一六人、一六〇人で合計は男二五四人、女四九人の三〇三人で、三三年は一一九人、一一六人、二〇一人、八人、一人、二一一人、一三八人、三九五人で合計は男九四七人、二四二人の一一八九人で、三四年は四二四人、三七八人、三二七人、八人、六人、六七人、一四七人、三三六人の合計男一四九〇人、女二〇三人の合計一六九三人である。全体としては三三年より景気の影響が顕著になり、業種別に見ると、三二年は「雑業」「商業」、三三年より「通信運輸」が多くなり、三四年に「工業及鉱業」が多数となったことがわかる。これは次第にインフラ整備が必要とされたためであろう。

このうち業種で最も多いのは、一九三二年が「雑業其他」一四三人、「嗜好品」二四人（いずれも男のみ）、「小店員」四〇人（男二〇人）、「店員」二四人（男二二人）、「事務員」一五人（男一二人）であり、三三年が「嗜好品」八三人、「店員」一一七人（男一〇六人）、「自動車従業員」一六二人（男のみ）、「僕婢」九三人（男六人）、「官公吏」二一〇人（男二〇〇人）、「事務員」一二五人（男七九人）である。三四年が「嗜好品」一三七人（男一三三人）、「大工」二一一人（男のみ）、「店員」一七六人（男一五〇人）、「小店員」一〇一人（男九八人）、「官公吏」一一七人（男一一六人）、「事務員」九九人（男八九人）である。ここから、全体的に「僕婢」を除いて男が殆どであり、商業（「店員」「小店員」）、土木建築業（「大工」）、工業（「嗜好品」）、雑業（「官公吏」「事務員」）に多いことがわかる。[187]

このうち、商業は後述するとし、まずは多くの高学歴の求職者が求めた店員、事務員、官公吏の求人につき、新聞や経済雑誌掲載の求人情報と結果を検討する。

第一に、店員の場合、一九三三年に菊谷百貨店が男六〇人、女五〇人を募集、[188]三五年八月には七福屋百貨店が男三〇人、女五〇人を募集、[189]三六年九月には、一一月三日開店予定のハルビンの丸正百貨店が東京市中央職業紹介所に依頼、各売場主任四人、装飾・宣伝主任各一人、女店員監督一人のほか女店員六〇人、男店員四〇人を好待遇で募集している。[190]選考結果などの詳細は不明だが、七福屋百貨店の場合、八四〇人が応募してきたため、「学士や専門学校出は敬遠されて第一に不合格」となり、三日間にわたる試験で選考されるなど、決して簡単ではなかった。ここからは、低い確率ではあったが、満洲の都市部における大小のデパート、商店に、高学歴者の就職口が開けたことがわかる。

第二に、事務員の場合、有力な就職先の一つは国策会社である。例えば、一九〇六年に成立し、大企業へ成長していた南満洲鉄道株式会社（以下満鉄）は、当時日本人職員（専門学校出身）・雇員・傭員（中学出身）の三種の正規従業員がおり、定期採用・臨時採用があった[191]。満鉄社員は建国後増加の一途を辿っており、有力な雇用先であることは早くから注目された。『帝国大学新聞』（以下『帝大新聞』）がいうように、満鉄は「一様に満蒙の富源開発のためとかもつたいらしい名目で志願者が押寄せる所」であり、「待遇は割合によし、仕事はのん気首の憂少し[192]」と好評であった。同記事によれば、二九年は一次選考で四〇〇余人が残り、二次選考で一五〇余人、採用は二〇人程度といわれている。

以下、日本国内での募集・応募状況を新聞・雑誌の報道を見ていく。一九三一年四月には、二九人の採用試験を実施するが、応募は八〇〇人あり二次選考まで実施されるとの報道がある[193]。三二年二月には、「目下の所全体で何名採用するかといふことはきまつてゐない[194]」とされたが、雇員として専門学校大学卒業生の事務方面採用を二一〜二二人、技術方面の採用を五〇人と発表された。もっとも、中等程度は満蒙の学校から供給するために「内地居住者はのぞみ薄[195]」であったという。同年四月には、満鉄から鉄道省に対して四〇人の技術者招聘方を要請、第二次第三次を招聘し、主任級の優秀社員百余名を募集、大学の新卒を採用することが報道された[196]。ただし、翌年の報道によれば、一八〇〇人が応募してきたため、大半は落選したという[197]。三三年には総数四〇〇人の大量採用が報道され、専門学校以上の技術系統を九〇人、事務系統を八〇人、甲種工業農業系統を八〇人以上、中等学校事務系統を一二〇人、鉄道教習運輸生を四〇人採用予定とされた。ここでは、学力ではなく体格が重視されていると報じられている。その後、三五年に鉄道網拡大のため、満鉄は二四〇人の新規採用を鉄道省に打診したが、これは「若手の見習員を登格使用する方針」のため却下され、現業員が有利となったとの報道がある。[198] 満鉄の昇格試験は、一定の就業年数と複数科目の筆記試験があるなど狭き門であったが、既採用者がそうした応募に挑戦したことは大いに考えられる。ここには更に社員養成機関として満鉄高等学院の出身者も加わった。

このように、満鉄には大口の採用が継続的にあったものの、応募がこれを上回り、「就職難」であったことが窺える。同年、一〇〇〇人の募集が伝えられた（専門学校以上卒業者二〇〇人、中等学校卒業八〇〇人）際には、「中等学校卒業者を多量採用し中堅社員の養成に力を注ぐ方針」が報じられ、徐々に高学歴者にとって厳しい状況になっていることが窺えるのである。[199] 結果的に、満鉄への採用者は在満除隊者が多数採用されていることから、「高等遊民」にとっては厳しい結果となったことが予想される。

また、一九〇八年朝鮮に設立され土地買収と移民事業で成長していた国策企業である東洋拓殖株式会社は、三一年に履歴書三〇〇〇人を受け付けたものの、合格は五～六人に一人であり、三二年に三〇～四〇人を採用する程度だったという。ここでは中学卒業生も含まれたため、倍率は高倍率であり、「頻りに売込みに来るので、係りのものは困つてゐる」との話も出ていた。[200] こちらも同様に厳しい状況が窺える。このように、国策会社は有力な就職先であったとはいえ、条件は年々厳しくなっており、量的には「高等遊民」をそれほど吸収できる規模ではなかったことが窺える。

もう一つの有力な就職先は、民間の銀行、会社の事務員である。『実業之日本』に掲載された一九三五年度の「満洲国大会社銀行新社員採用数」[201] によれば、三四、三五年度の募集状況（条件の表現は史料と同じ表記）が掲載されており、大連市では、正隆銀行がそれぞれ二〇、二五人、満洲銀行が新卒二五人とその他一五人、新卒一〇人と経験者二〇人、大信洋行が日本人二八人、一〇人、満洲ペイント会社が新卒一二人、新卒一〇人を募集、新京市では満洲中央銀行が八五人、一五〇人の大口求人、奉天市では満洲航空会社が月給者七一人、日給者一四四人、内地で日満亜麻紡織会社が社員二〇人、雇三人を募集しているとある。大口の求人から窺えるように、各会社銀行が多数の高学歴者を採用しようとしていることがわかる。ただし、三四年は募集が多いが、その後は若干減少傾向といえる。

その後も、企業の求人は散発的に見られる。『読売』新聞の紙上だけでも、満洲帝国協和会で「職員募集」（昭和一一年度以降専門学校程度以上ノ卒業者・年齢概ネ二十五、六歳位ニシテ中学卒業程度ノ学力ヲ有シ幹部候補生ノ資格ヲ有スル者・待遇一〇〇円内外）[202]、飯田橋の東京府職業紹介所に「経理事務員」（中卒以上、一〇人、八五円～百五〇円）、「通訳露語支那語」（五〇歳以下、三名、月収一〇〇円以上）、「工場事務員」（中卒・甲商卒、一〇〇人、日給一円二〇銭から）の募集[203]、満洲工作機械株式会社で「事務社員採用公告」（大学又は専門学校卒業者三七歳以下・中等学校卒業生二七歳以下で身体強健思想堅実ナル者を若干名、充分待遇・機密厳守）[204]などという求人広告が多く掲載されている。応募条件によって狭い枠となったことはいうまでもないが、採用される可能性もないわけではなかったことが窺える。

第三に、官庁の募集の場合、原則高等文官試験を突破した高級官僚が中枢を占めるが、この頃はそれ以外にも多くの募集がされている。例えば、一九三三年には「満洲官吏」として二〇〇人が募集されており、その後の報道では、東京外語、拓殖大学などの「支那語科出引張り凧」[205]という状況となり、「東京市内の官私立大学専門学校卒業生で満洲国に就職したものは相当多数に達し」[206]たといわれた。また、軍人官吏は「将来が保証されてゐる」し、巡査も「組織的に造られるやうになれば、これはよほど大量な人員を収容することになる」と指摘されている[207]。実数は不明だが、大学・専門学校の新規卒業生や「高等遊民」にとっては、国内の就職よりも有望に思われていたことが窺える。ただし、以上の諸点に問題点がなかったわけではない。これらの多数の募集について、前出の東京市知識階級紹介所長の仲井は、「二三年前の満洲景気時代〔三二、三三年〕には特殊の状態がみられたが、さういふものは例外」であり、「大体循環的に毎年同じ傾向をくり返して」[208]いると指摘している。

更に、こうした報道自体「景気のいい話で、それが、新聞にまで誤報されて満鉄側ではビックリした[209]」などといわれており、先の官公庁の「満洲官吏」二〇〇人の募集は実際の段階で交渉上の手違いから文部省が手を引き、各学校との折衝となって、採用人員も一二〇人となって最終的には一七人の採用に過ぎなかったという[210]。募集段階と就職決定時点での情報が一致せず、確証は取れないが、実際には高倍率の「就職難」となり、採用数もそれほど多数でなかったことが窺える。

また、満洲での巡査の場合は、最低月給が一〇二円で毎年五、六月頃に募集地の新聞紙上に募集広告が出ていたようである。しかし、応募条件は二一〜三五歳未満で身長五尺三寸以上、学力は高等小学校卒業程度、採用試験は書取、算術、作文、地理、歴史などを課し、三ヶ月間の教習があり、長期間浪人中の「高等遊民」には不利であったほか、「応募者は非常に多く、従つて競争も激甚」であったという[211]。類似のものとしては、治外法権撤廃により警官四五〇〇人の移譲問題が生じ、警官の大募集が必要となったため、満洲国警士の募集もあったが、これは中学三年就業程度の独身者で、在郷軍人、青年訓練・学校教練修了者が対象であり、徴兵検査忌避者には困難であった[212]。これらの条件の他、満蒙希望者には中国語（支那語）、英語の習得が重要であることから、語学に弱い「高等遊民」も困難だったといえる[213]。

こうした状況について、『学生と就職の実際』（一九三五年）では、中等学校向けに対しては「人に対する需要は増加の傾向にある[214]」と希望的観測を見せながらも、大学・専門学校向けに対しては「満洲国」建設によって「幾分かの好転を示す」ものの、「何処に行つても定員の十倍、二十倍の応募がある様[215]」としている。このように、募集が増えたとはいえ、それは建国後一時的なもので、その後は厳しい就職状況になっていたことがわかる。

事実、これを示すように、一九三六年二月の『満洲日日新聞』は、大連市職業紹介所の関与した日本人求職者約一六〇〇人のうち、「漫然渡満者」の就職は三割に過ぎず、しかも「インテリ青年に多い」としている。学歴は専門学校以上が卒業者三七人、半途退学者一〇人、中等学校以上が卒業者五八〇人、半途退学一三〇人であり、就職希望者の大半は「渡満早々のものばかりで〝満洲にさえ行けば何とかなろう〟という無謀な考えから渡満したものが非常に多い」こと、「本人の都合上失業したものが断然多数を占め、この中には満洲景気に憧れ現職をわざわざ抛つて渡満して来たものもあ」るというのである。(216) これでは必然的に競争率が高まり、「高等遊民」が就職できる余地は少なかったといわざるをえない。

こうした募集以外では計画的な移民があった。その有力なものが「満洲移民」である。「満洲移民」は、通説的な分類によれば、「試験移民期」である第一期（一九三二―三六年）、「本格移民期」である第二期（一九三七―四一年）、「移民事業崩壊期」である第三期（一九四二―四五年）に分類できる。第一期は関東軍と加藤完治らによって開始されたもので、開拓団と移民の大半は東北・北信越・北陸地方中心の数県連合であり、応募資格も在郷軍人限定である。第二期は広田弘毅内閣の成立に伴って七大国策の一つに位置づけられたもので、「二十ヶ年百万戸送出計画」（一九三六年）「分村移民計画」（一九三八年）が提示され、一九三九年には「満洲開拓政策基本要綱」が「東亜新秩序建設」の拠点と位置づけられ、移民史上最大規模の数が送出されたことで知られる。第三期は日中戦争開始により労働力不足となったため、移民者数が激減し、経済統制政策で失業した都市の転職者を「大陸帰農」移民として移出するなど国家総動員体制を駆使した強引な移民政策が行われたものである。すなわち、満洲移民は、満洲の治安維持を補佐する民間日本人の必要性、恐慌による農村人口の過剰、排日移民法成立による新たな海外進出の模索などの背景で解決策の一つとして、次第に国策として定着していったのである。(217)

満蒙学校主事の二人が書いた『必ず成功する満洲移民案内』（一九三八年）によれば、「満洲移民」の種類は、①農業集団移民（拓務省募集）、②農業自由移民、③青年義勇軍、④移民の指導者（満洲移住協会募集）、⑤林業移民（「満洲国」実業部から拓務省募集）、⑥商業移民（職業紹介所、新聞広告募集）の六つに分類できるという。[218] この中で資力のない「高等遊民」に機会があったのは、主に②と④、⑥である。ただし⑥は前述した民間会社における店員募集も含んでいるため、ここでは独立自営の場合のみを検討する。

まず、②は一九三五年の農業移民の統計によれば、第一次では四三八人中私大卒三人、師範学校卒一人、中学卒一一人、第二次では四八六人中中学卒が一〇人、第三次では四五二人中中学卒が四人とあり、[219]「高等遊民」はほとんど存在しなかったことが窺える。なお、第一次から第八次までの統計をまとめた蘭信三氏の研究によれば、「満洲移民」の学歴は、小学校尋常科卒二〇%、高等科卒五四%、青年学校卒一七%、中等学校卒三%、其の他二%であり、他の資料からも小学校卒業程度が圧倒的であった事実がわかる。すなわちこれは、当時の一般の学歴と比較して圧倒的に低いものであり、「高等遊民」は移住団にほとんどいなかったことがわかる。[220]

また、④は徴兵検査終了後四五歳以下で中学校卒業程度以上の学歴と心身健康の者、給与は満洲移住協会、拓務省、満洲拓殖公社、移民団より各種職種に応じて食費、宿舎費、旅費などが提供されるという。ただし、「就職の為めにせんとする心構へを以てしては全く無意義に終る」[221]ものであり、その意味で月給取りを目指す「高等遊民」には敷居が高いものであった。実際、満洲天照村における満洲移民実習所において実務に従事した全三三人を見ると、中学中退が八人、中学卒が四人、大学卒が一人であり、前歴が学生は二人しかいない。[222] しかも青少年の移民大訓練が現地で画策される中で、「将来に於ては大学専門学校の卒業生を此の方面に向けんと種々画策しつゝあるも是亦相当の困難を伴ふ」[223]と、その限界も指摘されていた。

前述の一九三九年提出「満洲開拓根本政策基本要綱」を協議した四月一一日の準備委員会では、大蔵省の正示啓次郎代理委員が、「私立大学卒業生等ヲモ陸続大陸ニ送リ活躍セシムル施設ヲ講ジテハ如何。又、此際内地ノ私立大学等ヲ満洲ニ移駐シ、文部省デモ補助金ヲ出スノミヲ能トセズ、積極的指導等ヲ行ッテハ如何」とし、東京帝大の野間温造委員は、「専門学校デハ現ニ実行シテ居ル」、文部省の谷原義一委員は、「立命館大学、実業教育振興会等デハ行ッテ居ル[224]」と質疑応答をしている。

ここで指摘された「立命館大学」は、一九三九年四月開校の立命館日満高等工科学校のことである。規則によれば、同校は「満洲国」の工業発展に必要な「工業人ヲ養成」し、「満州国政府ノ必要トスル高等技術員ノ養成ニ任ズル」ものである。授業時間数は週四八時間、開設学科は七科、修業年限二年制であり、第一期生のうち給費生となる「満洲国委託生」には定員一二五人に対して五〇六人の受験者（約四倍の競争率）が殺到、四一年の卒業生一三六人中病気二人、内地就職一人を除いて、満洲への就職を果たしている。第二期生も同様に未定者六名のみでその他は全員満洲へ就職している[225]。一方、「実業教育振興会」は、財団法人実業教育振興中央会のことである。同会常務理事倉橋藤治郎の著書によれば、南方事情講習会を開き「卒業後共栄圏進出の意図ある者に対し、支那語、マライ語等の講習会を行つてゐ[226]」たという。

ただし前者は就職口が多くある工科であり、後者は「意図ある者」が対象でその成績も不明なことから、「高等遊民」に有効であったとはいえない。したがって、②④は可能性として有効ではあったが、実際には効果はなかったといえる。その後、満洲への移民には朝鮮人の移民が加わり、一九三六年設立の満鮮拓殖株式会社によって移民数が増加していき、この頃には日本移民は国防の観点から行われ、「高等遊民」問題の解決策としては適当ではなくなるのである。

なお、⑥は基本的に前述した広告や紹介所の募集によるものであるが、満洲での独立自営による「成功」も存在した。例えば、安藤篤助『満蒙にて成功するの道』(一九三三年)及び富永奈良太郎『拓けゆく北満洲』(一九三六年)では、以下のような仕事が案内されている。両著の指摘する業種は厖大であるが、資本か利益の具体的な金額が指摘されているものは、「農林水産業」六業種、「製造業」七業種、「開業・自営業」一五業種、「行商」四業種、「雇人」三業種の全三五業種しかない。このうち、資本は、「開業・自営業」に安価なもの、「農林水産業」に高価なものが多い。そこで、「開業・自営業」を中心に検討すると、例えば、「支那障子店」は五〇円、「乾物屋」は三〇〇円、「ビヤホール」が一一〇〜一四〇円で開業可能となっており、これらは毎月一〇〇円程度の利益と目されている。「荒物屋」「内地式料理屋」「旅館・下宿屋」は三〇〇〜四〇〇円、やや高資本で「パン屋と喫茶店」が一五〇〇円、「日本風呂屋」が一〇〇〇〜一五〇〇円となっている。その他、「農林水産業」で「葉煙草栽培事業」が五七〇円、「製造業」では「缶詰製造業」が一八〇円、「日本薬品」が一〇〇〜一〇〇〇円、「日本菓子」が五〇〇〜六〇〇円となっている。(227)いずれも内地の生活を移植する業種が中心とされており、当時「満洲」で著しく不足していた有望株の業種といえる。

これらは前述した国内の独立自営と同様、比較的小資本により活躍可能な職種が羅列されており、「高等遊民」問題に対するもう一つの解決策であった。ただし、これらの就業案内は一九三三年の時点での希望的観測を含めたものである。利益については一三業種が記されたのみで、前述の内地での独立自営同様に不確定要素が強かったと言える。これらの検討結果を示すように、満洲での自営業の指南書を分析した柳沢遊氏は、こうした案内書には、次第に「満洲国」での大企業就職の困難さ、職業状態、顧客選別を行うことなど現実面での困難性を指摘し、新市場や「すきま」産業への商業奨励を行うものとなり、最終的には巨大資本による企業のみが適業であるとの認識に至ったという。(228)

事実、現地の実状に詳しい関係者は、早い段階からこうした自由移民の限界性を強く主張していた。例えば、前満鉄参事井出正寿は、一九三二年の段階で農業をはじめるには三〇〇〇円の資本が必要であるとし、「旅費とか土地の借入れとか、設備、それから一年間の生活費等となると、なか〳〵収支勘定は困難です。結局この方針も今のところはまだ時期が早すぎます」と否定的であり、「政府で土地でも呉れればいいでせうが」としている。[229]

また、現地では、匪賊との絶えざる戦闘があったほか、阿片（アヘン）密売が盛んであり、「一度成功すれば一生遊んで食えるというような巨利をせしめることが出来る」[230]ため、表向きの事業とは別に従事する人物も多かったが、その分、運搬や資金を巡って危険性も存在していた。[231]すなわち、満洲での自由商売は、国内での独立自営よりも治安の問題も加わり、更に困難な事業だったといえるのである。以上の条件は、満蒙での状況が内地の状況と著しく異なるため、大変危険を伴うものであったこと、実際によほどの実力がなければ難しかったことを示している。ここから、「満洲」での活動は、資力のない「高等遊民」にとっては、ほとんど可能性がなかったといわなければならない。

以上のルート以外に、満洲の高等教育機関を卒業し、「満洲国」や周辺産業に就職するコースも存在していた。その一つに、「建国に対する中堅的人材養成の国家機構」「満洲建国の柱石たる『志士的人材』の養成機関」とされた大同学院がある。「募集要項」によれば、第一部から第三部の学生がおり、第一部・第二部は「高等文官採用考試若ハ銓衡及格者又ハ之ニ準ズル協和会、公共団体及特殊会社其ノ他ノ特殊団体ノ職員」、第三部が「学生ハ薦任官トシテ三年以上勤務セル文官又ハ之ニ準ズル協和会、公共団体及特殊会社其ノ他ノ特殊団体ノ職員」[232]であった。そのため、新規学卒はほとんど対象外という限定つきである。

この募集者に対しては、試験官の笹本良明がいうように、「勿論就職の悪臭なきもの」、「可成平常より聡明なる日本主義団体に関係し来れる、または有徳の先輩に親炙し来れる者なること」が希望された。受験者によれば試験は全て「口頭をもってなされる質疑応答であり、しかも試験官の態度たるや、まるで恫喝に近いもの」[233]であったという。これを裏付けるように、第二期生の宮沢次郎は、軍事教練の経験がないと受験資格はなく、面接官から「お前の命はこの場で貰うけれど異論はないか」などと言われる状況だったため、七〇〇人以上の受験者で採用一〇〇人予定のところ、五〇人しか合格しなかったと回想している。[234] その後の学生の中には「中堅的人材」として活躍した者もいたが、中央官界や内地での就職者となった人物、若くして匪賊の襲撃に遭い命を落とした青年も多く、[235] 就職目的の「高等遊民」にとっては必ずしも有効な解決策ではなかった。

以上の検討から、満洲において「高等遊民」を積極的に吸収し得たのは、主に官公庁及び会社企業だけであったといえる。しかもそれは体格や語学力などの厳しい選考を経た者のみであった。結局、一九三〇年に青山学院を卒業した土岐雄三が回想したように、「大学を出て大陸へ行くという人もあった」が、「これは楽天組[236]」だったという程度であったといえる。そしてこの行路は、日本が国際的に孤立を深めていく中で相当の危険を伴う選択肢だったのである。

おわりに

当初の論点に即して、結論をまとめる。

第一に、国や地方公共団体による政策の対応として、高等教育縮小策は、学問の水準維持や未然の防止を期待する議論に答える形で実施され、実際に「高等遊民」を防止する効果があった。しかし、その実行は遅く、期待された効果を挙げるまでに多くの「高等遊民」を発生させてしまった。また、社会政策は、浜口内閣が実施した小額給料生活者失業救済事業と職業紹介所による対応があったが、前者は、特定の常連が恩恵を受け、新規の失業者には中々回らない上、臨時の仕事に過ぎず、限定的かつ一時的な政策であった。そして後者は、そもそも高学歴者や大企業はあまり利用せず、求職のミスマッチなどが問題としてあり、それほど有効な対策にはならなかった。[237]

第二に、就職活動が、多くの著作やメディア、更に政府や学校単位でも説かれた。しかし、不透明な採用過程や応募過多による困難さは否めず、大学は独自のネットワークを駆使してそれぞれの対応を行ったが、成果は少なく、「高等遊民」を解消させるには到らなかった。また、独立自営は、不況の進行であらゆる業種は払底状況であり、すき間産業への参入も期待されたが、閉鎖的な業種が多く、一部の実行力ある人物でなければ有効ではなかった。そして帰農は、恐慌下で疲弊する農村に更に負担をかさねることから、全く有効な解決策とは言いがたいことがわかった。

第三に、移植民として、ブラジルは北米合衆国への渡航が禁止された後、国策として渡航者制限が著しく緩和されたが、「高等遊民」を対象にしての政策は打ち出されず、しかもブラジルへの渡航はメリットがなく、期待された満洲への進出も官公庁や商業など一部の業種では就職口の増加を見せたが、応募も多数に上っており、完全な解決というほどの決め手とはなりえなかった。

このように、第一部第二章で検討した明治末期に比して、選択肢は多かったものの、それぞれが各条件に見合う一部の人物以外は、資力のない「高等遊民」にとって、決定的な解決策となりえなかったことを明らかにしてきた。その効果については、今後更なる個別実証的な検討が必要ではあるが、概ね厳しい結果であったといえよう。

では、この間輩出され続けた資力のない「高等遊民」が不遇の境遇から「危険思想」を抱き、反社会的行動に出ることはなかったのであろうか。最終章では、昭和初期における「高等遊民」の思想運動との関係を検討する。

注

（1）　小津安二郎「大学は出たけれど」（井上和男編『小津安二郎全集』上巻、新書館、二〇〇三年、九五―一一五頁所収。映画は一九二九年封切）。

（2）　『中外商業新報』（以下『中外』）一九二九年九月五日付夕刊三面（「試写室から」）。

(3) 就職問題研究会編『学生と就職の実際（昭和十年版）』（東京実業社、一九三四年。三康図書館所蔵）一頁。
(4) 伊藤彰浩『戦間期日本の高等教育』（玉川大学出版部、一九九九年）第四章第五節。
(5) E・H・キンモンス著・広田照幸ら訳『立身出世の社会史―サムライからサラリーマンへ―』（玉川大学出版部、一九九五年。原典初出一九八一年）第八章。
(6) 前掲伊藤書第四章第五節。
(7) 大森一宏「戦前期日本における大学と就職」（川口浩編『大学の社会経済史』創文社、二〇〇〇年所収）二〇二―二〇三頁。
(8) 岩瀬彰『「月給百円」サラリーマン―戦前日本の「平和」な生活―』（講談社現代新書、二〇〇六年）。
(9) 中央職業紹介事務局編刊『職業紹介年報（昭和元年度）』（池田信監修・解説『労働事情調査資料』第八巻、青史社、一九九七年所収。一九二六年一二月初出）三九―四〇頁。以下同史料は同書所収。
(10) なお、一九二七年には人口食糧問題調査会でも内務大臣への答申に際し「智的労働者に対する応急的失業緩和の方途を講ずると共に現行高等教育制度及方針の刷新を期すること」という方針が出されている（長谷川透「給料生活者の失業問題」『第二回社会政策会議報告書　給料生活者問題』社会立法協会、一九三三年、二一五頁）。
(11) 「諮問第十一号　中学教育改善に関する要項（二）一九二八年一〇月二五日」（『資料　文政審議会』第四集、明星大学出版部、一九八九年所収）二七五頁。
(12) 日本経済連盟会編刊『大学及専門学校卒業者就職問題ニ関スル調査資料』（一九二九年）一〇一頁。
(13) 同右一〇七頁。
(14) 同右一〇一―一〇三頁。
(15) 同右一〇九頁。
(16) 同右一二八頁。
(17) 『東京朝日新聞』（以下『東朝』）一九二九年八月四日付朝刊三面（「失業問題を正視せよ」）。
(18) 『東日』同年九月二八日付朝刊三面（「教育と就職」）。
(19) 「昭和六年七月十五日失業防止委員会決議　知識階級失業対策に関する決議」（二A／一四／纂一九三九一／五〇九／五四。国立公文書館所蔵）。

(20)『読売新聞』(以下『読売』)一九三一年四月二二日付朝刊二面(「内務省自ら教育制度の革新研究」)。
(21)『報知新聞』(以下『報知』)一九三二年八月一八日付朝刊七面(「高等遊民防止のため入学々生を半減/文部当局新方針を樹て、私大、専門校に臨む」)。
(22)「危険思想対策案」(『秘　思想対策協議委員要覧　昭和十一年六月』一九三六年総理府昭和四六年度移管公文書内閣総理府総理課資料六、一―七、二A/四/六一三一、国立公文書館所蔵)。
(23)「第十二回委員会(昭和八年七月一三日)決定閣議報告案」(同右所収)三九頁。
(24)「思想対策具体案ニ対スル関係省ノ施設計画/教育、宗教ニ関スル具体的方策ト之ガ施設計画」(同右所収)七五頁。
(25)「高校生徒定員減少案」(『教育思潮研究』第八巻第一号、一九三四年)二五九頁。
(26)『国民新聞』(以下『国民』)一九二九年四月二五日付朝刊六面(「医科と工科を除き入学志望者が激減/中産有識階級の没落と大学万能時代の夢漸く醒める」)。
(27)「中学校生徒入学志望学校調査」(『教育思潮研究』第六巻第三号、一九三二年)二七二頁。
(28)『東日』一九三一年六月九日付朝刊二面(「職業指導調査協議会/文部省の就職難打開策」)。
(29)「学生思想問題に対する施設」(『教育思潮研究』第五巻第四号、一九三一年)二五四頁。
(30)同右二五六頁。
(31)同右。
(32)『東日』一九三一年七月二三日付朝刊三面(「就職難と入学難/解決が急務/学生思想問題調査委員会」)。
(33)『読売』一九三一年九月七日付夕刊二面(「教育の根本改革/赤化防止を主眼に」)。
(34)なお、一九三四年、『東洋経済新報』の座談会で清沢洌が述べたように、ナチスドイツで「ヒトラーはインテリの数が余り多過ぎるといふので今年の大学に入る者を一万五千人に制限した」という。清沢はここで「一つやつて見たらどうか」としているが、上記の事情を踏まえているかは不明である。このように、教育縮小論が以後も期待されていたことが窺える(「就職問題対策/職業問題座談会」『東洋経済新報』第一五八八号、一九三四年二月二四日、六四―六五頁)。
(35)職業訓練大学・職業訓練研究センター編刊『職業訓練関係資料(Ⅰ)《大正六年―昭和一二年》』(一九八〇年所収)八九頁。
(36)川田稔『浜口雄幸』(ミネルヴァ書房、二〇〇七年)一六〇―一六一頁。

（37）『万朝報』（以下『万』）一九二九年一二月一二日付夕刊二面（「世界の範となつた市の知識階級救済／好成績で各国へ詳細に報告／近く再募集の模様」）。
（38）『東日』一九二九年一一月一五日付朝刊三面（「学生の左傾思想」）。
（39）『読売』一九三〇年二月八日付朝刊二面（「よみうり直言／高等遊民の激増」）。なお、「経済連盟」とは前掲注（12）の『調査資料』冊子のことである。
（40）加瀬和俊「職員層失業対策の歴史的特質―小額給料生活者失業救済事業の意義―」（『社会科学研究』第五六巻第二号、二〇〇五年）参照。
（41）「知識階級失業救済の件　東京市浅草区田町士族岩本長之助外四百七十四名呈出」（昭和七年公文雑纂／三十巻、本館二A／一四／纂一九九三。国立公文書館所蔵）。「東京市浅草区新旅籠町平民医師小野養治外十七名呈出　知識階級失業者救済事業費国家補助ノ件」（二九／請願六六一／六二四。同館所蔵）。なお、市職業課の談話では、こうした「登録者のうちには長らく失業して悲惨な境遇になり共間団体的就職運動を行つたりしてゐるうちに左傾的になつてゐるものもあるだらう」（『読売』一九三〇年七月二七日付朝刊七面）と言われていた。
（42）『国民』一九二九年四月二日付朝刊三面社説（「就職難の対策」）。
（43）阿部賢一「就職難に直面せる新卒業生」（『エコノミスト』第九巻第七号、一九三一年四月一日）二一頁。
（44）「官報号外昭和六年一月二十八日　衆議院議事速記録第七号　国務大臣の演説に対する質疑（前回の続き）」『衆議院議事速記録』（五五、東京大学出版会、一九八三年所収）一三五―一三六、一四〇頁。
（45）労働省編『労働行政史』（第一巻、労働法令協会、一九六一年）一七四―一七五、五五九頁の本文と統計表を参照。
（46）中央職業紹介事務局編刊『職業紹介年報』各年度版より。
（47）東京市役所編刊『東京市知識階級職業紹介所概要』（一九三二年。東京都議会図書館所蔵）六頁。同史料は東京大学社会科学研究所糸井文庫にも所蔵。
（48）『読売』一九二九年八月二八日付朝刊二面（「よみうり春秋」）。
（49）大宅壮一「知識的自由労働者について」（『大宅壮一全集』第二巻、蒼洋社、一九八一年所収。『都新聞』一九二八年四月初出）九〇頁。

(50)　前掲『東京市知識階級職業紹介所概要』六頁統計。
(51)　内務省社会局社会部長守屋栄夫『知識階級の失業問題（社会教育パンフレット第一五集）』（社会教育協会、一九二六年。三康図書館所蔵）二四頁。
(52)　飯田橋の東京市知識階級職業紹介所の臨時雇であった木村正枝は、「『大学は出たけれど』と言われている、厳しい時代の嵐は、私の想像を越えるものでした」とし、調査員は「臨時とはいえ、職を得たということもあって、お互いに仲間意識が強く、いたわり、はげまし合っておりました」と回想している（木村正枝『出合いにウェルカム―六月の汐風甘く―』私家版再版、一九九二年、一一八、一二〇頁）。
(53)　東京市社会局編刊『東京市職業紹介不成立事情調査』（近現代資料刊行会編『東京市社会局調査報告書』四四、SBB出版会、一九九五年所収。一九三五年初出）二二、三二頁。
(54)　「諮問第一号議事経過」（西成田豊・森武麿編『社会政策審議会資料集』第一巻、柏書房、一九八八年所収。一九二九年初出）八頁。
(55)　「第六回諮問第一号特別委員会議事録　一九二九年九月七日」（同右所収）六六頁。
(56)　『東朝』一九三〇年六月二四日付朝刊七面（「剣もホロヽの係員／砂をかむやうなお役所式／公設紹介所求職の記」）。
(57)　同右一九三〇年六月三〇日付朝刊一一面（「求職者には冷酷／裏面でこの怪事／市の深川職業紹介所長等五名／公金八千円を横領」）。その後紹介所は不評を一掃すべく様々な対策を取ることとしたという（同上同年七月二日朝刊七面〔「やつと眼がさめて紹介所の大改革／市当局で不評を一掃」〕）。
(58)　『読売』一九二九年三月一二日付朝刊一一面（「押かける大学卒業生で職業紹介所の『人洪水』今月僅か十日間にすでに三百名／就職難を悪用する奸求人者」）。
(59)　『東朝』一九三〇年四月三〇日付朝刊七面（「失業者を食ふにくむべき悪漢／紹介所で雇入れた男から現金と時計を詐取」）。
(60)　『東日』一九三〇年五月一五日付朝刊七面（「知識失業者の血を吸ふ悪魔／不都合な保証金詐欺」）。
(61)　『都新聞』（以下『都』）一九二九年四月三〇日付朝刊七面（「身元保証金の奇怪な行方／失業者を喰物にする不良営利会社の裏面」）。
(62)　中央職業紹介事務局編刊『全国職業紹介所長事務打合会議』（一九三一年一〇月一五・一六日。東京大学社会科学研究所所蔵、糸井文庫綴一八―一六所収)。

(63) 中央職業紹介事務局『全国職業紹介事務打合会議ニ於ケル指示』(一九三四年六月二〇日、同右文庫綴一八―一二所収)。

(64) 東京府職業紹介所編刊『知識階級求職者に対する人物詮衡の一例』(一九三六年)一頁。

(65) 『東朝』一九二八年八月五日付朝刊三面(「社会局へ」)。

(66) 天谷健二『職業紹介事業を顧みて』(間宏編『日本労務管理史資料集』第三巻、五山堂書店、一九九三年所収。一九三四年初出)一一二―一一五頁。

(67) 『読売』一九二九年八月二六日付朝刊三面(「公開状/知識階級の失業者について」)。

(68) 新聞では、関東大震災で東京の新聞社が没落する一方、関西に拠点を持っていた『朝日』『日日』が勢力を伸ばし、『報知』『時事』『国民』が続く状況となり、大規模資本と一〇〇万を超える発行部数を持つ大衆的、商業的な性格を持つようになった。雑誌では、硬派な政治評論雑誌である『改造』『解放』『我等』『現代』のほか、既成の『中央公論』『文藝春秋』『経済往来』が三大総合誌として台頭し、一方で『キング』のような大衆雑誌が一〇〇万部以上売れ、新聞・出版の大衆化が進行していた(南博+社会心理研究所『大正文化 1905―1927』勁草書房、一九八七年新装版。一九六五年初出、二三一―二三三頁、佐々木隆『日本の近代14 メディアと権力』中央公論新社、一九九九年、第五章参照)。ただし読者は社会的に上層の人々に限られていた(有山輝雄『近代日本のメディアと地域社会』吉川弘文館、二〇〇九年)。

(69) 前掲、E・H・キンモンス書二七三頁。

(70) 就職問題研究会編『〔中等学校〕学生と就職の実際(昭和十二年版)』(東京実業社、一九三六年)一六九頁。以下、本文中就職活動の説明で、特に断りのない部分は本書によった。

(71) 末弘厳太郎「入学難と就職難」(『末弘著作集7 評論・随筆Ⅱ』日本評論新社、一九五五年。一九三六年初出)一五七頁。

(72) 前掲大森論文「戦前期日本における大学と就職」二〇二―二〇三頁。

(73) 内藤久寛「我国に於ける失業問題」(『社会政策時報』第一〇八号、一九二九年九月)五頁。

(74) 青樹重康「採用される型・されない型/知識階級職業紹介所の窓口から」(『実業之日本』第三八巻第二一号、一九三六年一一月一日)五六―五七頁。

(75) 井上良民「新時代の就職成功法」(『実業之日本』第三八巻第二一号、一九三六年一一月一日)五二頁。

(76) 『帝国大学新聞』(以下『帝大新聞』)第二九三号、一九二九年四月二二日六面(「学士欄/タイプライターはあるが悪筆は御断り/就職受難物語(一)」)。
(77) 『帝大新聞』第三三三号、一九三〇年三月二五日付三面(「機械人たるべく悲壮な決意を/いよ〳〵押しせまつた就職戦線展望(下)」)。
(78) 同右第三三二号、一九三〇年三月二三日付三面(「面会をミスして奇跡的にパス/いよ〳〵押しせまつた就職線展望(上)」)。
(79) 『東朝』一九三〇年三月二二日付夕刊二面(「深刻な就職風景/きのふ米原駅で千石満鉄総裁へ/学生の持かけ直談」)。
(80) 『読売』一九三四年三月二六日付朝刊七面(「中学は・高校は・大学は出たけれど」三井銀行松井文書課長談話)。
(81) 北海炭鉱資料課長「取残された人々の就職新戦術」(『実業之日本』第三七巻第九号、一九三四年五月一日)八〇―八一頁。
(82) 『読売』一九二七年四月一六日付朝刊七面(「支那の兵隊まで志願する就職難/月給はくれる掠奪は出来ると問合せに当局面喰ふ」)。
(83) 『東朝』一九三〇年三月一日付朝刊七面(「続々押し寄せる就職難の抜け道/軍人志望増加/幼年、士官、海軍兵学校への志望は定員の三〇～五〇倍」)。
(84) 『読売』一九三〇年八月一一日付朝刊七面(「珍しがられたは昔/学士巡査が百余人/グン〳〵向上する警官の知識老ボレも数へるほど」)など。
(85) 中央職業紹介事務局編刊『大正十五年三月卒業全国各大学専門学校卒業生就職状況調査』(一九二六年)各学校欄。
(86) 『帝大新聞』第三五一号、一九三〇年九月一五日付七面(「周到な準備で就職の斡旋/文学部の就職相談部」)。
(87) 同右第三一一号、一九二九年一〇月一四日付二面(「学生に代り積極的に就職開拓に努める/本学に生れた最初の組織的機関/文学部の就職相談部」)。
(88) 同右第四〇九号、一九三一年一一月三〇日付二面(「空前の難局を前に就職開拓の策成る/本学調査小委員会の決定でいよ〳〵教授の総出動」)。
(89) 同右第三五六号、一九三〇年一〇月二〇日付七面(「就職問題を学生課で調査　紹介は各学部委せ」)。
(90) 同右第三六一号、一九三〇年一一月二四日付二面(「拡げて見せた官省生活の裏/唐澤内務秘書官を招き/第一回就職相談会」)。
(91) 同右第三四四号、一九三〇年六月一六日付二面(「文学士の校長を招き就職斡旋を図る/全国中学校長会議を機に/文学部学友会の催し」）。
(92) 明治大学百年史編纂委員会編『明治大学百年史』（第四巻　通史編Ⅱ、明治大学、一九九四年）一七〇―一七一頁、福井淳執筆分。
(93) 『東日』一九三一年一月一二日付朝刊七面（「東大、心配無用は工学と医学／文学部の珍紹介状」）。
(94) 早稲田大学大学史編集所編『早稲田大学百年史』（第三巻、早稲田大学出版部、一九八七年）三六六頁。
(95) 『帝大新聞』第三六一号、一九三〇年一一月二四日付二面（「全国を巡り斡旋の労を採る／早、慶、明大の実状」）。
(96) 「全国実業専門学校長会議」（『教育思潮研究』第七巻第四号、一九三三年）二九八頁。
(97) 『読売』一九二八年二月一七日付朝刊七面（「売行の悪いことしの卒業生／社会局の懇談会もムダでどこも頭痛はち巻」）。記事によれば、この懇談会は「肝腎な会社側の出席が殆どなく結局徒労に終つた」という。
(98) 『読売』一九三〇年一二月二日付朝刊七面（「新卒業生の就職で各関係方面が第一回の懇談」）。
(99) 東京市知識階級職業紹介所編『学生就職講座』（東京朝日新聞、一九三五年。三康図書館所蔵）。
(100) 「新卒業生・就職斡旋打合会次第」（東京大学社会科学研究所所蔵、糸井文庫、二〇七―二四所収）、名古屋市中央職業紹介所給料部編『求職者連名簿』、『市長依頼状案』『事務局長学校職業紹介所長連名依頼状案』（同二〇七―二五～二八所収）。
(101) 『都』一九二九年三月二日付朝刊九面（「氏よりも育ちで人を採る大会社／苦学生は秀才でも喜ばぬ人物採用上の一傾向」）。
(102) 前掲『〈中等学校〉学生と就職の実際（昭和十二年版）』二九頁。
(103) 『東朝』一九二九年三月二三日付、朝刊一一面（「新日本の根底を揺がす有識青年の失業時代」）。なお、東京帝大法学部では、一九三一年に学生大会を開き、大学当局に「職業斡旋の積極的機関設置方」を要求することとなったという（『読売』一九三一年五月一五日付朝刊七面（「『就職機関を設けよ』／東大学生の叫び先ず法学部に火の手」））。
(104) 「学校出の採用率上向」（『教育思潮研究』第九巻第一号、一九三五年）二四〇―二四一頁。
(105) 就職問題研究会編『〈大学専門学校〉学生と就職の実際（昭和十一年版）』（東京実業社、一九三五年、三康図書館所蔵）一六九―一七四頁。以下本文中本書引用箇所は同頁内のものである。
(106) 『東朝』一九二九年三月二四日付朝刊一一面（「空前の就職難時代を如何に解決すべきか／一〇万の求職青年を控へて／各方面識者の意見」）。

(107) 栗林生「サラリーマン相手の質屋と高利貸の話」（『サラリーマン』第二巻第四号、同年四月一日）六八頁。
(108) 『帝大新聞』第三六二号、一九三〇年一二月一日付七面（「求職学士よ八百屋なども好い職業だ／三菱の堤人事課長が座談会での意見」）。
(109) 松崎半三郎「先づ心から立て直せ」（『事業之日本』第七巻第一号、一九二八年一月）二九頁。
(110) 記者「青年よ、志を大にせよ／新卒業生に対する記者の祝辞」（『東洋経済新報』第一二三九号、一九二七年三月一二日）一二頁。
(111) 野崎信夫『独立自営せよ』（東京パンフレット社、一九三五年）一〇頁。
(112) 国吉嘉川『無資本成功法』（大成社、一九二六年）二七―二八頁。
(113) 青野季吉『サラリーマン恐怖時代』（先進社、一九三〇年）二七九頁。
(114) 前掲岩瀬書一八〇―一八二、一九六頁。
(115) 『都』一九二九年三月一九日付朝刊一二面（「就職難から運転手志望が激増／月八百五十人位づつの増加に昨今この方向も失業者の洪水」）。
(116) 重信幸彦『タクシー／モダン東京民俗誌』（日本エディタースクール出版部、一九九九年）二九―三二、一二五―一二九頁。
(117) 門多栄男『小資本インテリ商売相談』（小林書房、一九三四年）七頁。
(118) 同右一九九―二〇〇頁参照。
(119) 堤健次編『小商売開業経営成功法』（誠光堂新職業社、一九三四年）各項目参照。
(120) 前掲岩瀬書。
(121) 「これから儲かる新商売／当選三篇」（『実業之日本』第三五巻第四号、一九三二年二月一五日）九七―九九頁。
(122) 「これからの新金儲け案二十種」（同右第三五巻第八号、一九三二年四月一五日）七七、九四―九八頁。
(123) 「街頭新しい珍商売十種（二）」（同右第三五巻第一〇号、一九三二年五月一五日）七四―七七頁。
(124) 藤野修冊述『殺人的不景気を突破して』（職業指導会、一九三一年）四八―七四頁。
(125) 「中小商業者の窮境と其の原因」（『東洋経済新報』第一五一〇号、一九三二年七月三〇日）二〇―二一頁。
(126) 前掲「就職問題対策／職業問題座談会」八一頁。
(127) 加茂英司「本当に戦前における自営業者は開かれた職業だったのか」（『大阪学院大学流通・経営科学論集』第三〇巻第四号、二〇〇五年三月)。

(128) 事実、のちの総理大臣福田赳夫の従兄弟である福田政勝は、中学四年中退後大陸浪人となり帰国後無職の状態になり、知人の弁護士に五〇〇円で八百屋の開業を勧められたが、「先生に、私の考えていることはわかりませんよ」と言ったという。「高等遊民」の一部はそもそも独立自営を志向することすらなかったことがわかる。(山岸一章『革命と青春　戦前共産党員の群像』新日本出版社、一九八五年新装改版。一九七〇年初出。一〇一—一〇二頁)。

(129) 「教育を地方の政治産業に密接せしむべし」(『東洋経済新報』第一二六九号、一九二七年一〇月八日)一三頁。

(130) 横田英夫「知識階級の帰農を唱道す」(『農村問題の解決』白水社、一九一八年所収。『中央公論』第三二年七月号、一九一七年七月一日初出)四四一頁。管見の限り一木の発言は確認できなかったが、第二次桂太郎内閣期の内務次官であった一木の「高等遊民」認識は、第一部第二章で見た岡田良平の見解を裏打ちするようである。

(131) 前掲『労働行政史』第一巻、一七〇—一七一頁。

(132) 民力涵養運動については、山本悠三『教化運動史研究』(下田出版、二〇〇四年)参照。

(133) 中央報徳会講師村田宇一郎「青年の元気善用(下)」(『斯民』第一五輯第八号、一九二〇年八月)四四頁。

(134) 小平権一「戦後欧米に於ける帰農制度」(同右第一六編第一〇号、一九二一年一〇月)二〇頁。

(135) 前掲『労働行政史』第一巻、一七〇頁。

(136) 河原宏「第27代浜口内閣」(林茂・辻清明編『日本内閣史録3』第一法規出版、一九八一年所収)一九九頁。

(137) 『都』一九二九年四月三日付朝刊三面(「知識階級過剰」)。

(138) 坪谷善四郎「学校卒業生の就職問題」(『職業紹介』第五号、一九三四年三月)四頁。

(139) 松崎武雄「新らしき教育よ出でよ」(『農村教育研究』第一巻第三号、一九二八年八月)二七頁。

(140) 宗像誠也「我が国に於ける農村教育—主としてその現状に就いて—」(『教育思潮研究』第七巻第二号、一九三三年)一八〇頁。

(141) 『大阪毎日新聞』一九二五年八月一日付朝刊三面(「九州行脚(一三)実業を重んざる風/産業不振の主因」)。

(142) 鈴木静「時代の趨勢と中学校の改善」(『農村教育研究』第一巻第一号、一九二八年六月一日)五四頁。

(143) 田村有年「農村に於ける二三男問題に対する感想」(同右第二巻第三号、一九二九年三月一日)八頁。

(144) 『東朝』一九二九年九月一〇日付朝刊二面(「都市失業者帰農し農村思想的に変化/政府は傍観の外なし」)。

(145) 岩谷愛石『現代青年成功の近道』(泰文館書店、一九三三年)一七四—一七五頁。
(146) 東京府編刊『東京府市に於ける失業状況に就て』(一九三〇年。東京都立図書館所蔵)七—八頁。
(147) 前掲『現代青年成功の近道』一二七頁。
(148) 『東日』一九三一年一月一二日付朝刊七面(「履歴書の中から学歴抹殺説も起る/出身学校の差別撤廃」)。
(149) 『帝大新聞』第三五一号、一九三〇年九月一五日付七面(「不景気は大学へも堂々と乗り込む/転落しつゝある別天地」)。
(150) 児玉庄太郎「農村に於ける二三男問題に対する感想」(『農村教育研究』第一巻第六号、一九二八年一一月一日)一〇頁。
(151) 坪谷善四郎「知識階級の就職問題」(『社会福利』第一六巻第三号、一九三二年三月)三七頁。
(152) 稲田周之助「失敗に終り易き内地植民」(『エコノミスト』第三巻第一六号、一九二五年八月一五日)二〇頁。
(153) 『読売』一九二九年七月一三日付朝刊二面(大谷光瑞「無駄と有駄(十二)就職難と海外発展策」)。
(154) 前掲「就職難に直面せる新卒業生」。
(155) 大原社会問題研究所『日本労働年鑑(大正八年度版)』(一九一九年)二二七—二二八頁。
(156) 飯窪秀樹「『排日移民法』と『移植民保護奨励政策』—ブラジル移民積極送出作の展開—」(『横浜市立大学大学院院生論集』社会科学系列第六号、二〇〇〇年三月)第五章参照。
(157) 前掲『職業訓練関係資料(Ⅰ)《大正六年—昭和一二年》』所収、九〇頁。
(158) 中央職業紹介事務局編刊『職業紹介年報(昭和二年)』(一九二八年)四五頁。
(159) 一九二〇年代史研究会編『一九二〇年代の日本資本主義』(一九八三年)第一〇章参照。
(160) 前掲「諮問第一号議事経過」前掲『社会政策審議会資料集』第一巻、八頁。
(161) 『読売』一九二九年一二月一二日付朝刊七面(「青年の南米雄飛を阻む移民規定改正/拓務省から梅谷理事等へ帰還命令四月から制限を除く」)など。
(162) 以下、各国への渡航、渡航条件については、特に断らない限り拓務省拓務局編刊『移植民関係法規』(一九三六年)を参照。
(163) 拓務省拓務局編刊『海外渡航案内』(一九三六年)三—五頁。
(164) 前掲飯窪論文参照。
(165) 竹井十郎編『最新海外渡航と職業の手びき』(以下『最新海外渡航』。海外社、一九三〇年)二八—二九頁。

(166) 同右一一―一六頁。

(167) 例えば、富山県海外協会は、大人三人の移住につき二〇五〇円が必要である（うち補助金が六〇〇円、借入金が五〇〇円まで可能。最低でも九五〇円を用意する必要がある）。更に自作農は土地代が別途九五〇円必要であり、資力のない「高等遊民」には不可能であった（海外協会中央会編刊『海外協会中央会各府県海外協会要覧』一九二八年、三一二頁）。

(168) 前掲『最新海外渡航』一七―二七頁。

(169) 三平将晴『ブラジル移民案内』（大日本海外青年会、一九三八年）三一―三二頁。

(170) 『読売』一九三二年四月七日付夕刊二面（「青年六十名／南洋に職あり／時節柄耳寄りな話」）。

(171) 外務省領事部編刊『わが国民の海外発展　移住百年の歩み（資料編）』（一九七二年）各表参照。

(172) 福原八郎「南米の大アマゾンは拓く」（『実業之日本』第三七巻第二号、一九三五年一月一五日）五七頁。

(173) 小野一一郎『ブラジル移民実態調査報告　付・日本の移民問題』（有斐閣、一九五五年）参照。この他に、拓殖を目的に設置された学校では、移民養成も試みられていた。例えば、国士舘高等拓殖学校、日本高等拓殖学校といった専門の拓殖学校が設置され、「南米殊にブラジル国に於ける同胞の中堅たり、指導者たるべき有為人材の養成」を目的に二〇〇人以上の卒業生を輩出している。しかし、海外渡航した人々はごく一部にすぎず、ブラジル移民の制限、その後の満洲への大量移民送出への移行とともに衰退している（飯窪秀樹「ブラジル移民本格化以降の移民送出と移植民教育」『横浜市立大学大学院院生論集』社会科学系列第七号、二〇〇一年三月参照）。

(174) 駒井徳三「満洲国経営に就て／日本国民に想ふ」（『東洋経済新報』第一五一二号、一九三二年八月一三日）三七頁。

(175) 例えば、一九一九年一〇月、医学博士永井博は、「満蒙は我日本の倉庫」とし、「官費を以て有為の青年を養成し、卒業後は或期間内必ず開拓事業に従事するといふ責任を負はせる」ことを指摘、第一部第二章で検討した朝鮮渡航者のように、「内地で食ひつめたものが行くといふやうなことでは決して其目的を達することが出来ない」としている（永井博「満蒙を我倉庫たらしめよ」『斯民』第一四編第一〇号、一九一九年一〇月、三一頁）。

(176) 『報知』一九二九年三月二日付朝刊五面（川田正徴「新卒業生へ贈る言葉／徒らに上級学校へ進むは禁物／努力次第で運は開ける　よろしく海外に雄飛せよ」）。

(177) 前掲「知識階級の就職問題」三七頁。

(178)『読売』一九三二年三月二〇日付夕刊二面（「農業志願が増す／満洲を目指してか……／全国実業専門学校志願者」）。
(179)『一橋新聞』一九三二年一一月二六日付二面（「満洲ドアーの鍵は新卒業生のポケットに／猪谷助教授の土産話」）。
(180)前掲『現代青年成功への近道』五九頁。
(181)「全国中学校長会議」（『教育思潮研究』第七巻第四号、同年）三〇四頁。
(182)『東日』同年一月二〇日付朝刊一〇面（「就職難解消時代／インフレの潮に乗つて売れる売れる角帽万歳／採用協定破れて申込殺到」）。
(183)『一橋新聞』一九三二年三月一二日付二面（「満蒙理想郷にも救はれぬ新卒業生／期待は寧ろ二三年の後／関係会社の意図を聴く」）。
(184)矢内原忠雄『満洲問題』（『矢内原忠雄全集』第二巻、岩波書店、一九六三年所収。一九三四年初出）五六〇頁。
(185)『読売』一九三二年三月四日付朝刊七面（「暗い就職戦線に黎明／市社会局も満蒙にインテリ群を送る／求人を一手で引受けて／八日に各関係方面が具体案協議」）。
(186)同右同年三月二〇日付朝刊七面（「満洲国を舞台に／三巴の就職戦線／市の独占計画へ府の割込から／各校も負けずに渦中へ」）。「満洲」への就職状況は、今後更に詳細に検討する予定である。
(187)中央職業紹介事務局編『自昭和七年至昭和九年職業紹介所の紹介による満洲国への就職者数調』（「本邦労働法制並政策関係雑件／労務官設置問題分割1」Ｉ四／一／〇一四所収。国立公文書館東アジア歴史資料センター所蔵）一〇―一一頁。
(188)豊原又男「就職戦線／海を越えて就職希望」（『サラリーマン』第六巻第八号、一九三三年一〇月一日）六九頁。
(189)『満洲日日新聞』（以下『満日』）一九三五年八月一一日付朝刊三面（「氾濫する失業群／店員募集に八百四十名志願えがく求職線哀相」）。
(190)仲田良・路村英二『必ず成功する満洲移民案内』（第一出版協会、一九三八年）一八頁。
(191)以下、満鉄の雇用・昇格・採用者に関しては、伊藤一彦「満鉄労働者と労務体制」（松村高夫ら編『満鉄労働史の研究』日本経済評論社、二〇〇七年所収、第三章）参照。
(192)『帝大新聞』第二九六号、一九二九年五月一三日六面（「学士欄／矢内原教授も台湾では素人／官吏となる又難いかな／就職受難物語［完］」）。志願者の多くは、満鉄調査部を希望したという。

(193) 『読売』一九三一年四月五日付朝刊七面（「二十倍の猛競争／難いかな『良二千石』の卵／内務省の採用試験」）。

(194) 「就職戦線偵察記」（『実業之日本』第三五巻第三号、一九三二年二月五日）四四頁。

(195) 野方町人「満洲関係の諸会社では今年、どれ位の人を採用するか」（同右第三五巻第六号、同年三月一五日）一四頁。

(196) 『読売』同年四月一〇日付朝刊七面（「就職／満鉄から吉報／東鉄から技術者四十名を招き次いで大学出百名を」）。

(197) 「各社ではどれ位採用するか／インフレ時代の就職戦線」（『実業之日本』第三六巻第四号、一九三三年二月一五日）六八頁。

(198) 『満日』一九三五年八月一六日付夕刊二面（「若手現業員に凱旋引ッ張りダコ／二百四十名の新採用方針遂にストップ状態」）。

(199) 『満日』一九三五年八月二一日付夕刊二面（「明年度新社員採用満鉄の新基軸／他の官庁等に魁けて優秀者を選抜」）。

(200) 「就職戦線偵察記（第三報）大会社・大銀行の新社員採用期を前にして」（『実業之日本』第三五巻第四号、一九三二年二月一五日）五二頁。

(201) 「満洲国求人調　満洲国大会社銀行新社員採用数」（同右第三八巻第二号、一九三五年一月一五日）五二—五三頁。

(202) 『読売』一九三七年九月二八日付朝刊二面（「職員募集／広告」）。

(203) 同右一九三八年五月二二日付夕刊三面（「求人・北支方面で大量募集」）。

(204) 同右一九三九年七月二四日付朝刊七面（「事務社員採用公告」）。

(205) 同右一九三二年三月一三日付朝刊七面（「支那語科出引張り凧／大満洲国の春は招く」）。

(206) 同右同年六月二七日付朝刊七面（「満洲国へ帝大から五十名」）。

(207) 前満鉄参事井出正寿「満洲進出の新プラン数種」（『実業之日本』第三五巻第二三号、一九三二年一二月一日）一〇六頁。

(208) 記者「今年度未就職者の第二次就職口開拓法」（同右第三八巻第八号、一九三五年四月一五日）五〇頁。

(209) 「就職戦線偵察記」（同右第三五巻第三号、一九三二年二月五日）四四頁。

(210) 唯物論者で哲学者・社会評論家の戸坂潤は、「満洲国が独立したのを一等喜んだものの内には、今年の大学専門学校卒業生たちを数えなければならぬ」としながら、前述の「満洲官吏」の大口二〇〇人の募集に対して二〇〇〇人が受験したが一七人が選定されたに過ぎないとした（戸坂潤「思想問題恐怖症　一、満洲サービスガール」『戸坂潤全集』別巻、勁草書房、一九七九年所収。『文藝春秋』一九三三年六月初出。七七頁）。

(211) 「身の上相談」（『実業之日本』第三六巻第六号、一九三三年三月一五日）七九—八〇頁。

(212)　受験必勝研究社編『全国巡査採用試験問題集と受験必勝法　附満洲国警士採用資格』（最新版、大文館、一九三八年）一五二頁。
(213)　実業之日本特派記者「必ず成功する満洲の就職作戦（第九信）」（『実業之日本』第三五巻第二三号、一九三二年一二月一日）一一三頁。「身の上相談」（同上第三六巻第一号、一九三三年一月一日）一一九頁。
(214)　前掲『〔中等学校〕学生と就職の実際（昭和十二年版）』三―四頁。
(215)　前掲『〔大学専門学校〕学生と就職の実際（昭和十一年度）』一九―二〇頁。
(216)　『満日』一九三六年二月五日付夕刊二面（「一千六百人に余る漫然渡満者就職・僅か三割／職業紹介所だけで此数字／インテリ青年に多い」）。
(217)　蘭信三『「満洲移民」の歴史社会学』（行路社、一九九四年）四五―五二頁。加藤道也「戦間期日本における失業問題とアジア労働市場」（『大阪産業大学経済論集』第七巻第一号、二〇〇五年一〇月）八六―八七頁参照。なお、加藤氏は、主に朝鮮人移民の動向を検討しており、日本人移民の動向には言及していない。
(218)　前掲『必ず成功する満洲移民案内』紹介部分。
(219)　「満洲農業移民身上ニ関スル各種統計　海外拓殖委員会諮問第二号特別委員会（第一回）議事録」（『満洲移民関係資料集成』〔以下『満洲移民関係』〕第一巻、不二出版、一九九〇年所収。一九三五年初出）二六三―二六五頁
(220)　前掲蘭書一二四―一二五頁。
(221)　前掲『必ず成功する満洲移民案内』一五八頁。
(222)　東京地方失業防止委員会・東京府学務部社会課『失業対策資料第二集　満洲国移民に関する資料』（一九三四年）九七―九八頁。
(223)　「会議附属資料　青年農民訓練所創設案」（『満洲移民関係』第二巻、不二出版、一九九〇年所収。満洲拓殖委員会事務局編『第一回移民団長会議議事録』一九三七年初出）二七一頁。
(224)　「第一分科会第二読会（続）」（『満洲移民関係』第三巻、同右所収。『満洲開拓政策に関する内地側会議要録（極秘）満洲拓殖公社東京支社』一九三九年初出）七三頁。
(225)　立命館百年史編纂委員会編『立命館百年史』（通史篇一、学校法人立命館、一九九九年）第四章、六一〇―六二〇頁。
(226)　倉橋藤治郎『実業教育の振興について―実業教育振興会の組織と運営―』（財団法人実業教育振興中央会、一九四四年）七七頁。なお、同会は就職難に対し、他にも就職懇談会や卒業生就職体験発表会、卒業生再教育指導などを実施しているという（八二―八

三頁)。

(227) 安藤篤助『満蒙にて成功するの道』(満蒙調査会、一九三三年)、富永奈良太郎『拓けゆく北満州』(電子公論社、一九三六年)より。「豆腐」「缶詰製造業」「内地式料理屋」「ビヤホール・縄暖簾」「海産物屋」「干物屋」「乾物屋」「小旗店」「和洋紙店」「荒物屋」「支那障子店経営」「自動車営業・運転手」「自転車・オートバイ・自転車修繕」が富永書の金額。それ以外は安藤書の金額。

(228) 柳沢遊『日本人の植民地経験』(青木書店、一九九九年)二五〇頁。

(229) 前掲「満洲進出の新プラン数種」一〇六頁。

(230) 大同学院史編纂委員会編『大いなる哉 満洲』(大同学院同窓会、一九六六年)二六六頁。

(231) 山田豪一『満州国の阿片専売』(汲古書院、二〇〇二年)など参照。

(232) 満洲帝国大同学院編刊『大同学院要覧』(「満洲国」教育史研究会編『「満洲・満洲国」教育資料集成』第八巻、株式会社エムティ出版、一九九三年所収。康徳七年〔一九四〇年〕初出)六六七頁。

(233) 前掲『大いなる哉 満洲』六一八頁。

(234) 宮沢次郎「大同学院の理想と現地の実状」(『柳絮』創刊号、一九九九年)二九一三〇頁。

(235) 同右五三八、三〇六頁。

(236) 尾崎盛光・土岐雄三「大学は出たけれど―就職戦線異常あり―」(東京12チャンネル報道部編『証言私の昭和史1 昭和初期』学藝書林、一九六九年所収)一四四頁。

(237) その後、社会局では、失業者更生訓練所なるものを、一九三四年六月に東京府多摩川畔に修養団、救世軍、上宮教会の助力を得て設置している。二年後には国庫補助予算が計上され、六大都市と福岡に設置された。訓練修了生は三七年の段階で二六九名、うち中学卒業生二五名、専門程度半途退学が五名を占めていたという。残念ながらこれは「全部失業労働者に対する施設であつて小額給料生活者、所謂知識階級失業者に対する施設としては神戸市に一つあるのみ」だったため、更なる「施設の拡充」が期待される状況であった(社会局「失業者更生訓練施設に就て」『週報』第三六号、一九三七年六月二三日、一一二、一〇一一三頁)。ここからも、当時の「知識階級」の失業者たる「高等遊民」への対応が不十分であったことがわかる。

第四章　昭和初期にかけての「高等遊民」と思想運動

はじめに

前章で検討したように、昭和初期における「高等遊民」問題に対し、政府や世論は対応と幅広い解決策を提示したが、これらは必ずしも抜本的な有効とはいいがたかった。この間多くの「高等遊民」が輩出され、世論で言われた「危険思想」は深刻な懸念事項であった。本章ではその実態につき、昭和初期にかけての代表的な思想運動である無政府主義者（アナキスト）、「左傾」及び「右傾」の事例を検討し、問題の広がりの一端を明らかにする。

無政府主義者とは、一切の権力や矯正を否定し、自由人の自由な結合による理想社会を目指す思想である無政府主義を掲げた人々のことである。大正中期にかけて大杉栄を中心に勢力を伸ばしたが、大杉の死後衰退した。無政府主義者は、後述するように恐喝や強請りで生計を立てる無頼漢が多いことで知られており、不遇の境遇から「危険思想」化した「高等遊民」の存在が想定される。

また、世論でも喧しく説かれた「左傾」とは、大正中期から顕著化したマルクス主義運動に傾倒することを示す当時の表現である(1)。今日、その背景には、大正中期以降「高等遊民」問題の背景として指摘されていた、獲得した知の価値の低下、教育投資の失敗と没落する社会階層への帰属意識から、資本主義社会への懐疑や批判に同調する心性(2)、そして「立身出世」の代替ルートとしての社会運動への転化の意識が存在したことが指摘されている。(3)ここから、通常の「立身出世」が困難な状況下において、「左傾」した資力のない「高等遊民」も多くいたことが想定される。

他方、世論ではほとんど言及されなかった「右傾」であるが、これは明治期の大アジア主義を源流に、大正期に「左傾」に対抗して勢力を拡張しはじめ、「左傾」が壊滅状態になる昭和初期に台頭してきた、国家主義・国粋主義的な社会運動に傾倒することを示す当時の表現である。(4)この事例として、日本通として知られたアメリカ人記者のヒュー・バイアス（当時ニューヨーク・タイムズ社日本支社勤務）は、「世にいれられずに身をもち崩した若者たちが、愛国主義暴力団員になっている」とし、一九三四（昭和九）年愛国鉄血同志会創立者の「定職はないが、一時期『大聖戦』という雑誌の発行名義人だった」脇坂利徳や会員の「何人かの失業青年」(5)の存在を指摘している。この言及からは、「高等遊民」の中から、「右傾」した者がいたことが窺える。

ただし、これらの思想運動に従事した「高等遊民」が実際にどの程度存在し、いかに運動へ従事したかを全て解明するのは、史料的な制約から大変に困難である。詳細は各節で言及するが、例えば、日本共産党（以下共産党）員の情報に関して、党員名簿や略歴は秘密結社であることからそもそも残されておらず、官憲側の史料しかない。その生活状態についても、戦後著名になった人物や自伝を残した人物でなければ、詳細な分析は難しい。いうまでもなく、官憲側の史料は裁判や起訴事実に関することで個人情報に誤植や未記載が多いほか、都合の良い解釈が行われている場合もある。状況は、国家主義団体員についてもほぼ同様である。

また、こうした思想運動の従事者を詳細に見ると、資力のない「高等遊民」ではなく、学生時代から思想運動を行い、意図的に一定の職業に就いていない職業的運動家というべき人々が多い。これらは一般に懸念された「入学難」「半途退学」「就職難」から思想運動に従事するという径路を辿った人物ではなく、本書で対象としてきた「高等遊民」として扱うのは難しい（以下これらを「職業的運動家」とし、「高等遊民」と区別する）。本章で取り上げた「高等遊民」は、「高等遊民」になった時期によって、明治末期か、大正末期から昭和初期の定義で選出した人物に限った。

本章は、以上の諸点を考慮して、思想運動における「高等遊民」の実態の一端を明らかにする。

第一に、無政府主義者を検討する。ここでは代表的な無政府主義の事件とその被告として、虎の門事件の難波大助、ギロチン社事件、「銀座事件」のメンバー、農村青年社事件（以下農青社事件）、無政府共産党事件（以下無共党事件）を対象とする。一部は既に先行研究もあるが、ここではそれらに学びながら、当局の史料（史料批判は後述。以下同じ）などをもとに、無政府主義者の「高等遊民」を検討する。

第二に、「左傾」学生の実態と共産党員を検討する。前者は、供述調書『左傾学生生徒の手記』（史料批判は後述）をもとに、「左傾」した理由と「高等遊民」問題との関係を明らかにし、後者は非合法政党である日本共産党の各時期の人物を検討する。「左傾」学生や共産党に高学歴者が多いことは知られているが、ここでは内務当局による官憲史料、司法関係の史料、自伝なども踏まえ、「左傾」した「高等遊民」の一端を明らかにする。

第三に、国家主義団体員と「不穏事件」関係者を検討する。前者は、内務省警保局編刊『国家主義系団体員ノ経歴調査』（一九四一年）をもとに事例を点描し、後者は昭和初期の政財界要人を暗殺して国家改造を企図した事件関係者の略歴・思想を分析する。後述するように「右傾」学生に高学歴者が多いことは近年知られてきたが、ここでは内務当局による官憲史料を中心に、自伝や個別の研究成果も踏まえ、「右傾」した「高等遊民」の一端を明らかにする。

なお、運動に従事した人物の略歴で判明した分は、特に断りがない限り、最新の研究成果を網羅した近代日本社会運動史人物事典編集委員会編『近代日本社会運動史人物大事典』（日外アソシエーツ、一九九七年）、堀幸雄『最新右翼辞典』（増補新版、柏書房、二〇〇六年）を参照した。

一　無政府主義者

大正中期以降の「高等遊民」として、政治社会に多大な影響を与えた無政府主義者には、一九二三年一二月二七日、摂政裕仁を皇居虎の門前にて襲撃した虎の門事件の難波大助がいる。この事件は、摂政宮暗殺を企図した難波が、皇居前虎の門の群集の間から馬車に乗った摂政宮を、難波が持参した仕込み杖で襲撃したものであり、難波の単独犯である。摂政宮は直接危害を受けなかったが、難波はその場で取り押さえられ翌年処刑、事件の影響は政界にも及び、二日後の一二月二九日に山本権兵衛内閣が総辞職したほか、翌年一月に成立した清浦奎吾内閣に対し、政友会、憲政会、革新倶楽部の護憲三派による第二次護憲運動と、続く加藤高明内閣の成立を促したことで知られる。(6)

難波大助は、庚申倶楽部所属衆議院議員難波作之進の四男で、激昂しやすい短気な性格だったとされる。一九一三年四月に山口県立徳山中学校に入学したが一七年二月四学年で中途退学、以後兄と同様エリートコースへの志望を抱きながら父に許されず、上京と帰郷を繰り返す「高等遊民」となった。この間山口高等学校及び第三高等学校の入学試験に失敗、「危険思想」に接近したが実質的な活動は行わなかった。結果的に二二年に入学しやすい早稲田高等学院（以下早稲田）文科へ入学したものの翌年退学し、日雇労働者となった後、「危険思想」にもとづきテロを実行した。難波は裕福な家庭の出身だが、「入学難」によって資力のない「高等遊民」になった事例だった。

もっとも、難波の父は、息子たちの教育費による多額の出費が負担になっており、また難波の性癖を矯正するために実家からの仕送りを減額、断絶していたが、難波の学生時代には「徳山中学校時代月一二三円宛、鴻城中学時代月二十円宛、早稲田高等学院時代月六十円位（外ニ臨時支出ヲ支給セル模様ナリ）ヲ支出」(7)しており、難波は当時の学生としては十分な額の仕送りを受けていた。ただし、仕送りの断絶や行き違い、放蕩による浪費から、「生活難」となっていたようである。

では、難波はいかにテロへ向かったのであろうか。その要因を検討する史料は、横田秀雄博士の講演「虎ノ門事件に就て」〔於、財団法人中央教化団体連合会〕と友人三名の証人訊問調書である。前者は当局者を対象に行われた講演で、「彼の思想の変化は境遇と共に来た」視点から、事件の概要と背景を端的にまとめている。後者は、徳山中学時代の友人で中央大学（以下中大）予科卒業後、難波同様の「高等遊民」であった梅田与一、同じく中学時代の友人で京都府立医科大学在学中の岡陽造、早稲田の友人歌川克己が難波の生活・思想状況を詳細に語っているものである。特に岡は早稲田中退後の難波の行動をよく知る関係者であり、テロの背景を詳しく語っている。

ここで注目すべきは、難波をテロに走らせた要因は、全て「高等遊民」問題で指摘された背景だった点である。

第一は、重要な要因の一つとされた「入学難」である。横田は、「高等学校の試験の難関を通過する事が出来なかつた一つの現象と見る事も出来る」とし、「そこまで行かなくとも、中途で他の学生と同じ位の学資を貰つて勉強する事が出来たら必ずしもああならなかつたと思ふ」としている(8)。この点について横田は、兄弟間の学歴・待遇の格差からくる不満があったことを指摘している。長兄、次兄は共に県下第一の山口中学、高等学校、帝大とエリートコースを辿ったのに対し、難波は「自分もやはりその通りして貰へるものと考へて居つた、所が作之進といふ人は大助にはもう学問をやらせない、彼は中学校へはやらずに学僕にてもやるか然らざれば奉公に出す事にするといふ事に定めたといふ事を母から聞いたんです、それで非常に失望したんです」としている。更に、「そこへ一も二もなく如何なる機会でも倹約しろといはれる、これが終始一貫した彼の不幸(9)」であったというのである。この挫折が、後々まで続いていたことは、事実公表の際、実兄が記者の談話に応じ、「落第してから漸次思想が変わつて来て、酒は飲む乱暴はする、金さえ手に入れば直ぐ家を飛び出して帰つて来ない」ことがあり、「焦燥の果ては気狂いのようにな[10]」った と指摘したことからもわかる。世論の懸念のように、「入学難」は「危険思想」の重要な背景になったのである。

第二に、「就職難」である。証人訊問調書で岡は難波がテロを示唆した頃、「早稲田ヲ止メテ色々ノ就職口ヲ捜シタガ、不景気ナノト資本家ガ学歴ガ邪魔ニナツテ何処ヘ行ツテモ雇ツテ呉レナイト云フ事デ、又国ヘ帰ツテモ親類ガ難波ヲゴロツキ扱ニシテ待遇ガ悪イ、兎ニ角金モ自由ニナラヌシ就職口モ無クツテ困ツタトキニハ、其ノトキニハテロリストダト云フ意味デ云ツタト思ヒマス[11]」と指摘している。難波は当時仕送りを途絶されており、「就職難」が難波を更に不遇の境遇に突き落したと見てよい。これもまた「危険思想」の背景になったことが読み取れる。

第三に、「生活難」である。難波は度々上京、進学を目指したが、難波を尋問した検事は「本人は学業不成績にして且父兄よりの送金意の如くならず、益々自棄的態度に陥り屢々口実を構へて父兄に無心を試み、金子を得れは之を徒消せり。遂に自活を決し身を労働者に投したるも、健康状態より之に堪ふること能はすして、父兄の扶養を受くるの余儀なきに至れり。斯くして本人は相当の家門に成育せるに不拘、坎坷〔かんか〕の境遇に在て生活上の苦難を感し、本人の思想を荒廃せしめ[12]」た点を指摘している。

この時期の難波について、前述の岡は、「病気ノアルノガテロリストトシテ立ツ一ツノ原因ヲ為シテ居ル様ニ云フテ居ラナカツタカ」と質問された時、「自分ハ今マデノ様ナ生活ヲ続ケテ居レバ二、三年ノウチニ死ヌルト云フ事ヲ申シテ居リマシタ。今マデノ様ナ生活ト云フノハ屋外労働ノ事ヲ指シテ居ツタノダロウト思ヒマス[13]」と証言している。ここから、都市下層の経験による肉体の酷使と病気がその要因に加わったことがわかる。すなわち、難波は「入学難」により「高等遊民」となって風紀退廃し、早稲田中退後は「就職難」の中で生活難から体調を崩し、反社会性を更に強めていったのである。難波は、失意の境遇において反社会性を抱いた「高等遊民」の典型だったといえる。

以上の検討から、難波は生来の性質に加え父との不和を背景に、「入学難」「就職難」により「高等遊民」となり、「生活難」による「病気」、将来への絶望が原因となって「危険思想」化し、テロを起こした。すなわち、世論が懸念した「高等遊民」問題は、難波に集中し、進行していたのである。難波は「高等遊民」の「危険思想」化を、世論の懸念どおり最悪の形で体現した事例だったのである。

この事件に対するメディアの反応は様々であった。例えば、『東京時事新報』は、社会主義などの思想を学者が紹介し「青年の好奇心を弄びたるその軽率、浅慮」を問題視し、「学者の言論に対し、その自反省を促さざるを得ない」(14)とした。他方、『読売』は、「彼は兎もかくも中等教育を受けた青年であつた。〔中略〕之が教育ある人間の行為とは誰か信じよう」とし、「危険思想も恐〔ろ〕しいが、それよりも恐ろしいのはさう云ふ思想までも無批判で受け入れるところの習慣である。教育方針の建直しは何よりも急務(15)」と教育の問題を指摘している。これらは西欧思想を巡る教育環境、「教育ある人間」としての品位を問うた議論であったが、難波の環境性格を分析し、「高等遊民」問題と結びつけた論調はない。この事件の詳細が一九二四年一一月一四日に司法省により発表、報道解禁されたことを考えると、議論の質は致し方ないものといえる。その後も、管見の限り「高等遊民」問題と難波の因果関係を追及した議論はなかったが、虎の門事件は明らかに政府や世論が警戒していた「高等遊民」の「危険思想」化によるテロだったのである。

次に、無政府主義を主張し、天皇制を否定する無政府主義者のグループの存在が指摘できる。

そもそも無政府主義は、一九〇六年に第一部第一章で言及した幸徳秋水が唱えて以降影響力を持っていたもので、大逆事件後は、大杉栄を中心に、労働組合に浸透していた。二三年に関東大震災の際にリーダーであった大杉栄が甘粕事件で虐殺されたことと、共産党の台頭により勢力衰退の兆候を見せていたが、革命を夢見てテロを実行しようとする勢力は存在し、殺人事件や要人襲撃未遂事件を起こしたほか、一九二二年に来日中のイギリス皇太子や摂政宮の暗殺計画を立てており（ともに未遂）、社会に大きな影響を与えた。(16)

彼らの日常的な活動は、富豪や華族、大会社や銀行を脅して金品を得る「リャク」（掠奪の省略語）である。彼らは「リャク」を、「プロレタリアを搾取して巨大な富を作った、それ〔富豪の財産〕をいま自分たちの力で奪いかえす」という理由で正当化し、そこで得た金銭を大抵その晩に放蕩して使い、これを「われわれのいのちも明日という日には絞首台上の露となって消えていく。それだからこそ今晩のこの一瞬の青春を心ゆくまで祝福」すると正当化していた。(17)この他にも、日常的に借家争議の応援という形で貸家に居座り、「毎日ごろごろしていては、夜となく昼となく革命歌をうたう。大金持の別荘の門の中をのぞいてはいやがらせをいう。駐在所の巡査にはあたりちらす」(18)という活動をしていた。このように、彼らは社会的に見て無頼漢の集まりであったが、党の決議に服従しない者は同志といえども銃殺するという鉄の規律によってグループは成立していた。

大正期における重要事件は以下の三つである。

①ギロチン社の若いメンバーらが活動資金に困って起こした一九二三年の「大阪小阪十五銀行出張所行員殺人強奪事件（通称小阪事件・ギロチン社事件）」

②大杉の敵討ちをしようと、ギロチン社の和田久太郎、村木源次郎らが震災復興一周年となる一九二四年に本郷菊坂の長泉寺前で福田雅太郎陸軍大将を狙撃した「福田大将狙撃事件」

③一九二六年、普選運動の熱気の中で運動の全国化、組織化を図り結成された黒色青年連盟（以下黒連）の結成式直後、銀座のショーウィンドウを破壊した「銀座事件」

いずれも運動史上必ず言及される事件であり、当局の史料のほか、獄中記や自伝が残されており、近年発見された裁判史料もある。これらを用いて、「高等遊民」の無政府主義運動への加担の一端を明らかにする。

筆者の調査により判明した[19]、三つの事件に関する逮捕起訴者二四人（「ギロチン社事件」一〇人、「福田大将狙撃事件」四人、「銀座事件」は略歴の判明した人物一〇人）を見ると、学歴は不明の者五人を除き尋常小学校卒業から早稲田大学卒業まで様々であるが、小学校卒業程度が三人、実業学校卒業程度が六人、中学卒業程度が二人、高等学校卒業程度が一人、大学卒業程度が七人であり、高学歴者が多いことがわかる。また、職業は不明六人を除き、無職が九人と一番多い。特に第一の事件では六人もいる。ただし、無職者には、学生時代から無政府主義運動などに参加し、卒業後職業的運動家を志した「職業的運動家」と学校中退・卒業後に無政府主義運動に参加した「高等遊民」の二種類がいる。以下では、「高等遊民」の事例のみを見ていく。

まず、①の事件では、河合康左右、中浜鉄の二名が該当する。河合は、一八九九年生まれで、慶應大学予科政治科を一年で中退後、祖母や親戚のすすめで第八高等学校理科乙類に入学、医学の道に入ったが興味減退と家庭の内紛により二年で中退し家出、各地を転々とする自由労働者となった「高等遊民」である。一九二二年春にギロチン社に入り、翌年大阪へ活動拠点を移し、数人で共謀し、時には単独で「リャク」を行い、当局の裁判記録によれば一三回の恐喝を行い、総額四四五〇円を脅し取った[20]。更に河合は、思想同調者で知人の作家江口渙に作家有島武郎への紹介状を書かせ、皇太子摂政裕仁暗殺計画を語った上で、三〇〇円の小切手を二〇〇〇円に書き直させて回収したという。その日は有島が波多野秋子と情死決行の家出をする前日であり、江口は、「やり口のあくどさに、ひどくいやな気持がした」[21]という。英・仏・西語に通じた知識青年であったが、「高等遊民」となり、不遇の境遇から無政府主義者となった事例であった。

中浜は、一八九七年生まれで、社会矛盾を幼少時から感じ、中学卒業後「入学難」から大陸浪人を経験し、無政府主義者になった資力のない「高等遊民」であった。近年明らかにされた公判陳述によれば、中浜は、専横な高利貸し的問屋のために住民が苦しんでいた福岡県下の漁村に生まれ、祖父から兄の三代が産業組合の結成など政治運動に従事し、「家財ヲ傾ケ、身命ヲ落シ」、その影響による「経済的窮乏ニ影響サレテ」、更には「恋愛ヲ敵手ニ奪ハレ」たために、通学中の小倉中学五年で「学業ヲ中途ニ廃[22]」する羽目になったという。その後、一九一五年に山口の興風中学を卒業することができたが、陸軍士官学校、海軍兵学校、東亜同文書院の受験に全て失敗、その間郵便局や門司新聞の記者手伝いをしているうちに「入学試験ヲ受ケ様ト云フ気ハ無クナリ」、東京へ上京、革命家の宮崎寅蔵の保護の下、早稲田大学（以下早大）文学部英文科予科に籍を置き、「アマリ学校ヘハ行カズ」という状況になった。その後、海外の革命の動向に刺激され、上海などへ行き彼の地で「殆ンド遊ンデ居タ[23]」が、ギロチン社メンバーと知遇を得、放浪生活をし、主義者となった。前述の江口によれば、古田大次郎や中浜は江口の留守宅に上がりこみ、家主から「そうとうな立ちのき料」を取り、北千住の一戸建てに河合ら七、八人の若い者を同居させて「ギロチン社」なる看板を出して若い者を養い、前述のような「リャク」を繰り返したという[24]。「入学難」を契機に失意に陥り、私学に籍だけ置いた典型的な「高等遊民」であったといえる。

②の事件には該当者はいない。

③の事件は、関係者の略歴に不明な点が多いが、岩佐作太郎、山口勝清が該当すると目される。岩佐は、一八七九年に千葉県の豪農の三男として生まれ、東京法学院卒業後、サンフランシスコに渡った。日露戦時には非戦論を唱え、一九一四年帰国後警察の厳重監視下に置かれ、以後、社会運動の実務、農民運動、水平社、朝鮮人差別撤廃運動などの支援活動に従事した人物である。二〇年日本社会主義同盟結成に努力し、機関紙『社会主義』編集責任者、農村運動同盟結成、黒連結成への参画など、広範囲にわたって活動した。海外留学をした裕福な「高等遊民」だったが、支

援活動の中で労働者と同じ生活をしており、実質的には資力のない「高等遊民」であったといえる。
また、山口は、一九二三年に東京の豊山中学卒業、日本大学（以下日大）専門部文学科入学、土工や新聞配達をしながら苦学したが翌年中退し「高等遊民」になった人物である。この時期に無政府主義にひかれ、二五年新聞配達苦学生を組織した東京新聞労働連盟の役員となり、二六年一月銀座事件で検束された後連盟を脱退、以後争議団員となり、地方の黒旗連盟連合会、新聞印刷業などに従事し、四五年八月広島の原爆で死没するまで運動の担い手となった。元々が苦学生であり、資力のない「高等遊民」の立場から無政府主義に従事した事例であった。このように、無政府主義者の重要事件に資力のない「高等遊民」が複数確認できた。彼らは、「半途退学」「入学難」「就職難」を経て、不遇の境遇から無政府主義者になったと見てよい。

これらの事件により有力な無政府主義者が検挙されたため、運動は衰退し、活動主体は農村へ移動した。その過程で、無政府主義運動における高学歴者の関与は次第に否定され、限られたものになっていく。以下、彼らの機関紙からその主張を見ると、一九二九年の機関紙『黒色戦線』では、山岡英二なる論者が、深刻な大学専門学校卒業生の「就職難」から「働く意志を持つた、しかも、傭ひ手のない遊民」が出現した点について述べ、「たとへコミユニストが天下を取つたつて世の中から失業者を失ふことは断じて出来ない」として「反抗する」ことこそが「一般知識階級の正しい路」[25]とし、高学歴者の覚醒を促していた。

しかし、一九三〇年に創刊された『黒旗』で前述の岩佐は、共産党を「金得んがためにあられもない組織とやらを組織した」と批判し、「金のないアナキスト」は「真の戦士を得ること」、「機にのぞみ、変に応じて風雲をまき起すこと」とし、「運動の花々しきを望み、功名心の強い、人々はどん〳〵と去るがいい」[26]と共産党を批判しながら、無政府主義への安易な高学歴者の関与を批判的に捉えた。そして、浜田ふじなる論者は不景気や失業に対する社会運動が「ダラ幹」などの指揮下で「敵にむかつてお膳だてしてやる」状況になっていることを批判、「失業々々と食ひものにされて黙つてゐられるかい、私たちの失業は常習なんだ」とし、「都会の失業者よ、農村の小作人たちよ、朝鮮のおしつぶされた人たちよ。もうそろそろ動き出さうぢやありませんか(27)」と、都会の失業者や、恐慌に苦しむ農村の小作人など、幅広い層に闘争を呼びかけるようになるのである。

こうして農村へ活動拠点を移した後に起きた、無共党事件と農青社事件はそうした変化を見るに適した事件である。前者は、一九三五年一一月に相沢尚夫、二見敏雄らの銀行襲撃による逮捕を契機に発覚し、四〇〇人以上が検挙された事件である。無共党は、前述の反組織的で退廃的なギロチン社の失敗を反省し、「戦闘的地下組織の企画として結成されたもの(28)」であり、中央委員会のもとに書記局などを配置した共産党に類似する党形態を有し、労働者農民を中心にテロも辞さない革命をめざす集団であった。後者は、三一年二月、緩やかに回復する都市部とは逆に、一層恐慌の影響を蒙り困窮する農民の解放を目標に入り込み、長野県下において運動を組織、自由村落を建設し日本の国体を変革し、革命を実行する資金獲得のため銀行強盗などを計画した事件である。

まず、無共事件は、当局の作成した『身上調書』における検挙者調べの教育程度によれば、初等程度一八五人（うち半途退学六人）、中等程度一一三人（うち半途退学五七人）、高等、専門学校程度二一人（うち半途退学一三人）、大学程度一四人（うち半途退学五人）であり、職業の有無についても「殆んど全部職を有し、無職者は僅に四十九名であつて十五％に過ぎない(29)」状態であった。

管見の限りでも、高学歴の無職者は一九人しか該当しない。このうち学歴は、官立中退が一人で、私大卒・中退が七人、中学卒・中退が九人と多く、専門学校が二人（うち一人は京城法政で検討外）である。「就職難」の中心だった私学、中学程度が多いことが特徴である。また、生活程度であるが、二人（濃田實、瓜生傳）を除いて生計は豊かでない。これらのうち資力のない「高等遊民」は、中西兼松、片岡捨三、宮崎晃の三人である。

中西は、一九〇五年生まれで、関西大学専門部を中退後印刷工となり、二二年頃神戸印刷労働組合に加盟、二八年頃から新聞を発行、以後無政府主義者らと交流、無共党事件で検挙された（不起訴）不遇の境遇にいた「高等遊民」であった。

片岡は、一九〇六（?）年生まれで、中学卒業後上京して印刷工を経て、自由労働者となった資力のない「高等遊民」である。帰郷後は編集手伝い、新聞発行者となり、呉市政に関係する院外団となり市政の裏面にかかわり、労働者組合の結成などで活動した。

宮崎は、一九〇〇年生まれで、中学卒業後は放浪生活をする中で妹の月給に頼りながら生活した「高等遊民」であった。この時期は同様の苦境にある「高等遊民」たちと交流し、労働組合結成を画策、日大セツルメントに参加、新聞社同盟を結成するなどし、大恐慌以後、農青社運動に乗り出し検挙された。宮崎は、政府世論が警戒した典型的な「高等遊民」であったといえる。

以上見てきたように、無政府主義者には、事例こそ少ないが、資力のない「高等遊民」がいた。その学歴や経路は多様であるが、不遇の境遇から思想運動に従事し、権力を否定する思想を背景に、多くの事件を起こしていたことがわかった。ここから、無政府主義者の「高等遊民」の事例の一端が明らかになったといえる。

二　「左傾」学生

次に検討するのは、専らマルクス主義にかぶれた学生の意味で用いられた、「左傾」学生である。竹内洋氏の分析によれば、当時知識青年層に猛威を振るった「左傾」は、高等学校時代に多かったという。[30]

竹内氏の分析でも利用された、札幌区裁判所検事の長谷川信による治安維持法事件関係者の分析によれば、全二八二人（一〇〇％）中、中等学校時代二人（〇・七％）、高等学校時代一二二人（四三・三％）、専門学校時代六一人（二一・六％）、大学時代五二人（一八・四％）、学籍離脱後（卒業者及び中途退学者を含む）四五人（一六・〇％）とあり、友人の影響、読書の影響を最も受ける高等学校時代を最多としている。[31]「高等遊民」の「左傾」は、全体では四番目であり、決して少なくないことがわかる。ここではまず、「左傾」学生の検討を行うことで、「高等遊民」問題との関係性を明らかにしたい。

そもそも、学生の「左傾」は、一九一七年のロシア革命の影響を受けて以降広まった。「大正デモクラシー」の機運に乗って結成された東京帝大新人会を皮切りに、早大、法政大学、第一高等学校などにも学生団体が結成され、二二年に学生連合会（以下学連。F・S）が秘密裏に結成され、二四年九月に学生社会科学連合会（S・F・S・S）と改称、無産階級運動の一翼と位置づけていった。その後、共産党の下部組織として学校内に多数の研究会、団体を組織し、党の活動を物心両面で支える役割を担った。[32]

このうち、当時学連で後に共産党員となった渡部義通は、学連が大学を運動の場としたのは、「日本の知識層を形成している学生のあいだに、社会主義・共産主義思想を根づかせて、労働者・農民へのアジ・プロ隊を編成・拡大するという、漠然とした志向」であり、「それは学生造反としての大学の革命、ないし自己変革運動よりは、革命的インテリゲンチャの貯水池の造成ということを志向していた」[33]と回想している。高等教育機関が「左傾」の「貯水池」となり、「高等遊民」の「左傾」にも影響を与えたことが窺える。

「左傾」の要因について、一九三二年五月に政府は、『学生思想問題調査委員会答申　学生生徒左傾の原因　学生生徒左傾の対策』（一九三二年）を発表している。[34] 学生思想問題調査委員会は、三一年七月に教育関係者や文部、内務、陸軍省関係者を招集、思想対策を検討した文相の諮問機関である。そこでは、「主として現時の世界の経済的・政治的情勢竝びに我が国経済界及び政界の情勢に不満を感じ、疑問をもつに始まる。経済界の諸問題・政界に於ける汚職、選挙に於ける不正行為等の事実が、或は新聞・雑誌に報道・論議せらるゝを見、或は直接自己の生活体験に訴へてこれに対する疑惑を抱き、漸次社会問題に興味を有するに至る。而してこれ等の問題を解決するためには、政治の力未だ十分に現れず、労資の協調未だ予期の効果に達せず、貧富の懸隔いよ〳〵甚だしきを見て、彼等は遂に社会の現状を根本的に変革せんとする左傾思想に転移するに至る」としている。そして、これを示すように、「学生生徒左傾の原因」として、「卒業後に於ける就職の不安」などの要因が指摘され、「高等遊民」問題の背景たる「就職難」が、「左傾」の重要な要因だったことが指摘されている。「高等遊民」を生み出した社会不安が「左傾」の原因になっていたのである。「左傾」の背景に、運動の拡大とともに、「就職難」問題も介在していたのである。

なお、これに対する解決策は、「社会情勢の改善」として、「三　吾が国情に適する社会政策を充実して、無産者及び小産者の生活不安を除き、其の他適切なる産業政策によりて国民生活の向上を期すること」、「五　学校卒業者を適当なる職業に就かしむるため、組織的機関を特設すること」、「教育の改善」として、「十　虚栄的・功利的動機より子弟を漫りに高等教育機関に入学せしむる弊風を改むること」[35]が指摘されている。「左傾」の重要要因に「就職難」があるとされ、その解決策は前章で見た教育政策、社会政策であるとされていたのである。[36]

そこで以下では、実際に「左傾」学生が、在学中及び卒業後、いかに「高等遊民」たりうる自分たちを捉えていたのか、また、「就職難」がいかに「左傾」の要因になっていたかを見ていきたい。その素材として、治安維持法違反者の『左傾学生生徒の手記』三冊（以下『手記』）を取り上げる。これは、文部省学生部及び思想局が、それぞれ第一集（一九三四年一月）と第二集（同年三月）、第三集（一九三五年三月）に極秘刊行したもので、「治安維持法違反事件、学内左翼思想事件関係」の学生生徒及び少数の卒業生、退学生等が一九二九年から三一年中に執筆した手記が収録されている。[37]事件数・処分者数は三一年にピーク、検挙者数も翌年、起訴者数が三三年に最大を迎えていることから、「左傾」学生の典型的事例が収録されたといえる。

もっとも、手記が主に刑務所内で書かれ、極限状態の中で記されたものであるため、首尾一貫した論理を貫徹し得ない手記や、官憲により一部が伏字にされたり、添削された点は留意すべきであろう。しかし、それらの諸点を差し引いても、深刻な社会矛盾を捉え、「左傾」の理由と関連させて言及した、注目すべき史料といえる。実際、学生の中には、「左傾」思想の研究を通じて「高等遊民」問題を社会構造において認識した者もいた。反帝同盟×大学キャップの某私大予科二年生は、「後に『無産者政治教程第一集』ブハーリン著『史的唯物論』スターリン著『ソヴエート国家の現勢』を読み益々社会階級の矛盾、対立と無産階級の立場に立つ唯物弁証法的な見方を学び、この見地に立つてのみ現時問題化されてゐる所の大学出身者より成る高等遊民群等の事実を正しく認識出来ると確信するに至りました」[38]というのである。

『手記』に注目すると、「左傾」した理由に、「高等遊民」問題の背景である「入学難」「就職難」が数多く指摘されていることがわかる。

まずは、「入学難」である。例えば、学内グループ・「レポーター」候補だった某専門学校在学E・Nは、「厖大なるインテリルンペンの存在、不景気の深刻化の如き社会情勢は遂ひに僕をして入学希望、試験勉強継続の無意味を悟らせ、昭和五年末より専ら社会科学文献の渉猟耽溺に努めたり」[39]と「左傾」の理由を指摘している。また、学内社会科学研究会グループにいた某高等学校在学C・Fは、「受験時代より思索的傾向が起り社会の矛盾を漠然と意識しその矛盾に対して反抗する気持が生じました。其の気持は無政府主義的傾向に成長し、生活がアナーキーに走りルンペン性を帯びて来ました。其の中ルンペン生活に行き詰りを感じ出した時、級友×××に依つて其の姉H子に紹介され混乱して居た自分の思想が漸次に共産主義に依つて整備され始めました」と痛烈な不安を指摘している。(40) ここから「入学難」が「左傾」の要因の一つになっていたことがわかる。

そして、最も多く言及されている「就職難」である。『手記』の「解説」を記した土屋基規氏は、「昭和初期の世界経済恐慌の影響は、労働者・農民の生活を困窮させたばかりでなく、中産階級以上の学生にも就職難をもたらし、社会生活への不安を募らせた。このことも社会科学の研究へのひとつの要因であった。日本の教育体制・内容への不満と批判も要因の一つにあげることができる(41)」と鋭く指摘している。

そこで、ここで指摘された第一の「社会生活への不安」と第二の「日本の教育体制・内容への不満と批判」の内容を見ていくと、第一の点は、多くの学生が述べている。例えば、共産党加入の某専門学校生徒E・Sは、「本年自分の部の卒業生は三百人近くあつた。然し目的を果し得たものは四、五人に過ぎず、何等かの職を得た者全部を入れても尚二割とはなかつた。私は個人関係で多くの失業者を識つて居る。彼等は青い顔をして何んの希望もなくぼんやり遊んで居る〔中略〕失業と就職難とは我々にとつて最大の打撃である。人は相当の資産があり遊んで食つて行かれる者は兎も角、二、三男に生れて、分けて貰ふ資産もなくどうしても自分で食つて行かねばならぬ者に取つて、漸くにして学校は出たものゝさて如何して食ふかと云ふ時になつて就職口が無かつたら我々は一体どうすればいいか?〔中略〕反抗する者には左翼と云ふ名前に依つて社会秩序を乱す者として罪する(42)」としている。また、某帝大文学部卒K某は、「左傾」の理由を「二　学生生活の困窮―中産階級の生活難の結果、学生生活は極度に窮迫しつゝある。三　就職の困難(43)」とし、某帝大法学部卒S某は、「この現象の経済的社会的根拠は、学生が学校を卒業しても就職が困難である事情、もつと一般的に言へばインテリゲンチャの失業の必然的に多からざるを得ない社会事情、すなはち日本資本主義の矛盾が中等階級の生活をも脅かさざるを得なくなつた事情に存して居る[44]」、某帝大文学部卒K某は、「社会状態よりの直接的影響─中産階級の没落としての学生生活の不安、卒業後の就職難等[45]」としている。このように、自分自身の経験も踏まえて、資力のある学生が少なくなったこと、「就職難」によって前途を閉ざされていることを実感として持っていたこと、それが「左傾」の要因となったことがわかる。

K某は更に、「欧州大戦後知識階級の就職難が如何に深刻なる状態に達してゐるか、余の説明するまでもない。かつては卒業直前まで何等の不安をも感ぜず、又感ずる必要もなくして就職の道を求め得た時代と、現在の如く大学時代のみか、高等学校時代に於いて既に就職問題に対して敏感となり絶えざる不安に襲はれつゝある時代とを比較して見よ[46]」として、大学のみならず高等学校時代にも「就職難」の影響が強かったことを指摘している。実際、高等学校文科甲類二年A・Sは、「インテリゲンチャに殊に深刻な大衆失業が吾々をしてそれを防ぐ武器を求めしめる結果……つまり将来の生活が心細くなる結果[47]」を「左傾」の理由として指摘しているのである。

これは就職率の低い文系のみならず、理系でも同様であった。某帝大理学部二年T某が「今日学生の左翼的な傾向は彼らの階級の経済的な没落によるものであると思はれる。昔の様に中産階級としての特別な利害が静かに彼等を眠らせる事が出来なくなつて、卒業しても直ぐに失業にゆき当たる等の事がそれの原因となつてゐると思ふ[48]」というのである。この結果、某帝大文学部卒K某のように「何も仕事が見付からないのでモップル（国際赤色救援会）の手伝ひをしてゐる[49]」人物も出ていた。これらの事例からは、大学や高等学校の学生が「就職難」を身近な痛切な問題として感じ、それを成立させている社会へ不満を抱いたことがわかる。これらの手記からは、多くの「高等遊民」が「左傾」する理由として「就職難」を深刻な要因の一つに捉えていたことがわかるのである[50]。

第二の点は主に「就職難」を生み出す学校制度への批判であった。この点につき、某専門学校生徒E・Sは、「文部省の思想善導政策は先づ就職口の保証から始めねばなるまい」とした。すなわち、「職を―食を与へずしてこの就職難、失業苦の現在社会に服従せよと命ずるのは毒を与げ　その苦しむを責むるに等しい。ここから為政者へ、現在制度への不信任の心が助長され共産主義へ―理論的にではあるが―賛成する道が開かれる。かくて運動を起すことになる」(51)というのである。文部省の対応は前章で見たとおりであり、学生中にも政府行政の不充分な「就職難」対策への不満が存在したことがわかる。これもまた「左傾」の背景の一要素にはなっていたのである。

また、「就職難」を教育制度の問題と理解する者もいた。例えば、某大学予科在学V・Yは、「社会機構の一つたる学校は、反動教育に依つて純真な若い学生大衆の発育を阻止するのみならず、学生に取つて最も重大な卒業後の就職は全然保証されて居ません。その結果学生大衆は一般の傾向として、退嬰的な自暴自棄になりつつあるのであります。これが殊に数年来の経済恐慌による中産階級の急速な没落によつて知識階級全体に非常な不安動揺を捲き起さゞるを得ません」(52)というのである。分析的な発言ではあるが、教育内容、卒業後の社会との途絶を問題視していたことがわかる。

また、某帝大法学部卒O某も、「社会に於て実際的な仕事に従事するためには、現在日本の大学と言つた様な大学を出る必要は殆んどないと言つてよいであらう。然るに此の点に於ける制度の欠陥は日本社会に夥多なる、学識はあるが実際的仕事に向かない多くの高等遊民を作りつゝあるのではないかと思はれる」(53)としている。

このように、「左傾」学生の主張には、「就職難」を背景にした就業機会の保証や教育制度の改革といった社会改革の要望が読み取れる。むろん、これらの主張は全体の一部であり、他の複数の要因が同時に存在するものも多い。しかしながら、「左傾」の要因を語ったこれらの『手記』からは、「高等遊民」問題の背景たる「入学難」「生活難」「就職難」が「左傾」の重要な要因の一つだったことが明らかであった。

なお、『手記』の人物に「左傾」した「高等遊民」も少数存在していた。例えば、某大学卒業B・Iのように、資産は父の土地家屋（貸家数軒）及び預金約四万円、母は一万円あまりの金と父の扶助料一〇〇〇円がある裕福な家庭の子弟で、自分は一五〇〇円の定期預金と毎月母から七〇円仕送りと受けていた妻子ある人物で、「私は大学卒業後今日迄、これと云ふ職業に就いた事はありません[54]」という事例、某大学中途退学S・Zのように、大学受験失敗後アルバイト店員となり、「店の仕事を手伝ひ乍ら就職運動をする[55]」中で主義運動へ走った事例である。前者は裕福な「高等遊民」で問題の対象外であるが、後者は後に大学へ再入学する以前は、政府や世論が懸念した問題の対象であった。すなわち、「左傾」は学生時代に多かったが、資力のない「高等遊民」も確かに「左傾」していたのである。

三　日本共産党

では、世論の懸念どおり、「左傾」の頂点にある非合法集団である共産党に「高等遊民」はいかに存在したのであろうか。

共産主義は、私有財産制の否定と共有財産制の実現により貧富の格差をなくそうとする思想・運動である。資本主義を経て最終的に共産主義社会が到来することを目指し、暗殺、内乱などの革命的動乱や、プロレタリアートによる政治的独裁を経るとした。共産党はその実現を目指す団体であり、ロシア革命後の一九二二年に堺利彦、山川均らによって発足し、コミンテルンに承認された。これは二三年六月に第一次共産党事件の発生によって二四年に解党したが、その後コミンテルンの指導で再建に着手、二六年に委員長佐野文夫、政治部長福本和夫により同年一二月四日の再建大会を迎え、二八年二月の第一回の普通選挙において労働農民党から一一人を立候補させ、党員五〇〇人を数えた。これに対し政府は、同年三月に三・一五事件による大検挙を展開、治安維持法の改正による罰則強化を実現させ、共産党の指導下にあった労働農民党・日本労働組合評議会・全日本無産青年同盟の結社を禁止、翌年四月に二度目の大検挙である四・一六事件を実施し、三三年に党幹部佐野学、鍋山貞親の「転向」声明を出させるなど、運動に徹底的な弾圧を加えた。(56)

共産党が運動従事者の顔見知りや学生運動家の転身を多く含み、高学歴者の割合がプロレタリアートによる革命を説く集団としては多かったことはよく知られている。(57)実際に、共産党は再建大会の頃、「高等遊民」の発生とその動向に注目していた。党の数少ない史料のうち、党幹部の徳田球一が一九二七年六月七日に提出した「コミンテルン執行委員会日本委員会への意見書」で、「失業は、おもに中小資本家に雇われているサラリーマン〔paid men〕の職を奪っており、中学校や大学を卒業した多数の人々が労働者大衆の仲間入りをしている。これらはわれわれにとって、資本に反対する攻勢において無視できない新しい要素である」(58)としているのである。

こうした共産党と高学歴者の割合を検討した西川洋氏は、一九三〇年代初頭の共産党員の略歴を官憲史料から分析し、治安維持法違反者で起訴された党員の特徴は、「二〇歳代の前半で、入党後わずか半年程度の若者が大部分を占める共産党員、その過半数は定職を持っていない」こと、「無職の学歴別分布もかなり高学歴者が多いと推測される」(59)と述べている。これは、「高等遊民」の「左傾」を探る上で重要な先行研究であり、その実態に初めて近づいたものといえる。

ただし、西川氏は「高等遊民」問題との関係については全く触れておらず、党員中の「高等遊民」については検討していない。当時の論調や「左傾」学生の主張を裏付ける意味で、「高等遊民」がどの程度いたかが、再度検討される必要がある。その際に、共産党幹部で後に「転向」声明を出して運動に大打撃を与えた佐野学の以下の言を踏まえておきたい。

佐野は、第一次共産党（一九二二年七月—二四年二月）は「インテリゲンチア運動として組織されたるインテリ分子のグループ策動に過ぎず」、第二次共産党（一九二六年一二月—二九年五月）は「学生インテリより、労働者農民に広がり、その戦術、その規模に於て、陰謀党としての陣容を整へたりき」もので、更に「武装せる新生共産党」（武装共産党〈一九二九年七月—三〇年七月〉）を経て、その後（非常時共産党、山本時代、野呂時代、最後の中央委員会）は「少数学生インテリ、失業ルンペンの陰謀団化を招きたり」としている[60]。この発言は転向後のものであり、意図的に共産党を労働者と乖離したインテリ団体と位置づけようとする傾向が見られなくもない。しかし、共産党がこのような傾向を持ち、「インテリ」主導の指導部を形成していたことがわかる[61]。

まず、全体の傾向として、司法省関係者などで構成された思想犯罪についての報告を行う思想実務家会同で提示された共産党事件の起訴者（共産党及びその指導下にある非合法の青年組織である日本共産青年同盟〈以下共青〉）の教育程度別人員表を見る[62]。それによれば、過去五年八ヶ月分（一九三三年のみ八ヶ月分）の起訴者三一六九人のうち、一〇四六人（三三％）が高等程度の教育を受けていた人物であるという。高学歴者が多いことがわかる。

もっとも、この人員表は起訴者のみであり、職業別の対照表にはなっておらず「高等遊民」の割合は不明である。これは他の多くの司法省関係の資料でも同様であり、検挙者の裁判資料も明確な略歴を記載しないものが多く、「高等遊民」がどの程度存在したかを断定することは難しい。更に、官憲資料に記載された「無職」は、後述するように検挙により退学や除籍に追い込まれた場合が多々あり、「左傾」した「高等遊民」の事例を選別することは大変に困難である。以下では、共産党に高学歴者が多かった点を踏まえて、佐野の言にある三・一五事件と四・一六事件、非常時共産党以降の二つの時期における「インテリ」の全体像を当局の史料から踏まえて、確認できた「高等遊民」の事例を点描していきたい。

まず、再建した共産党員を官憲が大多数検挙した三・一五、四・一六事件の事例である。これは佐野学が「陰謀党としての陣容を整へた」とした時期になる。

筆者の調査[63]によれば、一八一一人の起訴者中（東京地裁判決）略歴の判明した九七人中三四人（三五％）が「左傾」の「高等遊民」に該当する。ただし、ここには、高等学校・大学時代からの運動家で中退あるいは卒業後も定職に就かず労働運動に従事した「職業的運動家」と、学校中退・卒業後本格的に「左傾」した「高等遊民」の二種類がいる。前者は『司法研究』の「左傾思想者の個性と環境」によれば、学生を含めた無職者として、三二％を占めるという[64]。略歴の判明した人物ではこれらが圧倒的に多く、学生時代に思想活動をし、卒業後も継続した運動史上著名となった人々である[65]。東京帝大の新人会会員で運動の幹部になったメンバーが「学生時代の一時的な気まぐれではなく、むしろ卒業後の、一生をかけた仕事[66]」だったと指摘したように、彼らは外的条件としては「高等遊民」であるが、一般に言われた「高等遊民」とは異なる存在だった。

このうち「高等遊民」の事例は、中学中退者で二人確認、私大中退者で一人確認できた。

前者のうち難波英夫は、一八八八年生まれで新聞配達や人力車夫を経験した苦学生であったが京北中学四年で中退、「失望や挫折は、あるといえばあったが〔中略〕大学行きを見限った[67]」後、文筆業に関係し、大陸浪人となった「高等遊民」であった。その後、『京城日報』記者となり、一九一八年時事新報社に入社、社会運動に参画し、連座している。また、斎藤勇は、一九〇三年に建設業者の次男として生まれ、二〇年立教中学を四年で中退後、翌年名古屋で服部紡績職工として働く「高等遊民」となったが、二三年に一旦小学教員となり、日本労働総同盟に参加、労働運動に従事した人物である。

後者は、青森県出身で上京して二二年東洋大学大学部印度哲学倫理学科に入学したが翌年授業料滞納で除籍となった斉藤久雄である。斉藤は、二四年建設者同盟に参加、労働運動に従事し、二六年共産党へ入党、中央部事務局長として活動、三・一五事件で検挙された。

これらの事例は、総じて苦学生の「高等遊民」であったといえる。こうした経歴の人物が多く「左傾」した点については、同時期の起訴者を分析した司法省書記官池田克が以下の指摘をしている。池田は、全体的に若い独身男性、頭脳明晰、貧困家庭が多い点に触れ、「重点は優に中等学校又は高等専門学校に進み得る素質を有する者が遂に進学することを得ざりし事由である。然し之れは勿論家庭の貧困に在るものと観察される〔中略〕之を左傾運動との関係に於て考へると国家的に極めて憂慮すべきことであつて、筆者は教育上に於ける社会政策個別化の必要を痛感するものである」(68)というのである。つまり、ここから、「入学難」や「半途退学」が「左傾」の要因だったことがわかる。

続いて、佐野が「少数学生インテリ、失業ルンペンの陰謀団化」と評した「非常時共産党」以後の状況をまとめて見ていく。

三・一五、四・一六事件による当局の弾圧により、田中清玄、佐野博がリーダーとして活動する「武装共産党」時期を迎えたが、この時期を分析した立花隆氏によれば、四・一六事件以前には工場労働者が三〇％いたが、この時期は七〇％おり、農民と「インテリ」が一〇％に満たなかったという(69)。これが壊滅した後、「非常時共産党」時代となる。この時期は、風間丈吉委員長の下、スパイMこと松村が手腕を振った時期として知られ、党の方針で従来党員ではなかったシンパなどが強引に参加させられ、佐野のいう「少数学生インテリ、失業ルンペン」が増加した時期となった。例えば、当時党員の岸勝は、「非常時共産党」時代に学生、「シンパ」から金を集めはじめたと回想しており(70)、同時期入党した宮内勇も、「〔昭和〕六年の春、たしか四月頃に『党大衆化について』という論文が出て、いままではシンパのような連中は入れなかったけども、これからはどんどん入党させ、党員としての義務を負わせることで教育しなければならないという、党員採用についての大胆な方針が出ました。その頃、僕らも全部入党させられた」と回想しているのである。(71)

事実、当時のメディアでも、「インテリゲンチアは殆ど同伴者乃至は同情者、所謂シンパ(シンパサイザー)の位地〔置〕にある」もので、「元来心弱きインテリゲンチアは前衛の中心より退き、嘗ては彼等によつて啓蒙された労働者が次第に運動のイニシアテイブを取るに至つた」ことが指摘されていた。(72) その後、一九三三年の貴族院の秘密会でも「今度ノ党員ノ多クハ『インテリゲンチヤ』ニ属スルモノ」であり、「シンパ」において「社会的地位ノアル人々ノ子弟ノ多数居リマス」と報告されている。(73) ここから、該時期の共産党が幅広い層の高学歴者と関係を持ったことが窺える。

両時期の起訴者について分析した史料は確認できないため、両時期の検挙者情報が掲載されている『特高月報』(一九三〇年九月―三二年一二月)から略歴を検討した。ここでの検挙者は、共産党員及び共青の同盟員である。共青は、三・一五事件以来、事実上新人会主体になった青年中心の共産党下部組織で、一九三一年初めに再建が図られていた。二年間にわたる厖大な検挙者のうち、学生時代からの「職業的運動家」を除き、中退あるいは卒業後活動した者のみを対象にすると、大学が四一人(官立一七人・私大二四人、卒業一二人、中退二九人)、専門学校が五人(卒業二人、中退三人)、高等学校一二人(卒業二人、中退一〇人)、高等師範中退一人、中学卒業・四年修了二一人である。

ここから、高学歴となる大学卒業程度が一番多いこと、中でも官立より私立大学に多く中退者が半数以上であること、更に高等学校では理由は不明だが中退者が関与したことが窺える。すなわち前述の党の方針から、運動を志して入党、中退した事例、あるいは検挙後に中退扱いになった事例が多かったといえる。[74]このうち、「高等遊民」の事例は、槙村浩である。槙村は、一九一二年生まれで、岡山関西中学在学中左翼文献に関心を持ち、「将来は翻訳の仕事で生計をたてたい」[75]と友人に語っていたが、三一年三月に卒業後「高等遊民」となった人物である。その後、日本プロレタリア作家同盟高知支部結成に参加、多くの反戦革命詩を発表し、三二年に検挙された。

なお、こうした文学青年の周りには、多数の「高等遊民」の存在が窺える。検挙者の一人で後に作家となる般若豊（埴谷雄高）は、一九〇九年に生まれ、東京目白中学を経て日大予科に進学したが、演劇活動のほか、無政府主義、マルクス主義に興味を抱き、三〇年に除籍された人物である。その後、三一年共産党に入党、翌年検挙され、三三年に懲役二年執行猶予四年の判決を受け、以後文学に専念した。

般若の戦後の回想によれば、「アメリカの恐慌の波がわが国に押し寄せて以来、波の高低はあるにせよ、わが国のインテリゲンチャの生活はかなり長い期間にわたつて薄暗い日かげのなかへ投げこまれたまま、いわゆる潜在的失業の甘にがい味を味わいつづけてきた」とし、「私が娑婆に出てきたとき、私の友人たちの大半は職業をもつていなかった」[76]としているのである。ここから、「左傾」した人物の周辺に、「高等遊民」が多数存在していたことがわかる。彼らは全く「左傾」と親和性がなかったわけではないであろう。

その後の共産党であるが、山本時代、野呂時代、最後の中央委員会にも高学歴者は少なくなかったようである。一九三三年に共産党のシンパ組織の検挙が行われた際には、学習院高等科卒業の大学受験勉強中の浪人生がおり、[77]「高等遊民」の事例も確認できる。しかし、党は重なる検挙で有能な活動家を失って経験不足の若手が党指導部を占めるようになり、佐野、鍋山最高幹部の転向と続く大量転向現象やスパイの活動などによって党組織を攪乱させられ、この結果、三二年一〇月の銀行ギャング事件と大検挙を境に急激に党勢を衰退し、三三年末のスパイ査問事件（リンチ事件）などを経て壊滅していくこととなるのである。これに伴い、主義者中に占める高学歴者の役割も減少しはじめ、当局は「左傾」化の諸要因に対して、同年組織された思想対策協議委員会で教育政策に国家的指導原理としての「日本精神」の規定、教育縮小を、社会政策に職業紹介所の充実などを確認、各省の実行を要請するなどの対応を取った。(78)政策の効果は前章で見たように後になるが、こうして、「高等遊民」の「左傾」は消滅していったのである。

このように、「左傾」に関して、略歴の判明した党員は大半が「職業的運動家」であったが、「高等遊民」も確認できた。ここからは、「高等遊民」の「左傾」の事例が存在していたこと、世論の懸念もある程度裏付けられる状況だったことがわかる。

四　国家主義

ここでは、「右傾」と「高等遊民」の関係を検討したい。従来の思想史研究でも端的に指摘されたように、「右傾」した人物で国家主義者を標榜するものは、大抵「生業や組織をきらい、役人や資本家の不正をあばいて降参料をとり、要路の大官や実業家に托鉢をこうて暮らしをたてていた」(79)者だった。正にこうした典型で、かつ「高等遊民」だったといえる先駆的事例は、一九二一年九月二八日、安田財閥の安田善次郎を刺殺した朝日平吾である。特定の団体には属さず、自身が中心となった団体の組織化に失敗した人物である。

今日、朝日についての評価は、政治思想史家の橋川文三氏により「歴史的に正確」(80)と称された、安田の功績を称える戦後の安田学園研究会の著書に詳しい。それによれば、「朝日は故郷の鎮西学院中退後、早大商科、日大法科等を転々したが、何れも学費不如意のため永続せず、終には大陸流浪さえ敢てしたロマンチックな半インテリであつた。

大正初期から昭和初年にかけては社会矛盾の深刻化と共に、かかる生半可なインテリ層が、右翼であれ左翼であれ社会主義運動や労働運動に活発な動きを示し初め自分達だけの理論に基いて政界財界の要人達を次々に屠つていつたが、朝日はある意味でその先駆的存在であつた[81]」と書かれている。朝日が「半途退学」の「高等遊民」だったことがわかる。

朝日の死後、友人の奥野寛が編んだ『嗚呼朝日平吾』（一九二二年）所収の略歴によれば、朝日は、一八九七年佐賀県の生まれで養母に養育される複雑な家庭環境で育った。一九〇五年長崎市立中学鎮西学院入校、一〇年入隊、一五年早大商科・日大法科等に学んだ後「高等遊民」となり、勤皇軍参加のため渡満、朝鮮と満洲を放浪する「大陸浪人」となった。朝日は後に記した神州義団結成の趣意書の中で、自分自身について、以下のように述べている。

学窓から実社会に這入つた以来剛直なるため却つて奸者に中傷せられ侮辱せられ迫害せられ生活の脅威を受けた為め人生に対し深刻な疑惑と絶望とを感じ遂に総てを否定するやうになり今一歩で危険分子に落ちんとしました[82]

ここから、朝日が自分自身で述べたように、学校中退後に生活難となり、「危険分子」に近くなったことが窺える。ここでの「危険分子」とは社会主義のことを指す。一時朝日は、一九一八年に満洲通信社大連支部に勤務した際に貧民問題の論考を書いた社会主義者であったが、国家主義へ移ったのである。世論の懸念どおり、朝日は、「高等遊民」が「危険思想」を抱いた事例だったのである。

一九二〇年以降は、平民青年党、達人館、神州義団（いずれも国士養成の右翼団体）結成や労働ホテル建設事業など、国家主義運動と社会事業などを計画していた。いずれも失敗した後、恐喝などで生計を立てていたが、一九二一年九月三日、世人を警醒させる目的で「死の叫び声」を起草し、安田善次郎を別荘にて刺殺、その場で自殺を遂げた[83]。

注目すべきは、現場に残され、警察に押収され非公表とされ後に怪文書として出回った遺書「死の叫び声」に、

「世の青年志士に檄す。卿らは世の平素の主義を体し、語らず、騒がず、表さず、黙々のうちに只だ刺せ、只だ衝け、只だ切れ、只放て。そして同志の間に往来の要はなく、結束の要はない、唯だ一名を葬れ。すなわち自己一名の手段と方法とをつくせよ。そうすれば革命の機運は熟し、随所に烽火は揚り、同志はたちどころに雲集するであろう(84)」と書かれていた点であろう。この時期、財界政界の要人を暗殺する国家主義のテロは少なかったが、朝日が自分と同類の青年を煽動しようとしたことがわかる。このように、朝日は、資力のない「高等遊民」が「左傾」から「右傾」し、テロに走った事例であった。朝日は、不遇の境遇から社会に不満を抱く中で、右翼青年の組織化に失敗したが、政財界の要人暗殺を国家改造の必要手段と考えて実行し、最後に同様の境遇の青年を遺書で煽ったのである。

この事件に対し、当時のメディアは、朝日が強請を常習とする「善人ではないが普通の浪人者で大した悪人でも無い(85)」という人物評や、「最近思ふやうに寄附金が集まらず、生活に困る場合もあつたやう(86)」だとする生活環境を報じるにとどまり、その他の言及はない。しかし、事件後には警視庁が「危険人物と目され注意中の者一千名内純然たる政治破戸漢〔ゴロツキ〕約三十名」の中に、「有知識階級に属する運動者」がおり、その行動を監視する動きに出たことを報じている(87)。評論の中にはテロの「最も大なる原因」は、「社会的に怨嗟を生ぜしむるに在り(88)」としたものもあり、不遇の境遇の「高等遊民」の「右傾」が十分懸念される状況が出てきたといえる。

この後、政府関係者は、具体的な対応の必要を認識しはじめ、一九二九年に浜口内閣の渡辺千冬法相が「右傾」暴力団の徹底的な取締りを訓示し、三一年一一月五日警視総監高橋守雄の内相安達謙蔵宛書簡では、「所謂喰ハンガ為メノ団体トナリ自ラノ組織的力ヲ持タザル結果個人的直接行動ヲ敢テ為シ甚ダシキハ大官暗殺、直訴事件等ヲ敢行シ以テ団体ノ存在ヲ宣伝シ併セテ生活ノ資ヲ得ントシ或ハ労働争議ニ介在シ資本家側ノ用心棒トナリ資本家擁護ノ態度ヲ採リ或ハ政党政派ト結合シ政治運動ニ加担スル等彼等ハ常ニ生活問題ヲ中心トシテ行動ヲ左右スルノ実情ニ在リタル」[89]との注目すべき見解も述べられている。ただし、同年ワシントン海軍軍縮条約への反対から浜口首相を銃撃した浜口事件に対しては、「所謂義憤の為め或は国家社会を憂ふる信念の為に一時的に勃発したる心的作用と軽視したが如き観があった」[90]という程度に過ぎず、国家主義団体は三三年からようやく内務省警保局の『社会運動の状況』でその全容が報告されはじめた。[91]右翼団体のテロや暴力事件が「左傾」のように、体制変革を現す「革命」を前面に出さなかったこと、「愛国」の発露として同情的に理解されやすい面もあったためである。

では、国家主義団体における「高等遊民」の「右傾」はいかに存在したのであろうか。まず、それを示唆する注目すべき研究上の指摘を二点指摘しておきたい。一つは、ファシズム研究の成果である。

まず、昭和期のファシズムの担い手を分析した政治思想家の丸山真男氏は、「日本ファシズムの思想と運動」[92]において、ファシズムの担い手に「中間層が社会的な担い手となっている」ことを指摘、同じく「戦前における日本の右翼運動」において、「はじめから『右』の運動に参加したインテリあるいは大学生は左翼運動に比して著しく少なく、しかもそうした人々の圧倒的多数は社会主義あるいは共産主義からの転向者であった〔中略〕それが寄生的側面を圧倒して国家主義運動を支配するほど強力になったことは一度もなかった。それはたかだか支配機構の上層部に『ショック』を与えて上からの全体主義を押しすすめる役割を演じたにとどまった」[93]としている。丸山の指摘は、「右傾」において果たした高学歴者の役割が小さいこと、「転向者」が多いとの概略に止まっているが、ここには「中間層」から漏れた「高等遊民」の存在が推察される。

また、ドイツ、イタリア、日本のファシズム形態を比較検討した山口定氏は、前二国のファシズムが「中間的諸階層」を社会基盤とし、失業者や未組織労働者を中心とする労働者階級に支持を得たことを指摘、運動の指導者層に属する人々の「いわゆる『周辺的』な特性に目を奪われる」とし、「軍事的無法者」、「文士くずれ」、「芸術家くずれ」、

「左翼くずれ」の諸タイプにおいて、「学歴を含め通常のエリートコースから中途で逸脱した人々の、支配層に対する反発と憧憬の両義性をはらんだ心情」などのゆがんだ表出が見出せるとした。更に、ドイツのナチ党では、博士号を持つが無職、「失意の知識人」であったヒトラーの片腕である宣伝相のゲッペルスがそれに該当すると指摘しているのである。(94)

実際ドイツでは、一九三二年までに四万五〇〇〇人の大学卒業者が失業しており、三年後までに一〇万五〇〇〇人に達すること、「貧困化し、絶望的な気持にかられた中間階級」が政治活動を開始し、共産主義か労働者階級の暴力的抑圧に役立つ仕事（ファシスト義勇軍、上級警察官、ファシスト官僚）など金融資本の補助的手段の担い手となるかの道しかないと指摘されていた。(95)ただし山口氏は日本の事例は北一輝（後述）など一部の著名な人物を指摘するに止まっている。

第二は、近年注目される日本主義研究における言及である。教育社会学者の井上義和氏は、学生運動における「右傾」学生を実証的に検討し、高学歴者の「右傾」が少なくなかった事実を明らかにしている。(96)ここでは「高等遊民」の存在は指摘されていないが、丸山以後一般的であった右翼にインテリが少ないという点を実証的に検討し、一般には高学歴と程遠いイメージの「右傾」にも、成績高学歴者が関わっていた事実を指摘した点が注目される。すなわち、「左傾」学生のごとく「右傾」学生がおり、「高等遊民」の「右傾」が想定されるのである。

では、「高等遊民」と「右傾」はいかに親和性を持ったのであろうか。国家主義とは、国家を第一義に考え、その権力と意思とに絶対の優位を認める思想である。全体主義的な傾向を持ち、しばしば偏狭な民族主義・国粋主義とも結びついた。近代日本における国家主義団体は、明治期の欧化主義への反動、対外発展を目標とした玄洋社（一八八〇年）、日本弘道会（一八八七年）、黒龍会（一九〇一年）をはじめとし、ロシア革命や労働団体の増加する大正中期以

降には労使介入、左翼運動への暴力的迫害、御用団体、反動団体暴力団と化し、老壮会（一九一八年）、縦横倶楽部（一九一九年）、猶存社（同年）、大日本国粋会（同年）、大日本赤化防止団（一九二二年）、立憲養正会（一九二三年）、経綸学盟（同年）、行地社（一九二四年）、国本社（同年）、大日本正義団（一九二五年）、建国会（一九二六年）、愛国社（一九二八年）など代表的な国家主義団体が結成されてきた。

昭和初期には金融恐慌や左翼運動の激化、そして一九二八年の無産政党進出を背景に多数の右翼団体が政治的結集を試み、日本国民党（一九二九年）、愛国勤労党（一九三〇年）が結成され、その他暴力行為を生業とする有象無象の右翼団体が多数結成された。その後は浜口内閣の統帥権干犯問題を契機として、軍部の主張を支持し、政党政治、金融財閥への排撃を公然宣告、経済不況や満洲事変により運動は急激に発展し、三一年三月、全日本愛国社共同闘争協議会の結成、同年六月に大日本生産党の創立などの右翼団体の統一運動や後述する「不穏事件」が多発するに至った。(97)

全体数は、内務省警保局『社会運動の状況』所収の「国家主義運動」を見ると、一九三二年に四九三団体が確認できるが、「此ノ種団体中ニハ朝ニ成立シ、夕ニ消滅スル底ノモノ乃至ハ名称ヲノミ呼称シテ殆ンド実体ヲ有セザルモノ等少ナカラズ」(98)という指摘もあり、実態は必ずしも明らかでない。『社会運動の状況』の別表で集計されている三三年以降の国家主義団体の本部支部と員数を見ると、年々団体本部と員数が激増し、三三年に団体本部三三〇、団体支部一一七七、員数二九万一一七三人から、三九年の最盛期には九一八、一七三三、七〇万二九四三人へと二・四倍になっている。その後団体の数は微増したが員数は微減し、日中戦争開始、太平洋戦争開始を経た四二年に団体本部三九三、支部六一〇、員数一八万二一九二人と調査開始年度を下回ることとなる。(99)これは東条英機内閣による弾圧などが理由である。国家主義団体は最終的に合法的運動に参加したものを除いてはその過激な主張が問題とされて、当局の弾圧も受けることとなるのである。

ここでは第一に、こうした国家主義団体と「高等遊民」問題との関係性を、主義者や団体の主張から検討する。

国家主義者の支持者を得るための政策には、「高等遊民」問題の背景たる「就職難」に対する政策として、教育機関の改造と社会政策が訴えられている。国家主義のうち、農本主義と結びついた運動では、卒業生中共産党員を多く出した大学専門学校への批判から教育制度の改革を「宣言」あるいは「目標」とし、「左傾」とは異なる新しい社会改造を主張していた。このうち、「就職難」は資本主義社会発達による必然的な結果とされ、対応の必要が説かれていた。

例えば、権藤成卿を顧問、下中弥三郎を執行委員長とし、橘孝三郎他八名を執行委員とする日本村治派同盟は、「宣言」において、農村疲弊の原因を近代都市の資本主義にあるとし、「金融資本閥工業資本団商工資本家俸給生活者群等余りにも多く搾取者が集ひ人類総人口の過半数を占むるに及んで遂に歴史が過去に於て経験せざりし不景気と、失業と、就職難を都市それ自身の内部に暴露しかくも現代を混乱に導いた」(100)とし、「標語」では「唯物文明ノ超克」「農本文化ノ確立」「自治社会ノ実現」を唱えた。結成直後に日本国民社会党樹立運動に専念するため、橘孝三郎らは別に分派して農本連盟を組織したが、ここでの「宣言」も同様に「不景気や失業や就職難等の生活苦を都市に反乱せしめ農村は借金苦と納税苦等に呻吟してゐる。しかも都市商工主義に偏ずる政治と学問と文芸と教育とヂャーナリズムは完全に農村を無視して寄生虫の如き繁栄を都市に展開した」(101)と批判するものであった。

また、普通選挙反対論者である末次三男なる右翼的な論者は、「一人の学士を造るに、数万金を要したるにも拘らず、卒業生の半数近く就職の途なく、徒食するに至つては唖然たらざるを得ない」とし、「徒ずらに教育し高等遊民の製造に励しむは実に慨嘆に堪へないのであります。之れ畢竟するに制度の欠陥によるもの」(102)と教育制度への批判から、「高等遊民」の発生を批判してもいた。

この他、主要な右翼団体の政策にも、教育政策と社会政策が説かれた。例えば、新日本国民同盟が、「教育の機会均等の徹底」「失業手当法の制度」、大日本生産党が、「一切の労働者に対する失業、疾病、火災保険制度の確立」を訴えたほか、日本国家社会党が、「最低賃金、俸給査定機関の設置」「就業時間の制限、失業者就職機会の保証」「公営職業紹介所の増置と機能の根本的改革並びに労働組合の参与」「失業者の家賃、ガス、水道、電灯料の免除、無料食堂、無料宿泊所の設置」といった、国家社会主義の観点から、失業者対策の充実を訴えている。[103] つまり、農村再建を新日本の条件と捉えた農本主義者や国家主義団体は、「就職難」の背後にある資本主義社会を批判しながらも、その改善として教育機関の改善と社会政策の充実という、政府政策と同様の主張をしていたのである。

第二に注目すべきは、私塾との関係である。近年指摘されるように、国本社のように高等教育機関と接点を持ち、運動の担い手を増やそうとしていた団体があった。[104] 中でも私塾には、確実な指導者を養成する動きが存在していた。例えば、社会教育研究所（もとは山梨県甲府市の小尾晴敏がはじめた松柏塾。一九二一年三月一〇日、東京市麹町区代官町へ移転し、改称する）は、一九二三年九月一〇日、安岡正篤（学監兼教授・教育部長）、大川周明（寮頭兼教授）、山下信義（講演部長）が中心人物となって建設された私塾であるが、その中心的事業は、養成部（のち教育部と改称）による社会教育指導者の育成であった。「規則」は、「一目的　国士的人物を養成し以て社会教育、社会事業、農村更生、労務者教育等に当らしめること」、「資格」は「(イ)年齢満二十歳以上にして身体強健、人格醇厚なるもの、(ロ)各種中等学校、専門学校及大学卒業者又は之と同等の学力を有するもの」で、「人員」は「二十名以内」、「学資」は「月謝無料、食費実費、但し特別の事情あるものには学資の一部若くは全部の相談に応ずる」というものであった。[105] つまり、社会教育研究所が、「中間層」以上の高学歴の子弟を対象とした国家主義指導者の養成塾だったことがわかる。

もっとも、この運営は必ずしも「高等遊民」の吸収においては成功していない。その後の社会教育研究所の概要によれば、「七箇年間に亙り指導者の養成に努め、我国現時の塾風教育、斯種指導者の養成、日本精神鼓吹の先駆を為した」が、「（一）我国に於ては少しく教育を受ければ都会に於て就職せんとし、為めに非常なる就職難を現出せるに反し、地方農村は益々人物の払底を来し十に長たり百に長として誘導啓示の任に当る人物極めて乏しきの現状に鑑み、役人となつて社会教育、社会事業、農村更生、労務者教育に従事するものを養成するよりも寧ろ相当の恒産があり生活の為め就職の必要なく、民間に在つて熱誠社会教育、社会事業、農村更生、労務者教育に尽瘁するものの養成が緊要なりを痛感し、（二）講師を聘して毎日講義を為すは相当の経費を要するも本所の如く個人の経営で資力乏しき上に、月謝束修を徴せず。なほ学資のないものには之を給与するため其の維持容易ならず、而も他の援助を受くるを潔しとしない」ので、「止むなく経費を節約し、可成自己の収入を以て支弁せんとして、昭和三年四月より方針を変へ地方教室と研修塾とを設置した」[106]というのである。

また、興味深いことに、大政翼賛会にも関係する「高等遊民」が私塾に関与したケースも見られた。例えば、一九一〇年京都帝大法科大学を「卒業しても、就職する所もなく」、頭山満の兄弟分の家に「居候しておりました」[107]という「高等遊民」の後藤隆之助は、友人で後に首相となる近衛文麿の話で満洲へ渡った後、三八年一〇月一五日後藤文夫らとともに「新日本の歴史的大使命を貫徹するが為の須要なる精神、知識、体験を具備する指導的人物の育成」を目的に、昭和塾を創立している。

ここでは、「主として大学、専門学校の在学生又は卒業生中より選抜して入塾せしめ」、講師塾関係者、塾生相互間の切磋琢磨による訓練を行い、特に高学歴者に限って「指導的人物の育成」が試みられた。塾では「学生組」「卒業生組」に分離し、修業期間一ヶ年、選考して入塾させ、一般講義は基礎的、一般的の問題を主として政治、経済、大陸、文化の四班に分類し、それぞれ佐々弘雄、蠟山政道、笠信太郎、勝間田清一、尾崎秀実、土井章、三木清、三枝博音を主たる講師として一七〜一八回の講義をした。更に一九三一年には皇道翼賛連盟穂積五一、政治評論家岩淵辰雄、満鉄嘱託杉村四郎、ドイツ大使館文化部長シュルツなどを招聘して講演会も開催し、塾生は三〇年の時点で、「塾友」が東京帝大工学部卒業河合良一外五七人、「卒業生組」が明大専門部卒業磯部安郎外二二人、「学生組」が東京帝大法学部二年太田道外二四人いたという。(108) 塾は翌年に理事の尾崎秀実がゾルゲ事件で逮捕された後迷走し、一一月六日関係者一〇〇人が解散式を挙行せざるをえなくなったが、(109) 高学歴者の国家主義運動への流入が窺える。

このように、国家主義者や団体の主張や政策は、「高等遊民」を発生させた「就職難」を批判し、その改善を企図するものがあり、私塾には、指導的人物の育成のために、高学歴の知識青年層を吸収しようとするものがあった。ここから、右翼団体が官僚や「高等遊民」を吸収し、国家主義の担い手へ再編していく素地をある程度有していたことが窺える。以上の事実は、「左傾」が衰退した状況下で、「高等遊民」の「右傾」が広範囲に及ぶ可能性があったことを窺わせる。

五　国家主義団体員と「不穏事件」

では、実際に「高等遊民」は「右傾」したのであろうか。ここでは、その代表として、内務当局が把握した国家主義団体員の事例と、主要なテロ事件における存在と役割を検討したい。

まず、『国家主義系団体員ノ経歴調査』(一九四一年。以下『経歴調査』)に掲載された事例を検討する。本史料は、当局が一九三九年四月以来「各検事局よりの報告・刑事記録及び右翼系新聞雑誌類等を資料として国家主義系団体員の身上経歴調査を為し、之を毎月思想月報に掲載し」たもので、四〇年一二月の時点で「大体主要人物を網羅」(110) したものである。掲載人員八一七人、別称調査二一六人を掲載した大部のものであるが、経歴欄を確認しただけでは、「高等遊民」であったか否か、そうした時期があったのかどうかの確証はない。既に研究蓄積のある一部の人物の場合、自伝やその他複数の資料を使って年譜が復元出来るケースもあるが、ほとんどの人物は研究蓄積もなく、詳細な経歴も不明である。そこで名簿の詳細な分析は別に譲ることとし、以下では、無職の高学歴者九九人のうち、略歴だけで見て「高等遊民」といいうる人物は三六人であるが、この中でもほぼ確実な事例に該当する、①中学卒業（四人）と、②大学卒業・中退（一一人・一七人の二八人）から、後述する「不穏事件」の事例を除き、特に詳細な事例を点描してその典型としたい。

まず、①のうち中学卒業は、赤尾敏がいる。一八九九年生まれの長男で、愛知県立第三中学校卒業後、父の根拠とする遠洋漁業、農業及び牧畜に従事したが島人に薦められた事業に関係して失敗し、数万円の財産を蕩尽して名古屋市に帰郷。その後、借家人組合、農民組合等の組織化をはかり社会主義運動に従事した。しかし寄付金を入手した際に恐喝罪で起訴され、組合員が同情しなかったため、国家主義思想に「転向」した人物である。(111)

また、近松久司は一九一二年生まれで、三〇年三月飯田中学卒業後「高等遊民」となり、本籍地の父の元に起居していた間、郷里の予備陸軍中尉中原謹司なる人物の啓蒙を受け、「漸次右翼思想を抱くに至り」、郷里の愛国勤労党の飯田支部結成に伴い入党、翌年六月上京し、同党本部に起居していた人物である。(112)

次に②のうち、まず私立大学卒業・中退者の事例である。

下沢秀夫は、一八九六年生まれで、一九一五年に明治大学法律科専門部中退後、多くの労働に従事した「高等遊民」である。二〇年には横浜仲仕同盟会組織、立憲労働党組織。二五年に立憲大同連盟結成、常任幹事となり、三一年に恐喝罪で懲役六ヶ月。三二年には国体擁護連合会を結成し、三七年対支同志会加盟、常任実行委員。三九年興亜

滅共俱楽部結成参加など、「国家主義運動に投じ、爾来一定の職業なし」という状況になった。(113)

中村義明は、一八八九年生まれで、正則英語学校卒業後、中大専門部法科二年中退後、弁護士の書生などをして一九一九年大阪電灯株式会社の職工となり、三年後に馘首されて「高等遊民」となった人物である。以後「左翼理論家として漸次頭角を現はし」て思想運動に従事し、三・一五事件関係者として検挙されたが「転向」し、出版などに従事して三三年大阪において皇民書房を経営するなどした。(114)

また、柳町茂道は一九〇一年一月生まれで、一八年県立米沢中学四年中退、二二年一一月法政大学政治経済予科二年中退後、「高等遊民」となった。柳町は、「就職の為」に漢口で「約三年間寄食」し、二六年二月に帰国、翌年満洲へ渡り、帰国後は御園道場に「寄食」して柔道師範代をなし、国家主義団体の新聞発行に従事するなどした。(115)

そして、官立大学卒業・中退の事例である。渥美勝は、一八七七年生まれで、一九〇四年京都帝国大学法科大学を中退、郷里に帰って古事記研究に入るが、資産がなく、中学校教師となるが間もなく辞職、大阪に出て鉄工所工員となった「高等遊民」である。上京後は、知人宅を転々としながら土工、人力車夫、映画館の中売りなどをし、苦労して生活をしていた。その後、一三年以降二一年まで、神田須田町の広瀬中佐の銅像前に立ち、「神政維新……桃太郎」の旗を立てながら毎日のように街頭演説をはじめ、大川周明、頭山満、内田良平らと知り合い、一九年に老壮会、猶存社を訪れ北一輝などと親交を結び、神国団加入、神国青年連盟の指導にあたるなど、国家主義運動の担い手となり、二四年、第一五回総選挙では天野辰夫の応援に出たほか、「聖日本学会」結成、翌年全日本興国同志会結成にあたり総代となる。その後も建国会結成、錦旗会顧問を務めたが、二八年に巡回公演中体調を崩し急死した。渥美について初めて注目した前述の橋川文三氏は、「生涯を妻子もなく、正業もなく、いわば一介の奇人的放浪者として終った人物」(116)としている。「右傾」した「高等遊民」の典型であったといえる。

薄井巳亥は、一八九八年生まれで、一九二七年に東京帝国大学法学部独法科卒業後、「暫く無為徒食」した「高等遊民」である。その後満洲へ渡り、「日本及満洲社」なる会社に勤務し、三一年一月には大連市で『大連時報』編集に関与、同年九月の満洲事変により奉天公報社に入社して従軍記者、帰国する。その後、三二年一月に同社を退社し、自由労働者として全国各地を転々として失業者となっている。三八年には本間憲一郎の書生として雑誌『まことむび』の編集などに携わり、「爾来一定の生業なし」という状態になった。三九年には「不穏事件」に関与したかどで爆発物取り締まり罰則違反ならびに殺人予備事件に連座して予審継続中という状態であった。(117)

このように、中退・卒業後「高等遊民」となり、労働や社会運動を経験、あるいは団体や指導者の影響を受け「右傾」した人物が多く発生していたことがわかる。ここには団体の幹部も多く、本章冒頭のヒュー・バイアスの指摘やファシズム研究の指摘は十分に裏付けられるものといえる。

では、「右傾」した「高等遊民」は、具体的にいかなる歴史上の事件に影響を与えたのであろうか。その最たるものは、政党政治の終焉を導く要因となった「不穏事件」である。

「不穏事件」とは、当時頻発した政財界要人に対するテロ及びテロ未遂事件を総称して言われた表現である。いずれも、国家主義を唱え、協調外交による軍縮、政党政治と財閥への憎悪から、関係者の暗殺を企て「昭和維新」断行を企図した事件であり、浜口雄幸首相襲撃事件以後、一九四三年一〇月の東条首相暗殺計画（皇道翼賛青年連盟員ら五四名一斉検挙）まで多数の事件が勃発している。このうち、本章で対象とするのは、後述する浜口事件から福岡事件までである。というのは、右翼団体が政財界要人を狙い事件を起こして政治に大きな影響を与えたのは主にこの時期の事件であり、以後右翼団体は政府の弾圧対象ともなって積極的な役割を果たしていけなくなるためである。

まず、一九三五年までの各事件の概略を簡単に見ておく。最初に、三一年にワシントン海軍軍縮条約への反対から浜口首相を銃撃した浜口事件（一一月四日）が起き、続いて三二年には井上日召の革命道の影響を受けた血盟団事件（二月九日）、五・一五事件（五月一五日）が発生、更に両事件の被告を救出あるいは直訴を企て国家革新を企図した斎藤実首相暗殺予備事件（八月一五日）、若槻礼次郎男爵暗殺予備事件（八月三一日）、天行会独立青年社事件（一一月五日）、三三年には血盟団、五・一五事件に影響された大規模な神兵隊事件（七月一一日）、政府財界要人暗殺を企図した藤原銀次郎暗殺予備事件（七月三〇日）、青年将校も参加予定で三年後の二・二六事件に繋がる救国埼玉青年挺身隊事件（一一月一四日）、若槻男爵・小山松吉法相暗殺未遂ならびに予備事件（一一月二一日）、三四年には統天塾同人の強盗未遂事件（以下、統天塾事件。六月二〇日）、土佐に新たな運動を起こそうと資金調達のため行われた満洲国紙幣偽造事件（八月二二日）、西園寺公望その他暗殺未遂事件である皇国義勇隊員の不穏計画事件（六月三〇日）、興国東京神命党事件（一二月五日）、三五年には陸軍内の抗争による永田鉄山中将刺殺事件（八月一二日）、宇垣一成陸相を暗殺し昭和維新断行の口火を切ろうとした朝鮮統治改革神風隊事件（五月一七日）が起こり、岡田啓介首相暗殺予備事件（以下、福岡事件。五月三一日）に至る。

では、事件の担い手はいかなる職業と学歴の人物だったのであろうか。「不穏事件」被告の学歴一覧を見ると、(118) 一五四人中七一人（四六・一％）が中学卒業以上の学歴であり、高学歴が多数いたことが明らかである。更に、「不穏事件」起訴者職業別調を見ると、一五四人中六五人（四二・二％）が「無職」である。これらの略歴は「高等遊民」といえる人物の存在を窺わせる。続いて、「高等遊民」の関与を検討するために無職者の略歴を『経歴調査』『特高月報』『社会運動の状況』『最近に於ける右翼学生運動に就て』より抽出して分類すると、略歴不明の者を除き、血盟団事件に二人、五・一五事件に一人、神兵隊事件に五人、埼玉挺身隊事件に四人、統天塾事件に二人、福岡事件に一人の「無職」の高学歴者が存在していたことがわかる。

もっとも、これら一五人が全て「高等遊民」かどうかについては精査を要する。すなわち、事件によって「無職」となった人物や、在学中より思想活動を展開していて「就職難」とは関係のない「職業的運動家」もいるからである。そこで以下では、「不穏事件」の中でも対象者が複数存在し、「高等遊民」が確認でき、史料上思想形成や生活状況がある程度判明する血盟団事件、五・一五事件、神兵隊事件、福岡事件について、現存する事件の速記録、前述の諸史料を用いながら、「右傾」化した「高等遊民」の事例を検討する。[119]

まず、血盟団事件は、一九三二年二月九日、前蔵相井上準之助が小沼正に暗殺され、三月五日、三井合名会社理事長団琢磨が菱沼五郎に射殺された事件である。この背後にいた日蓮宗の布教師井上昭（日召）など関係者一四人が自首あるいは逮捕され、財閥と結託した政党政治を打破すべく「一人一殺」で政財界の要人を暗殺する計画だったことが判明した。事件は昭和の世相を反映して農村救済を唱える被告の供述などが紙面を賑わせ社会的反響も大きく、減刑嘆願書も多く届いた。菅谷務氏の分析によれば、事件の担い手は学生、民間人からなり、社会集団によらずそこから孤立した個人が結集した形であり、この事件の関係者は「一度は都会の空気を吸ったことがある、しかも家の責務からは自由な二、三男たち」[120]が多かった。ファシズム研究で指摘された「周辺的人物」である特徴を備えた人物が多い事件だったといえる。

ここでの「高等遊民」の事例は、該事件の首謀者井上である。[121]本人の供述によれば、井上は一八八六年、医者の家庭に生まれた。一九〇五年中学卒業前に実家が破産し、父親が「私の監督を放棄した」ため、ボーイ見習い、臨時職工（同年）や小学校代用教員（翌年）などの不定期な職歴、早大文科高等予科、東洋協会専門学校の中退の学歴を重ねた。井上は、「学校を卒業して免状を貰つて役人になる手掛りを得やうと云ふ考へはなかつた」ため語学を勉強したが、先生に「もう宜からうから貴様支那へでも行け、日本に居ても詰らぬ」と言われ、「非常な曖昧な気持ち」で馬賊を頼りに生活しようと満洲へ渡ったというのである。[122] 井上は早くから人生論、存在論的な煩悶を抱えた青年であり、通常の「立身出世」ができず、不遇の境遇にいた「高等遊民」であった。

井上は、一九一〇年に満鉄従業員養成所に入所し、ついで陸軍参謀本部の諜報活動に携わったほか、一五年第一次大戦の銅暴騰を受けて古銭売買業をはじめるなど独立自営も試み、一六年に帰郷した。帰郷後は、一八年には米麦商売、競馬場の権利、闇相場を試みる一方、右翼の巨頭頭山満に傾倒し、二一年に故郷に隠棲し質素な生活を送る。しかし、煩悶の中、二二年に啓示を受け、日蓮宗題目修行に転じ、二五年に上杉慎吉、赤尾敏の建国運動に参加、二七年から日蓮の教義と国家主義による農村青年の育成に当り、二九年には非合法手段による現状打破を抱いた。三二年古賀清志海軍中尉らと血盟団事件、五・一五事件の計画を協議決定、二月初め一人一殺主義に計画変更、三月五日、団琢磨理事長射殺の後、四月一一日に自首するに至った。つまり、井上は「高等遊民」から大陸浪人を経て、右翼の指導者となり、最終的にテロを起こすに至った事例であったといえる。

五・一五事件は、周知の通り、一九三二年五月一五日に海軍青年将校の一団が首相官邸を襲って犬養毅首相を射殺し、これに呼応して青年将校や民間の農本主義者の一派が牧野伸顕内大臣邸、警視庁、立憲政友会本部、日本銀行、東京近郊の変電所などを襲った事件である。これにより陸軍は政党内閣継続に強く反対し、元老西園寺は海軍大将斎藤実を次期首相に推薦し、挙国一致内閣が成立、八年間続いた政党政治を終焉させる甚大な影響をもたらした。

該事件の関係者で「高等遊民」だったのは、運動の中心的思想家であった大川周明である。大川は、一八八六年一二月六日山形県生まれで、一九〇四年三月に県立庄内中学卒業後、〇七年七月に第五高等学校卒業、東京帝大文科大学哲学科に入学（印度哲学専攻）、一一年に卒業し、「大学を出てからも別に職を求めることもせず、多くも要らぬ衣食の資を参謀本部の独逸語翻訳でかせぎながら、毎日大学図書館に通つて居た」[123]という「高等遊民」であった。

「高等遊民」問題がはじめて社会問題化した年の卒業生だった大川にとって、これ以降満鉄に就職する一九一九年までが苦しい時期だったことは、故郷の父への書簡に「〔正月から神経痛・神経衰弱などに悩まされていた〕かくては迚も駄目なれば茲二三ケ月間心のゆくまゝ遊ばむものと教師の口も陸軍の翻訳もみな断はり〔中略〕皆夫々立派に給料を貰つてるのに、私のミが貧乏の極にあるは不平にて堪らずと此頃先生に会ひてコボシ候処、色々訓戒を受けて恐れ入りて帰り候」（一九一二年）[124]などと記していたことからも窺える。

この間、一九一二年に私立荏原中学校英語講師を委嘱されるが間もなく辞退、その後多様な思想家と交流し、「右傾」し、一八年に老壮会を設立、一九年四月に五高の友人永雄策郎の推薦で満鉄東亜経済調査局調査課長へ就任し、「高等遊民」時代を終える。以後、同年八月一日に猶存社（北一輝を迎える）を結成（―一九二三年）、二四年四月に行地会を創立（―一九二六年主な幹部脱退）、二九年六月、財団法人東亜経済調査局理事長をつとめ（―一九三二年六月）、三二年二月、合法的維新を目指す国民運動を目論み、神武会を創立して五・一五事件に関与して逮捕されることとなるのである。このように、大川は、就業意識の低いまま卒業して「高等遊民」となり、その後不遇の境遇から「右傾」した事例だったといえる。

神兵隊事件は、大日本生産党、愛国勤労党員等の右翼急進分子が昭和維新断行を究極目的として新政権確立の意図のもと、警視庁、首相官邸、政党本部、勧業銀行など東京市内要所の襲撃を行い、首相以下全閣僚、政党首領、内大臣、財閥巨頭等の暗殺ないし放火を行い、目的を達成しようとしたものである。しかし事前に計画が漏れ、明治神宮記念会館に集合した数十名が全員検束され、計画は頓挫した。事件は、血盟団、五・一五事件に触発されたものであり、その意味で「血盟団、五・一五事件の延長線上にある」もので、民間右翼にいた北・西田〔税〕系統と大川、井上系の二つのうち、「大川、井上系の最後の事件」として知られている。[125]

この事件の関係者には「職業的運動家」である影山正治、橋本利夫のほか、中学半途退学者で小学教員、新聞記者に就き思想団体に加入した田崎文蔵、東京帝大文学部・経済学部中退後、井上日召に感化され参加した岩田一、中学半途退学者で逓信省簡易保険局事務員新聞記者等を転々とし、首謀者の一人前田虎雄方に寄寓していた滝沢利量など、高学歴者が多い。経歴から対象外であるが、ファシズムの担い手であると指摘された「周辺的人物」で学歴や世間へ不満を抱きやすい立場にいた人物が多い事件であった[126]。

ここでの事例は、橋爪宗治、佐藤守義である。橋爪は、一九〇一年生まれで、二九年三月に明治大学政治経済科を卒業後「職業経歴なし」の「高等遊民」であった。しかし同年五月に日本大衆党山梨支部及び全日本農民組合山梨県連合会入会常任書記となって農民運動に従事し、三二年には大日本生産党本部入党党任書記、翌年同党青年部幹事となり、血盟団事件の公判を傍聴した後、非常手段による国家改造を企図し、三三年七月に神兵隊事件で検挙起訴された。橋爪は、八王子方面の動員を担当して生産党員一五人を集めたほか、一〇数人の同志に対する伝達役として関与した[127]。思想形成の過程など詳細は不明だが、橋爪が右翼運動に参加した「高等遊民」だったことが窺える。

また、佐藤守義は、一九一一年生まれで、東京の私立石川中学校卒業後、一定の職業に就くことのなかった「高等遊民」であった。三二年に愛国勤労党入党、党任書記を務め「国民思想」編集に従事、大亜細亜協会に関係し、神兵隊事件で検挙（三年後公訴棄却決定）された。事件では書記局と伝達、武器保管を担う中心メンバーの一人であった。事件後の三七年一二月には生活安定のために右翼運動と一線を画して千代田通信社員嘱託となり、翌年同社嘱託従軍記者となった[128]。該事件には中心的役割を担った人物に「高等遊民」がいたことがわかる。

福岡事件は、一九三五年五月三一日、永田町首相官邸を訪問した挙動不審者福岡皓が、匕首と斬奸状を所持していたため逮捕された事件である。福岡は二三年私立開成中学卒業後、東京鉄道局品川駐在車掌、郵便局手伝いなどの一時的な仕事を転々とし、大連、奉天を放浪した「高等遊民」であった。福岡は帰郷後、実父の下に「徒食」しており、血盟団、五・一五事件公判記事に刺激され、政府に電報を送り、米国大使館に乱入するなど国家主義的な単独行動を行っていた。しかし、これらの行動が黙殺されたことから、焦って首相暗殺を決意したという。(129)ここから、前述の朝日と類似する、「大陸浪人」を経て不遇の境遇から直接行動に出た「高等遊民」がいたことがわかる。

最後に、二・二六事件は、一九三六年二月二六日早朝、安藤輝三大尉、栗原安秀中尉らの率いる約一四〇〇名の部隊が皇道派による軍部独裁政権を樹立して昭和維新を断行し、国内外の危機を打開しようとしたもので、首相官邸など東京市内の各所を襲撃、斎藤実内大臣などを殺害したほか、永田町一体を占拠した事件である。事件により岡田啓介内閣が倒れ軍部が大臣現役武官制を復活するなど政治的発言を強化し、政治の主導権を掌握する契機となったことで知られる。

ここでは、一九三六年に連座して処刑された思想家北一輝が、「高等遊民」であった。北は、一八八三年新潟県佐渡島生まれで、中学中退後上京し、一九〇一年頃から『佐渡新聞』に寄稿するが、実弟の北昤吉によれば、当時の北は以下のような状態だったという。

兄は父母の膝下で読書生の生活を送つた。父は兄を北海道へやつて実業家に仕立てたかつたらしかつたが、兄は父のいふことを聴かず、田舎の半インテリの遊民生活をやつてゐた。時々帰省する僕を捉へて、遠洋漁業でもやらうか。或は豚を買つて牧畜でもやらうかと漏した〔中略〕兄は遊民生活を嫌つて、上京勉学したがつてゐたが、父は頑として応じなかつた。この不平も交つてか、天性の叛骨が出たか、十八歳の終り頃『佐渡新聞』紙上に、日本国体の本質に関する研究論文を連載した(130)

ここから北が中学中退後、不遇の「遊民生活」を送っていたことがわかる。その後一九〇六年発行の同書が直後に発禁処分となって、北は幸徳秋水ら無政府主義者らとも接触した危険な「高等遊民」となった。以後大陸浪人らが結成した革命評論社を経て「右傾」、中国革命同盟会、黒龍会にて活動し、中国と日本を往復しながら日本国内の改造を先決と考えるに至った。一九年に『国家改造案原理大綱』（四年後に『日本改造法案大綱』改稿）を執筆、前述の大川に促されて帰国し、岩田富美夫・辰川竜之介らの暴力的右翼を輩下とし、怪文書の作成配布に勤しみ、政友会の小川平吉、国本社の平沼騏一郎に接近、朴烈怪写真事件、宮内省怪文書事件をひきおこし、不戦条約・海軍軍縮反対運動の一翼を担った。これらの時期について北昤吉は、「帰朝後（筆者注―一九二二年）一二年兄の家に出入りしたが、兄の家は一種の梁山泊で浪人達の出入甚だしく、自分もその渦中に入ると、意外の迷惑を受ける」[131]としていた。ここからわかるように、北は、「遊民生活」の中で国家主義団体と接触し、「浪人達」と交流を持ち、「不穏事件」のフィクサーとして活動した「高等遊民」だったのである。北の生活状況は不明であるが、該事件の黒幕に「高等遊民」がいた事件だったことがわかった。

以上見てきたように、「不穏事件」には「インテリ」が多く、「右傾」した「高等遊民」の事例も確認できた。通常の高学歴を得た「立身出世」がならず、都市下層や大陸での生活、中には「左傾」を経た人物もいたこと、そして、国家主義団体員の構成員に複数の事例が確認でき、血盟団、五・一五、神兵隊事件には重要な役割を果たした事例が確認できたことから、「高等遊民」の「右傾」が現実のものであったといえるのである。[132]

おわりに

当初の論点に即して結論をまとめる。

第一に、無政府主義の事例として、難波大助や無政府主義者において、「入学難」や「半途退学」「就職難」により不遇の境遇に陥り、あらゆる権力を否定する主義をよりどころにテロを企てた「高等遊民」が確認できた。

第二に、共産党を中心とする社会運動により、国体変革を企て、社会矛盾を解決しようとする「左傾」において、その指導者層やシンパに高学歴者が多く、この中に不遇の境遇から「左傾」し、共産主義社会実現のための運動に参画した、資力のない「高等遊民」も確認できた。「左傾」学生の『手記』からは、「就職難」などの「高等遊民」問題の背景が、知識青年層が若くして「左傾」する重要な要因にもなっていたことがわかった。

第三に、国家主義による国家改造運動により、直接行動を取る「右傾」においても、団体の構成員やテロのフィクサーや実行犯に、資力のない「高等遊民」がいたことがわかった。世論では特段指摘されなかったが、問題の構造は「左傾」とほぼ同様だったといえる。

したがって、以上の検討からは、史料的な限界から一部の事例に止まったとはいえ、「高等遊民」が不遇の境遇から、「左」「右」両方の思想運動の担い手になっていたこと、それぞれの主義に基づく非合法活動に従事していたことがわかった。そして、第二部第二章で見た社会問題化の過程では、世論は新卒の「就職難」のみを論じる傾向だったが、明治末期以降堆積した「高等遊民」が、該時期の社会運動に関わっていた実態も明らかになった。

これらの事例を第一部第三章の事例と比較すると、「冬の時代」が終わり、社会運動が高まる中で、不遇の境遇にいた人物が無政府主義、マルクス主義、国家主義の思想によりながら、現実の打破を希望し、テロなどの実力行使に出た、切迫感が明らかであった。問題の広がりは明治末期とは比較にならなかったといえる。

また、こうした非合法活動による実力行使は、「就職難」「入学難」などにより「立身出世」が不可能と思われる現実、また大陸生活や様々な事情で居場所のない状況の「高等遊民」にとって、自身の生存をかけた最後の手段でもあったといえよう。すなわち、不遇の状況にあった「高等遊民」の中からは、思想運動に従事し、昭和初期の社会情勢の中で劇的な社会変革を企図し、テロを辞さない者がいたのである。

では、こうした現実が進捗していた「高等遊民」問題は、その後いかに展開したのであろうか。この点については、終章で論じることとする。

注

(1) 竹内洋「『左傾学生』の群像」(稲垣恭子・竹内洋編『不良・ヒーロー・左傾』人文書院、二〇〇二年所収、第一章)二七頁。

(2) 寺出道雄『知の前衛たち—近代日本におけるマルクス主義の衝撃—』(ミネルヴァ書房、二〇〇八年)一三—一四頁。

(3) 古川江里子「立身出世としての社会運動—帝大新人会エリートたちの挑戦と挫折—」(『日本歴史』第七〇二号、二〇〇六年一一月)。

(4) これは「左傾」に対して作られた表現で、昭和初期には「皇室中心主義若くは国家思想を標ばうする右傾団体に属するもの」などという意味で使用されている(『東京朝日新聞』〈以下『東朝』〉一九二九年七月一九日付夕刊一面「右傾暴力団も徹底的に取締れ／けふ司法官会議第一に渡辺法相の初訓示」)。

(5) ヒュー・バイアス著、内山秀夫・増田修代訳『昭和帝国の暗殺政治』(刀水社、二〇〇四年。原著初版一九四二年)二二四—二二七頁。

(6) 田中時彦「虎ノ門事件」(我妻栄編『日本政治裁判史録 大正』第一法規出版、一九七〇年再版。一九六九年初出)参照。

(7) 「虎ノ門ニ於ケル不敬事件ニ関スル調査」(小松隆二編・解説『続・現代史資料3 アナーキズム』みすず書房、一九八八年)五頁。

(8) 「横田秀雄博士述 虎ノ門事件に就て 財団法人中央教化団体連合会」(同右所収)一七三頁。

(9) 同右一六八—一六九頁。

(10) 『東朝』一九二四年九月一五日付朝刊二面(「虎の門事件犯人は難波前代議士の倅大助／実兄正太郎氏の談」)。

(11) 前掲「虎ノ門ニ於ケル不敬事件ニ関スル調査」一四六頁。

(12) 同右六頁。
(13) 同右一四八頁。
(14) 『東京時事新報』一九二三年三月二八日付朝刊三面（「殺人の凶暴／青年の思想と学者の言論」）。
(15) 『読売新聞』（以下『読売』）一九二四年一一月一九日付朝刊三面（「大逆事件を顧みて／教育家に対する注文」）。
(16) 無政府主義運動に関しては、秋山清「日本の反逆思想」（『秋山清著作集』第六巻、ぱる出版、二〇〇六年所収。一九六八年初出）参照。なお、虎の門事件に対し、後述する古田は「ぼくたちの仕事の邪魔になりそうなので弱っている（中略）どうせいのちがけでやるのなら自動車の下へバクダンを抱いてとびこめばいいのに」と言ったという（江口渙『続・わが文学半生記』青木書店、一九六八年、一六〇頁）。
(17) 江口渙「古田大次郎と『死の懺悔』」（古田大次郎『死の懺悔』新装版、一九九八年所収。一九二八年初出）七―八頁。
(18) 前掲『続・わが文学半生記』一一七頁。なお、彼らは主義上敵対する日本主義の陣営からも恐れられた。例えば、「日本昨今の自称革命家アナ連中の如き、酒をあほり女を漁り、只その生を繋ぐ外に能なく、たま〳〵何か仕出かせば店頭暴行、でなければ同志的個人に対する腕力沙汰」等と言われている（遠藤無水〔友四郎〕「無政府主義者暴行の心理解剖」『日本思想』第二巻第三号、一九二六年三月一日、一二頁）。この論者の遠藤は無政府主義者に殴られたという。
(19) 日本アナキズム運動人名事典編集委員会編『日本アナキズム人名事典』（ぱる出版、二〇〇四年）、司法省刑事局編刊『思想犯罪集覧』（東洋文化社、一九七九年。一九二二―二六年分初出）、近藤憲二『一無政府主義者の回想』（平凡社、一九六〇年）。
(20) 司法省刑事局編刊『自大正十一年一月至昭和元年十二月（思想犯罪集覧）』（東洋文化社、一九七九年。司法省刑事局『思想犯罪集覧』第六集、一九二六年初出）四九五―五〇二頁。
(21) 江口渙『わが文学半生記』（青木書店、一九六八年）二二五頁。
(22) 「大阪控訴院公判陳述　第三回公判調書　一九二六年一月二八日」（亀田博・広畑研編『中浜鉄　隠された大逆罪　ギロチン社事件未公開公判陳述　獄中詩篇』トスキナアの会、二〇〇七年）二七―二八頁。
(23) 同右五〇―五二頁。
(24) 前掲江口「古田大次郎と『死の懺悔』」七―八頁。
(25) 山岡英二「サラリーマン恐怖時代」（『黒色戦線』第一巻第六号、一九二九年一〇月）六六―六七頁。

(26) 岩佐作太郎「一九三〇年に於けるアナキスト運動への予望」(『黒旗』第二巻第一号、一九三〇年一月)三一頁。
(27) 浜田ふじ「不景気や失業とは何だ」(『黒旗』第二巻第五号、一九三〇年五月)一〇—一二頁。
(28) 前掲秋山書一七〇頁。
(29)「日本無政府共産党関係検挙者身上調査書」(司法省刑事局編『日本無政府共産党関係検挙者身上調査書』東洋文化社、一九七四年所収。司法省刑事局編刊『思想研究資料特集』第二七号、一九三六年六月初出)一—二頁。
(30) 前掲竹内論文。
(31) 長谷川明「学生の思想運動に就て」(司法省調査課『報告書4(司法研究第一五輯)』司法省、一九三二年三月所収)。
(32) 菊川忠雄『学生社会運動史』(海口書店、一九四七年)参照。
(33) 渡部義通述/ヒアリング・グループ編『思想と学問の自伝』(河出書房、一九七四年)四〇頁。
(34) 荻野富士夫『戦前文部省の治安機能—「思想統制」から「教学錬成」へ—』(校倉書房、二〇〇七年)五九—六二頁。
(35)『学生思想問題調査委員会答申　学生生徒左傾の原因　学生生徒左傾の対策』(一九三二年)六、一七、二一頁。
(36) なお、のちに委員会とは別の少数意見を『学生と生活』で公表した蠟山政道、河合栄治郎は、若干異なる指摘をしている。学生思想問題において「学校卒業後の就職難は、彼等の頭を悩ます問題でなくはないが、之とて卒業間際の問題であり、必ずしも学生の大部分が自己の問題として之から影響を受けてゐる訳ではない」と述べ、思想悪化の原因に「一、社会問題の存在」「三、社会改革の要求」を、「教育的原因」として「試験制度の偏重による教育的目的の阻害」「学生定員数の過大、教育の多量生産による個性教育の不能」、「普及及び原因」に「最近激化した経済的不況」を掲げ、教育機関の指導方法やマルクス団体の活動への制限など具体的な提言をしている。ただし、巻末には就職統計、失業統計、共産党事件被告の統計が二二頁にわたって掲げられており、「入学難」や「経済的不況」を原因として指摘した点は同様である。しかも、その際に肝心の「就職難」については実証的に検討をせずに済ませており、この分析は他の側面を強調したものであった。(蠟山政道・河合栄治郎「学生思想問題」『近代日本青年期教育叢書第一期』第四巻、日本図書センター、一九九〇年所収。一九三二年初出)八頁。
(37) 前掲竹内論文三三頁。
(38) 文部省学生部編『秘　左傾学生生徒の手記』(以下『手記』)。第一巻、新興出版社、一九九一年。原典は一九三一—三三年)四二六頁。同史料は『文部省思想資料調査集成』日本図書センター、一九八一年にも収録。

(39) 同右第二巻二五三頁。
(40) 同右第二巻二〇四頁。
(41) 土屋基規「解説」一四—一五頁(同右第三巻所収)。
(42) 前掲『手記』第三巻三七二—三七三頁。
(43) 同右第一巻一四頁。
(44) 同右第一巻三二頁。
(45) 同右第一巻四八頁。
(46) 同右第一巻五五頁。
(47) 同右第三巻二二〇頁。
(48) 同右第一巻一八七頁。
(49) 同右第一巻二八頁。
(50) なお、一九三〇年某高等学校盟休事件に連座した文科三年甲類H某は「就職難」の懸念と「生活難」から高等学校で「左傾」事件を起こしている。「父母の死去によつて、この上なく大きな打撃を受け、而もその衝動を奮起への契機とせずして堕弱への出発点とした事が抑も間違ひの始めであつたと思ふ」とし、「世界的な不景気や知識階級の失業洪水の誇張が私の前途の見透しに一抹の暗影を投じ、気弱な精神的修養に乏しい私をして勇気を沮喪せしめ、まじめな学問的邁進から急激に不安と絶望のどん底に突き落した様に思ひます」(同右第一巻三〇三頁)。ここからも、環境の変化による絶望、「高等遊民」化する自身の不安が「左傾」の要因になったことがわかる。
(51) 前掲『手記』第三巻三七二—三七三頁。
(52) 同右第二巻二四三頁。
(53) 同右第一巻三頁。
(54) 同右第二巻一頁。
(55) 同右第二巻二八頁。
(56) 運動の概略については、伊藤隆『昭和期の政治』(山川出版社、一九八三年)第八章、立花隆『日本共産党の研究(一)』(講談

社文庫版、一九八三年。一九七八年初出）、岡本宏『日本社会主義史研究』（熊本大学法学会、一九八八年）、犬丸義一『第一次共産党史の研究』（青木書店、一九九三年）など参照。

(57) 前掲立花書一五九頁など。

(58) 森（徳田球一）「資料三五　コミンテルン執行委員会日本委員会への意見書（一九二七年六月七日）」（『資料集・初期日本共産党とコミンテルン』大月書店、一九九三年所収）一七六頁。

(59) 西川洋「共産党員・同調者の実態」（渡部徹編『一九三〇年代日本共産主義運動史論』三一書房、一九八一年所収、第二章）一二一頁。

(60)「神兵隊事件証人申請理由書」（奥平康弘編・解説『昭和思想統制史資料』第一九巻、生活社、一九八〇年所収。一九三九年初出）一三八―一四二頁。なお、佐野の発言に対応した共産党の名称は、前掲立花書の表記に拠った。

(61) 共産党に「インテリ」を引き付けたのは、前述の「就職難」など社会不安への抵抗が背景にあったが、運動に対する使命感を植えつけた「福本イズム」という思想も影響した。これは東京帝大法学部政治学科卒業後、松江高校、山口高商教授となった福本和夫の提唱した理論で、主に無産政党結成の方向を批判し、政治意識の結集を呼びかけたものである。党員田部井健次の回想によれば、もともと共産党にいた「インテリ」指導者の独善的な指導者気質（「プチブル的指導者気質」）は、三・一五事件以後、特に顕著化したという。すなわち、「優秀な指導者たちが殆んどすべてやられ、もしくは海外に去り（中略）日本共産党は忽ち『大衆の中に根を持たない指導者グループ』になつてしまつた（中略）しかも、そうなると妙なもので、忽ち例のプチブル的指導者気質が濃厚になり、自分たちの非実践的な方針を傲然たる態度で、全く天下り的に、大衆団体に押しつけるようになってしまった」（田部井健次「回想録（上）」『運動史研究』一一巻、三一書房、一九八三年、六六―六七頁）という。

(62) 船津宏「日本共産党及日本共産青年同盟に就て」（『思想実務家会同に於ける講演会　昭和八年十月　思想実務家会同講演集　昭和十四年十月』東洋文化社、一九七六年所収。司法省検事局編刊『思想研究資料特集』第一二号、一九三四年初出）四七頁。

(63)「秘密結社日本共産党事件捜査顛末書追加第二」（荻野富士夫編・解説『特高警察関係資料集成』第三巻、不二出版、一九九一年所収。一九二八年一〇月初出）、『読売新聞』一九二九年一一月六日付朝刊六面（「東京共産党事件起訴者氏名」）、北一夫編著『日本共産党始末記』（塩川書房、一九二九年）、塩田庄兵衛編『日本社会運動史人名事典』（青木書店、一九七九年）、近代日本社会運動史人物事典編集委員会編『近代日本社会運動史人物事典』（第一―四巻、日外アソシエーツ、一九九七年）より。

(64) 片岡猷一「左傾思想者の個性と環境」（司法省調査課『報告書集2（司法研究第十二集）』司法省、一九三〇年三月）二三四頁。
(65) 有馬毅、安藤敏夫、石堂清倫、伊東学道、伊東保、井ノ口政雄、大橋積、小林直衛、是枝恭二、須永甫、砂間一郎、田中稔男、長尾正良、吉見春雄が該当する。
(66) H・スミス著、松尾尊兊・森史子訳『新人会の研究―日本学生運動の源流―』（東京大学出版会、一九七八年。初版一九七七年）二一三頁。
(67) 難波英夫『一社会運動家の回想』（白石書店、一九七四年）二一一―二一二頁。
(68) 池田克『防犯科学全集』第六巻思想犯篇（中央公論社、一九三六年）一五四頁。
(69) 前掲立花書三八六―三八七頁。
(70) 『非常時』共産党の思い出　出席者久喜勝一・岸勝・児玉静子・宮内勇」（『運動史研究』第一巻、三一書房、一九七八年）一〇五頁。
(71) 同右一一三頁。
(72) 「週間慢録」（『東洋経済新報』第一四四四号、一九三一年四月一一日）一〇―一一頁。
(73) 「日本共産党ニ関スル治安維持法事件及ビ五・一五事件ニ関スル追加報告　第六四回帝国議会貴族院議事速記録第三号中　秘密会議速記録　昭和八年一月二三日」（参議院事務局編『貴族院秘密会議事速記録集』財団法人参友会、一九九五年所収）三三三頁所収。華族の思想事件については、千田稔『明治大正昭和華族事件録』（新人物往来社、二〇〇二年）第七章に詳しい。
(74) 池之宮秀意、岩船省三、小崎正潔、黒沢敏雄、佐々木質郎、佐野英彦、峠一夫、田島善行、寺尾一幹、林利夫、古末憲一、丸山一郎など、在学中からの活動家・指導者が多い。
(75) 山崎小糸「槇村浩の生涯とその時代」（『槇村浩全集』平凡堂書店、一九八四年所収）四四〇頁。
(76) 埴谷雄高「さかさまになつた夜と昼　無職業の時代」（『埴谷雄高全集　影絵の世界』第六巻、講談社、一九九九年所収。一九六五年初出）五六六頁。昭和初期には数万単位の文学青年が発生したおり、「左傾」と関わった文学青年も多かった（猪瀬直樹『ピカレスク太宰治伝』文春文庫版、二〇〇七年。二〇〇〇年初出など参照）。
(77) 浅見雅男『華族たちの近代』（中公文庫版、二〇〇七年。NTT出版、一九九九年初出）第五章、前掲千田書第七章参照。
(78) 荻野富士夫『増補特高警察体制史―社会運動抑圧取締の構造と実態―』（せきた書房、一九九八年）二五三―二五九頁。前掲荻

野書『戦前文部省の治安機能』一一二―一一八頁。

(79) 久野収「昭和の超国家主義―昭和維新の思想―」(久野収・鶴見俊輔『現代日本の思想―その五つの渦―』岩波新書、一九五六年所収、第四章)一二五頁。

(80) 橋川文三「『超国家主義』の諸相」(『橋川文三著作集』第五巻、筑摩書房、二〇〇一年増補版。一九六四年初出)一四頁。

(81) 安田学園松翁研究会編『松翁安田善次郎』(安田学園、一九五八年)二六五―二六六頁。この影響で中岡艮一による原敬首相暗殺が起こったことはよく知られている。中島岳志『朝日平吾の鬱屈』(筑摩書房、二〇〇九年)も参照。

(82) 奥野寛『嗚呼朝日平吾』(神田出版社、一九二二年)二六〇頁。同書は友人が編纂したものである。

(83) 略歴の詳細は、同右二八三―二九一頁参照。

(84) 「死の叫び声」(今井清一・高橋正衛編・解説『現代史資料4　国家主義運動』みすず書房、一九八八年所収)四七九―四八二頁。

(85) 『読売』右同日付朝刊九面(「匕首を懐中して渋沢子を強請つた強脅を常習としてゐた加害者朝日平吾の経歴」)。

(86) 『万朝報』(以下『万』)一九二一年九月二九日付朝刊三面(「名士富豪に寄附金を強要した朝日は大抵それを遊興に費消していた」)。

(87) 『東朝』一九二一年九月三〇日付夕刊二面(「これを機会に警視庁が危険人物調べ／平吾兇行の裏面捜査併せて富豪邸警戒」)。

(88) 『万』一九二一年一〇月一日付夕刊一面(「取締遽に厳重」)。

(89) 「最近ニ於ケル国家主義運動情勢ニ関スル件」(荻野富士夫編・解題『特高警察関係資料集成』第一三巻、不二出版、一九九二年所収。一九三二年一一月五日初出)三頁。

(90) 『日本警察新聞』第八八八号、一九三二年四月一日(同右同頁所収。「左右両傾系統の取締」)。

(91) 前掲荻野書『増補特高警察体制史』二六七頁。

(92) 丸山真男「日本ファシズムの思想と運動」(『丸山眞男集』第三巻、岩波書店、一九九五年所収。一九四六年初出)二九六―二九八頁。

(93) 同右「戦前における日本の右翼運動」(同右第九巻、岩波書店、一九九六年所収。一九六四年初出)一五九頁。

(94) 山口定『ファシズム』(岩波現代文庫、二〇〇六年。一九七九年初出)一一七頁。ドイツにおいて「高等遊民」に該当する大学中退者などがファシズムに果たした役割については、同『ナチ・エリート』(中公新書、一九七六年)、平井正『ゲッペルス―メディア時代の政治宣伝―』（中公新書、一九九一年）など参照。

(95)　R・P・ダッド著、岡部良夫訳『ファシズムと社会主義革命』（ミネルヴァ書房、一九七四年。原典初版一九三五年）一一五―一一六頁。

(96)　井上義和『日本主議と東京大学―昭和期学生思想運動の系譜―』（柏書房、二〇〇八年）三七―三九頁。

(97)　国家主義運動史については、公安調査庁編刊『戦前における右翼団体の状況』（上巻、中巻、下巻、一九六五年）、木下半治『日本国家主義運動史』（上巻・下巻、福村出版、一九七一年）、荒原朴水『増補・大右翼史』（大日本一誠会出版局、一九七四年）、堀幸雄『戦前の国家主義運動史』（三嶺書房、一九九七年）、大塚健洋「『革新右翼』の人間観と国家観―高畠素之と大川周明を中心に―」（伊藤之雄・川田稔編『二〇世紀日本の天皇と君主制―国際比較の観点から一八六七―一九四七―』吉川弘文館、二〇〇四年所収）第一章、一八六―一八八頁、堀真清『西田税と日本ファシズム運動』（岩波書店、二〇〇七年）など参照。

(98)　内務省警保局編刊『社会運動の状況四　昭和七年』（三一書房、一九七一年所収。一九三二年初出）八一一頁。

(99)　内務省警保局編刊『社会運動の状況一四　昭和十七年』（同右、一九七二年所収。一九四二年初出）奥付統計資料。

(100)　同右九一三頁。

(101)　同右九一五頁。

(102)　末次三男『思想国難の解決』（精文館、一九三〇年）一一八―一一九頁。

(103)　内務省警保局編刊『国家主義運動の概要』（原書房、一九七四年所収。一九三三年初出）五五〇―五五二頁。

(104)　クリストファー・W・A・スピルマン「平沼騏一郎の政治思想と国本社」（前掲伊藤之雄他編著書所収）二二三頁。

(105)　「社会教育研究所概要」（『思斉』創刊号、一九三五年六月）二一―三頁。

(106)　同右。研究所の卒業生は、官公庁の嘱託や地方青年団長などとして活躍した（大塚健洋『大川周明と近代日本』木鐸社、一九九〇年、一六〇頁）。

(107)　「後藤隆之助氏談話第一回速記録」（内政史研究会編刊『内政史研究資料』第六六集、一九六七年）二六―二七頁。

(108)　内務省警保局編刊『社会運動の状況一二　昭和十五年』（三一書房、一九七二年所収。一九四〇年初出）六八四―六八五頁。

(109)　内務省警保局編刊『社会運動の状況一三　昭和十六年』（三一書房、一九七二年所収。一九四一年初出）五三八―五三九頁。

(110)　君島和彦「解題」（奥平康弘編・解説『昭和思想統制史資料』第一八巻(上)、生活社、一九八〇年所収）二頁。

(111) 「国家主義団体員の経歴調査(一)」(同右所収。『思想資料パンフレット特集』第二四号、一九四一年初出)七―一〇頁。
(112) 同右第一八巻㊦所収四〇八―四〇九頁。
(113) 同右第一八巻㊤所収三一六―三一七頁。
(114) 同右第一八巻㊦所収四五二―四五三頁。
(115) 同右六六一―六六二頁。
(116) 橋川文三『昭和維新試論』(ちくま学芸文庫版、二〇〇七年。朝日新聞社、一九八四年初出)二〇頁。
(117) 前掲『昭和思想統制史資料』第一八巻㊤、一〇二―一〇三頁。
(118) 斎藤二郎『右翼思想犯罪事件の総合的研究』(東洋文化社、一九七五年所収。司法省検事局『思想研究資料特集』五三号、一九三九年初出)各事件該当箇所、内務省警保局編刊『特高月報』各年度該当箇所。
(119) 該時期の国家主義運動全般に言えることだが、いずれの事件も史料的制約が多い。例えば、救国埼玉青年挺身隊事件については、その供述調書などの資料の存在が言われながらも現在まで発見されておらず、なお多くの検討の余地が含まれている。
(120) 菅谷務『近代日本における転換期の思想』(岩田書院、二〇〇七年)一五五頁。例えば、岩倉鉄道学校を卒業後色盲のため就職が不可能となった三男の菱沼は、「兄弟五人の内兄も姉も皆片付いたのであるが自分一人就職口もなくブラ〱して居る為親は私一人を非常に心配して居た」(「上申書(菱沼五郎)」高橋正衛編『現代史資料4 国家主義運動二』みすず書房、一九六四年、五〇三頁)という。また、他にも、関係者の中には一九二七年に石川中学を卒業して「暫く父の許で遊んで居」たが三〇年四月に国学院大学神道部に入学した三男の須田太郎がいる(「公判記録 須田太郎」血盟団事件公判速記録刊行会編刊『血盟団事件公判速記録』上巻、一九六七年、五三〇頁)。
(121) 井上や周辺人物については、井上日召著・東光山護国寺再建委員会編『炎の求道者』(上・下巻、毎日新聞社、一九七九年)、小林英夫『昭和ファシストの群像』(校倉書房、一九八四年)、堀真清「血盟団事件の信従者たち―小沼正・菱沼五郎・四元義隆を中心に―」(『早稲田政治経済学雑誌』第三二九号、一九九七年一月)参照。
(122) 「血盟団事件第一回公判速記録」(前掲『血盟団事件公判速記録』上巻所収)四五頁。
(123) 大川周明『安楽の門』(大川周明全集刊行会『大川周明全集』第一巻、岩崎書店、一九六一年所収。一九五一年初出)七〇八頁。大川については、橋川文三「大川周明」(橋川文三著・筒井清忠編『昭和ナショナリズムの諸相』名古屋大学出版会、一九九四年

所収。一九七三年初出）二一〇頁、大川周明顕彰会編『大川周明日記』（岩崎学術出版社、一九八六年）、大塚健洋『大川周明と近代日本』（木鐸社、一九九〇年）、刈田徹『大川周明と国家改造運動』（人間の科学社、二〇〇一年）参照。

(124) 明治四五年三月（推定）三一日付大川周賢宛大川周明宛書簡（大川周明関係文書刊行会編『大川周明関係文書』芙蓉書房、一九九八年、三九四—三九五頁所収）。

(125) 前掲堀書一九九頁。

(126) なお、「浪人」が社会復帰するに際しては、「左傾」学生同様の困難が伴った。例えば、神兵隊事件の弊害として、「刑事被告人たる神兵隊事件関係者を不法に検挙せるに拘らず其の健康職業社会的地位等に対し何等顧慮する所無く其の発表に際しては仮名をも用ひしめず住所をも明記したために無残なる失職者を出さしめ亦未就職者の就職をも不可能ならしめたるは実に重大なる人権蹂躙であり職権濫用の極」（内務省警保局編刊『社会運動の状況八　昭和十一年』三一書房復刻版、一九七二年所収。一九三六年初出。三〇五頁）という声明が出されているのである。

(127) 「神兵隊事件判決　一九四一年三月一五日」（前掲『昭和思想統制史資料』第一九巻、所収）二四三頁。

(128) 前掲『昭和思想統制史資料』第一八巻(上)、二七八頁。

(129) 「国家主義運動の状況」（『特高月報』一九三五年五月）一九—二〇頁。

(130) 北昤吉「兄北一輝を語る」（宮本盛太郎『北一輝の人間像』有斐閣、一九七六年所収。『中央公論』一九三六年七月初出）二三四—二三五頁。

(131) 同右二五一頁。

(132) この他、社会に受け入れられなかった青年がテロを計画し、未然に発覚した事件も数多い。『特高月報』には、「突発的単独的行動」が「一層顕著」であるとし、「二十歳前後の年少者にして且何れの団体にも所属せざる者、或は団体に所属するも極めて下級にして殆んど其存在を認められざるもの等にして平素概ね警察視野の外に置かれたるもの」が多いと指摘、「将来有為の憂国的青年の前途を誤らしむるは危惧に堪へざる」としている（「国家主義運動の状況」『特高月報』一九三四年一二月、三九—四四頁）。運動の担い手についてはなおも今後の研究の進展が必要である。

終章　「高等遊民」問題と日本近代

前章で見てきたように、近代日本における資力のない「高等遊民」は、特に昭和初期において政府世論の懸念を一定程度裏付けるように、社会改革を企図する思想運動に従事し、社会にも大きな影響を与えていたことがわかった。

結局、昭和初期における「高等遊民」問題は、労働産業界の好況によって解消の道を辿っていった。一九三七（昭和一二）年以降の日中戦争勃発で、「軍需インフレ」などと言われる状況が発生した。工場や事務に大学、専門学校卒業生の就職口が広がり、厚生省職業局転職課厚生理事官倉橋定が後に回想したように、「つい前年まで持てあましてゐた学校卒業生も卒業数の何倍をも要求する需要が出来て来た。学校卒業生のみならず、都市に行つても、農村に行つても人手が足りない」(1)という状況を迎えたのである。事実、該時期の『文部省年報』による「職業未定又ハ不詳」者は、三六年と三九年を比較すると東京帝国大学全体で、一四三五人中四一三人（二八・八％）から、二〇七〇人中三五人（一・七％）へ激減しているのである。(2)全体的な「就職難」の回復が窺える。

もっとも、この時点ではマルクス主義理論家の向坂逸郎がいうように、法学部・経済学部の「卒業生の三分の一以上は、就職未決定だらう。これが近年になくいゝと言はれる状態」(3)に過ぎず、全体の卒業生にとって事態が好転したわけではない。この時期、徴兵猶予を得るために進学する者もおり、「入学難」も起きていたようである。例えば、安岡章太郎（のち作家）は一九三八年に中学卒業後高等学校受験に三浪、「連続的に落第してヤケになった」(4)が、その間に「大学予科や旧制高校の入学志願者が年々増えてきた」というのである。(5)ただし、これらの課題を残しながらも、三九年には卒業後の「就職難」が文系でも好転し、同年には理系の学校が増設されるなど、問題の消滅が明らかになっていった。(6)

これと並行して思想運動も収束を迎えた。「左傾」に関しては、例えば第二部第四章でふれた般若豊が、一九三七年の日中戦争の開始とともに、「各人は次第にさまざまな職業に吸収されてゆくことになつた」とし、「昭和十五年の春、台湾から帰つたばかりの私は、ひとりの友人から呼び出しをうけ、ついに長い無職業時代から別れることになつた〔中略〕運動時代の友人、宮内勇から呼び出され、彼がはいつたばかりの経済雑誌へはいることをすすめられた」(7)と回想している。

また、一九三八年には三・一五事件で検挙された評論家の亀井勝一郎が個人のノートに、東京帝大の改革同盟宣言書賛同者に若い学生が少ないことに対して憤り、「就職が容易になつたからどうでもいゝといふのか」(8)と記している。この時期は、既に共産党自体が壊滅状態で学生に対する弾圧も徹底されており、そもそも「左傾」化は困難であったが、両者の指摘は就職率が回復したことを最大の理由として、転向者の「満洲国」への大量進出、(9)転向者の更生施設による社会復帰も三〇年以降進み、問題の根絶が図られているなどもあって、(10)運動従事者が減少していた状況を指摘したものであった。

他方、「左傾」の衰退と反比例する形で増加した「右傾」の場合、政府に協力するグループとそうでないグループとに分裂し、後者は前章で述べたように政府の弾圧を受けて激減した。そして最終的に、一九四一年の太平洋戦争勃発に至って、内地の労働力不足が起こり、「高等遊民」問題は全く論じられなくなった。結論として日中戦争以後、「高等遊民」の多くが「軍需景気」の中で就職し、国家総動員体制のもとで何らかの形で戦争へ動員され、解消されていったといえるのである。

この事情は、第二部第四章で見たように、後発の帝国主義国であるドイツや、ファシズムの担い手となったインテリ層の存在が明らかにされているルーマニアなどにも共通する。(11) つまり、これらの事例に顕著なように、「高等遊民」は独立した社会階層とはならずに、不安定な知識青年層として、国家の中間層へ吸収され、流動的に、ファシズムの担い手となっていったのである。戦前における「高等遊民」問題はこうして終焉を迎えた。

以下では、これまで検討してきた諸点を各章ごとに概括し、本稿の結論を提示する。すなわち「高等遊民」問題発生と政府世論の対応、「高等遊民」発生の歴史的意義、そして「高等遊民」を発生させ、問題化させた近代日本社会のありようについてである。

第一部第一章では、「明治末期における『高等遊民』問題の成立」として、「高等遊民」問題の形成を明らかにした。第一に日露戦前に既に始まっていた法科を中心とした「就職難」、更に官立高等教育機関への「入学難」、そして学費不足による「半途退学」が問題化していたこと、第二にこの状況に対し、第二次桂太郎内閣の文相小松原英太郎が入閣後すぐに「高等遊民」発生の原因である「入学難」「就職難」「半途退学」への対応として学制改革による学校教育機関の増設、実業化、国体主義教育の徹底を企図して、これに対応しようとしたこと、第三に政府世論がこれを「危険思想」などの懸念を有する存在と認め盛んに論じたこと、その中で実際に都市下層に存在する「高等遊民」が発見され、文壇にも資力のない「高等遊民」がいたことが明らかにされ、その対応が望まれたことを指摘した。

第一部第二章では、「明治末期における『高等遊民』問題への対応と解決策」として、政府や世論の対応とその有効性を明らかにした。政府は、小松原の学制改革で「高等遊民」を国家秩序へ再度位置づけようとし、将来的な実業専門学校の大増設を念頭にした実業教育の奨励、「危険思想」を抱く人物への警察権力による防圧を説いた。世論は、実業従事、独立自営、帰農、北南米への移民による就業で対応しようとした。結果として前者は肝心の学制改革が後に無期限延期となり、後者は高学歴に応じた職種への転職ではないため効果は出ず、実業や移民のコストは資力のない「高等遊民」には到底賄えないものであったことがわかった。すなわち、多くの「高等遊民」は自ら道を切り開くか、「立身出世」ルートを待ち、その間非一定の職業に従事するしかなかった。

第一部第三章では、「明治末期における資力のない『高等遊民』の事例」として、自身「高等遊民」と称し、反社会性の拡大を予見した小論を記した夏目漱石門下生の安倍能成、小説「遊民」を描いた自然主義文学者徳田浩司（近松秋江）の実生活を明らかにした。安倍は「就職難」の中で非常勤の教職に就きながら漱石門下生として文筆業へ従事し、徳田は実家の仕送りや売文で生計を立てながら自然主義文学を執筆し続けた。安倍の場合は一時的にせよ、いずれも正規の「立身出世」ルートを辿れずに、従来高学歴者の参入がほとんど見られなかった文壇という新しい活路を見出し、安倍は教員、政治家として、徳田は文学者として大成する下地を作ったことがわかった。

第二部第一章では、「大正中期までの『高等遊民』問題を巡る変化」として、大戦景気と高等教育機関拡張における問題の変質を明らかにした。前者は明治末期における大部分の「就職難」を商工業に吸収し、後者は文科系の「就職難」を吸収して、明治末期の「高等遊民」の一部を解消させる意味を持った。ただし後者のうち、増設された学校には法科など「就職難」が顕著だった学科が多く、堆積していた「入学難」者は増設計画で試算の対象にならず、不況期の問題化の背景が残されたことを指摘した。

第二部第二章では、「昭和初期における『高等遊民』問題の成立」として、昭和初期の「高等遊民」問題の形成について明らかにした。第一に大正時代の学制改革で高等教育機関が激増し、戦後恐慌で「高等遊民」発生が危惧されたこと、第二に高等学校から大学への「入学難」問題、大学、専門学校卒業生の「就職難」が大規模に発生し昭和初期にかけて深刻に論じられたこと、第三に一九二九年の「就職難」の深刻化と前年からの共産党関係の事件の影響を受けた政府や世論の危惧が新聞発表され、これに対し教育縮小による解決、抜本的な社会政策の実行の必要性が述べられたことを指摘した。

第二部第三章では、「昭和初期における『高等遊民』問題への解決策」として、政府世論の対応と実態を明らかにした。政府は職業紹介事業の充実をはじめとする社会政策、高等教育機関の縮小などの政策を実施し、世論は就職指導からはじまり実業従事、独立自営、帰農、ブラジル移民、満洲移民という解決策を説いた。結果として前者は、浜口雄幸内閣において知識階級職業紹介所の設置と少額給料生活者失業救済事業の実施、高等学校の入学定員の削減縮小方針が示され、後者はブラジル移民の渡航費用に便宜を図る政策が出された。しかし、前者の社会政策は該時期増加していた失業者のうち貧窮者を主な対象とし、学校卒業後の「高等遊民」はほとんど対象とならず、教育制度の縮小は制度改編の効果を得るまでに時間がかかった。そして後者は一定の可能性はあったが、全体的な渡航リスクに加え、ブラジルでは移民制限の法律の制定、「満洲国」では求職者が激増した上、危険な生活環境だったため、目覚しい解決策とはいえなかった。つまり、明治期同様、基本的には自ら道を切り開くか、「立身出世」のルートを待ち、その間不本意な非一定の職に従事するしかなかった。

第二部第四章では、「昭和初期にかけての『高等遊民』と思想運動」として、政府や世論に懸念された思想運動に「高等遊民」が参画していた実態の一端を明らかにした。第一に、無政府主義者には難波大助や団体の構成員に事例が見られた。第二に、「左傾」学生は「就職難」などを深刻に捉え、思想形成の要因としていたこと、共産党における事例も確認できた。第三に、国家主義団体員や「不穏事件」の被告にもその事例が確認できた。全体的に思想形成の過程を含めた略歴不詳の人物や職業的な運動家も多かったが、資力のない「高等遊民」が反社会的行動に向かうという政府や世論の懸念が現実にあったことが、ここからある程度実証された。

以上の検討を踏まえてこの問題を概括すると、近代日本社会における「高等遊民」は、社会的上昇、社会移動を実現する教育機構の発達と資本主義発達に伴い、それに参画する階層の増加を背景に、社会的上昇の限界と再配分の不均衡の深刻化により、明治末期には少なくとも毎年約二万人、昭和初期には約二・五万人が発生していた。そして、その不均衡の度合いが日露戦争、第一次世界大戦という対外進出に伴う国家目標の達成を背景に生じた戦後の経済不況期において、縮小した官界や産業界の影響を受けた大学・専門学校生の「就職難」を直接的な契機として喧伝され、生活難を引き起こす不況の進展と、階級対立を煽り体制の枠組みを否定する「危険思想」の流布により、深刻な政治課題、社会問題となったのである。「危険思想」への転化が一部で見られる状況に対し、政府や世論は帝国主義に基づく近代化の更なる進展を求めつつ、「国民国家」の秩序維持と発達に寄与する位置づけを提示したが、それらは必ずしも有効ではなく、結果的には、戦争による好景気を背景にした国家の枠組み自体の拡大がこの問題を収束させることとなったのである。すなわち「高等遊民」問題は、急速な近代化の過程で発達した高等教育機関の周辺から生じ、近代国民国家の中枢たる担い手を期待された浮遊する知識青年層の、国家社会への位置づけを巡る重要な命題だったといえる。それは、日本近代の根幹に関わる、教育・労働・生活、そして思想問題の一つであった。

このような歴史的位置づけが可能な「高等遊民」問題の分析から、以下の近代日本社会の特質及び近代特有の問題が汲み出せる。

第一に、近代日本社会が、立身出世を目的として増加した高学歴層に「高等遊民」となる社会矛盾を強いた、急速な近代化による歪みを抱えていたということである。近代日本社会では、中等・高等教育機関の発達に伴い「入学難」や「就職難」が発生しており、高学歴に見合う「立身出世」を実現することは決して容易ではなかった。特に不況期は従来高学歴者に約束されるポストが激減し、「立身出世」の建前とは逆に、高学歴を得ても直ぐにそうした地位は得られず、新中間層の構成員になることも困難であった。そして一部は確実に都市下層へ転落し、大半は不十分な社会政策の恩恵にも浴することができなかったのである。これは、日本の近代が、「富国強兵」を重視し、法・文系などの高等教育機関と社会の発達が比例しなかったという近代日本社会の特徴も示す。

第二に、世論の懸念であった資力のない「高等遊民」の「危険思想」化は、実態の一部を特に指摘した懸念だったということである。実際には、「入学難」「就職難」による高学歴者の貧困問題は広く存在し、多くの「高等遊民」は非一定の職や実家の仕送りを必要とする社会状況にいた。ただし、全ての「高等遊民」が「危険思想」化したわけではなく、「危険思想」は裕福な「高等遊民」にも窺えたほか、昭和初期には学生の間から既に広く存在していた。すなわち、近代日本社会における貧困と「危険思想」の拡大は、最たる懸念のセットであったため、資力のない「高等遊民」問題も成立したといえる。それだけ近代日本社会が貧困による反社会性への転化と、それを理論付け、社会変革を企図する知識青年層の社会活動を警戒したことの証左である。なお、一部の「高等遊民」の従事した文学や思想は、当時の社会矛盾を鋭く批判し、人類の普遍的価値観を求めたが、当時は国家の方策に逆行する要素が多分にあったため、しばしば弾圧対象となったことは我々のよく知るところである。彼らのそうした活動の余地が狭く、困難だったことも、近代日本社会の特徴である。

第三に、この社会矛盾が、最終的に対外的な戦争によって解消されたという点である。明治末期の懸念は第一次世界大戦が、昭和初期の懸念は満洲事変、日中戦争が解消してきた。すなわち、対内的な思想弾圧に加え、戦争に伴う対外的な利権獲得を背景にした経済活動の契機を増やすことで「高等遊民」問題は解消されたのであり、近代化を背景にした「帝国主義」の拡大再生産がこの問題を作り、解消し、そして再度発生させたのである。

以上の点から、この問題を広く近代史の視点から見ると以下のようにいえるであろう。すなわち、近代化を推進し、高学歴を得ることが社会的上昇の条件となる社会機構を整備した国民国家のうち、産業と教育の不均衡が生じ、国民国家を揺るがす貧困と「危険思想」が懸念される社会状況下においては、必然的に「高等遊民」問題を抱える。とりわけ、広大な植民地を獲得した裕福な国家ではなかった日本のような後発の帝国主義国では、「高等遊民」の活動発展の余地が少なかったため、これが急速な近代化に伴う社会的な不均衡によって問題化し、最終的には、反社会的活動の弾圧と思想統制、そして対外進出と景気回復による国民国家の再編により、彼らが「適切」に国家に位置づけられる状況の出現によって、問題は解消されてきたのである。

このように、「高等遊民」問題は、急速な近代化を推進し、国力にさほど余裕のなかった後発の帝国主義国だった日本においては、国民統合の危機を象徴する深刻な社会問題であった。この問題が、急速な近代化の進展に伴う必然的な歴史的現象であるとするならば、後発の近代国家では共通の歴史的命題だったといえよう(12)。

近代日本社会が直面した「高等遊民」問題は、近代という時代とともに、再度振り返られるべき重要な歴史的命題なのである。

注

(1) 倉橋定『転職の対策について』(満洲移住協会、一九四一年)七頁。
(2) 『文部省年報』各年度版参照。
(3) 『読売新聞』一九三七年二月二〇日付朝刊五面(「教育時評/インフレ景気と大学生の就職問題(下)」)。
(4) 安岡章太郎『僕の昭和史』(新潮文庫版、二〇〇五年。一九八四年初出)一一三頁。
(5) 同右九五頁。なお、安岡は前述の就職状況について、「『大学は出たけれど』とか、『就職難』とかいう言葉は、ほとんど聞かれなくなった」としている。
(6) 尾崎盛光・土岐雄三「大学は出たけれど―就職戦線異常あり―」(東京12チャンネル報道部編『証言私の昭和史1　昭和初期』

学藝書林、一九六九年所収）一四五頁。

（7）埴谷雄高「戦争のなかの顔」（『埴谷雄高全集　影絵の世界』第六巻、講談社、一九九九年。一九六五年初出）五六九頁。

（8）亀井勝一郎「ノート（昭・13）」（『亀井勝一郎全集』第二巻、講談社、一九七二年所収。原本は一九三八年）四一八頁。

（9）例えば、当時産業労働調査所におり、保釈後、理研産業団に入社した井汲卓一は、「昭和十三年であったか十四年であったか、満鉄に行かれた鈴木小平さんから満洲へ来ないかと言われました。満洲で非常に自由な活動ができる、われわれの考えというものがかなり取り入れられる余地があるということで、橘樸氏の話をしまして、彼は非常に秀れた男であるということでした。私は満洲行きについては、どうしても納得できない感じがして、たしかに内地にいることは、窮屈なことではあるかもしれないが、自分はこのなかでやってみる、と満洲行きはおことわりしたことがありました（中略）たくさんの方が満洲へ行っているということは、その後、聞きました」（井汲卓一「私の戦前・戦中・戦後」『運動史研究』第九巻、三一書房、一九八二年、一六五頁）という。満鉄調査部の「左翼」については、小林英夫『満鉄調査部―「元祖シンクタンク」の誕生と崩壊―』（平凡社新書、二〇〇五年）、松村高夫・柳沢遊・江田憲治編『満鉄の調査と研究―その「神話」と実像―』（青木書店、二〇〇八年）などを参照。

（10）例えば、執行猶予付きの判決が出された者の社会復帰も、「転向」者を含めて一定の方針が一九三〇年以降進み、問題の根絶が図られた。思想実務家会同では、第一次第二次共産党員で執行猶予となった六七人のうち生死不明の一人を除いては、「大部分就職致しまして其外の就職しない者も近親知己の補助を受け或は自己の財産に依つて生活して居る」という報告であり、思想的容疑の点ある者は「僅に四名」、生活困難者は八人で思想悪化の一人に過ぎないという（「諮問事項竝に協議事項の審議」『思想実務会同議事録昭和九年五月　思想実務家会同並司法研究実務家会同議事速記録　昭和十年六月』東洋文化社、一九七五年所収。司法省刑事局編刊『思想研究資料特集』第一六号、一九三四年初出、四七頁）。全ての被告が「転向」し、穏健な一市民になったわけではないが、更生施設も含め大きな役割を果たしていた（荻野富士夫『増補特高警察体制史―社会運動抑圧取締の構造と実態―』せきた書房、一九九八年、二五二―二五三頁）。なお、大学時代に検挙された事例として、復学の準備のために職に就く必要があったが、職業紹介所に職がなく、独立自営の石鹸行商などに従事した山本彬（二九年法学部入学、三三年検挙。三七年同学部卒）のような事例もあった（桑尾光太郎「左翼学生の転向と復学―東京帝国大学における事例―」『東京大学史紀要』第二四号、二〇〇六年三月、一〇―一一頁）。

（11）藤嶋亮「戦間期ルーマニアにおける軍団運動の興隆」（『国家学会雑誌』第一一三巻第五・六号、二〇〇〇年六月）。深刻なルサンチマンが軍団のプロパガンダに対する共鳴盤を形成した（同五七六頁）点は、日本やドイツの事例と共通する。同論文は高草木邦人氏のご教示による。

(12) なお、大英帝国支配下のインドでは、イギリス式の教育制度が導入され、その結果カルカッタ総領事信夫淳平がいうように、「近頃目立つて来たのは所謂高等遊民の多くなつたことで、大学で試験を受け学位を得る者年々何万と言ふ程だが、それが殆ど職がなくて皆困つて居る」という状態であったという（『万朝報』一九一七年二月二七日付朝刊三面「印度にも高等遊民が多い」）。ドイツの事例とあわせて国際比較を行うことで、本書の結論はより確証を得ることができるはずであるが、その検討は今後の研究の進展に待ちたい。また、戦後日本への連続性・非連続性の検証なども、別に立論する必要があろう。

あとがき

本書は、私が日本大学大学院博士後期課程在学中に提出した学位請求論文『近代日本における「高等遊民」問題の研究』（二〇〇八年提出。二〇〇九年三月受理）をもとに、修正を加えたものである。各章は、以下の学術論文、学術研究発表がもとになっていたものである（その他は博士論文書き下ろし）。

第一部第一章 「戦前期日本における『高等遊民』問題―明治末期における社会問題化の過程とその意義―」（『史学雑誌』第百十七篇第九号、二〇〇八年九月）

第一部第二章 「明治末期『高等遊民』問題への対応―第二次桂内閣の政策を中心に―」（『日本歴史』第七二三号、二〇〇八年八月）、「明治末期『高等遊民』問題への解決策―メディアの論調から―」（『史叢』第七六号、二〇〇七年三月）

第一部第三章 「明治末期『高等遊民』の文化・芸術活動―安倍能成を事例に―」（『史叢』第七五号、二〇〇六年九月）、「明治末期～大正初期における『高等遊民』の文壇活動と生活―徳田浩司（徳田秋江・近松秋江）を事例に―」（『日本大学鶴ヶ丘高等学校紀要』別冊、二〇〇八年四月）

第二部第二章 「戦前期日本における『高等遊民』問題―昭和初期における『左傾』問題を中心に―」（史学会第一〇五回大会研究報告〈日本近現代史〉、二〇〇七年一一月）

第二部第四章　同右発表、「戦前期日本における『高等遊民』問題—昭和初期における『右傾』問題を中心に—」（平成二十年度日本大学史学会大会報告、二〇〇八年六月）

また、二〇〇九年度日本大学文理学部史学科の選択必修科目「日本史特講５」「日本史特講６」での講義と、そこでの学生との質疑応答も全体的に参考にしている。

本書では、従来言われてきた夏目漱石作品の架空の「高等遊民」ではなく、「教育過剰」論の象徴でもない、近代社会の「不平児」たりうる資力のない「高等遊民」の実態と、高等教育政策、社会政策、文化・思想への一定の影響と役割を明らかにしてきた。その学術的な意義は、端的に述べて、「高等遊民」問題の全容を歴史学として初めて検討し、これが近代日本社会をゆるがしかねない重大な社会問題であったことを歴史的に位置づけた点にある。

大学で史学科に所属し、歴史学を学びながら、近代文学を好んで読み、社会学や教育社会学にも関心を持っていた私は、高等な教育を受けた人々がいかに社会に位置づけられるのかという、自分自身の進路にも通じる疑問と動機から、卒業論文以降ずっとこのテーマを追究してきた。その結果が本書である。

従来歴史学においてこのような視座での研究はなかったため、幅広い史料を読み漁る必要があり、新たに発掘した史料もたくさんあった。しかし、戦前の史料事情により、実証的な検討が予想以上に困難であった箇所も多かった上、論点が広く、他の研究分野にもあちこち踏み込んだため、各分野の専門家から見て不十分な点もあるかもしれない。とりわけ、本書で十分言及できなかった、資力のある「高等遊民」の位置づけや、凄まじい「就職難」の実態、各解決策での個別事例などは今後の課題である。読者識者のご寛容を乞うとともに、忌憚のないご批判を頂戴できれば幸甚である。

ところで、この問題が、昨今古くて新しい問題となっていることは周知であろう。本書序章でも触れたニート、フリーターや、大学院修了者の「高学歴ワーキング・プア」は、現代版の「高等遊民」といえる存在であり、その規模は戦前の「高等遊民」の比ではない。そして、「高等」な学歴を得ても社会で活動の余地が縮小し、多くの無職者・失業者が、好転する兆しのない経済状況で不満を溜め込んでいることがさかんに報じられる社会状況は、本書第一部第一章、第二部第二章で見た問題化の過程をなぞるようである。昨今提起された介護職への転職や、帰農、社会保障の充実といった、本書で取り上げたものと大差ない解決策があまり説得力を持ちえていないことも、本書第一部第二章、第二部第三章の内容と奇妙に符合する。また、アイデンティティがぐらつきながらも、既存の社会の枠組みの中で地位を奪い合い、または新たな地位を創出しようとする動きは、第一部第三章で見た資力のない「高等遊民」たちと重なって見える。同時に、オウム真理教のようなカルト宗教団体の高学歴者、戦争を唱えるフリーター、高学歴の犯罪者、自殺者などが、第二部第四章で見た思想運動の担い手や、第一部第一章、第二部第一・第二章の新聞記事に出た不遇の「高等遊民」と重なって見える。歴史に見るこれらの奇妙な符合は、現代に生きる我々に何を問いかけているのであろうか。

もちろん、大衆教育社会、高度情報社会で徴兵制のない現代では社会背景が全く異なるため、戦前との単純比較は慎まなければならない。しかし、昨今の青年を取り巻く社会状況は、本書の示した結論から見て、やはり無視できない現実である。奇しくも、二〇一一年は、「高等遊民」が歴史上初めて社会問題化してから、ちょうど一〇〇年目である。その意味で本書は、歴史学の研究書であると同時に、歴史的産物の一つであるともいえる。この符合もまた大いなる歴史の示唆として、厳粛に受け止めたい。

さて、本書の執筆にあたっては、実に多くの方々にお世話になった。

最もお世話になったのは、大学院博士後期課程を通じてご指導いただき、博士論文もご審査いただいた、指導教授の古川隆久先生である。古川先生には、史料批判や論理の整合性など実証的な歴史学研究の方法を目に見える形で教えていただき、学会報告や学会誌への投稿についても、懇切丁寧なご指導をいただいた。先生の大変熱心なご指導のお陰で、私は自分の成長を感じながら三年間自由闊達に研究テーマに取り組むことができた。歴史学界の第一線で活躍されている先生との出会いがなければ、筆者がここまで漕ぎつけることはできなかった。本書に見るべきものがあるとすれば、それは全て先生のご指導の賜物である。

また、佐々木隆爾先生には、学部及び博士前期課程を通じてご指導いただき、卒業論文、修士論文、博士論文の全てをご審査いただいた。実は、本テーマの研究を最初に促して下さったのも先生であった。学部時代にゼミで輪読した『石橋湛山評論集』（岩波文庫版）の「問題の社会化」に「高等遊民問題」の語を見つけた時のことは忘れられない（本書第一部第一章注（1））。第一部第一章の社会主義文献の活用や同第二章後半部分は、先生との対話を通じて形になった箇所である。歴史学界の大家たる先生との出会いなしに本テーマは育たなかった。

そして、大塚英明先生には、修士論文、博士論文をご審査いただいた。修士論文をご審査いただいた際、実在の「高等遊民」の多様さを踏まえた定義の必要をご指摘いただき、これは本書に欠かせない要素となった。また、日大史学科の先輩として、折に触れ、研究活動全般につき激励いただいたことも忘れられない。

この他、史学会、メディア史研究会、日本大学史学会の研究報告の際にご教示いただいた諸先生方、日頃お世話になっている日本大学文理学部史学科の諸先生方、同大大学院の先輩・後輩諸氏、その他折に触れご教示、ご支援をいただいた諸先生方、院生諸氏、講義を聞いてくれた学生諸君にも、ここで深く感謝申し上げたい。

更に私事にわたって恐縮であるが、現在まで私の研究活動を理解し、支えてくれた家族、親族に感謝したい。

本書は、このように多くの方々に支えられて世に出る書物である。そのご好意が無駄にならないためにも、本書が学界、ひいては知的世界にわずかでも益することがあれば、それに勝る喜びはない。
そして、大学院生時代の研究の集大成である本書を一つの出発点として、今後も精進していきたいと思う。

二〇一〇年一二月

町田祐一

近代日本と「高等遊民」（オンデマンド版）
—社会問題化する知識青年層—

Digital Publishing

2019年9月1日　発行

著　者　町田《まちだ》祐一《ゆういち》

発行者　吉川道郎

発行所　株式会社 吉川弘文館
〒113-0033　東京都文京区本郷7丁目2番8号
TEL　03(3813)9151(代表)
URL　http://www.yoshikawa-k.co.jp/

印刷・製本　株式会社　デジタルパブリッシングサービス
URL　http://www.d-pub.co.jp/

町田祐一（1982〜）
ISBN978-4-642-73799-9

著者略歴

一九八二年　東京都に生まれる

二〇〇九年　日本大学大学院文学研究科日本史専攻博士後期課程修了、博士（文学）

現在　日本大学文理学部助教

〔主要論文〕

「一九一〇年代初頭における東京の下層社会と職業紹介所」（『メディア史研究』第二四号、二〇〇八年八月）、「近代日本における公益職業紹介事業」（『研究紀要』第七八号、二〇〇九年九月）、「近代日本の小住宅供給事業」（『日本歴史』第七四七号、二〇一〇年八月）

近代日本と「高等遊民」
社会問題化する知識青年層

二〇一〇年（平成二十二）十二月十日　第一刷発行

著者　町《まち》田《だ》祐《ゆう》一《いち》

発行者　前田求恭

発行所　株式会社　吉川弘文館
郵便番号一一三―〇〇三三
東京都文京区本郷七丁目二番八号
電話〇三―三八一三―九一五一〈代〉
振替口座〇〇一〇〇―五―二四四番
http://www.yoshikawa-k.co.jp/

印刷＝株式会社 精興社
製本＝誠製本株式会社
装幀＝山崎　登

索　　引

Ⅰ 人　名

あ 行

か 行

さ 行

た　行

な　行

は 行

ま 行

や　行

ら　行

わ　行

II　事　　項

あ　行

か　行

さ行

た　行

な 行

は 行

ま　行

や　行

ら　行

わ　行

III 研究者名

あ 行

か 行

さ　行

た　行

な　行

は　行

ま　行

や　行

ら 行

わ 行